HANSHEINZ KREUTER

Industrielle Standortaffinität
und regionalpolitische Standortlenkung

SCHRIFTENREIHE ZUR
INDUSTRIE- UND ENTWICKLUNGSPOLITIK

Herausgegeben von Prof. Dr. Dr. Dr. h. c. Fritz Voigt

Band 13

Industrielle Standortaffinität und regionalpolitische Standortlenkung

Dargestellt am Beispiel Baden-Württembergs

Von

Dr. Hansheinz Kreuter

DUNCKER & HUMBLOT / BERLIN

Inhaltsverzeichnis

Teil II

Ansätze und Methoden zur Erfassung räumlicher Wirtschaftsbeziehungen

Teil III

Die Struktur der Standortentscheidungen industrieller Unternehmen in Baden-Württemberg

Teil IV

Möglichkeiten einer Berücksichtigung industrieller Standortaffinitäten in der regionalpolitischen Standortlenkung

EINFÜHRUNG

Ziel, Abgrenzung und Gang der Untersuchung

A. Das generelle Ziel der Untersuchung

In einem marktwirtschaftlich organisierten System zählen die Pläne der privaten Wirtschaftssubjekte zu den wesentlichen Determinanten der künftigen ökonomischen Entwicklung[1]. Dabei kommt in Industrieländern der Aktivität des sekundären Sektors besondere Bedeutung zu[2]. Verbunden mit der industriellen Tätigkeit ist die Standortentscheidung, die wie alle anderen Entscheidungen dem Zielsystem der Unternehmung unterliegt.

Wenn in der Zielvorstellung beispielsweise von der Gewinnmaximierung ausgegangen wird, beinhaltet dies, daß der Unternehmer seine Standortentscheidung so zu treffen hat, daß langfristig die größtmögliche Differenz zwischen Erträgen und Aufwendungen erzielt wird[3]. Die unterschiedliche Ausstattung der Teilräume einer Volkswirtschaft mit Standortqualitäten läßt dann eine Diskrepanz zwischen tatsächlicher und gewünschter Situation entstehen[4]. Wenn die nur von einzelwirtschaftlichen Rentabilitätsüberlegungen bestimmten freien unternehmerischen Standortentscheidungen zu einer Regionalstruktur führen, die nicht den Zielvorstellungen der Wirtschafts- und Gesellschaftspolitik entspricht, dann wird die Beeinflussung dieser Standortentscheidungen zur zentralen Aufgabe der regionalen Wirtschaftspolitik[5].

---

[1] *Töpfer*, K., Regionalpolitik und Standortentscheidung, Die Beeinflussung privater Pläne, dargestellt an der unternehmerischen Standortentscheidung, Beiträge zur Raumplanung, Bd. 6, Hrsg. Zentralinstitut für Raumplanung an der Universität Münster, Bielefeld 1969, S. 11.

[2] Vgl. *Clark*, C., The Conditions of Economic Progress, 1. Aufl., London 1940, 3. Aufl., London 1957.

[3] Vgl. hierzu *Schmidt-Sudenhoff*, U., Unternehmerziele und unternehmerisches Zielsystem, Wiesbaden 1967.

[4] *Schneider*, H. K.: Über die Notwendigkeit regionaler Wirtschaftspolitik, in: Beiträge zur Regionalpolitik (Hrsg. H. K. Schneider), Schriften des Vereins für Socialpolitik, N.F. Bd. 41, Berlin 1968, S. 3.

[5] *Töpfer*, K., Regionalpolitik und Standortentscheidung, S. 12. Vgl. zu den Zielvorstellungen der Wirtschafts- und Gesellschaftspolitik, insbesondere zu

Jeder Industriebereich weist bestimmte branchenspezifische — und im Fall der einzelnen Ansiedlungsentscheidung betriebsspezifische — Standortanforderungen auf. Die Standortwahl fällt daher — ein rationales Verhalten der Unternehmer vorausgesetzt — bevorzugt auf solche Orte, die den industriellen Anforderungen am ehesten entsprechen. Eine detaillierte Kenntnis dieser branchen- und größenklassenspezifischen Standortanforderungen der Industriebereiche ist für die regionale Wirtschaftspolitik eine wertvolle Orientierungshilfe für den Einsatz der ihr zur Verfügung stehenden Instrumente. Mit der empirischen Untersuchung der industriellen Standortanforderungen und aus dieser Analyse resultierenden, am Beispiel Baden-Württembergs hergeleiteten Empfehlungen für die regionalpolitische Standortbeeinflussung beschäftigt sich die vorliegende Studie.

B. Abgrenzung der Untersuchung

Ohne Zweifel haben Standortüberlegungen von industriellen Unternehmern gerade in den vergangenen zwei Jahrzehnten an Rationalität gewonnen. Mit der effizienteren Ausgestaltung des betrieblichen Rechnungs- und Planungswesens wurde das unternehmerische Standortkalkül systematischer, umfangreicher und in seiner Orientierung langfristiger[6]. Gleichzeitig verloren Zufälligkeiten im Kalkül an Bedeutung. Die Untersuchung der Standortentscheidungen der jüngeren Vergangenheit läßt daher auf die Ermittlung konsistenter, typischerer Entscheidungs-Verhaltensweisen für die einzelnen Industriebereiche hoffen. Es wurde daher für die nachfolgende empirische Erhebung der Zeitraum von 1955 bis 1971 ausgewählt, in dem von einer weitgehend freien, nicht durch Kriegs- oder Nachkriegsverhältnisse eingeschränkten Möglichkeit der Standortwahl der Industrieunternehmer ausgegangen werden kann. Außerdem sollten Empfehlungen für die künftige Regionalpolitik nicht auf Erhebungen basieren, die einen zu weit zurückliegenden Zeitraum betreffen[7]. Derartige Perioden gewinnen jedoch dann für die vorliegende Untersuchung an Bedeutung, wenn in einer vergleichenden Betrachtung verschiedener Zeiträume Tendenzen im Wandel der Rangfolge von Standortdeterminanten offenkundig werden. Um diese Ent-

---

den raumwirtschaftlichen Gestaltungszielen Teil I, B. der vorliegenden Untersuchung.

[6] *Cameron*, G. C., *Clark*, B. D., Industrial Movements and the Regional Problem, University of Glasgow, Social and Economic Studies, Occasional Papers No. 5, Edinburgh and London 1966, S. 180 ff.

[7] Ein weiterer Faktor, der für diese zeitliche Abgrenzung spricht, ist die Tatsache, daß mit wachsender zeitlicher Entfernung einer Entscheidung diese in der Retrospektive mit „hineininterpretierten" Motivationen überlagert werden und daher an Aussagefähigkeit — insbesondere auch für die Regionalpolitik — verlieren kann.

wicklung herausarbeiten zu können, erstreckt sich die Untersuchung auch auf den Zeitraum vor 1955. Außerdem wird die Periode ab 1955 in Teilabschnitte unterteilt, deren Vergleich ebenfalls die Herausstellung der erwähnten Entwicklungstendenzen ermöglichen soll.

Die empirische Untersuchung der industriellen Standortentscheidungen bezieht sich auf das Bundesland Baden-Württemberg, dessen Wirtschaftsentwicklung sich nach dem 2. Weltkrieg durch eine besonders starke Wachstumsintensität auszeichnet. Die Regionen des Landes sind zum überwiegenden Teil ähnlich strukturiert und waren im Zeitablauf weniger starken Differenzierungseffekten ausgesetzt, als dies in den Teilräumen vergleichbarer Bundesländer der Fall war[8].

Dennoch existieren auch in Baden-Württemberg Gebiete, deren ökonomische Entwicklung hinter dem Landesdurchschnitt zurückbleibt. Am Beispiel dieser Problemgebiete wird aufgezeigt, inwieweit die regionalpolitische Standortlenkung bei ihren Maßnahmen branchen- und größenklassenspezifische Standortanforderungen der Industriebereiche berücksichtigen muß.

Ein weiterer Gesichtspunkt, der für die Auswahl Baden-Württembergs als Untersuchungsregion spricht, ist die Tatsache, daß in diesem Bundesland alle wesentlichen Industriebereiche vertreten sind. In dieser industriellen Mischstruktur ist lediglich die eisen- und metallerzeugende Industrie vergleichsweise schwach vertreten[9].

C. Gang der Untersuchung

Der erste Teil der vorliegenden Untersuchung beschäftigt sich mit den grundsätzlichen Zusammenhängen zwischen Raumordnung, Regionalpolitik und Standortentscheidung.

Den Begriffsbestimmungen, in deren Mittelpunkt das Phänomen der industriellen Standortaffinität[10] steht, schließt sich eine Erörterung der Ursachen an, die eine aktive Raumordnungspolitik erforderlich erscheinen lassen. Nach der Behandlung des Zielsystems der wirtschaftlichen Raumordnung erfolgt eine knappe Darstellung des marktwirtschaftlichen Instrumentariums der regionalen Wirtschaftspolitik unter besonderer Berücksichtigung der standortlenkenden Maßnahmen.

---

[8] Vgl. *Bergschmidt*, H. H., Zur Messung und Erklärung von regionalen Wachstumsunterschieden in der Bundesrepublik, in: Jahrbücher für Nationalökonomie und Statistik, Bd. 174 (1962), S. 514 ff.

[9] Ohne Verfasser, Land im Herzen Europas, in: Dialog, Magazin für Politik und Wirtschaft, Beilage zu 3/1972, S. 18 ff.

[10] Die Anforderungen, welche die Industriebereiche an die Beschaffenheit eines Standortes stellen.

Der zweite Teil behandelt einige relevante Ansätze und Methoden, die zur Erfassung räumlicher Wirtschaftsbeziehungen entwickelt wurden. Breiten Raum nehmen dabei die empirischen Methoden ein, deren besondere Teilaspekte der räumlichen Dimension und eventuelle Bezugspunkte zu den industriellen Standortanforderungen auch aus regionalpolitischer Sicht herausgearbeitet werden sollen.

Im Mittelpunkt des dritten Teils steht die empirische Untersuchung der Standortwahl industrieller Unternehmer in Baden-Württemberg. Die Analyse berücksichtigt bei der Verwendung des empirischen Verfahrens und der Auswahl der Standortdeterminanten die Erfahrungen der zahlreichen früheren Erhebungen zur Standortwahl im europäischen und außereuropäischen Bereich, die im Hinblick auf die Besonderheiten in der Bundesrepublik Deutschland und der Untersuchungsregion einer modifizierten Interpretation bedürfen[11]. Die Ergebnisse der empirischen Untersuchung des Verfassers sind im Anhang in tabellarischer Form dargestellt. Den Abschluß des dritten Teils bildet eine kurze Analyse des Bedeutungswandels einzelner Standortdeterminanten für die Industriebereiche im Zeitablauf.

Der vierte Teil der Studie diskutiert die Möglichkeiten einer stärkeren Berücksichtigung industrieller Standortanforderungen in der regionalpolitischen Standortlenkung. Einem Überblick über bisherige regionalpolitische Maßnahmen in Europa und der BRD folgt eine Erörterung der derzeitigen regionalen Wirtschaftsförderung in den Problemgebieten Baden-Württembergs. Besonderes Gewicht wird dabei auf die Herausarbeitung der Standortqualitäten dieser Räume gelegt.

Im letzten Abschnitt des vierten Teils werden anhand des Beispiels baden-württembergischer Fördergebiete Empfehlungen für die regionalpolitische Industriestandortlenkung ausgesprochen, die an den branchen- und größenklassenspezifischen Standortanforderungen der ansiedlungsgeeigneten Industrien orientiert sind.

---

[11] Vgl. zu den Standortdeterminanten allgemein *Brede*, H., Bestimmungsfaktoren industrieller Standorte, in: Struktur und Wachstum, Hrsg. Ifo-Institut, München 1971.

TEIL I

Raumordnung, Regionalpolitik
und Standortwahl

A. Begriffsbestimmungen

1. Wirtschaftliche Raumordnung und Raumordnungspolitik

Die Raumordnung wirkt gestaltend auf alle gesellschaftlichen Raumbeziehungen ein[1]. Eucken versteht die Raumordnung als die Interdependenz all der Ordnungen, auf welche schlechthin alle gesellschaftlichen und ökonomischen Daseinsäußerungen der Individuen bezogen sind[2]. In ihrer Gesamtheit ist folglich die Raumordnung die räumliche Bewältigung der Ordnungen aller Daseinsbereiche[3]. Sie verfolgt dabei das Ziel, die räumliche Verteilung der gesellschaftlichen Erscheinungen so zu gestalten, daß die Ansprüche und Ziele der Gesellschaft durch keine andere Verteilung besser realisiert werden können[4].

Wegen der zahlreichen Interdependenzen zu allen Sozialbereichen ist die Raumordnung nicht nur ein Wirtschaftsproblem[5]. In der vorliegenden Untersuchung kann die Notwendigkeit raumordnungspolitischer Maßnahmen jedoch nur isoliert als ökonomisches Phänomen erörtert werden[6]. Betrachtungsgegenstand sei demnach die räumliche Ordnung der wirtschaftlichen Aktivitäten.

Dem Wirtschaftsgeschehen ist aufgrund seiner Eigendynamik und der Vielzahl der Interdependenzen bereits ein bestimmtes räumliches

---

[1] Vgl. hierzu *Thalheim*, K. C.: Marktkonforme Mittel der Raumordnung, in: Raumforschung und Raumordnung, 12. Jg. (1954), Heft 4, S. 193 ff.

[2] *Eucken*, W., Grundsätze der Wirtschaftspolitik, Bern und Tübingen 1952.

[3] Vgl. zur räumlichen Ordnung, *Siebert*, H., Zur Theorie des regionalen Wirtschaftswachstums, Tübingen 1967, S. 6 ff.

[4] *Storbeck*, D., Die wirtschaftliche Problematik der Raumordnung, Eine Untersuchung über Notwendigkeit, Ziele und Mittel der Raumordnung im System der Marktwirtschaft, Volkswirtschaftliche Schriften, Heft 47, Berlin 1959, S. 115 f. Vgl. zu den Zielen der wirtschaftlichen Raumordnung ausführlich Teil I, B. dieser Untersuchung.

[5] *Storbeck*, D., Die wirtschaftliche Problematik der Raumordnung, S. 28 ff.

[6] Vgl. *Müller*, G., Raumordnungspolitik, in: Handwörterbuch der Raumforschung und Raumordnung, Bd. II, Hannover 1970, Sp. 2506 ff.

System immanent. Diese Immanenz beruht auf der Tatsache, daß mit Überwindung einer primitiven Punktualwirtschaft die Orte von Produktion und Absatz auseinanderfallen. Arbeitsteilige Wirtschaft und Gewinnstreben führen zwangsläufig zu Produktionsumwegen und zum Entstehen von Raumbeziehungen. Die so aufgrund der Eigendynamik des Wirtschaftsgeschehens entstehende Ordnung ist unvollkommen und begünstigt bzw. benachteiligt bestimmte Räume[7]. Sie bedarf der Korrektur nach Maßgabe der Grundsätze und Gestaltungsziele der Raumordnungspolitik[8]. Raumordnungspolitik ist also nichts anderes als die Beeinflussung der wirtschaftlichen Raumordnung mit den Mitteln der Wirtschafts- und Gesellschaftspolitik[9].

Das Attribut „wirtschaftlich" läßt sich jedoch auch aus dem Blickwinkel der Wirtschaftlichkeit interpretieren[10], d. h. es gilt, die Möglichkeiten und Erfordernisse einer nach Gesichtspunkten der Wirtschaftlichkeit orientierten Raumordnung zu analysieren. Damit ist nicht mehr die räumliche Ordnung der Wirtschaft Untersuchungsgegenstand, sondern vielmehr die wirtschaftliche Beurteilung und Ausrichtung der Raumordnung. Das wirtschaftliche Prinzip findet somit Eingang in das Leitbild der Raumordnung[11].

2. Regionalpolitik

Während die Raumordnungspolitik als die um den räumlichen Faktor ergänzte Wirtschaftsordnungspolitik aufgefaßt werden kann, ist die Regionalpolitik als raumbezogene Ablaufpolitik zu begreifen[12]. Unter Regionalpolitik wird dabei die Gesamtheit aller Maßnahmen verstan-

---

[7] *Müller*, G., Raumordnung, in: Handwörterbuch der Raumforschung und Raumordnung, Bd. II, Hannover 1970, Sp. 2460.

[8] Siehe hierzu den Abschnitt über die raumordnungspolitischen Gestaltungsgrundsätze und -ziele; vgl. insbesondere *Müller*, J. H., Wirtschaftliche Grundprobleme der Raumordnungspolitik, Berlin 1969, S. 25 ff.; *Storbeck*, D., Die wirtschaftliche Problematik der Raumordnung, S. 122 ff.; ders., Ansätze zur regionalen Wirtschaftspolitik, in: Raumforschung und Raumordnung, 22. Jg. (1964), S. 248 ff.

[9] Vgl. hierzu die Definition des Begriffs Regionalpolitik. Siehe zu den Instrumenten der Regionalpolitik u. a. *Funck*, R., Instrumente der Regionalpolitik, in: Beiträge zur Regionalpolitik (Hrsg. H. K. Schneider), Schriften des Vereins für Socialpolitik, N.F. Bd. 41, Berlin 1968, S. 111 ff.

[10] *Storbeck*, D., Die wirtschaftliche Problematik der Raumordnung, S. 29.

[11] Ebenda; vgl. zum Leitbild des Raumes u. a. *Dittrich*, E., Raumordnung und Leitbild, Schriften des Instituts für Städtebau, Raumplanung und Raumordnung an der Technischen Hochschule Wien, Heft 2, Wien 1962; *Olsen*, K. H., Raumforschung, in: Handwörterbuch der Raumforschung und Raumordnung, Bd. II, Hannover 1970, Sp. 2454 f.

[12] *Brösse*, U., Ziele in der Regionalpolitik und in der Raumordnungspolitik, Zielforschung und Probleme der Realisierung von Zielen, Berlin 1972, S. 31.

den, die zur raumorientierten Verwirklichung der gesamtwirtschaftlichen Ziele Anwendung finden[13]. Damit ist die Regionalpolitik eindeutig in das gesamtwirtschaftliche Zielsystem eingebettet und als integriertes Element der gesamten Wirtschafts- und Gesellschaftspolitik zu begreifen[14]. Aus diesem Grunde wäre es zutreffender, von „regionaler Wirtschaftspolitik" zu sprechen. In der maßgeblichen Fachliteratur hat sich jedoch der kürzere Begriff „Regionalpolitik" weitgehend durchgesetzt[15]. Im folgenden werden beide Begriffe synonym verwandt.

Die regionalwissenschaftliche Literatur ordnet häufig dem Begriff der Regionalpolitik modifizierte Begriffsinhalte zu, die jedoch alle den gleichen Grundaspekt, die raumbezogene Dimension der Wirtschaft und Wirtschaftspolitik, betreffen. So werden regionalisierte Wirtschaftspolitik, regionalisierende Wirtschaftspolitik, regional gezielte Wirtschaftspolitik und die Wirtschaftspolitik der Regionen unterschieden[16]. All diese Begriffe beziehen sich auf das wirtschaftliche Raumphänomen, enthalten jedoch unterschiedliche Zielsetzungen.

Der Begriff der regionalisierten Wirtschaftspolitik entspricht dem bereits definierten Begriff regionale Wirtschaftspolitik resp. Regionalpolitik.

Die regionalisierende Wirtschaftspolitik ist in erster Linie an dem gesellschaftspolitischen Zielsystem ausgerichtet und hat die Einflußnahme auf gesellschaftspolitisch relevante Raumeffekte zum Gegenstand[17]. In einer Zuordnung von Begriffspaaren korrespondiert somit die regionalisierende Wirtschaftspolitik mit den Zielen der übergeordneten Gesellschaftspolitik, die regionale oder regionalisierte Wirtschaftspolitik mit den Zielen der allgemeinen Wirtschaftspolitik. Differenzierungen zwischen beiden Ansätzen ergeben sich also erst dann, wenn wirtschaftspolitische Ziele nicht aus den allgemein gültigen Oberzielen der Gesellschaftspolitik abgeleitet werden können[18].

---

[13] *Storbeck*, D., Regionale Wirtschaftspolitik, in: Handwörterbuch der Raumforschung und Raumordnung, Bd. III, Hannover 1970, Sp. 2623.

[14] Vgl. hierzu *Schneider*, H. K., Über die Notwendigkeit regionaler Wirtschaftspolitik, S. 3 ff. Siehe auch *Giersch*, H., Das ökonomische Grundproblem der Regionalpolitik, in: Gestaltungsprobleme der Weltwirtschaft, Jahrbuch für Sozialwissenschaft, Bd. 14 (1963), Heft 3 (zugleich Festschrift für Andreas Predöhl), S. 386 ff.

[15] *Storbeck*, D., Regionale Wirtschaftspolitik, Sp. 2625.

[16] Ebenda, Sp. 2621 ff.

[17] Ebenda, Sp. 2630.

[18] Ebenda, Sp. 2623 f. Von Brösse werden zwei Oberziele der Regionalpolitik formuliert:
(1) Gesamträumlich optimale Nutzung der Ressourcen;
(2) Angleichungsziel (Vermeidung oder Abschwächung regionaler Disparitäten); vgl. *Brösse*, U., Ziele in der Regionalpolitik und in der Raumordnungspolitik, S. 88 ff.

Regionalisierte und regionalisierende Wirtschaftspolitik haben weitgehend konzeptionellen Charakter[19]. Ihnen zugeordnet ist im Bereich der Durchsetzung regionalpolitischer Ziele die pragmatisch ausgerichtete, regional gezielte Wirtschaftspolitik[20, 21].

Neben der Regionalpolitik des Staates als der übergeordneten Gebietskörperschaft entwickeln auch die nachgeordneten Raumeinheiten eigene regionalpolitische Aktivitäten, die den Zielen der Zentralinstanz entsprechen, aber auch mit ihnen konkurrieren können[22]. Bei der Wirtschaftspolitik der Regionen gewinnt die Koordinationsproblematik daher besondere Bedeutung[23, 24].

Für die vorliegende Untersuchung sind alle vier Interpretationsmöglichkeiten regionalpolitischer Aktivitäten von Bedeutung. In erster Linie gilt jedoch das Interesse der Raumkonzeption der regionalisierten bzw. regionalisierenden Wirtschaftspolitik, welche die Wirtschaftsstruktur der *einzelnen* Raumeinheiten einer Nation zum Gegenstand hat.

Obwohl die Beachtung der regionalen Verteilungskonzeption für die bestmögliche Raumnutzung der gesamten Volkswirtschaft erforderlich wäre[25], können der gesamträumliche Verteilungsaspekt und der regionale Strukturaspekt bisher allerdings in *einem* ökonomischen Optimierungsmodell nicht simultan Berücksichtigung finden, da sich für die Problematik derartiger large scale mathematics gegenwärtig noch keine Lösungsmöglichkeiten bieten. Der Idealfall einer Übereinstimmung beider Raumkonzeptionen in Zielsetzung und Zielverwirklichung kann nur annäherungsweise eintreten; „wegen der prinzipiellen Un-

---

[19] Vgl. zu den verschiedenen Begriffsinhalten regionalpolitischer Maßnahmen *Kloten*, N., Alternative Konzeptionen der Regionalpolitik, in: Beiträge zur Regionalpolitik (Hrsg. H. K. Schneider), **Schriften des Vereins für** Socialpolitik, N.F. Bd. 41, Berlin 1968, S. 18 ff.

[20] *Storbeck*, D., Regionale Wirtschaftspolitik, Sp. 2624 und 2631 ff.

[21] Dieser Instrumentalbereich beherrscht auch heute noch die regionalpolitische Praxis.

[22] Vgl. *Storbeck*, D., Regionale Wirtschaftspolitik, Sp. 2624 und 2634 ff.

[23] Vgl. hierzu u. a. *Seidenfus*, H. St., Koordinationsprobleme und aktuelle Hemmnisse der Regionalpolitik, in: Beiträge zur Regionalpolitik (Hrsg. H. K. Schneider), Schriften des Vereins für Socialpolitik, N.F. Bd. 41, Berlin 1968, S. 126 ff.

[24] Siehe zu den Trägern der Regionalpolitik *Hansmeyer*, K. H., Ziele und Träger regionaler Wirtschaftspolitik, in: Beiträge zur Regionalpolitik (Hrsg. H. K. Schneider), Schriften des Vereins für Socialpolitik, N.F. Bd. 41, Berlin 1968, S. 36 ff.; vgl. zur Raumordnungspolitik der Regionen auch *Petersen*, G., Regionale Planungsgemeinschaften als Instrument der Raumordnungspolitik in Baden-Württemberg, Probleme und kritische Würdigung ihrer Planungspraxis, Schriften zu Regional- und Verkehrsproblemen in Industrie- und Entwicklungsländern (Hrsg. J. H. Müller und Th. Dams), Bd. 12, Berlin—München 1972, S. 14 ff.

[25] Vgl. *Storbeck*, D., Regionale Wirtschaftspolitik, Sp. 2629.

vollkommenheit politischer Lösungen wird es aber stets Konflikte geben"[26].

Trotz des Fehlens einer gültigen regionalpolitischen Gesamtkonzeption, die alle Zielvorstellungen einbezieht, bedürfen die Regionen, deren Entwicklungsstand hinter dem der Nation zurückbleibt, unmittelbar der öffentlichen Förderung durch die betroffenen Gebietskörperschaften. Orientierungsmaßstab hierfür ist die Tragfähigkeit oder Belastbarkeit des Raumes[27], wenn eine bestmögliche Ausnutzung der räumlichen Produktionsmöglichkeiten angestrebt werden soll[28]. In einer Marginalbetrachtung kann in diesem Zusammenhang bei Erreichung des Optimalzustandes von einem Ausgleich der Grenzbelastung aller Teilräume gesprochen werden[29].

Unter Berücksichtigung des Kostenaspekts ist eine optimale Raumnutzung dann erzielt, wenn die Summe aller Kosten, welche von der Gesellschaft zur Befriedigung ihrer Ansprüche hervorgerufen werden, durch keine andere Raumverteilung verringert werden kann[30]. Unter Zugrundelegung der cost-benefit-Konzeption[31] gilt eine optimale Raumordnung dann als realisiert, wenn durch keine andere Raumverteilung die Differenz zwischen Nutzen und Kosten, welche im Hinblick auf die Befriedigung der Ansprüche der Gesellschaft entstehen, vergrößert werden kann. Es können jedoch nur solche wirtschaftlichen Vorgänge angestrebt werden, für welche der Raum aufgrund seiner natürlichen Ausgestaltung die erforderlichen Voraussetzungen mit sich bringt, da ansonsten im Vergleich zu Alternativräumen, die im Hinblick auf den angestrebten Vorgang geeigneter sind, zu hohe Kosten entstehen müßten.

---

[26] Ebenda, Sp. 2630.

[27] Vgl. *Isenberg*, G., Zur Frage der Tragfähigkeit von Staats- und Wirtschaftsräumen, in: Raumforschung und Raumordnung, 1948, Heft 2, S. 41 ff.

[28] Vgl. *Lauschmann*, E., Grundlagen einer Theorie der Regionalpolitik, Veröffentlichungen der Akademie für Raumforschung und Landesplanung, Abhandlungen Bd. 60, Hannover 1970, S. 1.

[29] Vgl. *Schultze*, J. H., Umsiedlung und Raumforschung, in: Raumforschung und Raumordnung, 1948, Heft 1, S. 15 ff.

[30] *Storbeck*, D., Die wirtschaftliche Problematik der Raumordnung, S. 121.

[31] Vgl. zur Kosten-Nutzen-Konzeption der Regionalpolitik u. a. *Maas*, A., Benefit-Analyse und staatliche Aktivität, Hamburg 1968; *Eggeling*, G., Pro- Quarterly Journal of Economics, Vol. LXXX (1966); *Peters*, G. H., Cost- Benefit-Analyse und staatliche Aktivität, Hamburg 1968; *Eggeling*, G., Probleme der praktischen Anwendbarkeit von Nutzen-Kosten-Analysen im Verkehrswesen, in: Zeitschrift für Verkehrswissenschaft, 41. Jg. (1970), Heft 2, S. 63 ff.; *Prest*, A. R., *Turvey*, R., Cost-Benefit-Analysis, A Survey, in: Surveys of Economic Theory, Vol. III (1966), S. 155 ff.; *Recktenwald*, H. C., Möglichkeiten und Grenzen der Methode der Nutzen-Kosten-Analyse, in: Grundfragen der Infrastrukturplanung für wachsende Wirtschaften (Hrsg. H. Arndt und D. Swatek), Schriften des Vereins für Socialpolitik, N.F. Bd. 58, Berlin 1971, S. 233 ff.

In einer Raumeinheit, die beispielsweise als Gebiet der regionalen Aktionsprogramme eine Problemregion darstellt[32], wird die regionalisierte oder regionalisierende Wirtschaftspolitik der raumwirtschaftlichen Entscheidungsinstanzen durch die Fallbezogenheit zur regional gezielten Wirtschaftspolitik. Werden derartige Maßnahmen von den Problemregionen selbst getroffen, so handelt es sich um Fälle einer regional gezielten Wirtschaftspolitik der Regionen, wie sie in der BRD durch die Autonomie der nachgeordneten Gebietskörperschaften institutionalisiert ist und durch die Einrichtung der regionalen Aktionsprogramme koordiniert wird[33].

Die vorliegende Arbeit klammert in Teil IV aus den hier angeführten Gründen den gesamträumlichen Verteilungsaspekt aus, berücksichtigt jedoch innerhalb jeder einzelnen Problemregion das Problem der räumlichen Verteilung industrieller Aktivitäten[34]. In einer derartigen Raumeinheit können die regionalpolitischen Entscheidungsinstanzen ihre Politik zur Förderung der Problemregion an den Anforderungen ausrichten, welche die zu unterstützenden Industriebereiche an die Qualität potentieller Standorte stellen[35]. Die Frage, welche Branchen in diesem Sinne förderungswürdig sind, wird in Teil IV dieser Studie untersucht.

3. Standortaffinität und Standortwertigkeit

Regionalpolitische Maßnahmen dienen der Beeinflussung der wirtschaftlichen Raumordnung, d. h. sie zielen ab auf eine Vertiefung erwünschter bzw. Abmildung oder Eliminierung unerwünschter Raumbeziehungen. Derartige Maßnahmen sollten ursächlich auf die Determinanten einwirken, die letztlich zum Entstehen der Raumbeziehungen führen[36]. Das bedeutet in diesem Zusammenhang, daß zur Beurteilung und Beeinflussung der Raumordnung die Faktoren analysiert

---

[32] Siehe zur Charakterisierung derartiger Problemgebiete u. a. *Dittrich*, E., Problemgebiete in der Raumforschung, in: Raumforschung und Raumordnung, 22. Jg. (1964), Heft 1, S. 1 ff.; vgl. auch *Geisenberger*, S., *Mälich*, W., Verbesserte Maßstäbe zur Bestimmung unterdurchschnittlich entwickelter Gebiete, in: Informationen, 20. Jg. (1970), Nr. 10, S. 301 ff.

[33] Vgl. zu den Maßnahmen und Hemmnissen der Regionalpolitik *Seidenfus*, H. St., Koordinationsprobleme und aktuelle Hemmnisse der Regionalpolitik, S. 126 ff.

[34] Die Gründe, die für den Sekundärbereich als Einwirkungsobjekt der Regionalpolitik sprechen, werden weiter unten erläutert.

[35] Vgl. zur Analyse, Prognose und Entscheidung regionalpolitischer Probleme allgemein *Schneider*, H. K., Modelle für die Regionalpolitik, in: Beiträge zur Regionalpolitik (Hrsg. H. K. Schneider), Schriften des Vereins für Socialpolitik, N.F. Bd. 41, Berlin 1968, S. 63 ff.

[36] Siehe hierzu auch *Töpfer*, K., Regionalpolitik und Standortentscheidung, S. 84 ff.

werden müssen, welche die räumliche Anordnung innerhalb einer Marktwirtschaft determinieren.

Der Standortwahl der Industriebetriebe kommt in diesem Zusammenhang besondere Bedeutung zu, da die industriellen Ansiedlungsentscheidungen wesentlich das gesamte Raumgefüge prägen. Gerade Untersuchungen über die Städtebildung haben gezeigt, daß in diesem Zusammenhang die überlokalen Standortfunktionen größerer Industriebetriebe von entscheidender Bedeutung für die Entwicklung der gesellschaftlichen und wirtschaftlichen Raumstruktur sind[37].

Die Theorie der Marktwirtschaft geht davon aus, daß unter raumwirtschaftlichem Aspekt auch die Regionalstruktur durch die Gegebenheiten des Marktes determiniert wird. Es werden letztlich die Raumeinheiten als Standorte ausgewählt, die den Standortaffinitäten der Industriebereiche am ehesten entsprechen, wobei unter Standortaffinität eines Industriebereichs die Summe der Anforderungen verstanden wird, welche von dieser Branche an einen potentiellen Produktionsstandort gestellt werden[38]. Die einzelnen Komponenten der Affinität seien als Dimensionen oder Ebenen der Standortaffinität, ihr Aggregat als Affinitätsprofil bezeichnet[39].

Der Standortaffinität steht die Standortwertigkeit der alternativen Produktionsstandorte als Angebotskategorie gegenüber[40]. Die Ansied-

---

[37] *Storbeck*, D., Die wirtschaftliche Problematik der Raumordnung, S. 37. Vgl. zur Stadtregion allgemein u. a. *Witt*, W., Stadtlandschaft, Stadtregion, Regionalplanung, Kritische Bemerkungen zur Bedeutung regionaler Begriffe, in: Stadtregionen in der Bundesrepublik Deutschland, Forschungs- und Sitzungsberichte der Akademie für Raumforschung und Landesplanung, Bd. XIV, Bremen 1960, S. 91 ff.; *Stöber*, G., Das Standortgefüge der Großstadtmitte, Frankfurt 1964.

[38] *Töpfer*, K., Regionalpolitik und Standortentscheidung, S. 91.

[39] Der Begriff der Standortaffinität korrespondiert insofern mit dem Affinitätsbegriff von Voigt, der unter der Affinität eines bestimmten Gutes oder Produzenten zu einem Verkehrsmittel die Neigung versteht, gerade dieses Verkehrsmittel aufgrund seiner spezifischen Besonderheiten als Transportmittel auszuwählen. Die Affinität ist eine Kategorie der Leistungsnachfrage, wohingegen die Verkehrswertigkeit einen Begriff der Angebotsseite darstellt. Vgl. *Voigt*, F., Die volkswirtschaftliche Bedeutung des Verkehrssystems, Berlin 1960, S. 40 ff.; ders., Verkehr, Erster Band — zwei Halbbände, Theorie der Verkehrswirtschaft, Berlin 1973, Kapitel 1.

[40] Vgl. zum Begriff der Standortwertigkeit *Esenwein-Rothe*, I., Über die Möglichkeiten einer Quantifizierung von Standortqualitäten, in: Gestaltungsprobleme der Weltwirtschaft, Jahrbuch für Sozialwissenschaft, Bd. 14 (1963), Heft 3 (zugleich Festschrift für Andreas Predöhl), S. 492 ff.; dieselbe, Die Persistenz von Industriebetrieben in strukturschwachen Wirtschaftsgebieten, Eine Untersuchung über Industrieklima und Standortdynamik in entwicklungsbedürftigen Randgebieten, in: Industrialisierung ländlicher Räume, Forschungs- und Sitzungsberichte der Akademie für Raumforschung und Landesplanung, Bd. XVII, Raum und gewerbliche Wirtschaft 1, Hannover 1961, S. 65 ff.

lungen der Industriebetriebe erfolgen an den Produktionsstandorten, für die Standortaffinitäten und -wertigkeiten einander in möglichst starkem Maße entsprechen[41].

Die damit erreichte Standortverteilung ist jedoch nur theoretisch zugleich auch die „optimale Raumnutzung"[42]. Von den tatsächlich existenten Mängeln zeugt das Bestehen zahlreicher unterentwickelter Regionen, die in hochindustrialisierten marktwirtschaftlichen Systemen aufgrund der ungleichgewichtigen Standortverteilung hervorgerufen werden[43].

In der vorliegenden Arbeit wird im Anschluß an die Ermittlung der Standortaffinitäten der Versuch unternommen, Kriterien zu erarbeiten, die es der Regionalpolitik ermöglichen, in ihren Maßnahmen branchen- und größenklassenspezifische Besonderheiten der industriellen Standortaffinitäten zu berücksichtigen[44].

B. Das Zielsystem der wirtschaftlichen Raumordnung

1. Die Problematik regionaler Ungleichgewichte

Träfe die theoretische Auffassung zu, daß die rationale Standortwahl in der Marktwirtschaft zu einer optimalen Standortverteilung führe, so müßte sich die Notwendigkeit regionalpolitischer Eingriffe erübrigen[45]. Die Existenz unterentwickelter Regionen in hochindustrialisierten marktwirtschaftlichen Systemen zeigt jedoch deutlich, daß eine optimale Standortverteilung in der Realität nicht gegeben, daß die rationale Standortwahl nur Fiktion ist und daher lediglich Modellcharakter besitzt[46, 47].

---

[41] Siehe hierzu *Fürst*, D., Die Standortwahl industrieller Unternehmer: Ein Überblick über empirische Erhebungen, in: Jahrbuch für Sozialwissenschaft, Bd. 22 (1971), Heft 2, S. 197 ff.; *Greenhut*, M., *Colberg*, M. R., Factors in the Location of Florida Industry, Florida State University Studies, No. 36, Tallahassee 1962; *Katona*, G., *Morgan*, J. N., The Quantitative Study of Factors Determining Business Decisions, in: Quarterly Journal of Economics (Cambridge/Mass.), Vol. 66 (1952), No. 1, S. 70 ff.; *Simon*, H. A., A Behavioral Model of Rational Choice, in: Quarterly Journal of Economics (Cambridge/Mass.), Vol. 69 (1955), S. 99 ff.

[42] Vgl. u. a. *Kohl*, H., Die Entwicklung der Standortverteilung der westdeutschen Industrie von 1945 bis 1957/58, Berlin 1961, S. 11 ff.

[43] Siehe hierzu die Teile III und IV der vorliegenden Arbeit. Vgl. auch *Kraus*, W. D., Die Quantifizierung von Standortfaktoren als Grundlage einer Standortlenkung, Diss. Würzburg 1970.

[44] Siehe ausführlich Teil IV der vorliegenden Arbeit.

[45] Vgl. hierzu *Schneider*, H. K., Über die Notwendigkeit regionaler Wirtschaftspolitik, S. 8 ff.

[46] Vgl. zum Unterschied empirischer und modellhafter Theorien *Scherhorn*, G., Empirische Theorie der Nachfrage, unveröffentlichte Kölner Habilitationsschrift 1964, S. 1 ff., bes. S. 31 f., zit. nach *Fürst*, D., S. 189.

Der Begriff der rationalen Standortwahl beinhaltet die ausschließliche Ausrichtung an kosten- und ertragsorientierten Standortvergleichen. Zwar spielen derartige Kosten- und Ertragsvergleiche realiter eine bedeutende Rolle bei der Standortwahl, haben hingegen nicht das ausschließlich entscheidende Gewicht, das ihnen von der Theorie beigemessen wird. Die Organisation der modernen Wirtschaft zeigt in zunehmendem Maße den Bedeutungsschwund betriebswirtschaftlicher Kostenelemente innerhalb des unternehmerischen Ansiedlungsentscheidungskalküls[48].

Die verschiedenen standorttheoretischen Ansätze erfassen zum größten Teil nur Teilaspekte des Standortphänomens[49]. Dem Postulat der mathematischen Exaktheit wurde häufig die Realitätsbezogenheit geopfert. In zahlreichen Theorien finden kulturräumliche und geographische Besonderheiten einer Region ebensowenig Berücksichtigung wie die staatliche Regionalpolitik, die durch politische Maßnahmen[50] Einfluß auf das Standortgefüge einer Gebietseinheit nehmen kann[51]. Häufig führte jedoch die Staatstätigkeit selbst zu Verschärfungen räumlicher Ungleichgewichte[52]. Die staatlichen Maßnahmen mit raumwirtschaftlichen Effekten waren vielfach ad hoc-Interventionen, bei denen sektorale Ziele stärker als ein raumordnungspolitisches Konzept Berücksichtigung fanden. Die Verschiedenartigkeit der Räume und die mangelnde Kongruenz der Zielsysteme der verantwortlichen Lenkungsinstanzen gestalten aufgrund unzureichender Koordinationsmöglichkeiten und -interessen die Raumordnungspolitik zumeist will-

---

[47] Vgl. zur Theorie der reinen Standortwahl (*Weber*, A., Über den Standort der Industrien, Tübingen 1909) auch *Engländer*, O., Kritisches und Positives zu einer allgemeinen reinen Lehre vom Standort, in: Zeitschrift für Volkswirtschaft und Sozialpolitik, 1925—1927, S. 435 ff. zit. nach *Storbeck*, D., Die wirtschaftliche Problematik der Raumordnung, S. 40. Siehe auch *Barzanti*, S., The Underdeveloped Aereas within in the Common Market, Princeton, New Jersey 1965. Vgl. *Vito*, F., Typologie des régions en retard, Vortrag beim Kolloquium des Conseil International des Sciences Sociales, Centre Européen de Coordination de Recherche et de Documentation en Sciences Sociales, Wien, in Rom vom 14. bis 17. 4. 1966, vervielfältigtes Manuskript, o. O. u. J.

[48] Der Qualitätsaspekt der Standortfaktoren gewinnt zunehmend an Bedeutung. Auch andere Determinanten, die schwer quantifizierbar sind (wie Wohn- und Freizeitwerte), nehmen verstärkt Einfluß auf das unternehmerische Ansiedlungsentscheidungskalkül (vgl. hierzu allgemein *Jürgensen*, H., Lohnwert-Wohnwert-Freizeitwert, Optimierungsparameter einer produktivitätsorientierten Regionalpolitik, Schriftenreihe der Gesellschaft für Wohnungs- und Siedlungswesen e. V., Hamburg 1966, S. 7 ff.); vgl. auch *Storbeck*, D., Die wirtschaftliche Problematik der Raumordnung, S. 43.

[49] Vgl. ausführlich *Meyer*, W., Die Theorie der Standortwahl, Berlin 1960.

[50] Vgl. hierzu *Müller*, J. H., Wirtschaftliche Grundprobleme der Raumordnungspolitik, S. 24 ff.

[51] *Storbeck*, D., Die wirtschaftliche Problematik der Raumordnung, S. 39.

[52] Ebenda, S. 95 ff.

kürlich und unregelmäßig. Teilweise sogar konkurrierende Eingriffe konnten so die aufgrund des Marktmechanismus auftretenden Fehlentwicklungen nicht nur nicht korrigieren, sondern führten sogar zu einer Verschärfung der bestehenden Diskrepanzen zwischen realisierter Situation und Zielsituation[53].

Neben den bisher erörterten Faktoren ist für die Standortwahl auch die Zurechnung sozialer Kosten von entscheidender Bedeutung.

Entsprechend der Voigtschen Theorie der Differenzierungseffekte führt der Industrialisierungsprozeß zu einer ungleichgewichtigen Raumordnung[54]. Ballungsgebieten und Großstädten stehen wirtschaftsschwache, unterentwickelte Regionen gegenüber[55]. Die Eigendynamik des Prozesses führt zu einer kontinuierlichen Begünstigung der entwickelten Regionen und einer andauernden Benachteiligung der wirtschaftsschwachen Gebietseinheiten[56].

Aus diesen Ungleichgewichten des Industrialisierungsprozesses nährt sich die Dynamik der Entwicklung[57]. Zunächst treten als Folge der Differenzierungswirkungen regionale Strukturunterschiede im Wirtschaftsgefüge auf. Diese Unterschiede entwickeln sich durch den Einfluß von Konzentrationstendenzen und Arbeitsteiligkeit zu Strukturmängeln durch Monoorientierungen der Gebietseinheiten. So wird die Unsicherheit und Krisenanfälligkeit des Raumes erhöht, die Mobilität

---

[53] Vgl. hierzu *Giersch*, H., Das ökonomische Grundproblem der Regionalpolitik, S. 387 ff.; *Meyer*, F. W., Entwicklungshilfe und Wirtschaftsordnung, in: ORDO, Bd. XII, 1960/61, S. 301 f.; *Seidenfus*, H. St., Koordinationsprobleme und aktuelle Hemmnisse der Regionalpolitik, S. 126 ff.; *Storbeck*, D., Ansätze zur regionalen Wirtschaftspolitik, S. 250 ff.; *Zimmermann*, H., Die Zielvorstellungen in der Raumordnungspolitik des Bundes, in: Jahrbuch für Sozialwissenschaft, Bd. 17 (1966), S. 225 ff.; Raumordnungsbericht 1970 der Bundesregierung, Bundestagsdrucksache VI/1340, Bonn 1970.

[54] *Voigt*, F., Die volkswirtschaftliche Bedeutung des Verkehrssystems, S. 128 ff. und 171 ff.; vgl. weiter ders., Die Einwirkungen der Verkehrsmittel auf die wirtschaftliche Struktur eines Raumes — dargestellt am Beispiel Nordbayerns, Nürnberg 1955, S. 107 ff.; *Schmidt*, H., Räumliche Wirkungen der Investitionen im Industrialisierungsprozeß, Die industrielle Entwicklung, Bd. 9, Hrsg. F. Voigt u. a., Köln und Opladen 1966; *Voigt*, F., Wirtschaftliche Entleerungsgebiete in Industrieländern, Forschungsberichte des Landes Nordrhein-Westfalen Nr. 2061, Köln und Opladen 1969, S. 11 ff.

[55] Vgl. zu den Ursachen dieser Entwicklung auch *Marx*, D., Wachstumsorientierte Regionalpolitik, Wirtschaftspolitische Studien aus dem Institut für Europäische Wirtschaftspolitik der Universität Hamburg, Heft 3, Göttingen 1966, S. 19 ff.

[56] Vgl. zum Begriff der Eigendynamik *Voigt*, F., Die volkswirtschaftliche Bedeutung des Verkehrssystems, S. 211 ff., bes. S. 213; siehe zum Prozeß der Industrialisierung und seinen Differenzierungseffekten ders., Industrie- und Gewerbepolitik, Vorlesungsskript SS 1970, als Manuskript vervielfältigt, Bonn o. J., S. 39 ff.

[57] *Voigt*, F., Die volkswirtschaftliche Bedeutung des Verkehrssystems, S. 159. Vgl. hierzu jedoch auch *Beckmann*, M., Das Gleichgewicht des Verkehrs, in: ORDO, Bd. XI, 1959, S. 133 ff.

von Kapital, Arbeit und technischem Fortschritt, die einseitig durch bestimmte Regionen angesprochen werden, gehemmt und damit das gesamtwirtschaftliche Wachstum langfristig eingeengt[58]. Diese Entwicklung ist vornehmlich darauf zurückzuführen, daß Kosten, die in den wirtschaftsschwachen Regionen hervorgerufen werden, zum Teil von den stärker entwickelten Gebietseinheiten getragen werden müssen[59].

Die Folge der unbeeinflußten Dynamik des geschilderten Prozeßablaufs ist ein weiteres Anwachsen der Ballungszentren bei ständig wachsendem Investitionsbedarf und fortschreitenden wirtschaftlichen Benachteiligungen der unterentwickelten Gebiete[60].

Die Ursachen für das Versagen des marktwirtschaftlichen Lenkungsmechanismus in raumwirtschaftlicher Hinsicht sind m. a. W. darin zu erblicken, daß die Beziehungssysteme des natürlichen und des wirtschaftlichen Raumkomplexes verschieden sind und nicht im gleichen Wertsystem Ausdruck finden können, daß die Interessenlagen der Wirtschaftssubjekte räumlich divergieren und sich nicht mit den natürlichen Raumeinheiten decken, „auf die sich die Eingriffe in die Zusammenhänge beziehen"[61].

Aufgrund dieser Zusammenhänge einer ungleichgewichtigen räumlichen Entwicklung ergibt sich für den Staat die Notwendigkeit, korrigierend in den „natürlichen" Prozeßablauf einzugreifen[62].

2. Gestaltungsziele in der Raumordnungs- und Regionalpolitik

In jüngerer Zeit erarbeitete Schneider eine beachtenswerte Formulierung eines regionalpolitischen Zielkonzepts[63]. Er stellt die raumwirt-

---

[58] Siehe hierzu u. a. *Tuchtfeld*, E., Engpässe und Überkapazitäten als Probleme der Wirtschaftspolitik, in: Methoden und Probleme der Wirtschaftspolitik, Gedächtnisschrift für H.-J. Seraphim, Hrsg. H. Ohm, Berlin 1964, S. 101 ff.

[59] Vgl. *Albers*, W., Der Einfluß des Finanzausgleichs auf regionale Wettbewerbsbedingungen und Produktionsstandorte, in: Gestaltungsprobleme der Weltwirtschaft, Jahrbuch für Sozialwissenschaft, Bd. 14 (1963), Heft 3 (zugleich Festschrift für Andreas Predöhl), S. 462 ff.; *Isenberg*, G., Regionale Wohlstandsunterschiede, Finanzausgleich und Raumordnung, in: Finanzarchiv, N.F. Bd. 17, 1956, S. 64 ff.

[60] Vgl. *Dittrich*, E., Raumordnung und Ballung, in: Informationen, 7. Jg. (1957), Nr. 1, S. 9 f. Siehe auch *Klaassen*, L. H., Social Amenities in Area Growth, An Analysis of Methods of Defining Needs for Social Amenities, Organisation for Economic Co-operation and Development, Paris 1968.

[61] *Storbeck*, D., Die wirtschaftliche Problematik der Raumordnung, S. 92. Vgl. auch *Steigenga*, W., Der Standort der Sozialforschung in der Raumplanung, in: Informationen, 6. Jg. (1956), Nr. 3, S. 65 ff.

[62] *Schneider*, H. K., Über die Notwendigkeit regionaler Wirtschaftspolitik, S. 17. Vgl. auch *Müller*, J. H., Wirtschaftliche Grundprobleme der Raumordnung, S. 109 ff.

[63] Vgl. zur folgenden Formulierung der gesamtwirtschaftlichen Ziele und deren regionalen Implikationen *Schneider*, H. K., Über die Notwendigkeit

schaftlichen Gestaltungsziele in den Dienst der gesamtwirtschaftlichen Ziele und liefert somit eine Regionalisierung der Ziele Gerechtigkeit, Stabilität und gesamtwirtschaftliches Wachstum. Regionale Implikationen des Gerechtigkeitsziels sind nach Schneider Vermeidung und Beseitigung extremer Ungleichgewichte in der interregionalen Einkommensverteilung. Der Verwirklichung des Stabilitätsziels dient auf raumwirtschaftlicher Ebene die Beseitigung überdurchschnittlicher struktureller und konjunktureller Krisenanfälligkeiten der benachteiligten Gebietseinheiten.

Das gesamtwirtschaftliche Wachstumsziel impliziert nicht etwa für alle Teilräume eine maximale regionale Wachstumsrate, es wird vielmehr regionalisiert durch eine bestmögliche Ausnutzung der regional unterschiedlichen Entwicklungspotentiale[64].

Schneiders Regionalisierung gesamtwirtschaftlicher Ziele differiert nicht grundsätzlich von den Raumordnungszielen, die von Storbeck aufgestellt werden.

So erfaßt Storbeck beispielsweise das gesamtwirtschaftliche Stabilitätsziel durch das Gegensatzpaar „Mischung und Spezialisierung"[65] im qualitativen Bereich, durch „Proportionalität und Disproportionalität"[66] im quantitativen Bereich. Diesem Ziel einer stabilen Gesamtwirtschaft bei Stabilität der Teilräume dient ebenfalls das Storbecksche Gegensatzpaar „Dezentralisierung und Zentralisierung"[67], welches — mit anderen Worten — eine gesamtwirtschaftlich optimale Agglomeration[68] zumindest tendenziell anzustreben bemüht ist[69].

Im folgenden wird der Versuch unternommen — aufbauend auf den Systematiken Storbecks und Schneiders — die Gestaltungsziele regionalpolitischer Maßnahmen so zu formulieren, daß sie auch in den praktischen raumwirtschaftlichen Problemsituationen berücksichtigt werden können, die eine Beeinflussung der industriellen Standortentscheidung durch die Regionalpolitik erforderlich erscheinen lassen[70].

---

regionaler Wirtschaftspolitik, S. 3 ff.; ders., **Modelle für die Regionalpolitik,** S. 63 ff.

[64] Siehe hierzu auch *Giersch*, H., Das ökonomische Grundproblem der Regionalpolitik, S. 390 ff.

[65] *Storbeck*, D., Die wirtschaftliche Problematik der Raumordnungspolitik, S. 129 ff.

[66] Ebenda, S. 131 ff.

[67] Ebenda, S. 133 ff.

[68] *Marx*, D., Wachstumsorientierte Regionalpolitik, S. 80 ff.

[69] Vgl. hierzu bereits *Weber*, A., Über den Standort der Industrien, S. 19 ff.; ferner *Weber*, A., Über den Standort der Industrien, Teil I, Reine Theorie des Standorts, 2. Aufl., Tübingen 1922.

[70] Vgl. zu den Bestimmungsmerkmalen regionaler Konzeptionen auch *Kloten*, N., Alternative Konzeptionen der Regionalpolitik, **S. 25 ff.**

a) Die qualitative Harmonie einer
ausgewogenen Wirtschaftstätigkeit im Raum

Das Gestaltungsziel der Mischung der Wirtschaftstätigkeit im Raum strebt eine optimale Raumnutzung durch eine möglichst weitgehende Mischung der Nutzungsarten in einer Region an. Diese Art der Nutzung soll eine einseitige Überbelastung einer bestimmten Variante der räumlichen Produktivkraft vermeiden und gleichzeitig eine möglichst vielschichtige Ausnutzung der räumlichen Produktionsmöglichkeiten garantieren[71]. Außerdem führt diese multipragmatische Wirtschaftstätigkeit durch die Möglichkeiten der räumlichen Selbstversorgung zu einer Senkung der Transportkosten[72] und zu einer größeren Krisenfestigkeit des Raumes.

Dieses Ziel der wirtschaftlichen Sicherheit wird ergänzt durch den Aspekt der sozialen Stabilität[73], da eine komplexe Standortnutzung den unterschiedlichsten Bevölkerungs- und Berufsgruppen Beschäftigungen zu bieten vermag. Eine einseitige Nutzung führt hingegen zur Herausbildung einer unter Umständen einseitig spezialisierten Berufsgruppe, für die kostspielige Umschulungs- und Unterbringungsaufwendungen erforderlich werden, wenn der betreffende Industriebereich aufgrund der gesamtwirtschaftlichen Entwicklung in eine Strukturkrise gerät.

Seine Begrenzung findet das Gestaltungsprinzip der Mischung durch die produktivitätsorientierte regionale Arbeitsteilung, die zum Zwecke der Erzielung einer möglichst hohen Effizienz einen bestimmten Grad der Spezialisierung und regionalen Konzentration der Aktivitäten erforderlich macht[74]. Jedoch verlangt auch der Grundsatz der Spezialisierung eine gewisse Streuung der speziellen Nutzungen, um eine zwar unter Umständen wachstumsintensive, aber auch krisenanfällige Monostruktur des Raumes zu vermeiden. D. h. die Gestaltungsziele der Spezialisierung und der Mischung der Wirtschaftstätigkeit im Raum üben aufeinander eine Wechselwirkung in der Form der gegen-

---

[71] Vgl. *Jürgensen*, H., Regionalpolitik im Ballungsraum, in: Wirtschaftsdienst, 44. Jg. (1964), Heft 8, S. 323.

[72] Vgl. *Storbeck*, D., Die wirtschaftliche Problematik der Raumordnung, S. 129; es ist hierbei jedoch zu bedenken, daß die Kosten der Verkehrsleistungen gegenüber der Qualität immer mehr an Bedeutung verlieren; vgl. u. a. *Marx*, D., Wachstumsorientierte Regionalpolitik, S. 33; vgl. zur Entwicklung der Transporttarife auch *Müller*, J. H., S. 25.

[73] Insofern werden gleichzeitig das gesamtwirtschaftliche Gerechtigkeits- und das Stabilitätsziel berücksichtigt (vgl. *Schneider*, H. K., Über die Notwendigkeit regionaler Wirtschaftspolitik, S. 4; *Storbeck*, D., Regionale Wirtschaftspolitik, Sp. 2625 f.).

[74] Vgl. *Niehans*, J., Das ökonomische Problem des technischen Fortschritts, in: Schweizerische Zeitschrift für Volkswirtschaft und Statistik, Bd. 90 (1954), S. 153. Siehe auch *Thalheim*, K. C., Die industrielle Ballungstendenz und die Wege zu ihrer Beseitigung, Leipzig 1940, S. 29 ff.

seitigen Ergänzung und Begrenzung aus[75]. In der Marktwirtschaft dominiert zumeist das Gewinnstreben im Sinne der Erzielung höherer Produktivitäten über das Sicherheitsstreben. So hat sich die produktivitäts- und wachstumsorientierte Spezialisierung stärker als das Ziel der Mischung durchgesetzt. Es ist nunmehr die Aufgabe der Raumordnungs- und Regionalpolitik, den Nachteilen einer erfolgten Spezialisierung durch eine gezielte Förderung vielseitiger regionaler Produktionsstrukturen zu begegnen[76].

Damit korrespondieren die raumordnungspolitischen Prinzipien der Mischung und der Spezialisierung mit den gesamtwirtschaftlichen Zielsetzungen der Stabilität und des Wachstums[77]. In einer spätindustriellen Ausreifungsphase garantiert die Eigendynamik des marktwirtschaftlichen Systems den Wachstumsvorgang eher als das Stabilitätsstreben. Auf den Raum bezogen erscheinen die regionalen Produktionsfortschritte eher gewährleistet als die Grundgedanken der Harmonie, der Sicherheit, Krisenfestigkeit und Stabilität. Der Staat sollte jedoch nach Möglichkeit nur dort eingreifen, wo die Selbstlenkungskräfte der Marktwirtschaft versagen und zu unerwünschten Entwicklungstendenzen führen. Demzufolge muß es im geschilderten Zusammenhang ein Ziel der Regionalpolitik sein, die räumliche Produktivkraft auf möglichst breiter Basis zu aktivieren, vielseitige Produktionsstrukturen zu ermöglichen und die Spezialisierung durch Schaffung möglichst vieler spezialisierter Standorte abzumildern[78]. Zu diesem Zwecke sollte der Staat nur dann als Unternehmer auftreten, wenn sich keine Möglichkeit bietet, das Wirtschaftsgeschehen im Raume durch eine Beeinflussung der industriellen Ansiedlungstätigkeit zu steuern, wie dies beispielsweise durch die Erschließung von Industriegelände, Investitionen in die Verkehrsinfrastruktur, Investitionshilfen und Sonderabschreibungen usw., also durch eine Einflußnahme auf die Standortfaktoren möglich ist[79].

---

[75] *Storbeck*, D., Die wirtschaftliche Problematik der Raumordnung, S. 131.

[76] Vgl. *Giersch*, H., Aufgaben der Strukturpolitik, in: Hamburger Jahrbuch für Wirtschafts- und Gesellschaftspolitik, 9. Jg. (1964), S. 62; ferner *Tuchtfeld*, E., Infrastrukturinvestitionen als Mittel der Strukturpolitik, in: Theorie und Praxis der Infrastrukturpolitik, Schriften des Vereins für Socialpolitik, N.F. Bd. 54, Berlin 1970, S. 125 ff.

[77] *Schneider*, H. K., Über die Notwendigkeit regionaler Wirtschaftspolitik, S. 4.

[78] Vgl. *Voigt*, F., Wirtschaftliche Entleerungsgebiete in Industrieländern, S. 162.

[79] Vgl. *Dittrich*, E., Unternehmerpersönlichkeit und Standortbestimmung, in: Raumforschung und Raumordnung, 7. Jg. (1943), H. 1/2, S. 50 ff.; *Isenberg*, G., Kräfte und Gegenkräfte im Ballungsprozeß, in: Die öffentliche Verwaltung, 16. Jg. (1963), H. 21/22, S. 807 ff. Vgl. insbes. auch Teil IV dieser Studie.

b) *Die quantitative Adäquanz*
der räumlichen Wirkungsfaktoren

Die Prinzipien der Mischung und Spezialisierung betonten den qualitativen Charakter einer harmonisch ausgewogenen Wirtschaftstätigkeit im Raum. Diesem qualitativen Aspekt entspricht in quantitativer Hinsicht der Grundsatz der Adäquanz der räumlichen Wirkungsfaktoren[80]. Hierunter wird die mengenmäßige Entsprechung der relevanten quantitativen Wirtschaftsmerkmale des Raumes verstanden. Das Adäquanzpostulat bezieht sich auf Betriebs-, Bevölkerungs- und Gemeindekategorien wie beispielsweise die Betriebsgrößenklasse, die Wohn- oder Wirtschaftsbevölkerung sowie auf Gemeindegrößenklassen[81]. Der Grundsatz der mengenmäßigen Entsprechung wäre dann erfüllt, wenn beispielsweise in einer Gebietseinheit mit vorwiegend klein- und mittelstädtischer Struktur auch die Betriebseinheiten eine entsprechende Größenordnung aufweisen[82].

Die möglichen negativen Auswirkungen einer quantitativen Disproportionalität im Raum treten beispielsweise dann auf, wenn das Erscheinungsbild einer relativ kleinen Gemeinde oder Stadt durch die Existenz eines einzigen Großbetriebes geprägt wird[83]. In Zeiten des wirtschaftlichen Aufschwungs dieses Unternehmens profitiert die Gemeinde in starkem Ausmaß von der günstigen Ertragslage. Umgekehrt vermag jedoch eine Krise des Unternehmens die Situation der Gebietseinheit ebenso negativ zu beeinflussen.

Die unverkennbare Tendenz zum Großbetrieb ließ Disproportionalitäten entstehen, die durch die Beherrschung eines Standortes durch einen oder wenige betriebliche Großeinheiten gekennzeichnet werden[84]. Neben

---

[80] Vgl. hierzu u. a. *Kloten, N., Höpfner, K., Zehender, W.*, Ortsgröße und regionale Wirtschaftspolitik, Zur Abhängigkeit des Wirkungsgrades regionalpolitischer Maßnahmen von der Größe der geförderten Orte, Schriften zu Regional- und Verkehrsproblemen in Industrie- und Entwicklungsländern (Hrsg. J. H. Müller und Th. Dams), Bd. 9, Berlin—München 1972; siehe auch *Voigt, F.*, Wirtschaftliche Entleerungsgebiete in Industrieländern, S. 163.

[81] *Storbeck, D.*, Die wirtschaftliche Problematik der Raumordnung, S. 131; vgl. auch *Ritter, U. P.*, Siedlungsstruktur, in: Handwörterbuch der Raumforschung und Raumordnung, Bd. III, Hannover 1970, Sp. 2893 ff. Vgl. auch *Schwarz, K.*, Bevölkerungsprognose, in: Handwörterbuch der Raumforschung und Raumordnung, Bd. I, Hannover 1970, Sp. 242 ff.

[82] Es liegt die Vermutung nahe, daß die positive wirtschaftliche Entwicklung des Untersuchungsraumes Baden-Württemberg gerade auch mit dieser quantitativ harmonischen Adäquanz der räumlichen Wirkungsfaktoren korrespondiert. Das untersuchte Bundesland weist neben der ausgewogenen Mischstruktur zwischen Groß-, Mittel- und Kleinbetrieben ebenfalls ein harmonisches Verhältnis zwischen Mischung und Spezialisierung der Wirtschaftstätigkeit in räumlich qualitativer Hinsicht auf; vgl. dazu *Bergschmidt, H. H.*, S. 515 ff. sowie Ohne Verfasser, Land im Herzen Europas, S. 21.

[83] *Storbeck, D.*, Die wirtschaftliche Problematik der Raumordnung, S. 131 f.

den sozialen und ökonomischen Macht- und Stabilitätsproblemen entstehen auch auf dem Gebiet der Gemeindefinanzen bestimmte Schwierigkeiten, da ein derartiger Großbetrieb die Finanzkraft der zugehörigen Gebietskörperschaft im wesentlichen trägt und andererseits bestimmte öffentliche Aufgaben erforderlich werden läßt[85].

Der Grundsatz der Adäquanz sollte jedoch regionalpolitisch nicht zum Abbau des bestehenden Großbetriebes, sondern zu einem allgemeinen Ausbau des Standortes durch eine gezielte Betriebsansiedlungspolitik der verantwortlichen raumwirtschaftlichen Entscheidungsinstanzen führen. Dies geschieht beispielsweise durch eine Beeinflussung der relativen Standortgunst der Gebietseinheit, wobei die Standortgunst dahingehend zu fördern ist, daß die einzelnen Ebenen der Standortwertigkeit[86] den Standortaffinitäten[87] der Industriegruppen am besten entsprechen, deren Ansiedlung aus raumordnungspolitischen Gesichtspunkten wünschenswert erscheint[88]. Eine derartige Politik kann die angeführten Nachteile der Disproportionalität ohne Einschränkung der Wirtschaftsdynamik kompensieren.

In diesem Sinne ist auch der Grundsatz der quantitativen Adäquanz der räumlichen Wirkungsfaktoren als Spannungsgegensatz der Prinzipien Proportionalität und Disproportionalität aufzufassen. Vereinfachend ließe sich formulieren, daß die Disproportionalität ähnlich der Spezialisierung Motor der wirtschaftlichen Entwicklungsdynamik und „natürliches" Ergebnis des marktwirtschaftlichen Industrialisierungsprozesses ist und wegen der beschriebenen Gefahren der Korrektur durch die staatliche Raumordnungspolitik bedarf[89].

Die Proportionalität entspricht als quantitative Kategorie dem Mischungsgrundsatz auf der qualitativen Seite und ist in erster Linie als Element der Sicherung einer bestimmten ökonomischen und sozialen sowie politischen Stabilität zu betrachten[90].

---

[84] Als ein deutliches Beispiel für dieses Phänomen führt Storbeck die Stadt Wolfsburg an, in welcher das Volkswagenwerk ohne Zweifel der bedeutendste ökonomische Machtträger ist. Vgl. *Storbeck*, D., Die wirtschaftliche Problematik der Raumordnung, S. 131.

[85] Ebenda, S. 132.

[86] Vgl. hierzu *Esenwein-Rothe*, J., Die Persistenz von Industriebetrieben in strukturschwachen Wirtschaftsgebieten, S. 65 ff. Siehe hierzu auch die in diesem Teil der Studie getroffenen Begriffsbestimmungen.

[87] Vgl. hierzu die Entwicklung der branchenspezifischen Standortaffinitäten in Teil III dieser Studie.

[88] Vgl. hierzu den Abschnitt über die Auswahl zielrelevanter Industriebereiche in Teil IV der Untersuchung.

[89] Vgl. *Töpfer*, K., Regionalpolitik und Standortentscheidung, S. 29 ff.

[90] *Storbeck*, D., Die wirtschaftliche Problematik der Raumordnung, S. 133.

c) Die optimale räumliche Verteilung
der Wirtschaftstätigkeit

Das Gestaltungsziel der Mischung und Spezialisierung dient der Beeinflussung des qualitativen Aspekts der Wirtschaftstätigkeit, das Prinzip der Adäquanz hingegen der quantitativen Ausrichtung der Aktivitäten. Mit der Anordnung eben dieser Aktivitäten im Raum beschäftigt sich das nunmehr zu erläuternde Gestaltungsziel der optimalen Verteilung der Wirtschaftstätigkeit. Wie die zuvor behandelten Prinzipien umfaßt auch dieses Gestaltungsziel ein Spannungsfeld möglicher Anordnungen, dessen Extrembereiche die totale Zentralisierung auf der einen und die völlige Dezentralisierung der Wirtschaftstätigkeit auf der anderen Seite sind[91].

Zwar führt der unbeeinflußte Industrialisierungsprozeß nicht zuletzt aufgrund der Zentralisierungstendenzen zu einem hervorragenden gesamtwirtschaftlichen Produktivitätsaufschwung[92], doch sollte die staatliche Einflußnahme aufgrund langfristiger Produktivitätserwägungen sowie aus Gründen der politischen und sozialen Stabilität und Gerechtigkeit dem natürlichen Prozeßablauf das erforderliche Maß an harmonischer Verteilung der Aktivitäten hinzufügen[93].

Die Notwendigkeit des horizontalen Finanzausgleichs zwischen den Gebietseinheiten, genauer der Umfang der erforderlich werdenden Zuweisungen von den finanzstarken an die schwachen Gebietskörperschaften, kann ein Gradmesser sein für das Erfordernis einer regionalpolitischen Einflußnahme auf die räumliche Verteilung der Wirtschaftstätigkeit[94].

Bestimmte Aufgaben des Staates, beispielsweise seine hoheitlichen Funktionen und die öffentliche Verwaltung, machen in einem modernen Staatswesen die zentrale Ausübung dieser Aufgabenbereiche erforderlich. Eine Dezentralisierung wäre hier aus Gründen der Koordination, der Produktivität und Effizienz der Maßnahmen wenig sinnvoll[95]. Die

---

[91] *Storbeck, D.*, Die wirtschaftliche Problematik der Raumordnung, S. 133. Vgl. auch *Petersen, G.*, S. 21 ff.

[92] Vgl. zur Entwicklung des süddeutschen Raumes *Christaller, W.*, Die zentralen Orte in Süddeutschland, Jena 1933; siehe auch *Voigt, F.*, Wirtschaftliche Entleerungsgebiete in Industrieländern, S. 90 ff.

[93] Vgl. hierzu *Isenberg, G.*, Regionale Wohlstandsunterschiede, Finanzausgleich und Raumordnung, S. 64 ff.; vgl. auch *Müller, J. H., Geisenberger, S.*, Die Einkommensstruktur in verschiedenen deutschen Ländern 1874—1913 unter Berücksichtigung nationaler Verschiedenheiten, in: Schriften zu Regional- und Verkehrsproblemen in Industrie- und Entwicklungsländern (Hrsg. J. H. Müller und Th. Dams), Bd. 10, Berlin—München 1972.

[94] Vgl. *Albers, W.*, Der Einfluß des Finanzausgleichs auf regionale Wettbewerbsbedingungen und Produktionsstandorte, S. 462 ff.

[95] *Storbeck, D.*, Die wirtschaftliche Problematik der Raumordnung, S. 133.

Auslastung derartiger zentraler Einrichtungen kann nur gewährleistet sein, wenn ihre Nutzungen über die Grenzen ihres jeweiligen Standortes hinausgehen.

Eine größere Bedeutung als für diesen öffentlichen Bereich hat die Zentralisierung auf dem Gebiet der Wirtschaft, zumal diese zwangsläufig die staatliche Aktivität nach sich zieht. Die Tendenz zum Großbetrieb, zur Konzentration und zu den Großstandorten vollzieht sich unter eindeutiger Betonung der Zentralisierung[96]. Hier entstehen unter ansiedlungs- und expansionspolitischem Gesichtspunkt Fühlungs- und Agglomerationsvorteile, deren Attraktivität nach Überschreitung eines bestimmten Ballungsgrades jedoch häufig durch Überauslastung der räumlichen Produktivkräfte in eine gegenteilige, d. h. ansiedlungs- und expansionshemmende Wirkung umschlagen kann[97]. „Dann erscheint aber die Dezentralisierung als das von der Raumordnung zu fördernde Prinzip der Raumnutzung[98]."

Prinzipiell ist die Zentralisierung und Ballung der Wirtschaftstätigkeit im Raum mit unabstreitbaren technischen, ökonomischen und organisatorischen Effizienzvorteilen verbunden[99]. Schröder sieht die Obergrenze einer optimalen Agglomeration — durch die Verwendung von Unter- und Obergrenze definiert er einen Optimalbereich, keinen Optimalpunkt — dann als erreicht an, „wenn bei zusätzlichen Investitionen den marginalen externen Ersparnissen gleich hohe Grenzkosten für die Inanspruchnahme zusätzlicher Flächen gegenüberstehen"[100]. Diese theoretische Formulierung bedarf jedoch in praktischen

---

[96] Ebenda.

[97] Vgl. zu den Unter- und Obergrenzen einer ökonomisch sinnvollen Agglomeration u. a. *Albert*, W., Voraussetzungen für die Entwicklung neuer Industriestandorte, in: Informationen, 14. Jg. (1964), Nr. 19, S. 690 f.; siehe auch *Esenwein-Rothe*, J., Sozialpolitische Probleme der Industrialisierung strukturschwacher Räume, in: Zeitschrift für die gesamte Staatswissenschaft, 118. Bd. (1962), S. 296 ff.

[98] *Storbeck*, D., Die wirtschaftliche Problematik der Raumordnung, S. 134. Vgl. zum Problembereich der Agglomeration *Boustedt*, O., Agglomeration, in: Handwörterbuch der Raumforschung und Raumordnung, Bd. I, Hannover 1970, Sp. 20 ff.; zu den Unter- und Obergrenzen einer optimalen Agglomeration: *Marx*, D., Wachstumsorientierte Regionalpolitik, S. 80 ff.; vgl. ferner *Weber*, A., Über den Standort der Industrien, S. 19 ff.; siehe ferner *Thalheim*, K. C., Ballung und Dezentralisation der Industrie als Problem der Raumforschung und Raumordnung, in: Raumforschung und Raumordnung, 7. Jg. (1943), H. 1/2, S. 1 ff.

[99] Vgl. auch *Frerich*, J., *Helms*, E., *Kreuter*, H., Die Erfassung und Quantifizierung der Wachstums- und Struktureffekte von Autobahnen — dargestellt am Beispiel einer in der Vergangenheit gebauten Strecke, Untersuchung im Auftrag des Bundesministers für Verkehr, Bonn 1972, S. 224 ff.

[100] *Schröder*, D., Strukturwandel, Standortwahl und regionales Wachstum, Prognos Studien 3, Beiträge zur angewandten Wirtschaftsforschung, Hrsg. Prognos AG in Basel, Stuttgart—Berlin—Köln—Mainz 1968, S. 122. Vgl. auch 2. Auflage, Stuttgart 1972.

regionalpolitischen Entscheidungssituationen einer Anfüllung mit konkreten Kriterien. Die Bestimmung des Optimalbereichs verlangt für jeden regionalpolitischen Einzelfall, d. h. für den in Frage kommenden Standort, eine detaillierte Untersuchung, in der u. a. Topographie, Wohnverhältnisse, Branchen- und Größenstruktur der ansässigen Unternehmen, öffentliche Grundleistungen, insbesondere auch die verkehrsmäßige Erschließung analysiert werden müssen[101]. Damit wird die Betrachtung auf die nationale Strukturkonzeption für die Region bzw. für das Problemgebiet abgestellt[102]. Die regionale Verteilungskonzeption für die Nation findet keine Berücksichtigung[103]. Ein derartiges Vorgehen erscheint nur dann als berechtigt, wenn das Fördergebiet Teil einer insgesamt hoch industrialisierten Volkswirtschaft ist, in welcher bei einzelnen Problemregionen die Indikatoren der Wirtschaftskraft erheblich unter dem volkswirtschaftlichen Durchschnitt liegen oder abzusinken drohen[104].

Bei gegebener als zu stark empfundener Zentralisierung[105] beinhaltet das Prinzip der Dezentralisierung nicht eine Zerstörung der zentralen Orte. Es gilt vielmehr, das Spektrum der Kernbereiche durch die Hinzufügung weiterer Wirtschaftszentren zu erweitern, um letztlich durch eine Vielzahl von Polen, die ihr Umland dominieren, ein insgesamt entballtes Raumgefüge zu verwirklichen[106].

---

[101] *Storbeck*, D., Regionale Wirtschaftspolitik, Sp. 2630. Vgl. auch *Voigt*, F., Wirtschaftliche Entleerungsgebiete in Industrieländern, a.a.O., S. 171 ff.

[102] Vgl. hierzu *Dittrich*, E., Die Problemgebiete der Bundesrepublik in ihrer Bedeutung für die Raumordnungspolitik, in: Der Diplom-Landwirt, 13. Jg. (1963), Nr. 9, S. 185 ff.; ders., Problemgebiete in der Raumforschung, in: Institut für Raumordnung, Informationen, 7. Jg. (1957), Nr. 23, S. 595 ff.

[103] *Storbeck*, D., Regionale Wirtschaftspolitik, Sp. 2630.

[104] Siehe zur Abgrenzung von Problemgebieten durch Kennziffern *Thelen*, P., *Lührs*, G., Abgrenzung von Fördergebieten, Schriftenreihe des Forschungsinstituts der Friedrich-Ebert-Stiftung, Bd. 91, Hannover 1971, S. 10 ff.; vgl. auch *Geisenberger*, S., *Mälich*, W., *Müller*, J. H., *Strassert*, G., Zur Bestimmung wirtschaftlichen Notstandes und wirtschaftlicher Entwicklungsfähigkeit von Regionen, Eine theoretische und empirische Analyse anhand von Kennziffern unter Verwendung von Faktoren- und Diskriminanzanalyse, in: Veröffentlichungen der Akademie für Raumforschung und Landesplanung, Abhandlungen Bd. 59, Hannover 1970, S. 10 ff.

[105] Wann eine Zentralisierung bzw. Ballung als zu stark empfunden wird, läßt sich allgemein nur sehr schwer formulieren. Hier muß von der raumwirtschaftlichen Einzelsituation ausgegangen werden. Vereinfachend ließe sich sagen, daß eine Ballung dann als zu stark gelten muß, wenn sich im Ballungsraum Verzerrungen, Friktionen und Gefahren aufgrund der Ballung zeigen und wenn in anderen Teilräumen, die durch die Ballungsregion benachteiligt werden, komparativ kostengünstigere Nutzungsmöglichkeiten erstickt werden (vgl. *Storbeck*, D., Die wirtschaftliche Problematik der Raumordnung, S. 135), so daß sich im Gefolge dieser regionalen Ungleichgewichte sozial nicht vertretbare Ungerechtigkeiten im Hinblick auf das allgemeine Wohlstandsniveau ergeben.

[106] Vgl. hierzu *Darwent*, D. G., Growth Poles and Growth Centers in Regional Planning — A Review, in: Environment and Planning, Vol. 1, 1969;

d) Das Ziel einer gesamtwirtschaftlich
stabilen räumlichen Wirtschaftsdynamik

An dieser Stelle sei bei der Erörterung des 4. Gestaltungsziels nochmals auf den folgenden Grundzusammenhang hingewiesen: Die natürlichen Steuerungskräfte der Marktwirtschaft sind Motoren des Wirtschaftswachstums und Produktivitätsfortschritts, deren Trendentwicklung immer wieder durch strukturelle und konjunkturelle Schwankungen beeinträchtigt wird. Der Wachstumsprozeß ist per se in den Teilräumen unterschiedlich, in einzelnen Regionen und Wirtschaftsbereichen krisenanfällig, daher sozial nur unzureichend gerecht und mangelnd stabil. Diese sozial-ökonomischen Ungerechtigkeiten und Instabilitäten implizieren das regionalpolitische Streben nach Abbau struktureller und konjunktureller Anfälligkeit der Regionen bei gleichzeitiger Schaffung der Voraussetzungen, die in gesamtwirtschaftlicher Sicht optimale Wachstumsraten der Teilräume ermöglichen[107]. Aus diesen Zusammenhängen resultiert das regionalpolitische Ziel einer gesamtwirtschaftlich stabilen räumlichen Wirtschaftsdynamik, dessen Spannungsfeld durch das Gegensatzpaar „Produktivität und Stabilität"[108] begrenzt wird und in welches alle bisher behandelten Gestaltungsziele einmünden.

Es sind dies auf der produktivitätsorientierten Seite die Kategorien Spezialisierung, Disproportionalität und Zentralisierung bzw. Ballung, die durch den unbeeinflußten marktwirtschaftlichen Prozeßablauf begünstigt und von Voigt als die typischen Differenzierungseffekte des marktwirtschaftlichen Industrialisierungsprozesses bezeichnet werden[109].

Der Wirtschaftsablauf bringt nicht automatisch zielgerechte Regionalzustände und Regionalverteilungen hervor[110]. Technische Unteilbarkeiten und die daraus resultierenden large scale economies führen zu einem Versagen der marktwirtschaftlichen Steuerungsmechanismen hinsichtlich der Standortbildung und der Regionalentwicklung[111]. Das Wachstumsziel muß daher durch die Einbeziehung des Stabilitätsaspekts modifiziert werden. Der Verwirklichung dieser gesamtwirt-

---

Hansen, N. M., Development Pole Theory in a Regional Context, in: Kyklos, Vol. 20, 1967; *Streit*, E., Regionalpolitische Aspekte des Wachstumskonzepts, in: Jahrbuch für Sozialwissenschaft, Bd. 22 (1971), Heft 2, S. 222.

[107] *Storbeck*, D., Regionale Wirtschaftspolitik, Sp. 2625.

[108] *Storbeck*, D., Die wirtschaftliche Problematik der Raumordnung, S. 136. Siehe dazu auch *Schneider*, H. K., Über die Notwendigkeit regionaler Wirtschaftspolitik, S. 4.

[109] Vgl. hierzu beispielsweise *Voigt*, F., Verkehrspolitik — Raumordnung — Gemeinden (Hrsg. Deutscher Gemeindetag), Bad Godesberg 1965.

[110] *Storbeck*, D., Regionale Wirtschaftspolitik, Sp. 2626.

[111] Ebenda, Sp. 2627. Siehe auch *Töpfer*, K., Regionalpolitik und Standortentscheidung, S. 30 ff.

schaftlichen Stabilität dienen die Zielkategorien Mischung, Proportionalität und Dezentralisierung bzw. Entballung. Nur so ist die Formulierung zu verstehen, daß letztlich die hier dargestellten Gestaltungsziele der Raumordnungspolitik unterschiedliche Aspekte ein und desselben Oberziels sind, daß die Verwirklichung eines gesamtwirtschaftlich optimalen regionalen Wirtschaftswachstums unter Wahrung der raumwirtschaftlichen Stabilität in politischer, ökonomischer und sozialer Hinsicht anstrebt. Das Wirtschaftswachstum selbst wird stimuliert durch die Kräfte des Marktmechanismus, intensiviert und korrigiert durch eine wachstums- und stabilitätsorientierte Regionalpolitik, wobei das Ziel der Sozialproduktmaximierung zugunsten der sozialen Gerechtigkeit modifiziert werden muß[112]. Der Zustand einer optimalen Raumnutzung ist dann erreicht, wenn zur Erzielung des gleichen Wirtschaftsergebnisses keine andere räumliche Verteilung den Produktionsaufwand verringern könnte, wenn also ein Höchstmaß an gesamtwirtschaftlicher und gesamträumlicher Produktivität realisiert ist[113]. Dieses Idealziel ist realiter nicht erreichbar, da die einzelnen Wirtschaftssubjekte in Verfolgung des subjektiven mikroökonomischen Ziels der privaten Gewinnmaximierung handeln, das regelmäßig die Tendenz zur Spezialisierung, Disproportionalität, Zentralisierung und Ballung der Raumbeziehungen in sich birgt[114]. Eine alle Teilräume umfassende produktivitäts- und gleichzeitig stabilitätsorientierte Kalkulationsweite wirtschaftlichen Handelns kann nur vom Staat vertreten werden[115]. Die Stabilität der Raumnutzung durch Schaffung des erforderlichen Maßes an Mischung, Proportionalität und Streuung der Wirtschaftstätigkeit im Raum wird dadurch verwirklicht, daß der Staat tendenziell seine regionalpolitischen Maßnahmen den langfristigen Ent-

---

[112] Vgl. *Predöhl*, A., Von der Standortlehre zur Raumwirtschaftslehre, in: Jahrbuch für Sozialwissenschaft, Bd. 2 (1951), S. 108 und *Marx*, D., Wachstumsorientierte Regionalpolitik, S. 10.

[113] *Storbeck*, D., Die wirtschaftliche Problematik der Raumordnung, S. 136.

[114] Die Wirtschaftssubjekte versuchen, den privaten Faktoreinsatz zu minimieren. Im Vordergrund ihrer Entscheidungen stehen also einzelbetriebliche Rentabilitätsüberlegungen. Diesen Zusammenhängen gilt vorwiegend die Aufmerksamkeit der traditionellen Standorttheorie. Eine raumwirtschaftliche Wachstumstheorie hingegen muß sich mit dem sozialen, nicht mit dem privaten Faktoraufwand der Leistungserstellung auseinandersetzen. Derartige Überlegungen finden jedoch nicht Eingang in das einzelwirtschaftliche Zielsystem, so daß die meisten Unternehmen bei ihrer Ansiedlungsentscheidung agglomerationsbedingte Standortvorteile nutzen wollen (vgl. *Lewis*, W. A., Die Theorie des wirtschaftlichen Wachstums, Tübingen und Zürich 1956, S. 233, zit. nach *Marx*, D., Wachstumsorientierte Regionalpolitik, S. 13).

[115] *Storbeck*, D., Die wirtschaftliche Problematik der Raumordnung, S. 136 f.; ein operationales, konfliktfreies Zielsystem existiert jedoch noch nicht. Außerdem sind die Interdependenzen der raumwirtschaftlichen Entwicklung unzureichend bekannt. Daher stehen alle regionalpolitischen Entscheidungen immer noch unter einer erheblichen Erfolgsungewißheit (vgl. *Storbeck*, D., Regionale Wirtschaftspolitik, Sp. 2627).

wicklungsbedingungen anpaßt und damit die „Stetigkeit der privaten Kalkulationen und der aus ihnen hervorgehenden Dynamik der Wirtschaft schafft"[116].

Zusammenfassend läßt sich sagen, daß als Ursprung der eigenständigen Entwicklungsdynamik des Marktes und Ursache eines regional differenzierten Wirtschaftswachstums die industrielle Aktivität in Verbindung mit den unterschiedlichen Qualitäten der Standortfaktoren angesehen werden muß. Eine effiziente Raumwirtschaftspolitik sollte daher nicht nur symptomatisch eingreifen, sondern auch an der Wurzel der räumlichen Differenzierungsursachen[117] einsetzen, d. h. kausal determinierte Maßnahmen zur Beeinflussung der unternehmerischen Standortwahl treffen. Dabei sind die raumordnungspolitischen Gestaltungsziele zu beachten, die sich wie folgt zusammenfassen lassen:

(1) Die qualitative Harmonie einer ausgewogenen Wirtschaftstätigkeit im Raum.

(2) Die quantitative Adäquanz der räumlichen Wirkungsfaktoren.

(3) Das Gestaltungsziel der optimalen räumlichen Verteilung der Wirtschaftstätigkeit.

(4) Das Ziel einer gesamtwirtschaftlich stabilen räumlichen Wirtschaftsdynamik.

Die Nutzung des Raumes tangiert nicht nur die unmittelbar betroffenen Wirtschaftssubjekte, die durch raumwirtschaftliche Aktivitäten Nutzen erzielen, sie berührt ebenso öffentliche Interessen, deren Vertretung dem Staat obliegt[118].

---

[116] *Storbeck*, D., Die wirtschaftliche Problematik der Raumordnung, S. 137.

[117] Von den Autoren, die sich mit der Differenzierungsproblematik auseinandersetzen und von denen hier nur einige genannt werden können, werden unterschiedliche Differenzierungsdeterminanten hervorgehoben und in ihrer Bedeutung herausgearbeitet. So betont Voigt besonders die Differenzierungseffekte, die im Industrialisierungsprozeß von den Verkehrsmitteln ausgingen (vgl. z. B. *Voigt*, F., Die gestaltende Kraft der Verkehrsmittel in wirtschaftlichen Wachstumprozessen, Bielefeld 1959; ders., Die volkswirtschaftliche Bedeutung des Verkehrssystems, Berlin 1960; ders., Verkehrspolitik — Raumordnung — Gemeinden, Hrsg. Deutscher Gemeindetag; ders., Theorie der regionalen Verkehrsplanung, Ein Beitrag zur Analyse ihrer wirtschaftlichen Problematik, Schriftenreihe des Instituts für Verkehrswissenschaft der Universität Hamburg, Bd. 10, Berlin 1964; ders., Verkehr, Erster Band — zwei Halbbände, Theorie der Verkehrswirtschaft, Berlin 1973). Weber betont neben den Transportkosten die Arbeitskosten und die Agglomerationsvorteile (*Weber*, A., Über den Standort der Industrien, 1. Teil, Reine Theorie des Standortes), wobei heute der Kostenaspekt der Faktoren durch deren Qualitätsmerkmale zurückgedrängt wird. Zahlreiche Autoren versuchen, viele Entwicklungsdeterminanten gleichzeitig herauszuarbeiten. Fast allen jedoch ist übereinstimmend die Auffassung gemein, daß die Differenzierungseffekte letzlich durch unterschiedliche Standortqualitäten und -verteilungen hervorgerufen werden, die eine staatliche Einflußnahme erforderlich machen (vgl. *Giersch*, H., Aufgaben der Strukturpolitik, S. 62 f.).

[118] *Lenort*, N. J.: Raumordnung und Wirtschaftspolitik, in: Gewerkschaftliche Monatshefte, 1957, Heft 5, S. 296 f.

Gerade dieses Phänomen ist in jüngster Zeit in den Brennpunkt des allgemeinen Interesses gerückt: Ein Mangel an sozialer Verantwortung sowohl der agierenden Wirtschaftssubjekte als auch der kontrollierenden und kompensierenden staatlichen Lenkungsorgane führte zu dem heute allenthalben feststellbaren Raubbau an den sogenannten „freien Gütern", zur Verschmutzung der Gewässer, zur Verunreinigung der Luft, zum Anwachsen der Abfallprodukte des raumwirtschaftlichen Produktionsprozesses[119]. In dem Maße, in dem diese Bedrohung der Umwelt wächst, steigt die Verpflichtung des Staates, den Trägern der privaten Nutzungsentscheidungen durch Gesetze und Nutzungsvorschriften ihre raumwirtschaftliche Verantwortung bewußt zu machen. Die Kosten, welche bei der Beseitigung umweltfeindlicher Prozesse anfallen[120], müssen entsprechend dem Verursachungsprinzip im Rahmen des Möglichen von den Wirtschaftssubjekten getragen werden, die durch ihre Nutzungsentscheidung die umweltschädlichen Einflüsse hervorrufen. Der Anteil des Staates am Bruttosozialprodukt, auf den Raum bezogen am Bruttoinlandsprodukt, ist in den letzten Jahren derart stark angewachsen, daß das Volumen dieser Staatstätigkeit nicht ausgedehnt werden sollte, wenn eine Übernahme durch Private möglich erscheint. „Nur so wird die räumliche Gestaltung auch zu einem echten Anliegen der Gesellschaft, während sie sonst zwangsläufig zu einer einseitigen Ordnungsfunktion des Staates wird[121]."

Die allgemein formulierten Gestaltungsziele haben zunächst im gesamten wirtschaftlichen Bereich Gültigkeit für die regionalisierte Wirtschaftspolitik, auf übergeordneter, allgemein gesellschaftspolitischer Ebene für die regionalisierende Wirtschaftspolitik[122]. Aus den Gestaltungszielen kann jedoch kein operationales und konfliktfreies Zielsystem entwickelt werden, da — neben anderen Konfliktbedingungen — sowohl regionalisierte als auch regionalisierende Wirtschaftspolitik zwei unterschiedliche Zielansätze und Wirkungsebenen aufweisen[123].

„Das Gestaltungsproblem einer optimalen Regionalpolitik für eine Gesamtheit von Regionen (oder für eine einzelne Region) entzieht sich des weiteren einer umfassenden Formalisierung deshalb, weil es nicht möglich ist, eine widerspruchsfreie Präferenzfunktion, die sämtliche

---

[119] Vgl. *Bach*, W., Luftverunreinigung, Schäden, Kosten, Maßnahmen, in: Geographische Rundschau, Braunschweig, 20. Jg. (1968), Heft 4, S. 134 ff. Siehe auch *Mantel*, W., Der Wald in der Raumordnung, in: Raumforschung und Raumordnung, 26. Jg. (1968), Heft 1, S. 1 ff.

[120] Vgl. zu diesen Kosten, die vorwiegend durch die Agglomeration hervorgerufen werden, u. a. *Marx*, D., Wachstumsorientierte Regionalpolitik, S. 80 ff.

[121] Vgl. *Storbeck*, D., Die wirtschaftliche Problematik der Raumordnung, S. 128.

[122] Vgl. hierzu die Begriffsbestimmung der Regionalpolitik.

[123] Vgl. *Storbeck*, D., Regionale Wirtschaftspolitik, Sp. 2629.

relevanten Ziele und Instrumente als Argumente enthält, zu gewinnen[124]." Um eine praktische Berücksichtigung der Gestaltungsziele in Teil IV der Untersuchung für konkrete Problemsituationen zu ermöglichen, wird eine Einengung des zu analysierenden Raumphänomens auf die nationale Strukturkonzeption für die Teilräume, d. h. auf die Wirtschaftsstruktur der Regionen erforderlich. Die regionale Verteilungskonzeption für die Gesamtnation (Regionalstruktur der Wirtschaft) muß unberücksichtigt bleiben, da ein konsistentes System der Regionalisierung, das beide Dimensionen des Raumphänomens umfaßt, noch nicht entwickelt werden konnte[125].

Die Unvollkommenheit regionalpolitischer Konzeptionen impliziert in konkreten Problemsituationen den Übergang von einer regionalisierenden oder regionalisierten Wirtschaftspolitik zu einer regional gezielten bzw. zu einer adäquaten Form der Wirtschaftspolitik der Regionen. Wesentliche Voraussetzung für die Effizienz dieser Politik in der wirtschaftspolitischen Praxis ist die Koordination regionalpolitischer Maßnahmen sowohl im konzeptionellen als auch im instrumentellen Bereich[126].

C. Das marktwirtschaftliche Instrumentarium der regionalen Wirtschaftspolitik

Die Regionalpolitik ist ein Bereich der gesamten staatlichen Wirtschaftspolitik und umschließt diese gleichzeitig. Insofern sind auch die Instrumente der Regionalpolitik die der Wirtschaftspolitik schlechthin[127]. Regionalpolitische Maßnahmen beziehen sich auf die jeweilige Gebietseinheit, für die sie gelten, müssen jedoch auch gleichzeitig an den Erfordernissen des Gesamtraumes orientiert werden. Die eine bestimmte Gebietseinheit betreffende Regionalpolitik muß also nicht nur in sich konsistent sein, sondern auch in einem sinnvollen Zusammenhang zu den gesamträumlichen ökonomischen und außerökonomischen Belangen gestellt werden[128]. Dieses Koordinationspostulat, das innerhalb eines föderalistischen Systems besonders schwer zu verwirklichen ist, gilt sowohl für die Ziele der Regionalpolitik als auch für deren Instrumente[129].

---

[124] *Schneider*, H. K., Modelle für die Regionalpolitik, S. 77.
[125] Vgl. *Storbeck*, D., Regionale Wirtschaftspolitik, Sp. 2627 ff.
[126] Vgl. hierzu Raumordnungsgesetz der Bundesrepublik Deutschland vom 8. 4. 1965, Bundesgesetzblatt, Teil I, Nr. 16, 21.4. 1965. Siehe zu den Koordinationserfordernissen insbesondere *Seidenfus*, H. St., Koordinationsprobleme und aktuelle Hemmnisse der Regionalpolitik, S. 130 ff.
[127] Vgl. *Thalheim*, K. C., Marktkonforme Mittel der Raumordnung, S. 193 ff.
[128] *Storbeck*, D., Die wirtschaftliche Problematik der Raumordnung, S. 139 f.
[129] Vgl. *Hansmeyer*, K. H., S. 36 ff.; *Funck*, R., S. 111 ff.

In diesem Zusammenhang ist auch die Forderung nach Kontinuität hervorzuheben. Lange Zeit erschöpfte sich die Regionalpolitik in einer Aneinanderreihung von ad hoc-Maßnahmen, denen ein homogenes Zielsystem fehlte[130]. Interdependenzen mit den übrigen Teilräumen wurden kaum berücksichtigt. Das Vorherrschen momentaner Lösungen kann durch eine dynamische Ausrichtung, d. h. durch eine langfristige Orientierung der regionalpolitischen Ziele und Instrumente überwunden werden[131].

Diese dynamische Sicht verlangt eine ständige Strukturgestaltung, insbesondere im Hinblick auf die Instrumente der Standortlenkung, die sich empirisch als besonders effiziente Möglichkeiten der Raumgestaltung erwiesen haben[132].

Im vorliegenden Abschnitt wird versucht, einen Überblick über die Möglichkeiten und Mittel der Regionalpolitik zu geben, um anschließend aus diesen die speziellen Instrumente der regionalpolitischen Standortlenkung herausarbeiten zu können.

Das Instrumentarium der Regionalpolitik ist vielschichtig. Fast allen wirtschaftspolitischen und regionalpolitischen Maßnahmen sind bestimmte räumliche Wirkungen immanent. Eine exakte Abgrenzung der Mitteltypen läßt sich kaum vornehmen. Gerade standortbezogene Wirkungen sind in den meisten regionalpolitischen Maßnahmen enthalten[133].

Die Problematik der Zielkonflikte und Interdependenzen sowie die mangelnde Operationalität regionalpolitischer Zielkonzeptionen erschweren die Wahl der raumwirtschaftlichen Instrumente, über deren genaue Wirkung bisher kaum gesicherte Ergebnisse vorliegen. Daher werden alle regionalpolitischen Entscheidungen durch eine erhebliche Erfolgsungewißheit gekennzeichnet, die durch die langfristige Wirkungsweise regionalpolitischer Maßnahmen und durch die typische Aggregatspersistenz raumwirtschaftlicher Strukturen und Elemente weiter verstärkt wird[134].

Für eine Systematisierung des regionalpolitischen Instrumentariums, die sich — wie bereits angedeutet — nicht völlig exakt durchführen

---

[130] Vgl. *Storbeck*, D., Regionale Wirtschaftspolitik, Sp. 2631.

[131] Insofern ist die Schaffung der regionalen Aktionsprogramme (Der Bundesminister für Wirtschaft, Hrsg. Referat Presse und Information des Bundesministeriums für Wirtschaft, Regionale Aktionsprogramme 1970. Bonn o. J., i. f. zit. als Regionale Aktionsprogramme 1970), die später ausführlich behandelt werden, ein großer regionalpolitischer Fortschritt. Die Programme bieten neben den Koordinierungsvorteilen entscheidende Verbesserungen im Hinblick auf die Quantifizierung öffentlicher Förderungsmaßnahmen, die für Prognosen der regionalen Wirtschaftsentwicklung eminent wichtig sind.

[132] Vgl. hierzu Teil IV der Untersuchung.

[133] Vgl. *Töpfer*, K., Regionalpolitik und Standortentscheidung, S. 69 ff.

[134] Vgl. *Storbeck*, D., Regionale Wirtschaftspolitik, Sp. 2627.

läßt, sind in der Literatur mehrere Ansätze erstellt worden, von denen einige im folgenden kurz skizziert werden sollen. Eine kasuistische Aufzählung ist wegen der großen Zahl konkreter, jeweils nicht identischer regionalpolitischer Problemsituationen nicht möglich[135].

In Anlehnung an Storbeck seien zunächst einige Beispiele wirtschaftspolitischer Maßnahmen mit Regionaleffekten aufgeführt, die von den staatlichen Entscheidungsinstanzen z. T. beabsichtigt und z. T. nicht beabsichtigt werden[136].

(1) Investitionspolitische Maßnahmen

Die staatliche Investitionspolitik zielt auf eine Beeinflussung der privaten und öffentlichen Investitionen in den raumwirtschaftlichen Produktionsapparat ab. Dabei tritt der Staat selbst als Investor auf oder fördert die private Investitionsneigung. Träger dieser regionalen Investitionspolitik können alle Gebietskörperschaften sein, die Gemeinden und Gemeindeverbände[137], Landschaftsverbände, Bundesländer und der Bund selbst[138]. Mittel dieser Politik sind Investitionsausgaben in die regionale Infrastruktur als Beispiel für die eigenständige Investitionspolitik der öffentlichen Verbände, Bewertungsvorteile, Sonderabschreibungen oder andere Formen der Investitionsbeihilfe staatlicherseits bei der Aktivierung der privaten Investitionstätigkeit[139].

(2) Verkehrspolitische Maßnahmen

Ein wesentlicher Teil der regionalen Investitionspolitik entfällt auf verkehrspolitische Maßnahmen. Die volkswirtschaftliche und raumwirtschaftliche ökonomische Leistungsfähigkeit hängt in starkem Umfang von der Qualität des jeweiligen Verkehrssystems ab[140]. Dieser

---

[135] Ebenda, Sp. 2628.

[136] *Storbeck*, D., Die wirtschaftliche Problematik der Raumordnung, S. 140 f.

[137] Über die Notwendigkeit übergemeindlicher Planung und Koordination von Investitionen besteht allgemein Übereinstimmung in Literatur und regionalpolitischer Praxis. Zwischen die Gemeinden und Länder könnte die Institution der regionalen Planungsgemeinschaften als zusätzlicher Entscheidungsträger geschaltet werden, dem die horizontale und vertikale Koordination kommunaler Maßnahmen obliegen müßte (vgl. hierzu *Petersen*, G., Regionale Planungsgemeinschaften als Instrument der Raumordnungspolitik in Baden-Württemberg; ferner *Becker-Marx*, K., Regionale Planungsgemeinschaften, in: Handwörterbuch der Raumforschung und Raumordnung, Bd. III, Hannover 1970, Sp. 2610 ff.).

[138] Vgl. *Hansmeyer*, K.-H., S. 51 ff.

[139] Vgl. ausführlich *Funck*, R., S. 116 ff.; siehe auch *Zohlnhöfer*, W., Lokalisierung und Institutionalisierung der Infrastrukturplanung im föderativen System: Das Beispiel der Gemeinschaftsaufgaben in der Bundesrepublik Deutschland, in: Theorie und Praxis der Infrastrukturpolitik (Hrsg. R. Jochimsen und U. E. Simonis), Schriften des Vereins für Socialpolitik, N.F. Bd. 54, Berlin 1970, S. 681 ff.

[140] *Voigt*, F., Wirtschaftliche Entleerungsgebiete in Industrieländern, S. 110 ff.

Wirtschaftsbereich tritt als Katalysator und Aktivator zwischen den volks- bzw. raumwirtschaftlichen Aktivitäten auf. Ohne Verkehrssystem sind überlokale Produktions- und Absatzbeziehungen nicht denkbar. Die große Relevanz der verkehrlichen Infrastruktur für die industrielle Ansiedlung und Expansion wird durch die empirische Analyse der Standortaffinitäten im III. Hauptteil dieser Studie bestätigt. Regressionsanalytische Tests gelangen zu einem entsprechenden Ergebnis[141].

Neben den Investitionen in die Verkehrsinfrastruktur betreibt der Staat mit tarifpolitischen Mitteln regionale Verkehrspolitik[142].

(3) Agrarpolitische Maßnahmen

Der relative Bedeutungsschwund der Agrarwirtschaft im Gefüge der Wirtschaftssektoren führt zu einem erheblichen Wandel der Wirtschaftsstruktur. Das Postulat einer harmonischen, krisenfesten Raumnutzung weist jedoch auch der Agrarwirtschaft einen wesentlichen Platz in der Verteilung der raumwirtschaftlichen Aktivitäten zu[143]. Abgesehen von den strukturpolitischen Maßnahmen, wie sie beispielsweise im Rahmen des Grünen Planes durchgeführt werden, sorgt der Staat durch regional gezielte Kultivierungs- und Meliorationsprogramme für die Realisierung einer ausgewogenen räumlichen Agrarstruktur. Regionale Differenzierungen ergeben sich insbesondere auch bei den Vorgängen der Flurbereinigung[144].

(4) Finanzpolitische Maßnahmen

Zu den raumwirtschaftlichen Maßnahmen der Finanzpolitik zählt die Institution des Finanzausgleichs, der jedoch zum größten Teil — in horizontaler und vertikaler Form — lediglich als symptomatisches, nicht aber als kausal angreifendes Instrument der Regionalpoltik zu bezeichnen ist[145]. Maßnahmen, die kausal wirksam werden, sind hingegen

---

[141] Vgl. *Frerich*, J., *Helms*, E., *Kreuter*, H., S. 192 ff.

[142] Vgl. hierzu u. a. *Müller*, J.-H., S. 25 ff.

[143] Vgl. zu den Zusammenhängen zwischen Regional- und Agrarpolitik *Priebe*, H., *Möller*, H., Regionale Wirtschaftspolitik als Voraussetzung einer erfolgreichen Agrarpolitik, Brüssel 1961; siehe zur Agrarpolitik und dem raumordnungspolitischen Gestaltungsziel „Dezentralisierung und Zentralisierung" (*Storbeck*, D., Die wirtschaftliche Problematik der Raumordnung, S. 133 ff.), auch *Priebe*, H., Die dezentralisierte Schwerpunktbildung aus der Sicht der Landwirtschaft, in: Produktivitätsorientierte Regionalpolitik, Wirtschaftswissenschafliche Tagung der Adolf-Weber-Stiftung, 16. Okt. 1964, Berlin 1965; zu Baden-Württemberg vgl. *Brünner*, F., Agrarstrukturelle Rahmenplanung Baden-Württemberg, Hrsg. Ministerium für Ernährung, Landwirtschaft, Weinbau und Forsten Baden-Württemberg, Stuttgart 1970; siehe ferner *Schapper*, T., Zum Problem einer regional differenzierten Agrarpolitik, in: AVA, Sonderheft 27, Wiesbaden 1966.

[144] *Storbeck*, D., Die wirtschaftliche Problematik der Raumordnung, S. 141.

[145] Vgl. hierzu u. a. *Albers*, W., Der Einfluß des Finanzausgleichs auf regionale Wettbewerbsbedingungen und Produktionsstandorte, S. 462 ff.

raumwirtschaftlich orientierte Steuererleichterungen oder zeitlich be-
fristete Steuerbefreiungen, die für die Unternehmen einen Ansied-
lungs- oder Erweiterungsanreiz darstellen[146].

Hier stellt sich wiederum die Verbindung zur Standortpolitik der
Gebietskörperschaften her. Zweifellos sind innerhalb des Standortfaktors „öffentliche Förderung" gerade finanzpolitische Maßnahmen
relevant für die unternehmerische Ansiedlungs- bzw. Erweiterungs-
entscheidung und werden im Gegensatz zu anderen Maßnahmen der
öffentlichen Förderung von den Unternehmern auch als Standortfaktor deutlich empfunden, allerdings unterschiedlich bewertet[147].

Weitere raumwirtschaftliche Effekte werden durch die Finanzautonomie der einzelnen Gebietskörperschaften hervorgerufen. In diesem Zusammenhang sind die unterschiedlichen Gemeindesteuern, lokal
differierende Gebührensätze und Tarife für öffentliche Leistungen
hervorzuheben[148]. Derartige Maßnahmen führen häufig gerade in den
Räumen zu Benachteiligungen, deren Entwicklungsstand ohnehin unter
dem gesamtwirtschaftlichen Durchschnitt liegt. Das Streben nach
einem Budgetausgleich kann in derart benachteiligten Gebieten zu
weiteren ansiedlungshemmenden Wirkungen der Finanzpolitik führen.
Der Finanzausgleich kann den Rahmen der rein symptomatischen
Effizienz sprengen, wenn er die finanzschwachen Gebietskörperschaften
in die Lage versetzt, trotz unzureichender Einnahmen eine ansied-
lungs- und expansionsfreudige Standortpolitik zu betreiben[149].

(5) Subventionspolitische Maßnahmen[150]

Ähnlich den Steuererleichterungen können auch Subventionen raumwirtschaftliche Effekte hervorrrufen. Getragen werden diese Unterstützungsmaßnahmen von Ländern, Regionalverbänden oder Gemeinden. Sie können zu einer räumlich unterschiedlichen Preispolitik führen, wenn sie tatsächlich von den Unternehmen im Produktpreis weiter-

---

146 *Kloten*, N., Standortwirkungen kommunaler Besteuerungsformen, in:
Kommunale Finanzen und Finanzausgleich, Schriften des Vereins für
Socialpolitik, N.F. Bd. 32, Berlin 1964, S. 287 ff.

147 Vgl. hierzu *Fürst*, D., S. 207.

148 *Storbeck*, D., Die wirtschaftliche Problematik der Raumordnung, S. 141.

149 Siehe hierzu *Albers*, W., Der Einfluß der Finanzpolitik auf die räum-
liche Ordnung der Wirtschaft, in: Produktivitätsorientierte Regionalpolitik,
Wirtschaftswissenschaftliche Tagung der Adolf-Weber-Stiftung, 16. Okt. 1964,
Berlin 1965, S. 49 ff.; vgl. auch *Timm*, H., Finanzpolitische Autonomie unter-
geordneter Gebietskörperschaften (Gemeinden) und Standortverteilung, Ein
Beitrag zur ökonomischen Beurteilung des Finanzausgleichs, in: Kommunale
Finanzen und Finanzausgleich, Schriften des Vereins für Socialpolitik, N.F.
Bd. 32, Berlin 1964, S. 9 ff. *Schneppe*, F., Finanzausgleich, in: Handwörterbuch
der Raumforschung und Raumordnung, Bd. I, Hannover 1970, Sp. 688 ff. bes.
Sp. 705.

150 die nicht direkt zum Bereich der Finanzpolitik zählen.

gegeben werden. Die Subventionspolitik der öffentlichen Hand stellt sich jedoch häufig als unsystematisch, mangelnd dynamisch und strukturverzerrend dar[151]. Gerade hier wird deutlich, wie wichtig die Koordinierung regionalpolitischer Maßnahmen ist[152], damit durch die Subventionen bestehende Ungleichgewichte nicht zementiert, sondern abgebaut werden. Nur durch Koordinierung und Einbeziehung des langfristigen Aspekts (Anpassung der Subventionen an langfristige Entwicklungspläne) können gegenläufige Subventionseffekte vermieden und die Gefahren der Konservierung untragbarer räumlicher Differenzierungen, welche die Effizienz der Gesamtwirtschaft beeinträchtigen, abgemildert werden.

Eine weitere Aufzählung wirtschaftspolitischer Maßnahmen mit Regionaleffekten findet sich bei Thalheim, der die Beispiele Verkehrspolitik, Berufsbildungspolitik, Agrarstrukturpolitik, die Verlegungen von Behörden, Garnisonen und ähnlichen Institutionen, die raumwirtschaftlich orientierte Vergabe öffentlicher Aufträge und die öffentliche Förderung von Bodenmeliorationen, Neulandgewinnung, Flurbereinigung und Erschließung von Industriegelände[153] anführt.

Systematischer als eine derartige Aufzählung von Beispielen ist die Klassifizierung der regionalpolitischen Instrumente nach den allgemeinen Kriterien der Markt- und Systemkonformität[154]. Thalheim gelangt in seiner Aufgliederung dieser Elemente zu sechs Kategorien wirtschaftspolitischer Instrumente[155]:

(1) Systemnotwendige Maßnahmen, die der Sicherung der Wirtschaftsverfassung dienen;

(2) systemfördernde Maßnahmen, welche die Wirkungsweise der Wirtschaftsverfassung stärken und erleichtern;

(3) systemadäquate Maßnahmen, die die Durchsetzung wirtschaftspolitischer Ziele bezwecken, die ohne staatliche Intervention nicht erreicht werden könnten;

---

[151] Vgl. *Töpfer*, K., Regionalpolitik und Standortentscheidung, S. 101.

[152] Vgl. *Petersen*, G., S. 112 ff.

[153] *Thalheim*, K. C., Marktkonforme Mittel der Raumordnung, S. 201; siehe dazu auch *Storbeck*, D., Die wirtschaftliche Problematik der Raumordnung, S. 148 ff.

[154] Vgl. *Thalheim*, K. C., Zum Problem der Einheitlichkeit der Wirtschaftspolitik (Festgabe für Georg Jahn), Berlin 1955, S. 577 ff.

[155] Vgl. zur folgenden Aufzählung auch *Storbeck*, D., Die wirtschaftliche Problematik der Raumordnung, S. 147 ff. Eine exakte Abgrenzung der systemkonformen von den inkonformen Instrumenten der Regionalpolitik läßt sich nach Auffassung Storbecks jedoch nicht vornehmen, da die Grenzen beider Kategorien durch die Zwischenschaltung schwer einzustufender neutraler Maßnahmen fließend sind.

(4) systeminadäquate, aber nicht -zerstörende Maßnahmen, die den Lenkungsmechanismus zwar beeinträchtigen, aber nicht außer Funktion setzen;

(5) systemzerstörende Maßnahmen, die jedoch die Funktionsfähigkeit des Lenkungsmechanismus der Wirtschaftsverfassung nicht beeinträchtigen;

(6) systemzerstörende Maßnahmen, die die Funktionsfähigkeit des Lenkungsmechanismus der Wirtschaftsverfassung aufheben.

Die Maßstäbe der Marktkonformität und Systemgerechtigkeit liefern jedoch noch keine eindeutige Mittelbestimmung bei der Verfolgung raumordnungspolitischer Ziele[156]. Mit den Möglichkeiten einer derartigen Mittelbestimmung, insbesondere im Hinblick auf die regionalpolitische Standortlenkung, beschäftigt sich der folgende Abschnitt[157].

Einen bemerkenswerten Ansatz zur Systematisierung regionalpolitischer Instrumente liefert Töpfer. Er ordnet die Instrumente nach ihrem Einfluß auf die privatwirtschaftliche Einzelentscheidung und klassifiziert die folgenden Wirkungszusammenhänge[158]:

(1) Beeinflussung der Entscheidungskomponente „Umwelt" (z. B. durch gezielte Informationen über die Determinanten der Ausgangslage, den Handlungsspielraum und die Konsequenzen alternativer Handlungen),

(2) Beeinflussung des Ergebnisses alternativer Entscheidungen (Handlungsalternativen) (z. B. durch regional gezielte Investitionshilfen),

(3) Beeinflussung der Entscheidungsalternativen selbst (z. B. durch Verbesserung der relativen Standortgunst bestimmter Räume durch Infrastrukturinvestitionen etc.),

(4) Beeinflussung der Determinanten des unternehmerischen Ansiedlungsentscheidungskalküls (entscheidungsbestimmendes Wertsystem) durch Einflußnahme auf das einzelwirtschaftliche Zielsystem der Ansiedlungsentscheidung,

---

156 Vgl. *Storbeck, D.*, Die wirtschaftliche Problematik der Raumordnung, S. 148.

157 In Anlehnung an Thalheim führt Egner eine eigene Systematisierung standortlenkender Mittel durch und unterscheidet **empfehlende, ankurbelnde und befehlende Standortlenkung.** Vgl. *Egner, E.*, Wirtschaftliche Raumordnung in der industriellen Welt, Bremen-Horn 1950, S. 31; vgl. auch ders., Raumwirtschaftspolitik, in: HdSW, Bd. 8, Göttingen 1964, S. 694 ff. Dörpmund begrenzt das Einsatzfeld standortlenkender Mittel durch die regionalpolitischen Extrempositionen „Datenbeeinflussung" (empfehlende Maßnahmen) und „Dirigismus" (befehlende Maßnahmen). Vgl. *Dörpmund, H.*, Die Mittel der Industriestandortlenkung und die Grenzen ihrer Anwendbarkeit, Bremen-Horn 1950, S. 24 ff.

158 Vgl. *Töpfer, K.*, Regionalpolitik und Standortentscheidung, S. 24 ff.

(5) Beeinflussung der einzelwirtschaftlichen Entscheidungsmaxime (d. h. der Bereitschaft der Entscheidungsträger zur Risikoübernahme und zur objektadäquaten zeitlichen Kalkulationsweite).

Jedem Instrument dieser Einteilung Töpfers ist eine bestimmte Einwirkungsdimension der einzelwirtschaftlichen Entscheidung zugeordnet. Darin besteht nach Auffassung Storbecks der Vorteil dieses Instrumentenkatalogs im Vergleich zu anderen formalen Klassifikationen[159, 160].

Nach der Behandlung der grundsätzlichen Zusammenhänge zwischen Raumordnung, Regionalpolitik und Standortentscheidung, die im Mittelpunkt des ersten Teils dieser Arbeit stand, behandelt der folgende Teil einige relevante Ansätze und Methoden, die zur Erfassung räumlicher Wirtschaftsbeziehungen entwickelt wurden, und überprüft diese insbesondere im Hinblick auf ihre Eignung für die Analysezwecke der vorliegenden Untersuchung.

---

[159] *Storbeck*, D., Regionale Wirtschaftspolitik, Sp. 2628 f.

[160] Die „ankurbelnde" Standortlenkung bei Egner und Dörpmund entspricht weitgehend den Instrumentbereichen (1) und (2) der Töpferschen Systematik. Diese Autoren nehmen jedoch keine Trennung zwischen „Beeinflussung von Ergebnissen" und „Veränderung von Handlungsalternativen" vor. Vgl. *Egner*, E., Möglichkeiten und Grenzen industrieller Standortpolitik, in: Raumforschung — Raumordnung, Hefte der Akademie für Raumforschung und Landesplanung, Heft 1, Bremen-Horn 1948; *Dörpmund*, H., S. 104. Vgl. zu den Mitteln der Standortlenkung ausführlich Teil IV der vorliegenden Untersuchung.

TEIL II

Ansätze und Methoden zur Erfassung
räumlicher Wirtschaftsbeziehungen

Die Regionalforschung bemüht sich seit geraumer Zeit, die Determinanten und Erscheinungsformen eines regional differenzierten Wirtschaftswachstums zu erfassen und zu erklären. Im folgenden sollen einige Ansätze und Methoden zur Beschreibung und Ursachenanalyse dieses Wachstumsphänomens behandelt werden, um auf Basis der ermittelten Kausalzusammenhänge die im Rahmen dieser Untersuchung relevanten Möglichkeiten und Mittel einer regionalpolitischen Einflußnahme auf die Raumbeziehungen herausarbeiten zu können. Die dabei vorgenommene Systematisierung der Ansätze beinhaltet keine exakte Trennung, sondern betont vielmehr den besonderen Akzent der Betrachtungsweise des Raumproblems.

A. Wachstumstheoretische Ansätze

Bereits die Klassiker Smith, Malthus, Ricardo und Mill beschäftigen sich mit den längerfristig wirkenden Einflußgrößen des Wirtschaftswachstums[1]. Weitere wachstumstheoretische Ansätze finden sich bei Marx, Cassel und Schumpeter[2]. Von einer eigenständigen Theorie des Wirtschaftswachstums kann jedoch erst seit den 40er Jahren dieses

---

[1] *Smith*, A., Eine Untersuchung über Natur und Wesen des Volkswohlstandes, unter Zugrundelegung der Übersetzung Max Stirners, aus dem englischen Original nach der Ausgabe letzter Hand (4. Aufl. 1786) ins Deutsche übertragen von E. Grünfeld, Sammlung sozialwissenschaftlicher Meister, Bd. 12, Hrsg. H. Waentig, Bd. I, Jena 1908, Bd. II, Jena 1920, Bd. III, Jena 1923; *Malthus*, Th. R., Principles of Political Economy, 1. Aufl. 1820, 2. Aufl. 1836; *Ricardo*, D., On the Principles of Political Economy and Taxation, in der Sammlung im Auftrage der Royal Economic Society (London), Hrsg. R. P. Sraffa, Bd. 1, 2. Aufl. 1819, 3. Aufl. 1821; *Mill*, J. S., Principles of Political Economy, with some of their applications to social philosophy, London 1848; ders., Essays on some unsetteled Questions of Political Economy, London 1844.

[2] Vgl. z. B. *Cassel*, G., Theoretische Sozialökonomie, 2. Aufl. Leipzig 1921; ders., Grundgedanken der theoretischen Ökonomie, 2. Aufl. Leipzig 1928; *Schumpeter*, J., Theorie der wirtschaftlichen Entwicklung, 2. Aufl. München und Leipzig 1926.

Jahrhunderts gesprochen werden. Die Hauptschulen der Wachstumstheorie, die Ansätze Harrods und Domars[3] sowie Solows[4] und deren Weiterentwicklungen[5], beziehen sich auf die gesamte Volkswirtschaft und betrachten globale Aggregate. Eine explizite Einführung der Raumdimension, die sich in der Behandlung von „Transportkosten, Entfernungen, Kommunikations- und Mobilitätshemmnissen, Handelsschwankungen und anderen Friktionen des Raums..."[6] niederschlägt, wird in den wachstumstheoretischen Grundmodellen nicht vorgenommen. Sie beziehen sich vielmehr auf ein wirtschaftliches Wunderland ohne Raumdimensionen[7]. Zwar wurde von den Postkeynesianern das komparativ-statische System durch die Einbeziehung des Zeitfaktors dynamisiert, doch wird im Gegensatz zur Zeitdimension der Raumeffekt „nur in einigen Ansätzen der Standort-, der Preis- und Außenhandelstheorie recht sporadisch berücksichtigt und neuerdings in der Raumwirtschaftslehre systematischer in Angriff genommen"[8]. Eine einheitliche Theorie des räumlichen Wirtschaftswachstums ist bisher nicht entwickelt worden.

Die partiellen Standorttheorien, die auf mikroökonomischer Basis beruhen, boten hierfür keine geeigneten Ansätze. Auch die Theorien des räumlichen Gleichgewichts Löschs und v. Böventers vermochten noch nicht auf die Schaffung einer einheitlichen Theorie des regionalen Wirtschaftswachstums befruchtend einzuwirken. Im wesentlichen können bislang drei Hauptkategorien von Entwicklungsansätzen einer regionalisierten Wachstumstheorie unterschieden werden. Eine erste Gruppe beschäftigt sich mit dem Problem, wie Hypothesen über historisch ermittelte Entwicklungstendenzen exakt überprüft werden können. Ein Ansatz dieser Gruppe ist beispielsweise die sog. Sektortheorie, die auf Beobachtungen von Clark aufbaut[9]. Die zweite Kategorie stützt sich auf die allgemeine Wachstumstheorie und regionali-

---

[3] Vgl. u. a. *Domar*, E. D., Essays in the Theory of Economic Growth, New York 1957; *Harrod*, R. F., An Essay in Dynamic Theory, in: Economic Journal, London 1939, S. 49 ff.

[4] *Solow*, R. M., Technical Change and the Aggregate Production Function, in: Review of Economics and Statistics, Cambridge (Mass.) 1957, S. 39 ff.

[5] Im wesentlichen werden heute angebotsorientierte und nachfrageorientierte Wachstumstheorien unterschieden; vgl. *Bombach*, G., Wirtschaftswachstum, in: HdSW, Bd. 12, Göttingen 1965, Sp. 763 ff.

[6] *Siebert*, H., Regional Science, in: Handwörterbuch der Raumforschung und Raumordnung, Bd. III, Hannover 1970, Sp. 2691.

[7] *Domar*, E. D., Economic Growth, an Econometric Approach, in: American Economic Review, Papers and Proceedings, Vol. XLII (1952), S. 749; *Isard*, W., Location and Space-Economy, A general Theory Relating to Industrial Location, Market Areas, Land Use and Urban Structure, New York and London 1956 und 1960, S. 25 f.

[8] *Siebert*, H., Zur Theorie des regionalen Wachstums, S. 1.

[9] Vgl. u. a. *Clark*, C., The Conditions of Economic Progress.

siert die Ansätze von Harrod und Domar beispielsweise durch die Einbeziehung des Außenhandels. So basiert eine spezielle Theorie dieser Gruppe, die export-base-theory[10], in ihrem Kern auf einem aus den Ansätzen von Harrod und Domar entwickelten Außenhandelsmodell und knüpft an einen langfristig zu interpretierenden Realeinkommensmultiplikator an[11]. Die export-base umfaßt die Gesamtheit aller Aktivitäten der Ausfuhr der einen Region in eine andere[12].

Vereinfacht besagt die Theorie der regionalen Exportbasis, daß das Wirtschaftswachstum in einem bestimmten Raum von der Fähigkeit der Unternehmer abhängt, auf die Nachfrage von außerhalb durch ein entsprechendes Angebot zu reagieren[13]. Die zentrale stimulierende Rolle fällt dabei den exportierbaren Gütern und Dienstleistungen, der Exportbasis zu. Als wichtigste Determinante des regionalen Wirtschaftswachstums wird die Nachfrage herausgehoben, die aus benachbarten Regionen in die Wachstumsregion abgezogen wird[14].

Innerhalb der zweiten Gruppe regionalisierter Wachstumstheorien muß das Modell von Siebert hervorgehoben werden, das aufgrund seiner exakten Analyse der Determinanten des regionalen Wirtschaftswachstums einen wesentlichen Beitrag zu einer regionalisierten Wachstumstheorie darstellt[15]. Das Modell Sieberts kann als Variante einer angebotsorientierten Wachstumstheorie angesehen werden, in welcher interne (z. B. Kapitalakkumulation) und externe (interregionale Wechselbeziehungen) regionale Wachstumsdeterminanten unterschieden werden[16]. Das Schwergewicht wird auf die Analyse der interregionalen Mobilität der Produktionsfaktoren und Güter gelegt[17], deren Bewegun-

---

[10] Vgl. u. a. *North*, D. C., Location Theory and Regional Economic Growth, in: The Journal of Political Economy, Vol. LXIII (1955), S. 243 ff.; *Perloff*, E. S., *Dunn*, E., *Lampard*, E., *Muth*, R. F., Regions, Resources, and Economic Growth, Baltimore 1960, S. 55 ff.; *Meier*, G. M., Economic Development and the Transfer Mechanism, in: Canadian Journal of Economics and Political Science, Vol. XIX (1963), S. 1 ff.; *Andrews*, R. B., Mechanics of the Urban Economic Base, in: Land Economics, Vol. XXXII (1956), S. 69 ff.

[11] Vgl. *Vanek*, J., International Trade, Theory and Economic Policy, Homewood 1962, S. 101 ff.

[12] *Tiebout*, C. M., Exports and Regional Economic Growth, in: Journal of Political Economy, Vol. LXIV (1956), No. 2, S. 160 ff.

[13] *Klatt*, S., Wirtschaftswachstum und Wachstumspolitik, in: Handwörterbuch der Raumforschung und Raumordnung, Bd. III, Hannover 1970, Sp. 3799.

[14] Vgl. hierzu die Beurteilung der export-base-theory bei *Siebert*, H., Zur Theorie des regionalen Wirtschaftswachstums, S. 88 ff.

[15] Ders., Wirtschaftswachstum und interregionale Mobilität, Tübingen 1970. Siehe auch ders., Regional Economic Growth, Theory and Policy, Scranton, Pennsylvania 1969.

[16] Vgl. *Klatt*, S., Wirtschaftswachstum und Wachstumspolitik, Sp. 3800.

[17] *Siebert*, H., Regionales Wirtschaftswachstum und interregionale Mobilität, S. 39 ff.

gen von entscheidender Bedeutung für das Entstehen und die Vertiefung regionaler Wachstumsdifferenzen sind[18].

Die dritte Kategorie regionalisierter Wachstumstheorien umfaßt all diejenigen Modelle, die zur Lösung des raumwirtschaftlichen Problems neue Methoden der Ökonometrie heranziehen. Die Notwendigkeit, in einer langfristigen Regionalplanung nicht nur die nationale Strukturkonzeption für die Region, sondern auch die regionale Verteilungskonzeption für die Nation[19] zu berücksichtigen, legt beispielsweise die Anwendung einer Input-Output-Analyse nahe[20], die nach den Erfordernissen der regionalisierten Betrachtungsweise modifiziert werden muß[21]. Im Gegensatz zur export-base-theory, die das regionale Wirtschaftswachstum nur vom Blickwinkel einer einzelnen Region betrachtet[22], können durch eine Input-Output-Analyse auch Probleme des „carry over"[23] einbezogen werden. Einen derartigen regionalisierten Ansatz lieferte Chenery[24], dessen Grundkonzept auf der Bedeutung von Angebotsstruktur und Nachfrageveränderungen als Hauptdeterminanten des regionalen Wirtschaftswachstums beruht. In neueren Ansätzen erweitert Chenery sein Grundmodell durch die Einführung weiterer Faktoren, die den modellmäßigen Nachweis für die Gleichartigkeit des Industrialisierungsprozesses in allen Wirtschaftssystemen erbringen sollen[25].

---

[18] Siehe zur zweiten Kategorie regionalisierter Wachstumsansätze, die vorwiegend den Charakter von Gleichgewichtsmodellen haben, insbes. die Betonung des Gleichgewichtsgedankens bei *Beckmann*, M., Zur Theorie des allgemeinen räumlichen Gleichgewichts, in: Systeme und Methoden in den Wirtschafts- und Sozialwissenschaften, Festschrift für E. v. Beckerath, Tübingen 1964, S. 483 ff.

[19] *Storbeck*, D., Regionale Wirtschaftspolitik, Sp. 2629.

[20] *Klatt*, S., Wirtschaftswachstum und Wachstumspolitik, Sp. 3800.

[21] Vgl. *Tinbergen*, J., Projections of Economic Data in Development Planning, in: Planning for Economic Development in the Caribean, Caribean Organisation Hato Rey, Puerto Rico 1963; ders., The Appraisal of Investment Projects, The Semi-Input-Output-Method, Industrial India, 1961, S. 25 ff.; ders., Multi-Regional and Multi-Sectoral Dynamic Input-Output-Model for the Medium Term, in: Programming Techniques for Economic Development (Hrsg. UNO), Bangkok 1960, S. 115 ff.

[22] *Siebert*, H., Zur Theorie des regionalen Wirtschaftswachstums, S. 93.

[23] Vgl. *Meier*, G. M., Leading Issues in Development Economics, New York 1964, S. 371 ff.

[24] *Chenery*, H. B., Comparative Advantage and Development Policy, in: American Economic Review (AER), Vol. 51 (1961), S. 18 ff.; ders., Patterns of Industrial Growth, in: AER, Vol. 50 (1960), S. 624 ff.; ders., Development Policies for Southern Italy, in: The Quarterly Journal of Economics, Nr. 76 (1962), S. 515 ff.

[25] *Chenery*, H. B., Optimal Patterns of Growth and Aid, The Case of Pakistan, in: Pakistan Development, R. 6 (2), Sum. 1966, S. 209 ff.; ders., *Adelman*, I., Foreign Aid and Economic Development, in: Review of Economics and Statistics, Vol. 43 (1966), S. 1 ff.; ders., Development Patterns among Countries and over Time, in: Review of Economics and Statistics, Vol. 50 (1968), S. 391 ff.; ders., *Stout*, A. M., Reply on Foreign Assistance and Economic Development, in: AER, Vol. 58 (1968), S. 912 ff.

Die Hauptelemente des Modells, Produktion und Veränderung der Güternachfrage in jeder einzelnen Region, sind gleichzeitig die wichtigsten politischen Variablen für eine regionale Wachstumspolitik[26].

Voigt widmet in seiner Theorie des Industrialisierungsprozesses der räumlichen und zeitlichen Dimension des Wirtschaftswachstums besondere Beachtung. Nach seiner Auffassung sind für den Prozeß der Industrialisierung bestimmte Differenzierungseffekte charakteristisch[27].

Die Differenzierungen erwachsen in zwei Richtungen: Einmal innerhalb der Produktionszweige und der verschiedenen Betriebsgrößen wie Unternehmungsformen, zum anderen ergeben sich Differenzierungseffekte im Raume. Die Zeitdimension wird berücksichtigt, da unterschiedliche Begünstigungen und Benachteiligungen für die folgenden Perioden unterschiedliche Entwicklungschancen der Teilräume beinhalten[28].

Die räumliche Differenzierung erwächst insbesondere aus der Tatsache, daß in einem marktwirtschaftlich organisierten System i. d. R. die Investitionen nur dort vorgenommen werden, wo — rationales Verhalten der Investoren vorausgesetzt — jeweils ein maximaler Gewinn erwartet wird. Für die langfristige Wachstumsdynamik eines Standortes ist von entscheidender Bedeutung, wie sich dort im Vergleich zu alternativen Standorten Kostenminimum und Ertragshöhe[29] entwickeln können. Es ist ein für den marktwirtschaftlichen Industrialisierungsprozeß signifikantes Charakteristikum, daß die Investitionsneigung langfristig gerade dort besonders groß ist, wo aufgrund der hohen Gewinne in der Vergangenheit auch künftig gute Entwicklungschancen erwartet werden. Die raumdifferenzierende Dynamik des Industrialisierungsprozesses wird durch die Regionen ausgelöst und getragen, in denen sich selbst nährende Entwicklungsprozesse entstehen. In diesen Kernbereichen[30] ist der Faktor Arbeit knapp und teuer[31]. Ein derart begünstigter Standort dehnt seinen Einzugsbereich aus und wächst durch die katalysierende Gestaltungskraft des Verkehrssystems mit

---

[26] Vgl. hierzu die Stellungnahme von *Voigt*, F., Industrie- und Gewerbepolitik, S. 66 ff. Siehe auch zum Industrialisierungsprozeß *Klatt*, S., Zur Theorie der Industrialisierung, Hypothesen über die Bedingungen, Wirkungen und Grenzen eines vorwiegend durch technischen Fortschritt bestimmten wirtschaftlichen Wachstums, in: Die industrielle Entwicklung, Hrsg. F Voigt u. a., Abt. A., Untersuchungen zur Volkswirtschaftspolitik, Bd. 1, Köln und Opladen 1959.

[27] Vgl. z. B. *Voigt*, F., Industrie- und Gewerbepolitik, S. 51 ff.

[28] Ebenda.

[29] Kosten und Erträge sind im Verlaufe des Prozesses Variable.

[30] *Voigt*, F., Die volkswirtschaftliche Bedeutung des Verkehrssystems, S. 101 ff.

[31] Ders., Industrie- und Gewerbepolitik, S. 92.

ähnlich entwicklungsdynamischen Orten zu einem Industrieband zusammen[32].

Neben diesen hochentwickelten Zonen, die den größten Teil des volkswirtschaftlichen Kapitalstocks und Produktionsapparates, der Bevölkerung und der übrigen Ressourcen auf sich vereinigen, existieren in allen Industrieländern auch benachteiligte Räume, die in der Entwicklung zurückgeblieben oder zurückgeworfen wurden und deren Wirtschaftskraft und Wohlstandsniveau weit unter dem Landesdurchschnitt liegen.

Zur Kennzeichnung dieser régions en retard"[33], deren Entleerungstendenzen[34] zu einem großen Teil Folgen der Wachstumsimpulse der Kernbereiche[35] sind, werden in der Regionalforschung verschiedene Indikatoren der räumlichen Wirtschaftskraft — z. B. Industriebesatz, Bruttoinlandsprodukt pro Kopf der Wohn- und Wirtschaftsbevölkerung, Erwerbsstruktur, Realsteuerkraft, Bevölkerungsdichte etc. — herangezogen, die eine Aussage über die Wirtschaftskraft bzw. die strukturelle Gefährdung dieser Gebiete zulassen[36].

Als notwendige Folge des Prozesses verändert sich auch die Grenzleistungsfähigkeit des Kapitals für weitere Investitionen in den Teilräumen unterschiedlich. Daraus resultieren eine veränderte Streuung der durch die Investitionen ausgelösten Einkommens- und Kapazitätseffekte sowie regional differenzierte Möglichkeiten und Neigungen, den arbeitssparenden technischen Fortschritt einzuführen.

Die Attraktivität der durch den Kernprozeß begünstigten Regionen führt zu einer Abwanderung der Faktoren Arbeit und Kapital aus den benachteiligten Gebieten, in denen die Investitionsneigung aufgrund negativer Entwicklungserwartungen ständig weiter absinkt. Dieser sich selbst nährende Prozeß der Stagnation bzw. Entleerung erfordert staatliche Eingriffe[37]. Der hier in seinem Wesentlichen skizzierte Prozeß der marktwirtschaftlichen Industrialisierung nach Voigt ist einer der theoretischen Ansätze zur Beschreibung und Erklärung des regional

---

[32] Vgl. ders., Die gestaltende Kraft der Verkehrsmittel in wirtschaftlichen Wachstumsprozessen; ders., Verkehr und Industrialisierung, in: Zeitschrift für die gesamte Staatswissenschaft, Bd. 109 (1953), H. 2, S. 193 ff. Siehe auch ders., Arbeitsstätte, Wohnstätte, Nahverkehr, Die Bedeutung des großstädtischen Nahverkehrssystems für die optimale Zuordnung von Wohnstätte und Arbeitsstätte — unter besonderer Berücksichtigung des Hamburger Wirtschaftsraumes, Schriftenreihe der Gesellschaft für Wohnungs- und Siedlungswesen e.V. (GEWOS), Hamburg 1968.

[33] *Vito*, F., Typologie des régions en retard, S. 2 ff.

[34] *Voigt*, F., Wirtschaftliche Entleerungsgebiete in Industrieländern, S. 9 ff.

[35] Ders., Theorie der regionalen Verkehrsplanung, S. 218 ff.

[36] Vgl. *Thelen*, P., *Lührs*, G., S. 1 ff.

[37] *Voigt*, F., Theorie der regionalen Verkehrsplanung, S. 17 f.

differenzierten Wirtschaftswachstums, dessen Wesen Voigt mit der Formulierung erfaßt:

„Wir finden in diesem Prozeß nie ein echtes Gleichgewicht, sondern der Prozeß nährt sich aus den immer wiederkehrenden Ungleichgewichten und gewinnt darin seine typische Form[38, 39]."

Da eine einheitliche regionale Wachstumstheorie bisher nicht entwickelt werden konnte, existiert auch keine theoretische Aufzeigung, wie die gesamtwirtschaftliche Wachstumszielsetzung in der regionalen Wirtschaftspolitik realisiert werden kann. In der Literatur finden sich lediglich Ansatzpunkte.

Ein derartiger Ansatzpunkt ist die „Theorie der Wachstumspole", eine regionalisierte Wachstumsstrategie, die im Zusammenhang mit der globalen angebotsorientierten Wachstumstheorie gesehen werden muß[40]. Der globale Ansatz sieht in seiner einfachen Form allein die Investition, in der weiterentwickelten Form die Entwicklung des Produktionsfaktorangebots und den technischen Fortschritt als Bedingungen des Wirtschaftswachstums an. An diesen Zusammenhängen ändert die Theorie der Wachstumspole nichts. Sie hebt nicht die Ursachen, sondern die Erscheinungsformen des regionalen Wirtschaftswachstums hervor[41]. Vereinfachend läßt sich der Inhalt der Theorie wie folgt umschreiben: Wirtschaftliches Wachstum hängt zwar von den Investitionen

---

[38] *Voigt*, F., Die volkswirtschaftliche Bedeutung des Verkehrssystems, S. 159, vgl. hierzu auch insbes. die Gleichgewichtsbetrachtung bei *Beckmann*, M., Zur Theorie des allgemeinen räumlichen Gleichgewichts, S. 485 ff.; vgl. ferner *Schmidt*, H., S. 19 ff.

[39] An dieser Stelle sei auf einige weitere Veröffentlichungen verwiesen, die sich mit dem Phänomen des regionalen Wirtschaftswachstums auseinandersetzen: *Berman*, E. B., A Spatial and Dynamic Growth Model, in: Papers and Proceedings of the Regional Science Association, Vol. V (1959), S. 143 ff.; *Bodenhöfer*, H. J., Arbeitsmobilität und regionales Wachstum, Berlin 1969; *Böventer*, E. v., Raumwirtschaftstheorie, in: HdSW, Bd. 8, Stuttgart, Tübingen, Göttingen 1964, S. 704 ff.; *Davin*, L. E., Economie régionale et croissance, Edition Génin, Paris 1964; *Hoover*, E. M., *Fisher*, J. L., Research in Regional Economic Growth, in: Problems in the Study of Economic Growth, Ed. National Bureau of Economic Research, New York 1959, S. 175 ff.; *Maki*, W. R., *Tu*, Y., Regional Growth Models for Rural Areas Development, in: Papers and Proceedings of the Regional Science Association, Vol. IX (1962), S. 235 ff.; *Marx*, D., Raumordnungsprobleme bei wirtschaftlichem Wachstum, in: Zeitschrift für die gesamte Staatswissenschaft, Bd. 121, Tübingen 1965, S. 143 ff.; *Miksch*, L., Zur Theorie des räumlichen Gleichgewichts, in: Weltwirtschaftliches Archiv, Bd. 66, Hamburg 1951 (I), S. 6 ff.; *Thomas*, M. D., Regional Economic Growth and Industrial Development, in: Papers and Proceedings of the Regional Science Association, Vol. X (1963), S. 61 ff.

[40] Vgl. *Domar*, E. D., Essays in the Theory of Economic Growth.

[41] *Perroux*, F., La notion de pôle de croissance, wieder abgedruckt in: ders., L'économie du XXe siècle, 2e édition augmentée, Paris 1964, insbes. S. 143.

ab, deren Effizienz kann jedoch entscheidend durch die sektorale und räumliche Allokation beeinflußt werden[42]. Die Theorie nimmt an, daß das Wachstum bei räumlich konzentrierter Investition (und bei Investitionen in großen Aggregaten) rascher erfolgt als bei räumlich disperser Investition (und Investitionen in kleinen Einheiten[43]).

B. Die reine Theorie der Standortwahl

Fanden die im vorangegangenen Abschnitt behandelten Möglichkeiten zur Erfassung der regionalen Wirtschaftsentwicklung ihre theoretische Basis in vorwiegend wachstumsorientierten Modellansätzen, so bauen die im folgenden zu skizzierenden Forschungsrichtungen im wesentlichen auf standorttheoretischen Erkenntnissen auf[44].

Nachdem die Standorttheorie bereits vor der Jahrhundertwende durch Launhardt[45], in den 20er und 30er Jahren dieses Jahrhunderts insbesondere durch Christaller, Ohlin, Palander, Predöhl, Ritschl, v. Thünen und Alfred Weber[46], in den 40er Jahren vor allem durch Hoover[47] und

---

[42] Vgl. *Isbary*, G., Raum und Gesellschaft, Beiträge zur Raumordnung und Raumforschung, aus seinem Nachlaß, Bearbeitung von D. Partzsch, Veröffentlichungen der Akademie für Raumforschung und Landesplanung, Beiträge Bd. 6, Hannover 1971, S. 87 ff. und 103 ff.

[43] *Thumm*, U., Die Regionalpolitik als Instrument der französischen Wirtschaftspolitik, Eine Untersuchung des Aménagement du Territoire, Schriften zu Regional- und Verkehrsproblemen in Industrie- und Entwicklungsländern, Bd. 3, Hrsg. J. H. Müller und Th. Dams, Berlin 1968, S. 48. Vgl. zur städtischen Form des Entwicklungspoles *Pötzsch*, R., Stadtentwicklungsplanung und Flächennutzungsmodelle für Entwicklungsländer, Schriftenreihe zur Industrie- und Entwicklungspolitik, Hrsg. Fritz Voigt, Bd. 9, Berlin 1972, S. 50.

[44] Vgl. zu den Zusammenhängen zwischen Industriestandorten und Raumwirtschaft allgemein *Stavenhagen*, G., Industriestandorttheorien und Raumwirtschaft, in: Handwörterbuch der Raumforschung und Raumordnung, Bd. II, Hannover 1970, Sp. 1281 ff. Siehe auch *Bortkiewicz*, L. v., Eine geometrische Fundierung der Lehre vom Standort für Industrien, in: Archiv für Sozialwissenschaft und Sozialpolitik, 30. Bd. (1910), S. 759 ff.

[45] *Launhardt*, W., Die Bestimmung des zweckmäßigsten Standortes einer gewerblichen Anlage, in: Zeitschrift des Vereins deutscher Ingenieure, Nr. 26 (1882), S. 105 ff.; ders., Mathematische Begründung der Volkswirtschaftslehre, Leipzig 1885.

[46] Vgl. u. a. *Christaller*, W., Die zentralen Orte in Süddeutschland; *Ohlin*, B., Interregional and International Trade, Harvard Economic Studies No. 39, 1. Aufl. Cambridge (Mass) 1933, 3. Aufl. Cambridge (Mass.) 1957; *Palander*, T., Beiträge zur Standorttheorie, Upsala 1935; *Predöhl*, A., Das Standortproblem in der Wirtschaftstheorie, Weltwirtschaftliches Archiv, Heft 21, Jena 1925; *Ritschl*, H., Reine und historische Dynamik des Standortes der Erzeugerzweige, Schmollers Jahrbuch, Nr. 51 (1927), S. 813 ff.; *Thünen*, J. H. v., Der isolierte Staat in Beziehung auf Landwirtschaft und Nationalökonomie, Jena 1930; *Weber*, A., Über den Standort der Industrien, Teil I, Reine Theorie des Standorts.

[47] Vgl. *Hoover*, E. M., The Location of Economic Activity, New York—Toronto—London 1948; ders., *Fisher*, J. L., S. 175 ff.

das große Werk Löschs[48] starke Impulse erfuhr, hat seither dieser Teil der ökonomischen Theorie in den letzten Jahrzehnten bemerkenswert schnelle und weithin sichtbare Fortschritte gemacht. „Es ist dies eine Zeit der Konsolidierung des Wissens einerseits und einer starken Erweiterung des Forschungsgebietes andererseits. Aus einer Vielzahl einzelner Standorttheorien ist die erweiterte, weitgehend integrierte Raumwirtschaftstheorie geworden"[49], die insbesondere in den USA interdisziplinär zur Regional Science fortentwickelt wurde[50].

Ein wesentlicher Motor für die Fortschritte des Faches ist die Anwendung von Erkenntnissen und Instrumenten der allgemeinen ökonomischen Theorie auf das Standortproblem[51].

In diesem Abschnitt sollen die wesentlichen Züge der standorttheoretischen Ansätze dargestellt werden, die als die Theorie der reinen Standortwahl bezeichnet und in drei Hauptgruppen unterteilt werden[52]. Die umfassendste Forschungsrichtung besteht aus der Konstruktion und dem Ausbau gesamtwirtschaftlicher Totalmodelle, die die Wirkungen der räumlichen Ausdehnung der Wirtschaft erfassen. Es handelt sich bei diesen Ansätzen vorwiegend um Walras-Modelle, die um den Raumaspekt erweitert werden und um interregionale lineare und nichtlineare Programme, in denen eine Verbindung zwischen herkömmlicher Gleichgewichtstheorie, Standortproblematik und allgemein formulierter Außenhandelstheorie hergestellt wird[53]. Die Modelle lassen zwar unvollkommene Konkurrenz, Preisdiskriminierungen, Zwischenprodukte und langfristige Kapitalgüter zu, berücksichtigen jedoch weder Konjunktur- und Wachstumseinflüsse noch die Aktivitäts- und Regionalstruktur eines Wirtschaftsraumes[54]. Wegen ihrer starken Komplexität und der unzureichenden Kenntnis numerischer Funktionalzusammenhänge konnten die gesamtwirtschaftlichen Totalmodelle bisher inhaltlich noch nicht mit Erfolg ausgefüllt werden.

---

[48] Vgl. *Lösch*, A., Die räumliche Ordnung der Wirtschaft, Eine Untersuchung über Standort, Wirtschaftsgebiete und internationalen Handel, Jena 1940.

[49] *Böventer*, E. v., Theorie des räumlichen Gleichgewichts, Tübingen 1962, S. 1.

[50] Vgl. dazu *Siebert*, H., Regional Science, Sp. 2689 ff. Siehe zur modernen Standorttheorie insbesondere *Beckmann*, M., Location Theory, New York 1968.

[51] Hier sind insbesondere die Autoren Isard und Lefeber hervorzuheben. Vgl. z. B. *Isard*, W., Location and Space Economy; *Lefeber*, L., Allocation in Space, Amsterdam 1958; ders., Location and Regional Planning, Athens 1966.

[52] *Böventer*, E. v., Theorie des räumlichen Gleichgewichts, S. 1 ff.

[53] Ebenda.

[54] *Kau*, W., Theorie und Anwendung raumwirtschaftlicher Potentialmodelle, Tübingen 1970, S. 2.

Eine zweite Hauptgruppe der reinen Theorie der Standortwahl bemüht sich um die Aufstellung von Partialmodellen, deren Fragestellung begrenzt ist. In diese Kategorie fallen die traditionellen landwirtschaftlichen und industriellen Modelle der Standortlehre[55]. Die Fragestellung ist mikroökonomisch, d. h. es wird untersucht, wo der betriebswirtschaftlich optimale Standort des einzelnen Betriebes liegt. Durch eine derartige Einengung der Problematik auf konkrete Wirtschaftszweige oder einzelne Betriebe und durch die „Beschränkung des theoretischen Modellunterbaus"[56] wird innerhalb bestimmter Grenzen eine praxisbezogene Interpretation der Modellaussagen ermöglicht.

Die dritte Forschungsrichtung — beispielsweise vertreten durch Christaller und Lösch[57] — beschäftigt sich mit der Konstruktion und Weiterentwicklung sogenannter Landschaftsstrukturmodelle, die die Determinanten der Herausbildung einer differenzierten Regionalstruktur der Wirtschaft in die Analyse einbeziehen[58]. Die Untersuchungen dieser Kategorie enthalten bestimmte Hypothesen über die geographischen Besonderheiten und die Bevölkerungsverteilung eines Wirtschaftsraumes und berücksichtigen neben den internen und externen Ersparnissen auch die Transportkosten in ihrer Bedeutung für die regionale Wirtschaftsstruktur. „Die Aussagen der Modelle sind umso exakter und realitätsferner, je weniger sie dynamische Elemente der historischen Entwicklung in die Analyse einbeziehen und umgekehrt[59]."

C. Empirische Methoden

Die große Kompliziertheit und mangelnde Operationalität der Modelle einer reinen Theorie der Standortwahl ließen eine verstärkte Orientierung der Regionalforschung an den Implikationen der raumwirtschaftlichen Praxis erforderlich erscheinen. Insbesondere in den USA

---

[55] Zu diesen Partialmodellen zählen beispielsweise die Ansätze v. Thünens, Webers und Launhardts. Vgl. *Thünen*, J. H. v., Der isolierte Staat in Beziehung auf Landwirtschaft und Nationalökonomie; *Weber*, A., Über den Standort der Industrien; *Launhardt*, W., Die Bestimmung des zweckmäßigsten Standortes einer gewerblichen Anlage.

[56] *Kau*, W., S. 2.

[57] Vgl. *Christaller*, W., Die zentralen Orte in Süddeutschland; *Lösch*, A., Die räumliche Ordnung der Wirtschaft. Vgl. hierzu auch *Böventer*, E. v., Die Struktur der Landschaft, Versuch einer Synthese und Weiterentwicklung der Modelle J. H. von Thünens, W. Christallers und A. Löschs, in: Optimales Wachstum und optimale Standortverteilung, Schriften des Vereins für Socialpolitik, N.F. Bd. 27, Berlin 1962, S. 77 ff.; Beckmann sieht die Hauptbedeutung des Werkes von Lösch in dem gleichgewichtstheoretischen Ansatz der Arbeit. Vgl. *Beckmann*, M., The Economics of Location, in: Kyklos, Vol. VIII (1955), S. 416; ders., Some Reflections of Lösch's Theory of Location, in: Papers and Proceedings of the Regional Science Association, Vol. I (1955).

[58] Vgl. *Böventer*, E. v., Theorie des räumlichen Gleichgewichts, S. 2 ff.

[59] *Kau*, W., S. 2.

war man schon frühzeitig bemüht, die Raumdimension explizit in
bereits bestehende Wissenschaften einzuführen und diese Dimension
interdisziplinär zu analysieren. „Eines der Grundprobleme der Regionalwissenschaft ist die Erklärung der Struktur der Landschaft, d. h. der
Verteilung der menschlichen Aktivitäten im Raum[60].“ Im Gegensatz
zu vielen Ansätzen der reinen Theorie der Standortwahl[61] ist es das
Bestreben der modernen Regionalwissenschaft, sowohl den Mikroaspekt
(Distribution einzelner Aktivitäten) als auch den Makroaspekt der
Standorttheorie (Verteilung eines Systems von Aktivitäten im Raum)
zu erfassen[62].

Der vorliegende Abschnitt soll einen Überblick über die wichtigsten
empirischen Methoden der Regionalwissenschaft vermitteln, die sich allgemein in Methoden zur Erfassung intra- und interregionaler Verflechtungen und Methoden zur Analyse der Standortverteilung und Standort-
verschiebung unterteilen lassen[63]. Die meisten Methoden beider Ansätze
verzichten auf ein umfassendes theoretisches Konzept, wie es beispielsweise für die standorttheoretischen Totalmodelle charakteristisch ist,
und versuchen, „mit modernen analytischen Verfahren partielle Probleme der regionalen Analyse und Entwicklungsplanung zu lösen“[64].
Auf diesen Überblick über die wichtigsten Methoden einer empirischen
Analyse wirtschaftlicher Raumbeziehungen kann u. E. hier nicht verzichtet werden, da sich bereits aus ihrer Darstellung wichtige Ergebnisse
für die regionale Wirtschaftspolitik allgemein, für die standortaffinitäts-
orientierte Regionalpolitik im besonderen sowie generell für die För-
derungsnotwendigkeit von Regionen herleiten lassen.

1. Methoden zur Analyse intra- und interregionaler Verflechtungen

a) Das Basic-Nonbasic-Konzept

Das Basic-Nonbasic-Konzept[65] legt die Annahme zugrunde, daß regionale Wachstumsunterschiede primär durch die Entwicklung der Basic-

---

[60] *Siebert*, H., Regional Science, Sp. 2690.
[61] Vgl. z. B. *Weber*, A., Über den Standort der Industrien. Die Fragestellungen derartiger Partialmodelle sind rein mikroökonomisch orientiert.
[62] Vgl. *Siebert*, H., Regional Science, Sp. 2690.
[63] Dabei wird im wesentlichen der Systematik Lauschmanns gefolgt. Vgl.
Lauschmann, E., Grundlagen einer Theorie der Regionalpolitik, S. 89 ff.; vgl.
hierzu auch *Boudeville*, J. R., A Survey of Recent Techniques for Regional
Economic Analysis, in: Regional Economic Planning, Techniques of Analysis
for less developed Areas, Ed. W. Isard and J. H. Cumberland, Paris 1961.
Eine weitere Systematik liefert Siebert, der bei den Methoden der Regional
Science deskriptive Informationsinstrumente, Explikationsmodelle, Optimie-
rungsmodelle und die Simulationstechnik unterscheidet; vgl. *Siebert*, H.,
Regional Science, Sp. 2703 f.
[64] *Kau*, W., S. 3.
[65] Siehe hierzu allgemein *Kistenmacher*, H., Basic-Nonbasic-Konzept, in:

Sektoren, d. h. vereinfachend durch Industrie und Landwirtschaft, getragen werden. Die Nonbasic-Sektoren, zu denen insbesondere der Tertiärbereich zählt, zeigen vorwiegend eine sekundäre Echowirkung. Die Sekundäreffekte können jedoch regional durchaus unterschiedlich sein und zeigen i. d. R. in Industrienationen ein stärkeres Anwachsen als der Basic-Bereich[66]. Lauschmann unterscheidet eine engere und eine weitere Auslegung des Economic-Base-Konzeptes[67]. Die engere Interpretation setzt die ökonomische Basis mit der Export-Basis gleich[68]. Die weitere Begriffsfassung sieht in den Basic-Sektoren all die ökonomischen Aktivitäten, die zwar die Höhe des Einkommens einer Region bestimmen, von diesem Einkommen selbst jedoch mehr oder minder unabhängig sind[69]. Das Konzept wird vorwiegend zur Lösung zweier Fragestellungen verwandt. Zunächst gilt es zu erfassen, wie sich eine Veränderung der Beschäftigung im Exportsektor auf die gesamte Beschäftigung innerhalb einer Region auswirkt[70]. Zum Zweiten wird das Konzept als Methode zur Vorausschätzung des städtischen Wachstums im Zusammenhang mit der Stadtplanung verwandt[71]. Als Ergebnis vieler bisheriger Untersuchungen der Relationen zwischen regionalen Grund- und Folgeleistungen kann festgehalten werden, daß die Relationen von Region zu Region und von Zeitperiode zu Zeitperiode stark differieren können[72]. Allgemein wird angenommen, daß die Relation zwischen basic und nonbasic activities mit zunehmender Diversifizierung und Größe der regionalen Wirtschaftsstruktur schrumpft[73]. Vorwiegend findet das Konzept daher für kleinere, insbesondere städtische Raumeinheiten Verwendung.

Handwörterbuch der Raumforschung und Raumordnung, Bd. I, Hannover 1970, Sp. 149 ff.

[66] Vgl. *Schröder*, D., S. 188.

[67] *Lauschmann*, E., Grundlagen einer Theorie der Regionalpolitik, S. 136 f.

[68] Ebenda.

[69] Vgl. *Tiebout*, C. M., Exports and Regional Economic Growth, S. 160 ff.

[70] Vgl. *North*, D. C., S. 243 ff.

[71] Vgl. z. B. *Specht*, K. G., *Lenort*, N. J., *Otto*, K., Das Verhältnis zwischen primären und sekundären Erwerbszweigen und seine Bedeutung für Wirtschaftspolitik und Landesplanung (dargestellt an Beispielen aus dem Lande Nordrhein-Westfalen), Forschungsberichte des Landes Nordrhein-Westfalen, Nr. 1055, Köln und Opladen 1962.

[72] Vgl. hierzu u. a. *Rittenbruch*, K., Zur Anwendbarkeit der Exportbasiskonzepte im Rahmen von Regionalstudien, Schriften zu Regional- und Verkehrsproblemen in Industrie- und Entwicklungsländern, Hrsg. J. H. Müller und Th. Dams, Bd. 4, Berlin 1968; *Alexander*, J. W., The Basic-Nonbasic Concept of Urban Economic Functions, in: Economic Geography, Vol. XXX (1954), No. 3; ders., An Economic Base Study of Madison, Wisconsin 1953; *Matilla*, J. M., *Tompson*, W. R., Measurement of the Economic Base of the Metropolis, in: Land Economics, Vol. XXXI (1955), No. 3; *Andrews*, R. B., Mechanics of the Urban Economic Base.

[73] *Lauschmann*, E., Grundlagen einer Theorie der Regionalpolitik, S. 145.

b) Die regionale Multiplikatoranalyse

Vielfach werden Basic-Nonbasic-Ratios zur Berechnung regionaler Multiplikatoren verwandt[74]. Derartige Multiplikatoranalysen basieren auf der Annahme, daß die regionalen Wirtschaftszweige entweder basic (Produkte für den Export) oder lokalen Charakter (Produktion für intraregionale Märkte) haben und daß die „Relation zwischen den Basic- und den lokalen Aktivitäten kurzfristig konstant und kleiner als 1 ist, so daß Veränderungen der Nachfrage nach den Exportgütern sich überproportional auf die lokalen Wirtschaftszweige auswirken"[75]. Insofern kann die Ableitung eines Regionalmultiplikators als eine Kombination von „economic base"-Konzept und Keynesschem Einkommensmultiplikator betrachtet werden. Der Regionalmultiplikator analysiert die Wirkung eines bestimmten Phänomens nach der Methode der isolierenden Abstraktion und dient als numerische Grundlage für Planungszwecke[76]. Der interregionale Multiplikator erfaßt die Interaktionen zwischen den einzelnen Regionen[77].

Hauptsächlich werden mit den Verfahren der regionalen Multiplikatoranalyse die Ausbreitungen allgemeiner Konjunkturschwankungen in den betroffenen Gebietseinheiten analysiert. Diese Untersuchungen sind umso erfolgreicher, je besser eine Trennung der Basis- und der lokalen Aktivitäten gelingt[78].

Die meisten in der Literatur vorgenommenen Aufteilungen basieren auf detaillierten Strukturkennziffernanalysen[79]. Wesentliche Verbesserungen regionaler Multiplikatoranalysen auf Grundlage des ökonomischen Basis-Konzeptes sind von Sirkin[80] und Tibout[81] vorgeschlagen

---

[74] Der Regionalmultiplikator auf Basis der „basic-nonbasic ratios" wird gebildet durch den Quotienten aus Gesamtbeschäftigung und Beschäftigung im Basisbereich. Vgl. *Lauschmann*, E., Grundlagen einer **Theorie der Regionalpolitik**, S. 146.

[75] *Kau*, W., S. 4.

[76] Vgl. hierzu u. a. *Hildebrandt*, G. H., *Mace*, A. jr., The Employment Multiplier in an Expanding Industrial Market, Los Angeles Country, in: Review of Economics and Statistics, Vol. XXXII (1950), No. 3.

[77] *Isard*, W., Methods of Regional Analysis, An Introduction to Regional Science, New York and London 1960, S. 182 ff.

[78] Vgl. *Kau*, W., S. 4.

[79] Vgl. hierzu den Abschnitt über die Strukturkennziffernanalyse.

[80] *Sirkin*, G., The Theory of the Regional Economic **Base**, in: Review of Economics and Statistics, Vol. XLI (1959), No. 4, S. 426 ff.

[81] Sirkins theoretische Ansätze wurden von Tiebout für empirische Zwecke nutzbar gemacht. Vgl. *Tiebout*, C. M., The Community Economic Base Study, Supplementary Paper No. 16, Published by the Committee for Economic Development, Dec. 1961, S. 59 ff.; ders., Community Income Multipliers, A Population Growth Model, in: Journal of Regional Science, Vol. II (1960), No. 1. Vgl. auch *Lauschmann*, E., Grundlagen einer **Theorie der Regionalpolitik**, S. 148 ff.

worden, in deren Arbeiten eine Differenzierung der marginalen Konsumneigung und eine Einbeziehung des Kapitaltransfers ermöglicht wird.

Neben dem bisher beschriebenen Regionalmultiplikator als einer Kombination von Einkommensmultiplikator und ökonomischem Basis-Konzept besteht eine weitere Möglichkeit zur Berechnung derartiger Multiplikatoren in einer Verbindung von Input-Output-Rechnung und dem „economic base"-Konzept[82, 83]. Nach Auffassung Kaus besitzen gerade diese Ansätze einen guten Aussagewert[84].

c) Die regionale und interregionale Input-Output-Analyse

Bei der regionalen Input-Output-Analyse handelt es sich um eine analoge Anwendung der nationalen Input-Output-Analyse. Im formalen Aufbau bestehen keine wesentlichen Unterschiede[85].

Ausgangspunkt der Analyse ist zunächst eine ex post-Betrachtung. Eine regionalisierte Input-Output-Tabelle gibt an, „wieviel welcher Sektor in welcher Region an welchen Sektor in welcher Region"[86] in der Vergangenheit geliefert hat. Bei ausreichend tief gestaffelter Untergliederung der Tabelle besitzt die Regionalforschung mit diesem Verfahren eine leistungsfähige Methode für die Verflechtungsanalyse[87]. Die Matrix der Input-Koeffizienten kennzeichnet den Grad der intra- und interregionalen Verflechtung der Wirtschaftszweige und gibt Aufschluß über die ökonomische Spezialisierung der einzelnen Regionen, Größe und Ausdehnung der Input-Output-Märkte, über den Einfluß der Entfernung auf die interregionale wirtschaftliche Verflechtung sowie über die regionalen Auswirkungen von Schwankungen der Endnachfrage[88].

---

[82] *Lauschmann*, E., Grundlagen einer Theorie der Regionalpolitik, S. 150 ff.

[83] Vgl. zu dieser Form der Regionalmultiplikatoren insbes. *Moore*, F. T., *Petersen*, J. W., Regional Analysis, An Interindustry Model of Utah, in: Review of Economics and Statistics, Vol. XXXVII (1955), No. 4, S. 375 ff.

[84] *Kau*, W., S. 5.

[85] Vgl. *Schneider*, H. K., Modelle für die Regionalpolitik, S. 71.

[86] *Kau*, W., S. 5.

[87] *Lauschmann*, E., Grundlagen einer Theorie der Regionalpolitik, S. 153; vgl. auch *Isard*, W., Interregional and Regional Input-Output-Analysis, A Model of a Space Economy, in: Review of Economics and Statistics, Vol. XXXIII (1951), No. 4, S. 318 ff.; ders., Some Empirical Results and Problems of Regional Input-Output-Analysis, in: *Leontief*, W. et al., Studies in the Structure of the American Economy, Theoretical and Empirical Explorations in Input-Output-Analysis, New York 1953, S. 116 ff.

[88] *Kau*, W., S. 5; siehe auch *Pas*, J. le, La cohérance des programmes régionaux par la recherche des itinéraires de propagation, Problèmes de méthode, in: Structure et Croissance régionale, Cahiers de L'ISEA, Supplem. 130 (1962), Série L, No. 11, S. 45 ff.

Von diesen speziellen Zweckorientierungen hängen Ausrichtung und Informationswert der Tabellen ab[89]. Insbesondere muß unterschieden werden, ob die Input-Output-Tabelle ex post der Beschreibung intra- und interregionaler Verflechtungen oder als Grundlage für Prognose- und Planungszwecke dienen soll[90].

Zur stärkeren Betonung der raumspezifischen Interdependenzen und Verflechtungen sind insbesondere drei methodische Verfahren der Analyse regionalisierter Input-Output-Tabellen entwickelt worden: Triangulierung der Transaktionsmatrix, Annullierung besonderer Sektoren und Ausgliederung eng verflochtener Produktionskomplexe mit Hilfe von Matrixmultiplikatoren[91].

d) Die Industriekomplexanalyse

Auf dem Ausgliederungsverfahren zur Analyse regionaler und multiregionaler Input-Output-Tabellen baut die Industriekomplexanalyse auf. Unter einem derartigen Industriekomplex versteht Isard eine Vielzahl von Industriezweigen, die typischerweise bei gleichen Standortbedingungen starke Gemeinsamkeiten und wechselseitige, horizontale oder vertikale Interdependenzen im Herstellungs- und/oder Absatzbereich aufweisen[92]. „Die Industriekomplexanalyse verbindet die Vorteile der interregionalen Input-Output-Analyse mit den Vorteilen der Analyse regionaler komparativer Kosten. Ziel ist die Ermittlung eines Industriekomplexes, der unter Ausnutzung der Agglomerationsgewinne

---

[89] Vgl. im Hinblick auf die unterschiedlichen Anwendungsbereiche der regionalen oder multiregionalen Input-Output-Rechnungen u. a. *Hirsch, W. Z.*, Applications of Input-Output-Techniques to Urban Areas, in: Barna, R. (Editor), Structural Interdependence and Economic Development, London 1963, S. 151 ff.; *Isard, W.*, Some Empirical Results and Problems of Regional Input-Output-Analysis, S. 116 ff.; *Leontief, W.*, Einsatz-Ausstoß-Analyse, in: HdSW, Bd. 3, Stuttgart, Tübingen, Göttingen 1961, Sp. 83 ff.; *Brede, H., Kraft, J., Ossorio-Capella, C.*, Leistungs- und Verflechtungsanalyse, in: Handwörterbuch der Raumforschung und Raumordnung, Bd. II, Hannover 1970, Sp. 1882 ff., bes. Sp. 1898 ff.; *Strassert, G.*, Möglichkeiten und Grenzen der Erstellung und Auswertung regionaler Input-Output-Tabellen unter besonderer Berücksichtigung der derivativen Methode, Schriften zu Regional- und Verkehrsproblemen in Industrie- und Entwicklungsländern, Hrsg. J. H. Müller und Th. Dams, Bd. 2, Berlin 1968.

[90] *Lauschmann, E.*, Grundlagen einer Theorie der Regionalpolitik, S. 169.

[91] Ebenda, S. 170. Vgl. ausführlicher zu den aufgeführten Analyseverfahren *Helmstädter, E.*, Die geordnete Input-Output-Struktur, in: Jahrbücher für Nationalökonomie und Statistik, Bd. 174 (1962), S. 322 ff.; ders., Die Dreiecksform der Input-Output-Struktur und ihre möglichen Wandlungen im Wachstumsprozeß, in: Strukturwandlungen einer wachsenden Wirtschaft, Schriften des Vereins für Socialpolitik, N.F. Bd. 30 II, Berlin 1964, S. 1005 ff.; *Strassert, G.*, S. 105 ff.; siehe zu den methodischen Verfahren und den Anwendungsproblemen der regionalen Input-Output-Analyse insbesondere *Schneider, H. K.*, Modelle für die Regionalpolitik, S. 71 ff.

[92] *Isard, W.*, Methods of Regional Analysis, S. 377.

optimal auf die komparativen Kostenvorteile einer bestimmten Region zugeschnitten ist[93]." Bei einer Anstrebung des raumwirtschaftlichen Optimalzustandes, der dann erreicht ist, „wenn die gesamten Kosten, welche die Gesellschaft zur Befriedigung ihrer Ansprüche einsetzt, durch eine andere Raumverteilung nicht verringert werden können"[94], dienen die interregional komparativen Kosten der Ermittlung annähernd optimaler Industriestandorte[95]. Mit dem Verfahren der Industriekomplexanalyse wurde eine operationale Methode entwickelt, die die Beziehungszusammenhänge zwischen inter- und intraregionalen Verflechtungen sowie der Verteilung und Entwicklung der Produktionsstandorte zu erfassen in der Lage ist[96].

e) Die raumwirtschaftliche Gesamtrechnung

Unter einer raumwirtschaftlichen Gesamtrechnung wird die regionalisierte Form einer volkswirtschaftlichen Gesamtrechnung verstanden[97]. Ihr Aufbau richtet sich nach wirtschaftlicher Struktur und Entwicklungsstand der jeweils untersuchten Raumeinheit. Entsprechend können regionale Gesamtrechnungen für vorwiegend agrarisch orientierte, in ihrer Entwicklung zurückgebliebene und Gesamtrechnungen für entwickelte Industrieregionen unterschieden werden[98]. Das Schwergewicht der Analyse liegt bei den Industrienationen auf der Darstellung interregionaler industrieller Verflechtungen, der Erfassung von Abhängigkeiten regionaler Beschäftigungs- und Einkommensentwicklungen von korrespondierenden Tendenzen in anderen Regionen. Ein derartiges System für Industrieregionen wurde von Leven und Stone entwickelt[99]. Als typische Gesamtrechnung für unterentwickelte Räume

---

[93] *Kau*, W., S. 6. Siehe zur vergleichenden Kostenanalyse *Schneider*, H. K., Modelle für die Regionalpolitik, S. 81 ff.

[94] *Storbeck*, D., Die wirtschaftliche Problematik der Raumordnung, S. 121.

[95] Vgl. *Klemmer*, P., Die komparative Kostenanalyse, in: Informationen, 18. Jg. (1968), Nr. 16, S. 457 ff.

[96] *Lauschmann*, E., Grundlagen einer Theorie der Regionalpolitik, S. 173; vgl. zur Industriekomplexanalyse auch *Isard*, W., *Schooler*, E. W., *Vietorisz*, Th., Industrial Complex Analysis and Regional Development, A Case Study of Refinery Petrochemical-Synthetic-Fiber Complexes and Puerto Rico, Cambridge (Mass.) 1959, Second Printing 1964, zit. nach *Lauschmann*, E., Grundlagen einer Theorie der Regionalpolitik, S. 173; *Streit*, M., Über die Bedeutung des räumlichen Verbunds im Bereich der Industrie, Ein empirischer Beitrag zur Regionalpolitik, Schriftenreihe Annales Universitatis Saraviensis, Rechts- und Wirtschaftswissenschaftliche Abteilung, Heft 27, Köln—Berlin—Bonn—München 1967.

[97] *Brede*, H., *Kraft*, J., *Ossorio-Capella*, C., Sp. 1883.

[98] *Lauschmann*, E., Grundlagen einer Theorie der Regionalpolitik, S. 180.

[99] Vgl. hierzu ausführlich *Leven*, Ch. L., A Theory of Regional Social Accounting, in: Papers and Proceedings of the Regional Science Association, Vol. IV (1958); ders., Theory and Method of Income and Product Accounts for Metropolitan Areas, including the Elgin-Dundee Area as a Case-

kann Deanes Studie über Nord-Rhodesien angesehen werden[100]. Die
für stark differenzierte regionale Gesamtrechnungen erforderlichen
statistischen Ausgangsmaterialien können häufig den amtlichen Sta-
tistiken nicht entnommen und müssen daher durch Direkterhebungen
(z. B. in Form von schriftlichen Befragungen) gewonnen werden[101]. In
der Bundesrepublik Deutschland besteht jedoch in den Berechnungen
des Bruttoinlandsproduktes für kreisfreie Städte und Landkreise eine
übersichtliche, wenn auch nicht stark differenzierte Form einer regionalen Gesamtrechnung[102]. Ein Standardsystem derartiger Gesamtrechnungen, das die Vergleichbarkeit interregionaler Verflechtungen verschiedener Räume in einer ausreichend differenzierten Form ermöglicht, besteht bisher noch nicht[103]. Als Basis für die Entwicklung eines Standard-
systems erscheinen die Ansätze Levens, Stones und Deanes durchaus
geeignet, da sie „in ausreichend starkem Disaggregat und in Zeitreihen
dargestellt, Schlüsse über Produktions- und Verwendungsprozesse der
Volkswirtschaft in einem bisher nicht bekannten Grad der Verfeinerung
mit der Folge, daß wirtschaftspolitische, unter anderem auch raumordnungspolitische Eingriffe exakter und wirksamer vorgenommen
werden können"[104], ermöglichen.

f) Die regionalisierten Programmierungsmodelle

Die regionalen linearen und nichtlinearen Programmierungsmodelle
stellen im Gegensatz zu den regionalen Input-Output-Modellen, die
dogmengeschichtlich als Weiterentwicklungen des kreislauftheoretischen
Ansatzes der Wertschöpfung im Hinblick auf die sektorale, intra- und
interregionale Verflechtung zu begreifen sind[105], Optimierungsverfah-
ren dar und dienen damit vorwiegend Planungszwecken[106]. Die formale

---

Study, June 1958, Second Printing April 1963; *Stone, R.*, Social Accounts
at the Regional Level, A Survey, in: Regional Economic Planning, Techniques
of Analysis for less developed Areas, Ed. W. Isard and J. H. Cumberland,
Paris 1961; vgl. zu den einzelnen Konten regionaler Gesamtrechnungen
auch *Brede, H., Kraft, J., Ossorio-Capella,* C., Sp. 1883 ff., sowie *Lauschmann,*
E., Grundlagen einer Theorie der Regionalpolitik, S. 180 ff.

[100] *Deane,* Ph., Colonial Social Accounting, Cambridge 1953, zit. nach
Lauschmann, E., Grundlagen einer Theorie der Regionalpolitik, S. 180; vgl.
zu den Modellen für Entwicklungsländer *Brede, H., Kraft, J., Ossorio-
Capella,* Sp. 1897 ff.

[101] Vgl. *Lauschmann,* E., Grundlagen einer Theorie der Regionalpolitik,
S. 182.

[102] Vgl. Gemeinschaftsveröffentlichung der statistischen Landesämter, Das
Bruttoinlandsprodukt der kreisfreien Städte und Landkreise in der Bundes-
republik Deutschland, 1957 bis 1966, Sozialproduktsberechnungen der Länder,
Heft 3, Wiesbaden 1968.

[103] *Lauschmann,* E., Grundlagen einer Theorie der Regionalpolitik, S. 181 f.

[104] *Brede, H., Kraft, J., Ossorio-Capella,* C., Sp. 1895.

[105] Ebenda, Sp. 1898 und 1905.

[106] Vgl. hierzu *Isard,* W., Methods of Regional Analysis, S. 413 ff.

Struktur derartiger Modelle deckt jedoch zugleich entscheidende ökonomische Zusammenhänge auf, die zum Entstehen der Makrostruktur der ökonomischen Landschaft führen[107]. Die Erfassung dieser Interdependenzen führt häufig zu derart komplexen Modellen, die infolge der Vielzahl der Variablen und wegen der zahlreichen Rückkopplungseffekte deduktiv nicht mehr lösbar sind[108]. Die weniger komplexen, lösbaren Programmierungsmodelle der Regionalforschung geben beispielsweise auf die folgenden typischen Problemstellungen eine Antwort[109]: Bei gegebenen bestimmten mengenmäßig beschränkten Ressourcen werden unter der Annahme vorhandener Produktionskoeffizienten und bei Bekanntsein der Preise unbegrenzt vorhandener Faktoren alle Aktivitäten gesucht, die in der Anwendungsregion die höchsten Gewinne, die größte Beschäftigung, das höchste Pro-Kopf-Einkommen oder ein anderes angestrebtes Optimum erzielen. Die Programmierungsmodelle liefern eine Lösung für das Problem, wie bei gegebener räumlicher Verteilung der Wirtschaftszweige vorgegangen werden muß, um unter der Annahme bestimmter produktionstechnischer Bedingungen bei vorgegebenen regionalen Absatzzahlen ein Transportkosten- und/ oder Produktionskostenminimum zu erreichen[110]. Die wichtigsten Anwendungsgebiete der Programmierungsverfahren in der Regional Science sind die Stadtforschung, der Instrumenteneinsatz der regionalen Wirtschaftspolitik, die Standorttheorie und die Optimierungsanalyse[111].

2. Methoden zur Analyse der Standortverteilung und Standortverlagerung

a) Die Analyse mit Strukturkennziffern

Zur Analyse gegebener Standortstrukturen oder deren Veränderung werden sog. Strukturkennziffern gebildet[112]. Sie stellen im allgemeinen Indikatoren in Quotienten- oder Koeffizientenform dar, die bestimmte

[107] Vgl. *Siebert*, H., Regional Science, Sp. 2692.

[108] Ebenda. Vgl. ferner *Kau*, W., S. 6. Siehe auch *Tinbergen*, J., Ökonomische Modelle und die Wirtschaftspolitik, in: Allgemeines Statistisches Archiv, Bd. 36 (1962), S. 119 ff. Vgl. ferner *Schneider*, H. K., Modelle für die Regionalpolitik, S. 77.

[109] Vgl. *Kau*, W., S. 7.

[110] Vgl. dazu ferner, *Frerich*, J., *Melcher*, J., *Steinheuer*, H., Die Methoden des Operations Research und ihre Anwendungsmöglichkeiten auf die Investitionsplanung im Straßenverkehr, Gutachten im Auftrage des Bundesministers für Verkehr, in Vorbereitung; *Theil*, H., Ökonomische Modelle und Wohlfahrtsmaximierung, in: Grundlagen der Wirtschaftspolitik, Hrsg. G. Gäfgen, Bd. 68, Köln—Berlin 1966.

[111] Für ähnliche Optimierungsaufgaben werden das Lagrange-Verfahren und Methoden der Entscheidungskriterien herangezogen. Vgl. *Siebert*, H., Regional Science, Sp. 2703 f.

[112] Vgl. *Lauschmann*, E., Grundlagen einer Theorie der Regionalpolitik, S. 125.

strukturelle Merkmale der räumlichen Verteilung von Wirtschafts-
zweigen erfassen[113].

In der Regionalforschung dienen Schemata der Klassifizierung
regionaler Strukturen vorwiegend der Bestimmung von Problemgebieten[114] und der Kennzeichnung von Standortzentren[115].

Als Merkmale für die Abgrenzung von Problemgebieten sind beispielsweise Höhe und Veränderung des Bruttoinlandsproduktes pro
Kopf der Wohn- oder Wirtschaftsbevölkerung[116], Erwerbs- und Arbeitslosenquote[117], Industriebesatz[118] und zahlreiche weitere Indikatoren
der regionalen Wirtschaftskraft geeignet[119]. Neben diesen Kennziffern
zur Charakterisierung regionaler Entwicklungsstände werden für die
Bestimmung von Strukturzonen bestimmte Dichteziffern wie z. B. die
Bevölkerungs- und Industriedichte verwandt[120, 121].

---

113 Vgl. *Kau, W.*, S. 3.

114 Vgl. hierzu u. a. *Dittrich, E.*, Die Problemgebiete in der BRD in ihrer
Bedeutung für die Raumordnungspolitik, S. 185 ff.; ders., Problemgebiete
in der Raumforschung, S. 1 ff.; ders., Problemgebiet, in: Handwörterbuch
der Raumforschung und Raumordnung, Bd. II, Hannover 1970, Sp. 2409 ff.;
Cameron, G. C., Das regionale Problem in den Vereinigten Staaten, Einige
Gedanken zu einer entwicklungsfähigen Bundespolitik, in: Informationen,
19. Jg. (1969), Nr. 13/14, S. 381 ff.; *Geisenberger, S.*, Alternative Vorschläge
zur Abgrenzung regionaler Fördergebiete, in: Raumforschung und Raumordnung, 29. Jg. (1971), Heft 6, S. 279 ff.

115 *Lauschmann, E.*, Grundlagen einer Theorie der Regionalpolitik, S. 128 ff.;
vgl. ferner *Boustedt, O.*, Die zentralen Orte und ihre Einflußbereiche, in:
Proceedings of the IGU-Symposium in Urban Geography, Lund 1960, Lund
Studies in Geography, Series B, Human Geography No. 24, Lund 1962,
S. 203 ff.; *Brede. H.*, *Ossorio-Capella, C.*, Begriff und Abgrenzung der Region,
unter besonderer Berücksichtigung der Agglomerationsräume, Wirtschaftliche
und soziale Probleme des Agglomerationsprozesses — Beiträge zur Empirie
und Theorie der Regionalforschung —, Bd. 1, München o. J. (1967); *Lange,*
K., Regionen, in: Handwörterbuch der Raumforschung und Raumordnung,
Bd. III, Hannover 1970, Sp. 2705 ff.

116 Vgl. Gemeinschaftsveröffentlichung der Statistischen Landesämter,
S. V ff.

117 Vgl. *Buchholz, E. W.*, Erwerbsstruktur, in: Handwörterbuch der Raumforschung und Raumordnung, Bd. I, Hannover 1970, Sp. 642 ff.

118 Vgl. Bundesministerium für Wohnungswesen, Städtebau und Raumordnung (Hrsg.), Kreiszahlen zur Raumordnung, Bad Godesberg 1964.

119 Vgl. zu weiteren möglichen Indikatoren *Lauschmann, E.*, Grundlagen
einer Theorie der Regionalpolitik, S. 127.

120 Hierzu vgl. auch *Frerich, J.*, Ursachen und Wirkungen der regionalen
Differenzierung der privaten Spartätigkeit in Industrieländern, Ein Beitrag
zur Analyse der wirtschaftlichen Raumgestaltung in der Bundesrepublik
Deutschland, in: Untersuchungen über das Spar-, Giro- und Kreditwesen,
Hrsg. Fritz Voigt, Bd. 45, Berlin 1969, S. 33 ff.; ders., Die Differenzierung
der wirtschaftlichen Raumstruktur in der Bundesrepublik Deutschland, in:
Die Mitarbeit, 19. Jg. (1970), S. 238 ff.

121 Vgl. zum vorliegenden Abschnitt auch die Darstellung der Regionalanalyse mit Lokalisierungskurven und -koeffizienten.

Zur Kennzeichnung von Standortzentren sind in der Literatur verschiedene Indikatoren herangezogen worden. Viele dieser Kennziffern bauen auf Christallers Theorie der zentralen Orte auf, der die Zentralität eines Ortes als den Bedeutungsüberschuß definiert, der weiterhin der Umlandsbevölkerung zur Verfügung steht, wenn von den zentralen Einrichtungen die von den Ortsbewohnern selbst benötigten Güter und Dienste bereits in Anspruch genommen wurden[122]. Als Indikator dieses Überschusses verwandte Christaller die regionale Konzentration von Telefonanschlüssen. Andere Autoren berechnen als Kennziffern der Zentralität eines Standortes Besatzquotienten, beispielsweise die Besetzung alternativer Gemeinden mit Arbeitsstätten von vorwiegend zentral versorgendem Charakter[123]. Eine methodisch interessante Zentralitätskennzeichnung liefert Boustedt durch die Berechnung sog. Dispersionsfaktoren zentraler Institutionen, deren Höhe in einem umgekehrt proportionalen Zusammenhang zu der Zentralitätsstufe eines Ortes steht[124].

Eine weitere Möglichkeit zur Bestimmung der Zentralität besteht in dem Vergleich der Resonanzen, die zentrale Orte durch ihr Umland erfahren[125]. Klöpper unterscheidet hier Kleinzentren für den Alltagsbedarf, Mittelzentren für den selteneren Normalbedarf, höhere Zentren für den gehobenen Spezialbedarf und Großzentren[126]. Ziffern zur Kennzeichnung von Standortzentren werden häufig speziell für die Kategorisierung von Städten nach Maßgabe ihrer Wirtschafts- und Sozialstruktur berechnet. Als derartige Merkmale können beispielsweise das Verhältnis von Wohn- zu Arbeitsbevölkerung gemessen an der Erwerbsquote, an der Altersstruktur, am Anteil der Ein- und Auspendler an den Erwerbspersonen berechnet werden[127]. Weiter

[122] *Christaller*, W., Die zentralen Orte in Süddeutschland.

[123] Vgl. u. a. *Bobek*, H., Die Versorgung mit zentralen Diensten, Ein Blatt aus dem Atlas der Republik Österreich, in: Mitteilungen der Österreichischen Geographischen Gesellschaft, Bd. 110 (1968), S. 143 ff.; ders., Die Theorie der zentralen Orte im Industriezeitalter, in: Deutscher Geographentag Bad Godesberg, Tagungsberichte und wissenschaftliche Abhandlungen, Wiesbaden 1969, S. 199 ff.; *Neef*, E., Das Problem der zentralen Orte, in: Petermanns Geogr. Mittn., Jg. 1950, S. 6 ff.

[124] *Boustedt*, O., Die zentralen Orte und ihre Einflußbereiche, S. 203 ff.

[125] Vgl. z. B. *Klöpper*, R., Methoden zur Bestimmung der Zentralität von Siedlungen, in: Geographisches Taschenbuch 1953, S. 512 ff.; ders. und *Körber*, J., Rheinland-Pfalz in seiner Gliederung nach zentralörtlichen Bereichen, Forschungen zur deutschen Landeskunde, Bd. 100, Remagen 1957; *Körber*, J., Analyse und Planung des zentralörtlichen Systems im Ruhrgebiet, in: Deutscher Geographentag Bad Godesberg, Tagungsberichte und wissenschaftliche Abhandlungen, Wiesbaden 1969, S. 214 ff.

[126] *Klöpper*, R., Zentrale Orte und ihre Bereiche, in: Handwörterbuch der Raumforschung und Raumordnung, Bd. III, Hannover 1970, Sp. 3854.

[127] Vgl. hierzu u. a. *Bogue*, D. J., The Structure of the Metropolitan Community, A Study of Dominance Subdominance, Ann Arbor, Michigan

können dominierende Wirtschaftszweige in Relation zu den gesamten Erwerbstätigen, zu den Beschäftigten im industriellen und Dienstleistungssektor, zu den entsprechenden Nettoproduktionswerten oder zu dem gewerblich genutzen Gelände gesetzt werden[128].

Vielfach wird die Strukturkennziffernanalyse, die auf den Strukturmatrizen eines oder mehrerer Untersuchungszeitpunkte basiert, deren Zeilen die Wirtschaftszweige und Spalten die Regionen enthalten[129], als Grundlage für die Formulierung raumwirtschaftlicher Potentialmodelle herangezogen[130], deren Bedeutung für die Regionalforschung im nachfolgenden Abschnitt behandelt wird.

b) Die Gravitations- und Potentialmodelle

Soziale und ökonomische Gravitations- und Potentialmodelle bauen auf den Denkmethoden des klassischen Newtonschen Graviationsgesetzes auf und analysieren in Analogie zu dieser Lehre soziale und wirtschaftliche Raumbeziehungen[131]. Das physikalische Theorem besagt, daß sich die Intensität der wechselseitigen Anziehungskraft zweier Körper proportional zu deren Massen und umgekehrt proportional zum Quadrat ihrer Entfernungen verhält[132].

Den ökonomischen Gravitations- und Potentialmodellen liegen die folgenden Prämissen zugrunde: Zwischen den aggregierten Wirtschaftssubjekten — die Aggregate müssen hinreichend groß sein, um als Massen gelten zu können[133] — kommt es nur dann zu Verflechtungen, wenn die einzelnen Subjekte eines Ortes oder Raumes direkte oder indirekte Kontakte zu den Subjekten eines anderen Ortes oder

---

1950; ders., Residental Mobility and the Migration of Workers, in: Manpower in the United States, Problems and Policies, Industrial Relations Research Association, Publication No. 11, New York 1954.

[128] *Lauschmann*, E., Grundlagen einer Theorie der Regionalpolitik, S. 128. Vgl. zur Klassifizierung von Städten *Boustedt*, O., Stadtregionen, in: Handwörterbuch der Raumforschung und Raumordnung, Bd. III, Hannover 1970, Sp. 3207 ff.

[129] Vgl. *Kau*, W., S. 2.

[130] Vgl. zum Zusammenhang von Strukturkennziffern- und Potentialanalyse ebenda, S. 163.

[131] *Lauschmann*, E., Grundlagen einer Theorie der Regionalpolitik, S. 117.

[132] Vgl. zur Übertragung des physikalischen Theorems auf soziale und ökonomische Raumbeziehungen *Meinke*, D., Gravitations- und Potentialmodelle, in: Handwörterbuch der Raumforschung und Raumordnung, Bd. I, Hannover 1970, Sp. 1048 ff.; *Stewart*, J. R., The Development of Social Physics, in: American Journal of Physics, Vol. V (1950), S. 239 ff.; *Stouffer*, S. A., Intervening Opportunities and Competing Migrants, in: Journal of Regional Science, Vol. II (1960), S. 1 ff.; *Carrothers*, G. A. P., An Historical Review of the Gravity and Potential Concept of Human Interaction, in: Journal of the American Institute of Planners, Vol. XXII (1956), S. 94 ff.

[133] Vgl. *Lauschmann*, E., Grundlagen einer Theorie der Regionalpolitik, S. 118.

Raumes aufnehmen[134]. Die Wahrscheinlichkeit für eine derartige Kontaktaufnahme ist für alle aus derartigen Wirtschaftssubjekten gebildeten Paare gleich groß. Die Kontakthäufigkeit eines Subjektes zu denen eines anderen Ortes oder Raumes verringert sich umgekehrt proportional zur Erreichbarkeit dieses Ortes oder Raumes. Die für das Wirtschaftssubjekt notwendigen Anstrengungen, mit den Subjekten eines anderen Ortes oder Raumes in Kontakt zu treten, wachsen hingegen proportional mit der Entfernung[135].

Bei der Anwendung sozialer und ökonomischer Gravitations- und Potentialmodelle[136] muß bei den einzelnen Modellelementen nach ihrem Maßstab bzw. den speziellen Werten gefragt werden, die ihrerseits in Abhängigkeit von dem zu analysierenden Problem und dem verfügbaren Datenmaterial ermittelt werden müssen[137]. Als derartige Maßstäbe können beispielsweise Bevölkerungs- und Beschäftigtenzahlen, Sozialproduktgrößen, Arbeitsstätten, Umsätze, Investitionen und ähnliche Indikatoren herangezogen werden, die nach Maßgabe ihrer Heterogenität mit unterschiedlichen Gewichten versehen werden müssen[138]. Exponentialkoeffizienten, die den einzelnen Massen des Modells zugeordnet werden und deren Höhe mit der Größe der Massen, mit Zeit und Art des Gutes oder der Dienstleistung, welche der Wechselbeziehung zugrunde liegt, variiert, können den Grad der Agglomeration oder Deglomeration in einer Region erfassen[139]. Die Entfernungen der einzelnen Massen, die in das Modell eingehen, werden u. a. als geographische (Luftlinien-, Straßen-, Eisenbahn-, Wasserstraßen- oder Leitungskilometer) oder als ökonomische (Transportkosten, Reisezeiten, bewerteter Brennstoffverbrauch etc.) Kategorien erfaßt[140]. Als ein besonders schwieriges Problem wird von Meinke die Ermittlung der Exponentialkoeffizienten erachtet, mit denen die Entfernungskategorien versehen werden und die beispielsweise bei technischen, sozialen und ökonomischen Abhängigkeiten als Funktion der Zeit Eingang in das Modell finden[141].

---

[134] Um die Gravitationskraft wirksam werden zu lassen, muß der ökonomischen Masse eine Gegenkraft an einem anderen Ort gegenüberstehen. Vgl. *Carrothers*, G. A. P., S. 95.

[135] *Meinke*, D., Gravitations- und Potentialmodelle, Sp. 1048.

[136] Siehe zum Anwendungsbereich raumwirtschaftlicher Potentialmodelle insbes. *Kau*, W., S. 73 ff.

[137] *Meinke*, D., Gravitations- und Potentialmodelle, Sp. 1051.

[138] Ebenda.

[139] Vgl. hierzu *Isard*, W., Methods of Regional Analysis, S. 493 ff.

[140] *Meinke*, D., Gravitations- und Potentialmodelle, Sp. 1052. Siehe hierzu ausführlich *Kau*, W., S. 103 ff.

[141] *Meinke*, D., Gravitations- und Potentialmodelle, Sp. 1052. Vgl. auch ders., Das Gravitations- und Potentialkonzept als Abgrenzungsmethode großstädtischer Einflußbereiche, in: Zeitschrift für Nationalökonomie, 31. Jg. (1971), S. 453 ff.

Der Anwendungsbereich von Gravitationsmodellen in der empirischen Regionalforschung ist bisher hauptsächlich auf den eher technischen Bereich beschränkt geblieben[142]. Hier standen Spezialanalysen im Hinblick auf Verkehrsplanungen oder auf die räumliche Mobilität einzelner Bevölkerungsgruppen im Vordergrund[143]. Potentialmodelle wurden in erster Linie zur Beschreibung und Erklärung gegebener Standortverteilungen und zur Vorausschätzung potentieller Standortverschiebungen verwandt[144]. Dabei sind die Berechnungen von Markt- und Einkommenspotentialen besonders hervorzuheben[145]. Gravitations- und Potentialmodelle sind vorwiegend als „ergänzende Denktechniken"[146] entwickelt worden, mit denen die Wechselwirkungen relativ großer sozialer und ökonomischer Aggregate beschrieben, weniger deren Ursachen erklärt werden. In der Kombination mit anderen Verfahren — wie der komparativen Kostenanalyse, der Input-Output- und Industriekomplex-Analyse — stellen die Gravitations- und Potentialmodelle jedoch wertvolle Ergänzungen des gesamten Instrumentariums der Regionalanalyse dar[147].

c) Die Shift-Analyse

Die „shift analysis" wurde speziell als eine Methode zur Erfassung und Quantifizierung von „Veränderungen in der Standortverteilung im Zusammenhang mit einer regional unterschiedlichen Entwicklung der Produktionsstrukturen"[148] entwickelt und wird vorwiegend zur Untersuchung standortbedingter regionaler Wachstumsunterschiede und deren

---

[142] *Lauschmann*, E., Grundlagen einer Theorie der Regionalpolitik, S. 119.

[143] Vgl. hierzu *Klatt*, S., Ortsgröße und Verkehrsqualität, in: Industrie und zentrale Orte, Forschungs- und Sitzungsberichte der Akademie für Raumforschung und Landesplanung, Bd. 49, Hannover 1969, S. 23 ff.; *Carroll*, J. D., *Bevis*, H. W., Predicting Local Travel in Urban Regions, in: Papers and Proceedings of the Regional Science Association, Vol. III (1957), S. 183 ff.; *Isenberg*, G., Bestimmungsgründe für Umfang und Richtung im Personenverkehr, in: Aufgabenverteilung im Verkehr, Forschungs- und Sitzungsberichte der Akademie für Raumforschung und Landesplanung, Bd. 24, Hannover 1963, S. 129 ff.

[144] *Lauschmann*, E., Grundlagen einer Theorie der Regionalpolitik, S. 121 f.

[145] Vgl. u. a. *Bootz*, P., Die Bestimmung der Einflußbereiche städtischer Absatzzentren im Konsumgütersektor der Wirtschaft, in: Zur Methodik der Regionalplanung, Forschungs- und Sitzungsberichte der Akademie für Raumforschung und Landesplanung, Bd. 41, Hannover 1968, S. 63 ff.; *Thoss*, R., Einkommenspotential und Multiplikatoranalyse, in: Raumforschung und Raumordnung, 27. Jg. (1969), S. 222 ff.

[146] *Lauschmann*, E., Grundlagen einer Theorie der Regionalpolitik, S. 122.

[147] *Meinke*, D., Gravitations- und Potentialmodelle, Sp. 1053; vgl. zu den Beziehungen zwischen Potentialanalyse, Strukturkennziffernanalyse und interregionaler Input-Output-Analyse *Kau*, W., S. 184 ff.

[148] *Lauschmann*, E., Grundlagen einer Theorie der Regionalpolitik, S. 102.

Projektion[149], in einzelnen Ansätzen auch zur Analyse regional unterschiedlicher Konjunkturreagibilitäten verwandt[150]. Das verfahrenstechnische Grundelement der Verlagerungsanalyse besteht in der Messung und Erklärung regionaler Entwicklungstendenzen im Vergleich zu gesamtwirtschaftlichen Durchschnitten, d. h. in der Berechnung regionaler Abweichungen von diesen Durchschnitten. Voraussetzung für die Anwendbarkeit des Verfahrens ist dabei die Existenz ausreichend differenzierter Zeitreihen für die zu vergleichenden Räume[151].

Prinzipiell unterscheidet die shift analysis Struktureffekte, die aus regional unterschiedlichen Produktionsstrukturen, insbesondere aus der Verteilung von Wachstums- und Stagnationsindustrien resultieren, sowie Standorteffekte, die sich aus regional unterschiedlichen Produktions- und Absatzbedingungen ergeben[152]. Eine möglichst exakte Trennung der „shifts", die sich aufgrund beider Effekte ergeben, ist für eine erfolgreiche Anwendung des Verfahrens besonders relevant[153]. Von den verschiedenen shift-analytischen Ansätzen in der regional-wissenschaftlichen Literatur soll hier nur eines der wichtigsten Verfahren erörtert werden, das auf den von Dunn erarbeiteten Methoden basiert[154, 155].

Mit dem Vergleich „Wachstum im kleineren Raum, wenn es dem des größeren entsprochen hätte" und „tatsächliches Wachstum"[156] in der Untersuchungsregion ermittelt die Shift-Analyse auf der Grundlage der von Dunn erarbeiteten Methoden positive und negative Abweichun

---

[149] Vgl. hierzu allgemein *Kraft*, J., Projektion regionaler Größen, in: Handwörterbuch der Raumforschung und Raumordnung, Bd. II, Hannover 1970, Sp. 2424 ff.

[150] *Lauschmann*, E., Grundlagen einer Theorie der Regionalpolitik, S. 103.

[151] Vgl. *Kraft*, J., Sp. 2440 f.

[152] Vgl. hierzu insbes. *Gerfin*, H., Gesamtwirtschaftliches Wachstum und regionale Entwicklung, in: Kyklos, Vol. XVII (1964), S. 565 ff. Siehe auch *Klemmer*, P., Zur Trennung von Struktur- und Standorteffekten, in: Informationen, 18. Jg. (1968), Nr. 6, S. 169 ff.

[153] *Lauschmann*, E., Grundlagen einer Theorie der Regionalpolitik, S. 106.

[154] Vgl. *Dunn*, E. S., A Statistical and Analytical Technique for Regional Analysis, in: Papers and Proceedings of the Regional Science Association, Vol. VI (1960), S. 97 ff.; ders., Une technique statistique et analytique d'analyse régionale, description et projection, in: Economie Appliquée, Tome XII (1959), No. 4; *Perloff*, H. S., *Dunn*, E. S., *Lampard*, E. D., *Muth*, R. F.

[155] Frühere Ansätze der shift analysis finden sich bei Goodrich und Creamer. Goodrich analysierte in erster Linie die Binnenwanderung in den USA. Creamer untersuchte Standortverschiebungen für einzelne Industriezweige. Vgl. *Goodrich*, C. u. a., Migration and Economic Opportunity, The Report of the Study of Population Redistribution, Philadelphia 1936; *Creamer*, D., Shifts of Manufacturing Industries, in: National Resources Planning Board, Industrial Location and National Resources, Washington 1943.

[156] *Kraft*, J., Sp. 2441.

gen von gesamtwirtschaftlichen Durchschnitten in absoluten Zahlen[157]. Dunn unterscheidet bei den shifts zwischen einem Differential- und einem Proportionalitätseffekt bzw. zwischen Nettowirkungen dieser Effekte[158]. Der Differentialeffekt, der die Abweichungen des sektoralen Wachstums einer Region vom sektoralen Wachstum des Gesamtraumes erfaßt, kann als Summe der sektoralen Abweichungen oder als Gesamtdifferentialeffekt bezeichnet werden, der — bezogen auf die Summe der sektoralen Durchschnittsgrößen — den sog. Standorteffekt ergibt[159]. Die „total net shifts" berechnet Dunn für die einzelnen Regionen als Differenzen zwischen den effektiven Beschäftigungsdifferenzen vom Basisjahr bis zum Endjahr der Untersuchung und der erwarteten bzw. hypothetischen Beschäftigungsveränderung, die sich ergeben hätte, wenn sich die Beschäftigung in allen Regionen entsprechend dem nationalen Durchschnitt verändert hätte[160]. Die Differenzierung zwischen dem „total net shift" und dem „total differential shift" ergibt den „proportional shift", dessen absoluter Wert — bezogen auf die hypothetische Größe des Gesamtwachstums — den sog. Struktureffekt darstellt[161]. Liegt die Beschäftigungsveränderung in einem bestimmten Produktionszweig einer Region über dem nationalen Durchschnitt, so wird diese Entwicklung als „differential inward shift" bezeichnet. Damit lassen sich je nach Höhe der Differentialeffekte, die einen Maßstab für die Attraktivität einer Region darstellen, Wachstums- und Stagnationsregionen unterscheiden[162].

Im Gegensatz zu den Differentialeffekten, die den Einfluß regional unterschiedlicher Produktions- bzw. Standortbedingungen charakterisieren (Standorteffekte), sollen die erwähnten Proportionalitätseffekte Rückschlüsse auf die regional unterschiedlichen Produktionsstrukturen, insbesondere auf die regionalspezifische Verteilung von Wachstumsindustrien (Struktureffekt) ermöglichen[163]. Die Aufspaltung des „total

---

[157] Dunn berechnete mit der shift analysis nur die Entwicklung von Beschäftigtenkategorien. Grundsätzlich kann die Methode jedoch für jede Analyse ökonomischer Parameter, wie Einkommen, Produktionswerte, Bevölkerung etc. verwandt werden. Vgl. dazu neben Dunn insbes. auch *Fuchs*, V. R., Changes in the Location of U.S. Manufacturing since 1929, in: Journal of Regional Science, Vol. I (1959), S. 1 ff.; ders., Changes in the Location of Manufacturing in the United States since 1929, New Haven and London 1962.
[158] *Dunn*, E. S., A Statistical and Analytical Technique for Regional Analysis, S. 101 ff.; vgl. ferner *Perloff*, H. S., *Dunn*, E. S., *Lampard*, E. D., *Muth*, R. F., S. 70 ff.
[159] Vgl. *Kraft*, J., Sp. 2441.
[160] Vgl. *Lauschmann*, E., Grundlagen einer Theorie der Regionalpolitik, S. 106.
[161] Vgl. *Kraft*, J., Sp. 2441.
[162] *Lauschmann*, E., Grundlagen einer Theorie der Regionalpolitik, S. 106.
[163] *Kraft*, J., Sp. 2441. Vgl. zur Unterscheidung von Standort- und Struktureffekt *Gerfin*, H., S. 582 ff.

net shift" in Differential- und Proportionalitätseffekt liefert somit zwei unterschiedliche Indikatoren für die Charakterisierung der regionalen Wirtschaftskraft, die durch Standortqualität und Strukturqualität determiniert wird[164].

In der Bundesrepublik Deutschland wurde die Shift-Analyse auf Basis der von Dunn entwickelten Ansätze von Bergschmidt zur Ermittlung relativer Veränderungen der Bruttoinlandsprodukte verschiedener Bundesländer in der Zeit von 1950 bis 1959 verwandt[165].

Die Untersuchung Bergschmidts ist insofern für die vorliegende Studie von besonderer Bedeutung, als sie feststellt, daß sich die einzelnen Wirtschaftsbereiche in keinem Land der Bundesrepublik Deutschland durchschnittlich im Berichtszeitraum auch nur annähernd so positiv entwickeln konnten wie in Baden-Württemberg. Dabei war der Einfluß der Standortqualität auf die Wirtschaftsentwicklung dieses Bundeslandes erheblich stärker als die Wirkung der Strukturqualität. Der Differentialeffekt lag um 6,7 % höher als im Bundesgebiet. Der „total net shift" belief sich auf insgesamt + 8 %. Mit nur + 1,3 % erreichte die als Differenz zwischen „total shift" und „differential shift" ermittelte Restgröße für den Proportionalitätseffekt nur den Bundesdurchschnitt[166]. Bei 20 von insgesamt 29 untersuchten Wirtschaftsbereichen, insbesondere auch im industriellen Sektor, wurde ein branchenspezifisches Wachstum festgestellt, das über dem branchenüblichen Durchschnitt des Bundesgebietes lag[167]. Die starke Beteiligung des Standorteffektes an dieser Entwicklung legt den Schluß nahe, daß zum einen die Standortwertigkeiten der Teilräume dieses Bundeslandes überdurchschnittlich gut sind und daß zum anderen eine überdurchschnittliche Entsprechung zwischen Standortwertigkeit der Räume und Standortaffinität der Industriebereiche erzielt werden konnte[168].

Die Shift-Analyse wurde in der von Dunn entwickelten Form ursprünglich für Diagnosezwecke konzipiert. Mit den erforderlichen Modifikationen kann sie ebenfalls als Basis für die Projektion „regionaler Unterschiede im wirtschaftlichen Wachstumsprozeß und in der Konjunkturanfälligkeit verwandt werden"[169]. Den methodischen Ansatz für ein projektives, allerdings kurzfristiges Shift-Verfahren lieferte Ger-

[164] Vgl. zur genauen Berechnung der einzelnen shifts *Dunn*, E. M., A Statistical and Analytical Technique for Regional Analysis, S. 112.

[165] *Bergschmidt*, H. H., S. 514 ff.

[166] Vgl. zu den Prozentangaben für die einzelnen shifts *Bergschmidt*, H. H., S. 515.

[167] Ebenda, S. 516.

[168] Vgl. hierzu auch den Abschnitt über die regionalpolitischen Schlußforderungen.

[169] *Lauschmann*, E., Grundlagen einer Theorie der Regionalpolitik, S. 113.

fin[170], dessen Konzept neben einer starken räumlichen Differenzierung auch eine möglichst weitgehende Differenzierung der Wirtschaftszweige verlangt[171] und einen als Laspeyres-Index definierten Strukturfaktor sowie einen als Paasche-Index definierten Standortfaktor unterscheidet[172]. Beide Komponenten ergeben zusammen den sog. Regionalfaktor[173]. Das Verfahren Gerfins eignet sich neben der Analyse und Prognose regionaler Unterschiede[174] auch für die Erfassung räumlich differenzierter Konjunkturverläufe[175]. Insbesondere die Untersuchungen Gerfins und Uebes lassen darauf schließen, daß der Konjunkturverlauf und die Konjunkturanfälligkeit in den Teilräumen einer Volkswirtschaft vorwiegend strukturbedingt sind, daß jedoch die Intensität der regional unterschiedlichen Konjunkturreagibilität im wesentlichen standortbedingt ist[176]. Sowohl für die Vorausschätzung der Struktur- als auch der Standortkomponente des Regionalfaktors ist von besonderer Wichtigkeit, inwieweit die Standortaffinität der Industriezweige in den einzelnen Regionen durch die Standortwertigkeit der Ansiedlungsorte Entsprechung findet. Aufgrund der Untersuchungsergebnisse Uebes und Gerfins empfiehlt Lauschmann, die Regionalprognose am Strukturfaktor, die Regionalpolitik hingegen am Standortfaktor der einzelnen Regionen zu orientieren[177].

d) Die Analyse mit Lokalisierungskurven und -koeffizienten

Die Regionalforschung verwendet zur Ermittlung der Wirtschaftskraft von Räumen und Teilräumen vielfach Methoden, die beispielsweise den

---

[170] *Gerfin*, H., S. 565 ff.

[171] Hierzu vgl. auch *Mertens*, D., Die Wandlungen der industriellen Branchenstruktur in der Bundesrepublik Deutschland 1950 bis 1960, Ein Beitrag zur Analyse der Ursachen und Wirkungen differenzierten Wachstums, Deutsches Institut für Wirtschaftsforschung, Sonderheft Bd. 68, Berlin 1964.

[172] *Gerfin*, H., S. 585 f.

[173] Ebenda, S. 585. Vgl. zu diesem Regionalfaktor auch *Baumgart*, E. R., Der Einfluß von Strukturveränderungen auf die Entwicklung der nordrheinwestfälischen Industrie seit 1950, Deutsches Institut für Wirtschaftsforschung, Sonderhefte Bd. 70, Berlin 1965.

[174] Vgl. zur Problematik und den Instrumenten einer Prognose regionaler Wachstumsgrößen insbes. *Bonhoeffer*, F. O., Langfristige Branchenprojektion, Methoden und Probleme, Schriftenreihe des Ifo-Instituts für Wirtschaftsforschung, Nr. 54, Berlin—München 1963; *Gollnick*, H., Probleme der Wirtschaftsprognose aus der Sicht des Ökonometrikers, in: Jahrbuch für Sozialwissenschaft, Bd. 16 (1965), H. 1; *Menges*, G., Vorausschätzung mit Hilfe ökonometrischer Modelle, in: Allgemeines Statistisches Archiv 1, 1967.

[175] Siehe *Uebe* W., Industriestruktur und Standort, Regionale Wachstumsunterschiede der Industriebeschäftigung in der Bundesrepublik Deutschland 1950—1962, Prognos Studien 1, Beiträge zur angewandten Wirtschaftsforschung, Hrsg. Prognos AG in Basel, Stuttgart—Berlin—Köln—Mainz 1967, S. 56 ff. Vgl. auch 2. Auflage, Stuttgart 1972.

[176] Vgl. *Gerfin*, H., S. 573 ff.; *Lauschmann*, E., Grundlagen einer Theorie der Regionalpolitik, S. 116 f.; *Uebe*, W., S. 56 ff.

[177] *Lauschmann*, E., Grundlagen einer Theorie der Regionalpolitik, S. 117.

Industrialisierungsgrad oder die Produktionsspezialisierung einer Region bzw. in dynamischer Sicht entsprechende Veränderungsraten dieser oder ähnlicher Indikatoren zum Ausdruck bringen[178]. Ein derartiges Verfahren stellt die Analyse mit Lokalisierungskurven und -koeffizienten dar, die auf einfachen Maßstäben wie dem Industriebesatz, der Industriedichte, dem Anteil der Beschäftigten eines bestimmten Industriezweiges an den insgesamt im Sekundärbereich Beschäftigten und ähnlichen Relationen aufbaut[179].

Die Lokalisierungskurven basieren auf dem Prinzip der Lorenzkurven, die ursprünglich zur Erfassung und Messung der Konzentration des Volkseinkommens entwickelt wurden[180]. Sie ähneln in ihrer Konzeption den Konzentrationsmaßen von Fuchs und Creamer[181] und lassen sich zur Darstellung der räumlichen Konzentration einzelner Industriezweige[182], der Bevölkerungsdichte und der gesamten Industriedichte[183] ableiten[184]. Eine analoge Ableitung entsprechender Kurven ist für ähnliche Dichtemaße möglich. Ein Vergleich der Kurvenverläufe zu verschiedenen Zeitpunkten oder ein Vergleich des Verlaufs verschiedener Kurventypen über mehrere Jahre[185] liefert wertvolle Informationen

---

[178] Vgl. zur Bestimmung des Industrialisierungsgrades oder der Produktionsspezialisierung einer Region u. a. *Isenberg,* G., Die Ballungsgebiete in der Bundesrepublik, Institut für Raumforschung, Vorträge Nr. 6, Bad Godesberg 1957; *Kloten,* N. (unter Mitarbeit von W. Kau und L. Kowalski), Wandlungen der industriellen Raumstruktur in der Bundesrepublik Deutschland, in: Wandlungen der Wirtschaftsstruktur in der Bundesrepublik Deutschland (Hrsg. H. König), Schriften des Vereins für Socialpolitik, N.F. Bd. 26, Berlin 1962, S. 287 ff.; *Gerfin,* H., S. 574 ff.; *Müller,* G., Industriebesatz — ein Maßstab der regionalen Wirtschaftskraft, in: Zahl und Leben, Mainz—Köln 1965; *Uebe,* W., S. 56 ff.

[179] *Lauschmann,* E., Grundlagen einer Theorie der Regionalpolitik, S. 97. Insofern baut die Analyse mit Lokalisierungskurven und -koeffizienten auf den Methoden zur Klassifizierung von Regionen nach Strukturmerkmalen auf und stellt die Intensivierung und Weiterentwicklung eines speziellen Bereichs dieser Verfahren dar. Vgl. hierzu den Abschnitt über die Regionalanalyse mit Strukturkennziffern.

[180] Vgl. *Lorenz,* M. O., Methods of Measuring the Concentration of Wealth, in: Quarterly Publications of the American Statistical Association, Vol. IX (1905), zit. nach *Lauschmann,* E., Grundlagen einer Theorie der Regionalpolitik, S. 97.

[181] Vgl. *Fuchs,* V. R., Changes in the Location of Manufacturing in the United States since 1929, S. 280 ff.; *Creamer,* D., S. 88 ff.

[182] Siehe hierzu *Hoover,* E. M., The Measurement of Industrial Localization, in: Review of Economics and Statistics, Vol. XVIII (1936), No. 3, S. 164 ff.; vgl. auch ders. und *Fisher,* J. L., S. 175 ff.

[183] Vgl. *Kloten,* N. (unter Mitarbeit von W. Kau und L. Kowalski), S. 295 ff.

[184] Lokalisierungskurven für die räumliche Konzentration der Beschäftigung werden z. B. abgeleitet durch eine Abtragung kumulierter prozentualer Anteile einzelner Räume an der Gesamtbevölkerung auf der Abszisse und entsprechender Anteile an den Beschäftigten auf der Koordinate; vgl. *Lauschmann,* E., Grundlagen einer Theorie der Regionalpolitik, S. 97 f.

[185] Derartige Vergleiche werden durch Eintragung mehrerer Kurven in ein Diagramm durchgeführt; siehe dazu *Hoover,* E. M., The Measurement of Industrial Localization, S. 166 ff.

über die räumlichen Konzentrationstendenzen von Industriebeschäftigung und Bevölkerung[186].

Lokalisierungskoeffizienten wurden als Maßstab für die unterschiedliche Konzentrations- oder Dispersionsneigung bei der Standortbildung verschiedener Industriezweige entwickelt[187], um so die Branchen zu bestimmen, deren Standortaffinität auch von potentiellen Ansiedlungsorten ohne besondere Qualitäten der Standortwertigkeit entsprochen werden kann[188]. Diesem Konzept liegt die Annahme zugrunde, daß Industriezweige mit relativ starker Standortdispersion keine speziellen Standortaffinitäten entwickeln und sich daher unschwer in förderungsbedürftigen Gebieten ansiedeln lassen[189].

Bezugsgröße der Lokalisierungskoeffizienten ist im allgemeinen die Zahl der Industriebeschäftigten. Die Ermittlung der Koeffizienten, die auf branchen- und regionalspezifischen Lokalisierungsfaktoren und -quotienten basiert, stellt sich wie folgt dar[190]: Der prozentuale Anteil der in einer bestimmten Region x im Industriezweig i Beschäftigten an den in dieser Branche insgesamt in allen Teilräumen Beschäftigten wird durch den prozentualen Anteil der Region x an den Industriebeschäftigten insgesamt dividiert. Bei gleichem prozentualen Anteil einer Region an den Beschäftigten eines Industriezweiges und an den in der Industrie insgesamt Beschäftigten ergibt sich ein Lokalisierungsquotient von 1. Der Lokalisierungskoeffizient eines Industriezweiges wird i. d. R. als Summe der positiven oder negativen Abweichungen aller regionalen Lokalisierungsquotienten des betreffenden Industriezweiges von diesem Wert 1 der Gleichverteilung — dividiert durch 100 — bestimmt[191]. Eine weitere Möglichkeit der Berechnung ist die Formulierung des Koeffizienten als mittlere Abweichung der regionalen Lokalisierungsquotienten des Industriezweiges i von dem Wert 1. Durch eine Gewichtung der Teilräume nach Maßgabe ihres Anteils an der Gesamtbe-

---

[186] *Lauschmann*, E., Grundlagen einer Theorie der Regionalpolitik, S. 99. Vgl. auch *Brösse*, U., Eine Hypothese über räumliche Konzentrations- und Dekonzentrationsprozesse, in: Informationen, 21. Jg. (1971), Nr. 23, S. 619 ff.

[187] *Florence*, P. S., Economic Research and Industrial Policy, in: Economic Journal No. 188, Vol. XLVII (1937), S. 622 ff.

[188] Vgl. hierzu die Analyse der branchenspezifischen Standortabhängigkeit bei *Schröder*, D., S. 137 ff.; siehe auch die Ausführungen über „footloose industries" in Teil IV, C. dieser Studie.

[189] *Lauschmann*, E., Grundlagen einer Theorie der Regionalpolitik, S. 99 f.

[190] Das hier wiedergegebene Verfahren zur Ermittlung von Lokalisierungskoeffizienten folgt der Beschreibung von *Lauschmann*, E., Grundlagen einer Theorie der Regionalpolitik, S. 100 ff.; vgl. dazu *Florence*, P. S., Economic Research and Industrial Policy, S. 622 ff.

[191] Vgl. *Florence*, P. S., *Fritz*, W. G., *Gilles*, R. G., Measures of Industrial Distribution, in: National Resources Planning Board, Industrial Location and National Resources, Washington 1943, zit. nach *Lauschmann*, E., Grundlagen einer Theorie der Regionalpolitik, S. 100.

schäftigung kann die unterschiedliche Größe der Regionen berücksichtigt werden. Extremwerte der Lokalisierungskoeffizienten sind die Größen Null und Eins, die eine totale Dispersion oder eine totale Konzentration beinhalten. Normalerweise schwanken die Werte zwischen den beiden Extremen. Außer für die Industrie können Lokalisierungskoeffizienten auch für den primären und den tertiären Sektor berechnet werden. In Ergänzung zu dem industriellen Lokalisierungskoeffizienten entwickelte Florence einen Verflechtungskoeffizienten, der den Grad des räumlichen Verbundes zwischen verschiedenen Industriezweigen angibt[192].

Ein weiterer Koeffizient, der den Grad der räumlichen Produktionsspezialisierung mißt, basiert in seiner Berechnung auf einem konzeptionellen Grundelement der shift analysis[193]. Zwischen den prozentualen Anteilen der untersuchten Teilräume und den entsprechenden gesamtwirtschaftlichen Durchschnitten der einzelnen Industriezweige werden Differenzen gebildet. Die regionalen Abweichungen von dem Wert 1 werden sodann aufsummiert und durch 100 dividiert[194].

Die beschriebenen Möglichkeiten der Bildung von Lokalisierungskurven und -koeffizienten sind für die Regionalforschung nicht nur von diagnostischer Bedeutung. Die so gewonnenen Erkenntnisse können auch als Grundlagen für Planungszwecke Verwendung finden.

e) Soziologische und statistische Analysen auf historischer Basis

Einen besonders umfangreichen Teil der empirischen Analysen der Standortverteilung und der Standortverlagerungen nehmen die Beschreibungen und Erklärungen gegebener Standortstrukturen bzw. deren Veränderungen innerhalb bestimmter Zeitperioden ein. Diese Studien, die von Lauschmann als historisch-soziologische und historisch-statistische Untersuchungen bezeichnet werden[195], lassen sich nur sehr schwer nach Maßgabe eines bestimmten einheitlichen methodischen Vorgehens systematisieren, wie dies bei den bisher behandelten Verfahren zur Analyse wirtschaftlicher Raumbeziehungen in dieser Studie geschehen konnte. Gemeinsam ist nach Auffassung Lauschmanns diesen

---

[192] *Florence*, P. S., Investment, Location, and Size of Plant, A Realistic Inquiry into the Structure of British and American Industries, Cambridge 1948, S. 86; ders., The Selection of Industries Suitable for Dispersion into Rural Areas, in: Journal of the Royal Statistic Society, Vol. CVII (1944), beide Veröffentlichungen zit. nach *Lauschmann*, E., Grundlagen einer Theorie der Regionalpolitik, S. 102.

[193] Vgl. hierzu den Abschnitt über die shift analysis.

[194] *Florence*, P. S., *Fritz*, W. G., *Gilles*, R. C., S. 121, Anm. 2; zit. nach *Lauschmann*, E., Grundlagen einer Theorie der Regionalpolitik, S. 102.

[195] Vgl. *Lauschmann*, E., Grundlagen einer Theorie der Regionalpolitik, S. 89 ff.

Untersuchungen jedoch, „daß sich die Analysen nicht auf einzelne Teilaspekte beschränken, sondern die Gesamtheit der wirtschaftlichen Beziehungen im Raum zu erfassen versuchen"[196]. Durch diese komplexere Betrachtungsweise unterscheiden sich derartige Analysen gleichzeitig von den bisher dargestellten Methoden der Regionalforschung. Da eine Klassifizierung nach methodologischen Kriterien wegen der Vielfalt der angewandten Untersuchungsverfahren wenig sinnvoll erscheint, muß bei der Systematisierung der Studien einer Einteilung nach dominierenden Problemkreisen der Vorzug gegeben werden.

Zweckmäßig erscheint hier gerade die Kategorisierung Lauschmanns, die die folgenden fünf Fragenkreise unterscheidet und durch Beispiele charakterisiert[197]:

(1) Untersuchung bestimmter Gesetzmäßigkeiten, die zur Herausbildung der wirtschaftlichen Raumstrukturen führen[198];

(2) Analyse der räumlichen Differenzierungswirkungen von Determinanten, die den Industrialisierungsprozeß prägen[199];

(3) Überprüfung theoretischer Hypothesen zur Erklärung bestimmter Raumstrukturen bzw. deren Veränderungen im Zeitablauf[200];

(4) Aufdeckung raumspezifischer Phänomene, die zuvor in der Regionalanalyse keine oder zu wenig Beachtung fanden[201];

(5) Untersuchung konkreter Raumstrukturen unter besonderer Berücksichtigung ihrer Änderungsbedürftigkeit und der Möglichkeiten regionalpolitischer Einflußnahme[202, 203].

Zahlreiche historisch-statistische Analysen der Standortverteilung und Standortverlagerung gewinnen das für die Untersuchungen notwendige statistische Ausgangsmaterial durch Fragebogenerhebungen und Interviews, deren Eignung sich für standortanalytische Problemstellungen in zahlreichen Studien bestätigt hat und die insbesondere für die regionale Wirtschaftspolitik wertvolle Anhaltspunkte liefern können[204].

---

[196] Ebenda, S. 90.

[197] Ebenda.

[198] Hierzu vgl. u. a. *Voigt*, F., Industrie- und Gewerbepolitik, S. 52 ff.

[199] Ebenda; vgl. ferner *Schmidt*, H., S. 52 ff.

[200] Siehe insbes. *Salin*, E., Standortverschiebungen der deutschen Wirtschaft, in: Strukturwandlungen der deutschen Volkswirtschaft, Hrsg. B. Harms, Erster Band, Berlin 1928, S. 75 ff.

[201] Vgl. *Uebe*, W., S. 18 ff.

[202] Hierzu vgl. u. a. *Frerich*, J., *Helms*, E., *Kreuter*, H., S. 121 ff.; *Voigt*, F., Wirtschaftliche Entleerungsgebiete in Industrieländern, S. 96 ff. und 159 ff. Siehe auch Gutachten des Sachverständigenausschusses für Raumordnung, Die Raumordnung in der Bundesrepublik Deutschland, Stuttgart 1961.

[203] Vgl. zu den Methoden, die innerhalb der aufgeführten Problemkreise Anwendung finden, ausführlich *Lauschmann*, E., Grundlagen einer Theorie der Regionalpolitik, S. 90 ff.

[204] Vgl. hierzu z. B. den Überblick über empirische Untersuchungen zur Standortforschung bei *Fürst*, D., S. 192 ff.

Dabei sind prinzipiell die methodischen Probleme zu beachten, die bei derartigen Erhebungen auftreten. Es sind dies im einzelnen die Eindeutigkeit der gestellten Fragen, der Einbau von Kontrollfragen, die Auswahl der zu befragenden Grundgesamtheit sowie die Ermittlung geeigneter Stichproben zur Erzielung einer ausreichenden Repräsentanz und die Wiederholung der Befragungen zur Absicherung der ermittelten Ergebnisse[205].

3. Regionalpolitische Schlußfolgerungen

Die in den vorangegangenen Abschnitten erörterten Methoden zur empirischen Erfassung wirtschaftlicher Raumbeziehungen liefern, soweit sie die „Verteilung der menschlichen Aktivitäten im Raum"[206] nicht nur beschreiben, sondern auch erklären, gleichzeitig Anhaltspunkte für den Ansatz regionalpolitischer Maßnahmen. Die aufgedeckten Ursachen regionaler Fehlentwicklungen sind die Einwirkungsobjekte einer kausalorientierten Regionalpolitik[207]. Bei der Behandlung der einzelnen Methoden wurde dieser regionalpolitische Aspekt zum Ausdruck gebracht. Grundsätzlich können Modelle der beschriebenen Art nicht nur zu Diagnose- oder Prognosezwecken erstellt, sondern direkt auf die Ermittlung von regionalpolitischen Handlungsstrategien ausgerichtet werden[208]. Die erörterten Methoden bieten jedoch keine Möglichkeiten, die industriellen Standortaffinitäten mit der regionalpolitischen Standortlenkung systemimmanent zu verknüpfen[209]. Ihre umfassende Darstellung machte deutlich, daß die meisten gängigen Methoden der Regionalforschung nur bestimmte Teilaspekte des Raumphänomens berücksichtigen und daher zu entsprechend einseitigen Untersuchungsergebnissen führen müssen. Die vergleichende bzw. kombinierende Synthese kann den Aussagewert empirischer Regionalstudien zwar erhöhen[210], doch eine detaillierte Kenntnis branchen- und größenklassenspezifischer Standortaffinitäten nicht überflüssig machen. Unterschiede in der regionalen Standortgunst und die daraus resultierenden ungleich über den Raum erfolgenden Standortentscheidungen sind letztlich die Ursachen für regionale Fehlentwicklungen und das Entstehen von Problemgebieten[211]. Die meisten der behandelten Methoden

---

[205] *Lauschmann*, E., Grundlagen einer Theorie der Regionalpolitik, S. 97.
[206] *Siebert*, H., Regional Science, Sp. 2690.
[207] Vgl. *Töpfer*, K., Regionalpolitik und Standortentscheidung, S. 110.
[208] Vgl. *Schneider*, H. K., Modelle für die Regionalpolitik, S. 77 ff.
[209] Vgl. *Töpfer*, K., Regionalpolitik und Standortentscheidung, S. 12.
[210] Vgl. zur Synthese verschiedener Methoden der Regionalforschung *Isard*, W., Methods of Regional Analysis, Chapter 12.
[211] Vgl. *Voigt*, F., Wirtschaftliche Entleerungsgebiete in Industrieländern, S. 17 ff.

stehen zwar konzeptionell auf dem Boden dieser Grundannahme, doch ist in ihren Ergebnissen die Problematik zumeist nur global enthalten. Sie stellen zwar fest, daß und warum Problemgebiete entstehen, zeigen jedoch nicht auf, wo im einzelnen die Diskrepanzen zwischen Angebot und Nachfrage nach Standortqualitäten zu suchen sind. Anhaltspunkte für eine konkrete Orientierung der regionalpolitischen Standortlenkung an den industriellen Standortaffinitäten kann vor allem die „Angebots-Nachfrage-Konzeption" liefern, die den Besonderheiten der industriellen Standortnachfrage die Qualitäten des Standortangebots mit dem Ziel gegenüberstellt, fehlende (oder auch überflüssige) Standorteigenschaften zu ermitteln und erforderlichenfalls regionalpolitisch zu beeinflussen[212]. Die Beseitigung von Diskrepanzen zwischen Standortwertigkeit und -affinität in den Problemgebieten ist eine zentrale Aufgabe standortlenkender Maßnahmen der Regionalpolitik. Voraussetzung für die Effizienz dieser Politik ist neben den Informationen über die Standortqualität eine detaillierte Kenntnis branchen- und größenklassenspezifischer Standortanforderungen der Industriebereiche und der Entwicklung dieser Affinitäten im Zeitablauf. Derartige Informationen sollen durch die empirische Analyse in Teil III dieser Untersuchung gewonnen werden.

---

[212] Vgl. *Schneider,* H. K., Über einige Probleme und Methoden regionaler Analyse und Prognose, in: Regionalplanung, Beiträge und Untersuchungen, Hrsg. H. K. Schneider, Bd. 63, Köln-Braunsfeld 1966, S. 103 ff. Vgl. hierzu ausführlich auch Teil IV dieser **Arbeit.**

TEIL III

Die Struktur der Standortentscheidungen industrieller Unternehmen in Baden-Württemberg

A. Die Determinanten der Standortwahl

1. Allgemeine Standortanforderungen

Grundsätzlich basiert die Aufnahme einer wie auch immer gearteten industriellen Produktion auf bestimmten Nachfrageerwartungen, eine Nachfrage, die offen oder latent vorhanden sein, zumindest aber geweckt werden kann. Ein Produktionsunternehmen wird bestrebt sein, seinen Standort zu wählen, wo langfristig eine maximale Differenz zwischen Erlös und Kosten erwartet werden kann. Effektive Höhe sowie Struktur der Erlöse und Kosten hängen von den Mitteln der einzelnen Betriebe und von der Effizienz der jeweiligen Betriebsführung ab.

Ein standortsuchendes Unternehmen führt zunächst eine detaillierte Analyse der Kostenvorteile alternativer Standorte durch. Grundlage derartiger Kostenvergleiche sind i. d. R. die fixen Kosten für Grundstücke, Gebäude und Grundstückszubehör zusammen mit den erwarteten Betriebskosten, die sich aus Personal-, Rohstoff-, Transport- und Energiekosten sowie Steuern und ähnlichen Kostenfaktoren zusammensetzen. Neben diesen, als objektiv zu bezeichnenden Standortfaktoren können auch eher subjektive, psychologische Überlegungen die Standortwahl beeinflussen. Derartige Einflußgrößen sind beispielsweise die landschaftliche Attraktivität oder andere persönliche Präferenzen für einen Standort, der nicht direkt auf die Kosten des Produktionsablaufs einwirken.

Ohne Berücksichtigung des Betriebstypus unterscheidet Burns die folgenden Informationen, die bei jeder Standortentscheidung berücksichtigt werden müssen[1]:

---

[1] *Burns*, L. S., Vorgeplante Industriekomplexe in den USA, Europäische Gemeinschaft für Kohle und Stahl, Hohe Behörde, Regional- und wirtschaftspolitische Studienreihe, 1: Die industrielle Umstellung in Europa, VII: Standortbestimmung und Erschließung von Industriegelände, Freudenstadt, Europabücher Nr. 20 (Luxemburg 1966), S. 122.

(1) Informationen über die wirtschaftliche und industrielle Struktur der alternativen Standorte. Dabei müssen Art und Größe sowie gegenwärtige und prognostizierte Marktanteile der Industriebereiche analysiert werden, die bereits in den alternativen Ansiedlungsregionen ansässig sind.

(2) Informationen über die gegenwärtig und künftig an den alternativen Standorten für industrielle Ansiedlungen verfügbaren Arbeitskräfte, deren Qualifikation sowie über die Entwicklung der Arbeitslosenzahl.

(3) Informationen über die Projektion des Bevölkerungswachstums in den Alternativregionen als Grundlage für Vorausschätzungen der örtlichen Nachfrage und Entwicklung des örtlichen Arbeitspotentials.

(4) Informationen über vorhandene und projektierte Infrastruktureinrichtungen.

Diese allgemeinen Standortinformationen müssen um die betriebstypischen, d. h. branchen- und größenklassenspezifischen Erfordernisse ergänzt werden[2].

Die Kategorien der internen und externen Ersparnisse, die von Marshall eingeführt wurden[3], charakterisieren allgemein die unterschiedliche Qualität alternativer Produktionsstandorte und determinieren so die industrielle Standortwahl. Die einzelwirtschaftlichen Faktoren der Standortwahl, die ökonomischen Auswirkungen dieser Entscheidung sowie die Geschäfts- und Betriebspolitik wirken als Faktorenbündel auf Höhe und Struktur der internen Ersparnisse ein[4]. Die externen Ersparnisse hängen von der allgemeinen industriellen Entwicklung in einem Wirtschaftsraum ab[5]. Ihre wichtigsten Komponenten ergeben sich aus den Entwicklungstendenzen von Industriezweigen, die in einem Abhängigkeitsverhältnis zueinander stehen.

---

[2] Vgl. hierzu die Abschnitte B. und C. dieses III. Teils der Untersuchung.

[3] Vgl. *Marshall*, A., Industry and Trade, London 1920, S. 167; siehe hierzu auch *Giersch*, H., Das ökonomische Grundproblem der Regionalpolitik, S. 399.

[4] Vgl. hierzu auch *Voigt*, F., Die volkswirtschaftliche Bedeutung des Verkehrssystems, S. 108 ff.

[5] Die sog. external economies, die aus dem Globalbegriff des Agglomerationsfaktors entstanden sind, können als diejenigen Ersparnisse definiert werden, „die am gleichen Standort bzw. in der gleichen Region durch das Wachstum von Wirtschaftseinheiten bzw. Industrie- und Gewerbezweigen für andere Wirtschaftsbereiche — insbesondere im sekundären Sektor — entstehen und das regionale Wirtschaftswachstum fördern". Siehe *Schmidt*, H., S. 173. Vgl. zur Untergliederung des Agglomerationsfaktors insbes. *Hoover*, E. M., Location Theory and the Shoe and Leather Industries, Cambridge (Mass.) 1937, S. 90 ff. sowie *Isard*, W., Location and Space-Economy, S. 172 ff.

Diese Industrien können sich auf einen Standort konzentrieren oder durch raumüberbrückende Kommunikationsmittel miteinander in Interaktionen stehen[6].

In Anlehnung an eine von Scitovsky[7] konzipierte Systematik lassen sich die folgenden Hauptgruppen externer Ersparnisse unterscheiden:

Externe Ersparnisse, die sich technologisch aus einer direkten Abhängigkeit zwischen den Produzenten ergeben und von den Marktmechanismen unabhängig sind, bilden die erste Gruppe.

Eine zweite Form der external economies schlägt sich direkt in Gelderspanissen nieder, wenn sich die Aktivität eines Produzenten aufgrund der zwischen den Unternehmern eines Marktes herrschenden Interdependenz mit der Produktion und den Produktionsfaktoren eines oder mehrerer Produzenten und nicht nur mit der eigenen in Verbindung bringen läßt[8].

Neben diesen Hauptgruppen läßt sich eine weitere Kategorie von Ersparnissen unterscheiden, die speziell aus den regionalen Infrastrukturen, aus der Konzentration festen Gesellschaftskapitals in ohnehin stark agglomerativen Gebietseinheiten resultieren. Diese technologischen, finanziellen und infrastrukturellen external economies sind Determinanten, die neben den „internals" bei jeder unternehmerischen Standortentscheidung Berücksichtigung finden müssen[9].

Den externen Ersparnissen stehen die Sozialkosten gegenüber, die durch eine Überdimensionierung der Agglomeration, beispielsweise der Stadtgröße, durch eine zu starke Beanspruchung der kommunalen Versorgungseinrichtungen sowie durch eine Überlastung der Verkehrsanlagen hervorgerufen werden[10]. „Weil die Grenzkosten, die durch eine weitere Wirtschaftseinheit der Stadt insgesamt entstehen, über den Durchschnittskosten liegen, die einzelne Wirtschaftseinheit aber höchstens die Durchschnittskosten trägt, wird ein künstlicher Anreiz zur Überfüllung und Ausdehnung metropolitaner Städte und also zur Zusammenballung der wirtschaftlichen Tätigkeit im Raume

---

[6] Vgl. *Massacesi*, E., Standortbestimmung und Erschließung von Industriegelände, Europäische Gemeinschaft für Kohle und Stahl, Hohe Behörde, Regional- und wirtschaftspolitische Studienreihe, 1: Die industrielle Umstellung in Europa, Luxemburg 1966, S. 18 ff.

[7] *Scitovsky*, T., Two Concepts of External Economies, in: The Journal of Political Economy, No. LXII (1954), S. 143; vgl. zu den Zusammenhängen zwischen äußeren Ersparnissen und der Gleichgewichtstheorie u. a. *Fleming*, J. M., External Economies and the Doctrine of Balanced Growth, in: The Economics of Underdevelopment, Hrsg. A. N. Agarwala und S. P. Sing, London 1958.

[8] Vgl. *Massacesi*, E., S. 19 f.

[9] Ebenda, S. 21.

[10] Vgl. *Schmidt*, H., S. 26.

geschaffen[11]." Dadurch hervorgerufene Agglomerationsnachteile wie Luftverunreinigung, Lärmbelästigung, Anfall von Müll, Mangel an Erholungsgebieten, verstärkte Konzentrationsphänomene[12] äußern sich als „external diseconomies", die zugunsten des verursachenden Unternehmens auf dritte abgewälzt werden, diese in Mitleidenschaft ziehen können und daher bei einer Standortentscheidung ebenfalls Berücksichtigung finden müssen[13].

2. Die relevanten spezifischen Standortfaktoren als Determinanten der unternehmerischen Standortentscheidung

a) Methodische Vorbemerkungen

Im vorliegenden Abschnitt sollen aufbauend auf empirischen Untersuchungen zur Standortwahl die Determinanten herausgearbeitet werden, die für die unternehmerische, vor allem die industrielle Standortentscheidung von besonderer Relevanz sind. Die zu diesem Zweck herangezogenen Studien dienen nicht der Falsifizierung theoretischer Standortmodelle bzw. der Ermittlung normativer Richtlinien für die rationale Standortwahl, sondern versuchen vielmehr zu ermitteln, „wie — in einem bestimmten Raum, zu einer bestimmten Zeit — Unternehmer ihren geeigneten Standort auswählten"[14]. Derartige Untersuchungen bedienen sich i. d. R. der Briefbefragung und/oder der Interviewbefragung. Dabei können ex post sowohl die tatsächlich relevanten Standortfaktoren als auch die betriebswirtschaftlich notwendigen Determinanten erfragt werden. Wegen der größeren Wirklichkeitsnähe und ihres informativeren Charakters sowie aufgrund geringerer erhebungstechnischer Schwierigkeiten wird der Orientierung der Fragestellung an „Ist-Entscheidungen" in empirischen Untersuchungen zumeist der Vorzug gegeben[15]. Neben der Befragung der Unternehmer besteht ein alternativer methodischer Ansatz in der regressionsanalytischen Ermittlung des Einflusses von Standortfaktoren auf die Wirtschaftsentwicklung eines Raumes. Die Regressionsanalyse ist in diesem

---

[11] *Beckmann*, M., Zur Theorie des allgemeinen räumlichen Gleichgewichts, S. 491.

[12] *Massacesi*, E., S. 21.

[13] Vgl. z. B. *Wentzel*, K. F., Rauchschäden als Standortfaktor im rheinisch-westfälischen Industriegebiet, Forstgeschichtlich-pathologische Untersuchung, Diss. Göttingen, Hamm, München, 1957, zit. nach *Schmidt*, H., S. 74. Vgl. zu den Sozialkosten auch *Evers*, H., Social Costs, Ein Diskussionsbeitrag zur Frage der Social Costs, in: Raumforschung und Raumordnung, 15. Jg., Heft 3/4 (1957), S. 157 ff. Siehe auch *Rohde*, K. E., Schädigungen der Gesellschaft durch Begleiterscheinungen privater Produktion, in: ORDO XI (1959).

[14] *Fürst*, D., S. 189.

[15] Ebenda.

Zusammenhang vor allem ein wertvolles Kontrollverfahren zur Überprüfung von Ergebnissen empirischer Standortwahluntersuchungen auf
Befragungsbasis[16].

Bei der Auswertung der Erhebungsergebnisse, die zumeist auf die
Ermittlung typischer Entscheidungsverhaltensweisen abzielt, und bei
der Ableitung gemeinsamer Aussagen verschiedener Untersuchungen zur
Standortwahl müssen Unterschiede in der Mentalität der befragten
Unternehmer, in der geographischen Verteilung und in der Qualität der
Standortfaktoren berücksichtigt werden[17].

Hinsichtlich der Fragestellung sind die meisten Untersuchungen zur
Standortwahl industrieller Unternehmer weitgehend vergleichbar[18]. Die
Bedeutung einzelner Faktoren für die erfolgte Standortentscheidung
wird erfragt[19]. Sodann werden die Aussagen nach Maßgabe der
Häufigkeit ihrer Nennungen sowie z. T. nach Maßgabe der jeweili-
gen Beschäftigtenzahl der befragten Unternehmen gewichtet[20]. Viel-
fach erfolgt eine Differenzierung nach Branchen. Unterschiedliche
Systematiken erschweren jedoch hier die Vergleichbarkeit.

b) Die Ergebnisse bisheriger empirischer Untersuchungen
zur Standortwahl industrieller Unternehmer

Die Zusammenstellung der folgenden Veröffentlichungen vermittelt
einen Überblick über wichtige empirische Erhebungen zur Standortwahl industrieller Unternehmer, deren Ergebnisse z. T. auch für die
vorliegende Untersuchung relevant sind[21]:

---

[16] Vgl. *Frerich, J., Helms, E., Kreuter, H.*, S. 114 ff.

[17] Vgl. *Fürst, D.*, S. 190.

[18] Vgl. hierzu *Hansmeyer, K. H., Fürst, D.*, Standortfaktoren industrieller
Unternehmen: Eine empirische Untersuchung, in: Informationen des Instituts
für Raumordnung, Bad Godesberg, Jg. 20 (1970), Heft 16, S. 481 ff.

[19] Es interessieren generell faktische Entscheidungen und nicht hypothetische Fragestellungen.

[20] Vgl. *Fürst, D.*, S. 192.

[21] Vgl. zu diesen Veröffentlichungen *Fürst, D.*, S. 192 ff.; *Bergin, T. P.,
Eagan, W. F.*, Criteria for Location of Industrial Plants, Changes and
Problems, New York 1967; *Brede, H., Ossorio-Capella, C.*, Die Agglomerationsräume der Bundesrepublik Deutschland — demographische und ökonomische Aspekte der Agglomerationsprozesse, Hrsg. Ifo-Institut für Wirtschaftsforschung München, Wirtschaftliche und soziale Probleme des Agglomerationsprozesses — Beiträge zur Empirie und Theorie der Regionalforschung — Bd. 2; *Carol, H.*, Aufstellung eines Industriezonenplanes über
das Gebiet des Kantons Zürich — mit einer „Standort-Anforderungstabelle"
— für den Bericht zum Studienauftrag des Kantons Zürich, Zürich o. J.;
Carrier, R. F., Schriver, W. R., An Explanation of Plant Location in
Tennessee 1955—65, Memphis/Tenn. 1966; DIVO-Institut, Motive und
Kriterien der Standortwahl bei Ansiedlung von Industriebetrieben am
Beispiel des Gebietes der Planungsgemeinschaft Westeifel, o. O. 1969;
Escott, F., Why 122 Manufacturers Located Plants in Texas, Austin/Tex.

Eine Gegenüberstellung der Ergebnisse empirischer Untersuchungen zur industriellen Standortwahl zeigt, daß bestimmte Determinanten der Standortentscheidung in allen Ländern, in denen entsprechende Untersuchungen durchgeführt wurden, von allen Befragten als besonders relevant empfunden wurden, während andere nur bei einzelnen Befragungsaktionen Erwähnung fanden[22]. Dabei sind in alternativen Ländern innerhalb der Skala der Hauptdeterminanten erhebliche Unterschiede in der Relevanzempfindung seitens der befragten Industrieunternehmer festzustellen[23]. So ermittelte das Bundesministerium für Arbeit und Sozialordnung[24], daß in der BRD die Ansiedlungs-

1954; *Esenwein-Rothe*, I., Die Standortdynamik im Weser-Ems-Gebiet, Zur Problematik einer regionalen Wirtschaftspolitik im Wege der Industrialisierung ländlicher Räume, Wilhelmshaven 1960; *Goebel*, R., Die Standorterfordernisse von Klein- und Mittelbetrieben in der Großstadt Kiel, Kiel 1955; *Gotz*, R., Zweigbetriebe und Betriebsverlagerungen Stuttgarter Industriebetriebe, in: Informationen des Instituts für Raumordnung, Jg. 20 (1970), Heft 16, S. 481 ff.; *Griffin*, J. I., Industrial Location in the New York Area, New York 1956; *Hengstenberg*, R., Industriebetriebe im ländlichen Raum, in: Der ländliche Raum als Standort industrieller Fertigung, Forschungsberichte des Landes Nordrhein-Westfalen, Nr. 677, Köln und Opladen 1956; *Hunker*, H. L., *Wright*, A. J., Factors of Industrial Location in Ohio, Columbus 1963; *Jochimsen*, R., *Treuner*, P., Zentrale Orte in ländlichen Räumen unter Berücksichtigung der Schaffung zusätzlicher außerlandwirtschaftlicher Arbeitskräfte, Bad Godesberg 1967; *Katona*, G., *Morgan*, J. N., Industrial Mobility in Michigan, 1950, Ann Arbor 1951; *Keeble*, D. E., Industrial Decentralisation and Metropolis, The North-West-London Case, in: Transactions of the Institute of British Geographers, Vol. 44, 1968, S. 1 ff.; *Law*, D., Industrial Movement and Location Advantage, in: The Manchester School of Economics and Social Studies, Vol. 32 (1964); *McMillan*, T. E. jr., Why Manufacturers Choose Plant Locations, in: Land Economics, Vol. 44 (1965), S. 241 ff.; *Mueller*, E., *Wilken*, A., *Wood*, M., Location Decision and Industrial Mobility in Michigan 1961, Ann Arbor 1961; *Müller*, W., Untersuchung über Struktur und Standort von Industriegründungen in Niedersachsen in der Zeit von 1939—1951, in: Neues Archiv für Niedersachsen, 1953, S. 11 ff.; *Paine*, L. S., An Evaluation of Plant Location Factors in Texas, College Station, Texas 1954; *Schilling*, H., Standortfaktoren für die Industrieansiedlung, Ein Katalog für die regionale und kommunale Entwicklungspolitik sowie die Standortwahl, Österreichisches Institut für Raumplanung, Veröffentlichung Nr. 27, Stuttgart—Berlin—Köln—Mainz 1968; *Treuner*, P., Untersuchungen zur Standortwahl der Industriebetriebe in der Bundesrepublik Deutschland, 1955—1967, Manuskript, Kiel 1971; *Wallace*, L. L., *Ruttan*, V. W., The Role of Community as a Factor in Industrial Location, in: Papers and Proceedings of the Regional Sience Association, Vol. VII (1961), S. 133 ff.; *Yaseen*, L. C., Plant Location, Roslyn (USA) 1952.

[22] Siehe hierzu die Ausführungen über die sog. sonstigen Determinanten der Standortwahl bei *Fürst*, D., S. 204 ff.

[23] Vgl. hierzu *George*, P., Tendences nouvelles de la localisation des industries à l'intérieur des agglomerations urbaines, in: Economie Appliquée, Archives de l'Institut de Science Economique Appliquée, Genève, No. 21 (1968), S. 31 ff.

[24] Das Bundesministerium für Arbeit und Sozialordnung veröffentlicht in Zusammenarbeit mit dem Institut für Raumordnung auf der Basis von Erhebungen der Bundesanstalt für Arbeit eine statistische Reihe, die sich mit der Standortwahl industrieller Unternehmer in der Bundesrepublik Deutschland und West-Berlin beschäftigt. In dieser Reihe sind bis 1971 sechs Berichte erschienen, die Zahlenmaterial über die Verlagerungen,

gründe „Arbeitskräftefrage", „Raum und Gelände" sowie „Absatz und Transport" in den Jahren 1968 und 1969 als die Hauptdeterminanten bei der Verlagerung und Neugründung von Industriebetrieben erachtet wurden. Es folgen die Faktoren „Rohstoffe", „Öffentliche Förderung" und „Private Gründe"[25]. Eine Differenzierung in Verlagerungen, Neugründungen und Zweigstellengründungen nach dem Standortmotiv führt zu unterschiedlichen Relevanzskalen. Bei Verlagerungen dominiert das verfügbare Industriegelände, bei Neugründungen sind Industriegelände und Arbeitskräfte von nahezu gleicher Bedeutung, bei Zweigstellengründungen wird die Skala eindeutig von dem Faktor Arbeitskräfte angeführt[26]. Diese Differenzierung nach dem Standortmotiv wurde jedoch nur in wenigen Untersuchungen in Korrelation zur Gewichtung der Standortfaktoren gebracht. In den meisten Studien wurden als wichtigste Einflußvariablen, die die Relevanz der Standortfaktoren im unternehmerischen Kalkül determinieren, die Branchenzugehörigkeit und die Zahl der Beschäftigten verwandt[27].

In den Vereinigten Staaten gelangen empirische Untersuchungen zur Standortforschung zwar zu den gleichen Hauptdeterminanten[28] wie beispielsweise in der BRD und Großbritannien[29], doch ist die Rangfolge ihrer Bedeutung eine grundsätzlich andere. An der Spitze rangiert die Marktnähe, die für die BRD von weniger großer Relevanz ist, Ursache für diese divergente Einschätzung ist zweifellos die unterschiedliche geographische Größe der Länder. Im Zusammenhang mit der Marktnähe spielt die verkehrsmäßige Erschließung eine wesentliche Rolle, die in den Untersuchungen des Bundesministeriums für Arbeit und Sozialordnung in der Kategorie „Absatz und Transport"

Neuansiedlungen und Stillegungen von Industriebetrieben enthalten. Dabei werden auch Angaben über die Häufigkeit der Ansiedlungs- und Verlagerungsgründe in Verdichtungsräumen und sonstigen Gebieten gemacht. Vgl. Bundesministerium für Arbeit und Sozialordnung (Hrsg.), Die Standortwahl der Industriebetriebe in der Bundesrepublik Deutschland mit Berlin (West), Bonn 1961, 1964, 1966, 1968 und 1971. Vgl. auch *Kroner*, G., Standortwahl und Stillegungen von Industriebetrieben in den Jahren 1968 und 1969, in: Informationen, 21. Jg. (1971), Nr. 9, S. 221 ff.
[25] Bundesministerium für Arbeit und Sozialordnung, S. 35. Im folgenden wird auf den Jahrgang 1971 dieser Reihe Bezug genommen.
[26] Vgl. *Treuner*, P., Räumliche Aspekte des sektoralen Strukturwandels, Kiel 1970, S. 97 f.
[27] Vgl. *Fürst*, D., S. 196.
[28] Hier sind die bedeutendsten Standortfaktoren die Nähe des Marktes, der Rohstoffbezug, Industriegelände und Arbeitskräfte sowie die verkehrsmäßige Erschließung. Ebenda, S. 197. Vgl. zu den industriellen Standortentscheidungen in den USA *McLaughlin*, G. E., *Robock*, St., Why Industry Moves South, A Study Influencing the Recent Location of Manufacturing Plants in the South, National Planning Association, Committee of the South Reports, Nr. 3, Washington D.C. 1969.
[29] Vgl. zu den Standortuntersuchungen in Großbritannien beispielsweise *Cameron*, G. C., *Clark*, B. D., Industrial Movements and the Regional Problem.

erscheint[30]. Ebenso beeinflussen die Verkehrsverhältnisse auch den Bezug von Rohstoffen. Dabei ist festzuhalten, daß in Ländern mit geringerer geographischer Ausdehnung der klassische Standortfaktor Rohstoffbezug durch die fortschreitende Verbesserung der verkehrsmäßigen Erschließung und die damit verbundene Verkürzung der Beschaffungswege stärker in den Hintergrund des unternehmerischen Standortbewußtseins trat[31].

Die bisherigen Untersuchungen lassen einen Einfluß der Branchenzugehörigkeit auf die Rangfolge der Hauptdeterminanten vermuten. Genauere Zusammenhänge wurden jedoch nicht ermittelt. Fürst ist der Auffassung, daß derartige Einflüsse „nicht allzu gravierend"[32] sind. Auf diese Frage wird an späterer Stelle noch genauer einzugehen sein[33].

Im Zusammenhang mit dem Einfluß der Branche auf die Rangfolge der Hauptdeterminanten der Standortentscheidung sei nochmals auf die Arbeit Schröders verwiesen, der die branchenspezifische Standortabhängigkeit analysiert und auf Basis bestimmter Auswahlkriterien für die Standortabhängigkeit[34] Industrien mit fester Standortbindung[35], Industrien mit hoher Transportkostenempfindlichkeit (mit hohen internen[36] und geringen internen Ersparnissen[37]) sowie standortunabhängige Industrien unterscheidet[38].

Die Hauptdeterminanten der Standortwahl, über die einigermaßen gesicherte empirische Aussagen vorliegen, werden ergänzt durch sonstige Einflußgrößen, die bei der Standortentscheidung in irgendeiner Form Berücksichtigung finden, aber nicht als „conditio sine qua non" angesehen werden. Aussagen über diese Faktoren sind jedoch nur mit geringerer Zuverlässigkeit zu treffen. Determinanten dieser Art sind beispielsweise örtliche Steuerunterschiede, angemessene Preise der öffentlichen Ver- und Entsorgung, Einrichtungen des Wohn- und Freizeitwertes, das politische und kulturell-gesellschaftliche Klima eines

---

[30] Bundesministerium für Arbeit und Sozialordnung, a.a.O.

[31] Siehe hierzu auch *Schneider*, H. K., Über die Notwendigkeit regionaler Wirtschaftspolitik, S. 12.

[32] *Fürst*, D., S. 199.

[33] Vgl. hierzu die Auswertung des statistischen Materials zur Ableitung branchen- und größenklassenspezifischer Standortaffinitäten.

[34] *Schröder*, D., S. 137 ff.

[35] Schiffbau, Bergbau, Steine und Erden sowie Sägewerke und Holzbearbeitung. *Schröder*, D., S. 141.

[36] Eisenschaffende Industrie, NE-Metallindustrie (teilweise), Chemie (teilweise), Mineralölverarbeitung, Zellstoff- und Papiererzeugung. Ebenda, S. 142.

[37] Eisen-, Stahl- und Tempergießereien, Ziehereien und Kaltwalzwerke, Feinkeramik, Glasindustrie, Nahrungs- und Genußmittelindustrie. Ebenda.

[38] Ebenda, S. 177 ff.

Standortes, öffentliche Förderungsmaßnahmen in Form von Steuererleichterungen oder Zuschüssen, bestimmte Vorteile der Agglomeration und die Vielzahl persönlicher Präferenzen[39].

Eine Problematik, die im Zusammenhang mit Standortfragen immer wieder aufgeworfen wird, ist die Frage, inwieweit die Standortentscheidung tatsächlich durch die Industrieunternehmen „rational" getroffen wird[40]. Eine allgemeine Tendenz der empirischen Untersuchungen geht in der Beurteilung der Rationalität dahin, daß bei größeren Betrieben von einem höheren Maß rationalen Entscheidungsverhaltens ausgegangen werden kann. Diese Vermutung wird dadurch begründet, daß in größeren Betrieben eher mit dem Vorhandensein eines effizienten Rechnungs- und Planungswesens als bei kleineren Betriebsgrößen gerechnet werden kann[41]. Mit wachsender Unternehmensgröße wird das unternehmerische Standortkalkül systematischer und umfangreicher[42], die Orientierung langfristiger[43]. Gleichzeitig verlieren die Faktoren an Bedeutung, die nicht Hauptdeterminanten sind[44]. Hier ergibt sich eine interessante Möglichkeit für die Regionalpolitik, auf die Informationsgewinnung der standortsuchenden Industrieunternehmen einzuwirken und so die Rationalität der Standortwahl zu erhöhen[45].

Neben der informierenden Interventionspolitik, die auf das Standortverhalten größerer und kleinerer Betriebseinheiten ausgerichtet wird, können insbesondere regionale Subventionsmaßnahmen[46] auf kleinere Unternehmen einwirken, die erfahrungsgemäß hier eine starke Reagibilität und Lenkbarkeit zeigen[47]. Die öffentliche Förderung

---

[39] Vgl. hierzu ausführlicher *Fürst*, D., S. 206 ff.

[40] Unter rationalem Standortverhalten wird hier nicht ausschließlich das Streben nach Gewinnmaximierung, sondern in Anlehnung an Fürst verstanden, wie systematisch und zielorientiert die Beschaffung von Informationen über Standortwertigkeit alternativer Ansiedlungsorte nach Maßgabe der branchen- und betriebsspezifischen Standortaffinität erfolgt und inwieweit diese Informationen systematisch verarbeitet und der Entscheidung zugrunde gelegt werden. Vgl. *Fürst*, D., S. 200.

[41] Siehe hierzu ausführlicher *Eversley*, D. E. G., Social and Psychological Factors in the Determination of Industrial Location, in: Papers on Regional Development, Oxford 1965, S. 105 ff.; *Mueller*, E., *Morgan*, J. N., Location Decisions of Manufacturers, in: American Economic Review, Vol. LII (1962), Papers and Proceedings, S. 208 ff.; *Cameron*, G. C., *Clark*, B. D., S. 120.

[42] Ebenda.

[43] Ebenda, S. 180 ff.

[44] Vgl. *Fürst*, D., S. 201 und 205 ff.

[45] Vgl. *Töpfer*, K., Regionalpolitik und Standortentscheidung, S. 58 ff. und S. 96 ff. Siehe hierzu auch Teil IV dieser Studie.

[46] Ebenda, S. 100 ff.

[47] Vgl. *Carrier*, R. E., *Schriver*, W. R., Location Theory: An Empirical Model and Selected Findings, in: Land Economics, Vol. 44 (1968), S. 455 ff. Vgl. auch Teil IV der Untersuchung.

in Form finanzieller Hilfen hat mit großer Wahrscheinlichkeit einen stärkeren Einfluß auf die Standortentscheidung kleinerer und mittlerer Unternehmen, als dies in den meisten Befragungen zum Ausdruck kommt oder von den Unternehmen selbst empfunden wird[48].

Von der Unternehmensgröße, den Möglichkeiten der Informationsgewinnung und von der Zuverlässigkeit des Materials hängt auch das Risikoverhalten der standortsuchenden Unternehmen ab[49]. Entscheidungen, die dem Entscheidungsträger durch Erfahrung und Gewohnheit vertraut sind[50], werden leichter getroffen, als radikale Umwälzungen wie die Entscheidung für einen neuen Standort, die i. d. R. als ein „Schuß ins Dunkle" empfunden wird[51]. Bekanntes wird dem Unbekannten vorgezogen, so daß insbesondere kleinere Unternehmen dazu neigen, einen neuen Standort in der ihnen bekannten Umgebung des alten Standorts auszuwählen[52]. Diese Bindung an den vertrauten Standort scheint bei Neugründungen und Betriebsverlagerungen stärker zu sein als bei Filialgründen, die zumeist von größeren Unternehmen vorgenommen werden, deren Informationspotential das Risiko auch bei entfernteren Standorten herabsetzen kann[53].

c) Die Auswahl der relevanten Determinanten der Standortentscheidung für das statistische Erhebungsverfahren

In den empirischen Studien zur Standortwahl konnte sich die Eignung der Brief- und Interviewbefragungen für die Untersuchungszwecke immer wieder bestätigen[54]. Aus diesem Grunde basiert auch in der vorliegenden Arbeit die empirische Erforschung der industriellen Standortentscheidung auf einer breit angelegten Fragebogenaktion[55].

Die Untersuchung erfaßt die gesamte Skala der im baden-württembergischen Raum vertretenen Industriebereiche. Der Überblick über die empirischen Standortforschungen des vorangegangenen Abschnitts zeigte, daß bei allen Branchen und in allen Ländern bestimmte Haupt-

---

[48] Bundesministerium für Arbeit und Sozialordnung, S. 34.

[49] Vgl. *Fürst*, D., S. 201.

[50] Siehe *Cyert*, R., *March*, J. G., A Behavioral Theory of the Firm, Englewood Cliffs/New Jersey 1964, S. 122.

[51] *Lindblom*, C., The Science of „Muddling Through", in: Public Administration Review, Vol. 19 (1959), S. 79 ff., wieder abgedruckt in: The Making of Decisions, ed. by W. J. Gore and J. W. Dyson, London—New York 1964, S. 160 ff.

[52] Vgl. *Mueller*, E., *Morgan*, J. N., S. 210 f.

[53] *Eversly*, D. E. G., S. 107 ff.

[54] Siehe *Lauschmann*, E., Grundlagen einer Theorie der Regionalpolitik, S. 96 f.

[55] Vgl. näheres in den Abschnitten über die Gewinnung und Auswertung des statistischen Materials.

determinanten die entscheidende Rolle bei der Standortwahl spielen, wohingegen andere Einflußgrößen nur unter besonderen Umständen Berücksichtigung finden[56]. Um den ohnehin breiten Raum, den der empirische Teil der Studie im Rahmen der Untersuchung einnimmt, nicht weiter auszudehnen und um das Schwergewicht der Befragung deutlich auf die Hauptdeterminanten des industriellen Standortkalküls zu legen, wurde auf eine differenzierte Einbeziehung sonstiger Standortfaktoren verzichtet, die zwar im Einzelfall, nicht aber für die Gesamtheit der befragten Unternehmer ausschlaggebend sein können. Außerdem sollte bei der ohnehin starken Beanspruchung der Unternehmen durch Kontrollfragen und Wiederholung der Befragungen eine wahrscheinliche psychologische Barriere vermieden werden, die sich aufgrund zu detaillierter und zeitraubender Fragestellungen ergeben und in der Beantwortungsbereitschaft und der Beantwortungsquote niedergeschlagen hätte.

In der Auswahl der Standortdeterminanten wurden die Erfahrungen früherer empirischer Untersuchungen im amerikanischen und europäischen Raum, insbesondere die Ergebnisse deutscher Studien zur Standortwahl berücksichtigt. Dabei wurde besonderes Gewicht auf die Aussagen der Reihe des Bundesministeriums für Arbeit und Sozialordnung gelegt, da gerade die zahlreichen Wiederholungen der Erfassung und deren Gegenüberstellung zu gültigen Aussagen und einer guten Repräsentanz für das unternehmerische Ansiedlungsverhalten im bundesdeutschen Raum zu führen[57].

Die von Fürst gelieferte Synopse der bei Standortuntersuchungen erfragten Standortfaktoren[58] wurde auf die Hauptdeterminanten zurückgeführt und nach Maßgabe der besonderen Verhältnisse in der BRD modifiziert[59]. Ergänzend wurden einige weitere Faktoren in die Analyse einbezogen, die für den Untersuchungsraum neben den Hauptdeterminanten als ebenfalls in vielen Ansiedlungsfällen als relevant angesehen werden konnten[60]. Die so ausgewählten Standortfaktoren weisen für alle Industriebereiche Gültigkeit auf und implizieren neben den quantitativen auch qualitative Gesichtspunkte[61].

---

[56] Vgl. *Fürst*, D., S. 204 ff.

[57] Die Untersuchungen des Arbeitsministeriums enthalten zwar die Häufigkeit der Nennungen von Ansiedlungsgründen, nicht aber eine branchenspezifische Gewichtung der einzelnen Determinanten.

[58] *Fürst*, D., S. 193. Tabelle I: Erfragte Standortfaktoren bei empirischen Untersuchungen in synoptischer Übersicht.

[59] Hier wurden insbesondere die Ergebnisse der Untersuchungsreihe des Bundesministerims für Arbeit und Sozialordnung berücksichtigt.

[60] Vgl. *Frerich, J., Helms, E., Kreuter*, H., S. 210 ff.

[61] Ein ähnliches Vorgehen findet sich auch bei *Fürst*, D.

Im einzelnen wurden folgende Faktoren der Standortentscheidung erfragt[62]:

(a) Verfügbare Arbeitskräfte;

(b) verfügbares (erschlossenes) Ansiedlungsgelände;

(c) günstige Lage zu den Rohstoffquellen (bzw. zum Beschaffungsmarkt);

(d) günstige Lage zum Absatzmarkt;

(e) Transportmöglichkeiten (verkehrsmäßige Erschließung);

(f) öffentliche Förderung;

(g) Übernahme vorhandener Produktionsstätten;

(h) Wohn- und Freizeitwerte;

(i) sonstige (insbesondere private) Faktoren.

Der Faktor „Arbeitskräfte" muß quantitativ nach der erforderlichen Zahl und qualitativ nach der erforderlichen Qualifikation der Arbeitskräfte sowie nach dem Preis dieses Faktors interpretiert werden. Impliziert werden dadurch auch die Bildungsinstitutionen, die mittelbar oder unmittelbar das Arbeitskräftepotential beeinflussen.

Unter die Kategorie des Industriegeländes fallen neben dem reinen Mengenaspekt (angebotenes Gelände in m²) auch alle Faktoren, die den Erschließungsgrad des Industriegeländes bedingen, wie beispielsweise die Nutzungs- resp. Bebauungsmöglichkeiten, Versorgungs- und Entsorgungseinrichtungen (Energieversorgung, Müll- und Abwasserbeseitigung) u. a. m. Somit zählt zu dieser Kategorie auch der Teil der Ballungsvorteile, der durch diese Einrichtungen bestimmt wird.

Die Einflüsse der verkehrsmäßigen Erschließung sind im Faktor „Transportmöglichkeiten" enthalten. Diese Determinante ist zugleich eigenständige Einflußgröße und mittelbarer Faktor, der sich in der Beschaffenheit anderer Standortfaktoren aufgrund der Katalysatorwirkung des Verkehrssystems auswirkt. So beeinflußt die verkehrsmäßige Erschließung die Mobilität der Arbeitskraft, den Erschließungsgrad des Industriegeländes, die Lage zu den Beschaffungs- und Absatzmärkten sowie u. U. die regionalen Wohn- und Freizeitwerte. Nochmals sei betont, daß qualitative Aspekte des Verkehrs die Frage der reinen Transportkosten in hochindustrialisierten Regionen immer mehr verdrängen[63].

---

[62] Aus den bereits erörterten Gründen enthält die Systematik nicht alle möglichen Standortfaktoren, umfaßt jedoch die erfahrungsgemäß wichtigsten Bestimmungsgründe. Eine Differenzierung nach dem Standortmotiv (Verlagerung, Neugründung, Filialgründung) wurde nicht vorgenommen.

[63] Vgl. zur Relevanz der verkehrsmäßigen Erschließung insbesondere Fritz *Voigt*, Verkehr, 1. Band, Kap. 3; siehe zur Bedeutung der Transportkosten für die Standortentscheidung auch *Klatt*, S., Ortsgröße und Verkehrsqualität, S. 50 ff.

Der Faktor „günstige Lage zu den Rohstoffquellen bzw. den Beschaffungsmärkten" umschließt neben der Materialbeschaffungsseite auch den Kapitalbeschaffungsmarkt, soweit dieser nicht in der Determinante „öffentliche Förderung" enthalten ist.

Die Nähe zu den Absatzmärkten ist insbesondere in den USA als Hauptdeterminante von herausragender Bedeutung. Im baden-württembergischen Raum ist sie insofern relevant, als dort in starkem Umfang auch für den Lokalbereich produziert wird[64].

Zu der öffentlichen Förderung zählen außer den in anderen Standortfaktoren enthaltenen Förderungsmaßnahmen, die häufig weniger stark in das Bewußtsein standortsuchender Unternehmen treten (wie beispielsweise die Erschließung von Industriegelände durch die Gemeinden, Investitionen in die regionale Infrastruktur etc.), insbesondere die unmittelbar bei den Begünstigten einsetzenden Investitionsbeihilfen, Steuererleichterungen und -befreiungen, sonstige Möglichkeiten finanzieller und materieller Hilfen, Formen der Kooperation zwischen Unternehmen und Gemeinden etc[65].

Die Übernahme vorhandener Produktionsstätten kann als Teil des Faktors „Raum und Gelände" betrachtet werden. Wegen der Häufigkeit der Nennungen dieses Faktors in früheren empirischen Untersuchungen wird er als geordnete Determinante in den Katalog aufgenommen[66].

Die Faktoren der Wohn- und Freizeitwerte gewinnen zunehmend Bedeutung für die industrielle Standortentscheidung. Diese Attraktivitätsmomente üben ihre Anziehungskraft zwar in erster Linie auf eine relativ dünne Schicht von Führungskräften aus, doch beeinflussen gerade diese in erheblichem Umfang die Wahl der industriellen Standorte[67]. Im Hinblick auf Baden-Württemberg zeigt sich der Einfluß insbesondere der Freizeitwerte als überdurchschnittlich ausgeprägt[68].

Der Faktor sonstige (insbesondere private) Gründe wurde gewissermaßen als Schlupfgröße in den Katalog einbezogen, um auch u. U. weniger rationale Einflußgrößen, wenn auch nur summarisch zu erfassen. Ergäbe sich als Gewicht dieses Faktors bei größeren Betrieben ein geringerer Wert als bei kleineren, so wäre in diesem Ergebnis eine Bestätigung der These zu erblicken, daß private, weniger rational determinierte Standortfaktoren bei kleineren Betrieben eher Berücksichtigung finden[69].

---

[64] Vgl. hierzu auch *Hengstenberg*, R., S. 120 ff.
[65] Siehe hierzu ausführlich Teil IV. C. der Untersuchung.
[66] Vgl. *Frerich*, J., *Helms*, E., *Kreuter*, H., S. 210 ff. Siehe auch *Fürst*, D., S. 193, Tab. I.
[67] Vgl. *Schröder*, D., S. 116.
[68] Ebenda, S. 121 f.
[69] Vgl. *Fürst*, D., S. 200 ff.

Die Vorteile der Agglomeration sind zum überwiegenden Teil implizit in anderen Determinanten enthalten[70].

B. Die Gewinnung des statistischen Ausgangsmaterials und seine Aussagefähigkeit

Da das vorhandene Schrifttum und das offiziell verfügbare statistische Material keine verwertbaren Ansatzpunkte für die branchen- und größenklassenspezifische industrielle Standortaffinität und deren Entwicklung im Zeitablauf für den baden-württembergischen Raum bieten, wurden die Industriebetriebe der Untersuchungsregion durch eine ausgedehnte Fragebogenaktion erfaßt. Die angeschriebenen Firmen wurden den Firmenlisten der Industrie- und Handelskammern des Untersuchungsraumes entnommen.

In Zusammenarbeit mit den Psychologen eines Marktforschungsinstituts wurde auf Basis der ausgewählten Standortdeterminanten ein Fragebogen so abgefaßt, daß in der Formulierung der Fragen psychologische Barrieren vermieden wurden, die den befragten Personenkreis in irgendeiner Form von einer objektiven Beantwortung der Fragen abhalten bzw. die Antworten in unzulässiger Form prädeterminieren könnten[71].

Zweifellos birgt ein Befragungsverfahren in Brief- oder Interviewform die Gefahr der Verfälschung durch die beantwortende Gruppe in sich, die in der ex-post-Betrachtung das tatsächliche Gewicht der einzelnen Standortfaktoren durch die zeitliche Entwicklung möglicherweise aus einem anderen Blickwinkel betrachtet als zum Zeitpunkt der tatsächlichen Standortentscheidung oder zu Beginn des Planungshorizonts.

Trotz dieser Einschränkungen haben sich Brief- und Interviewbefragungen in der empirischen Standortforschung als ausreichend zuverlässig erwiesen[72]. Der Vergleich der Ergebnisse einer Vielzahl in unterschiedlichen Ländern unternommener empirischer Erhebungen scheint diese Feststellung zuzulassen[73].

---

[70] Vgl. zur Bedeutung der Agglomerationsvorteile für die Standortwahl in diesem Zusammenhang z. B. *Mieth*, W., Die Qualität des Arbeitsmarktes in Abhängigkeit von seiner Größe, in: Industrie und zentrale Orte, Forschungs- und Sitzungsbericht der Akademie für Raumforschung und Landesplanung, Bd. 49, Hannover 1969, S. 7 ff.

[71] Siehe zur allgemeinen Problematik der Ermittlung industrieller Standortaffinitäten auch *Lorenz*, S., Einige Probleme der Ermittlung der Standortanforderungen der Industrie, dargestellt am Industriezweig Hydraulik, in: Wissenschaftliche Zeitschrift, Hochschule für Ökonomie, Berlin, 13 (1968), Nr. 3, S. 283 ff.

[72] So *Lauschmann*, E., Grundlagen einer Theorie der Regionalpolitik, S. 96.

Gewisse Bedenken könnten gegenüber der Gewichtung der einzelnen Standortfaktoren bestehen, die von den befragten Industrieunternehmen erbeten wurde. Ein Vergleich der einzelnen Gewichtungen der Faktoren innerhalb der gleichen Branchen, Größenklassen und Zeitabschnitte ergab jedoch eine gewisse Gleichförmigkeit der Einschätzungen, so daß von der Befragung nicht nur eine tendenzielle Rangfolge der Determinanten, sondern auch ein hinlänglich zuverlässiges Gewicht der einzelnen Faktoren erwartet werden kann.

Der Fragebogen ist nach den Gesichtspunkten Branchenzugehörigkeit, Größenklasse, Ansiedlungsjahr und Standortdeterminanten abgefaßt. Bei den Ansiedlungsgründen werden die im vorangegangenen Abschnitt erarbeiteten Faktoren unterschieden. Der Ansatz erfragt die tatsächlich einflußreichen Determinanten, versucht also die Standortentscheidungen der industriellen Unternehmen in Baden-Württemberg empirisch nachzuvollziehen und daraus für Branche, Größenklasse und bestimmte Zeitabschnitte typische Entscheidungs-Verhaltensweisen abzuleiten.

Zunächst war eine Erfassung aller Industriebetriebe des Untersuchungsraumes vorgesehen. Diese Totalerhebung konnte jedoch nicht durchgeführt werden, da nicht alle Industrie- und Handelskammern bereit waren, die für ihren jeweiligen Kammerbezirk geltenden Firmenlisten zur Verfügung zu stellen. Es wurden folglich nur die Industriebetriebe angeschrieben, deren Firmierungen und Adressen von den baden-württembergischen Kammern mitgeteilt wurden.

Insgesamt wurden 5000 Industriebetriebe angeschrieben. Durch wiederholte Nachfaßaktionen konnte für die verlagerten und neuerrichteten Betriebe eine Beantwortungsquote von 44,2 v.H. erzielt werden. Mit 2208 auswertbaren Fragebogen erscheint die erforderliche Repräsentanz für die Zwecke der vorliegenden Studie bei fast allen Industriebereichen ausreichend gewährleistet[74]. Wenn bei einzelnen Größenklassen bestimmter Branchen eine zu geringe Anzahl von Befragungen zur Verfügung stand, wird hierauf besonders Bezug genommen.

[73] *Fürst*, D., S. 189 ff. Vgl. hierzu auch *Boblett*, R. P., Factors in Industrial Location, in: The Appraisal Journal, Vol. 35 (1967), No. 4, S. 518 ff. Die Interview-Technik hat gegenüber der in dieser Untersuchung verwandten Briefbefragung bestimmte Vorzüge (vgl. *Hansmeyer*, K. H., *Fürst*, D., S. 482). Sie wurde daher ergänzend angewandt. Der Verfasser hätte jedoch ausschließlich auf Basis der Interview-Technik nicht die Möglichkeit gehabt, mehr als 2 200 Standortentscheidungen detailliert in die Analyse einzubeziehen. Das Finanzwissenschaftliche Forschungsinstitut der Universität Köln führt derzeitig eine umfangreiche Standortuntersuchung auf Basis der Interview-Technik durch.

[74] Unterrepräsentiert sind lediglich die eisen- und metallerzeugende sowie die feinkeramische und Glasindustrie.

C. Die Ableitung branchen- und größenklassenspezifischer Standortaffinitäten für die Industrie des Untersuchungsraumes

1. Methodische Vorbemerkungen

a) Branchendifferenzierung

Um eine interregionale und internationale Vergleichbarkeit zu er-möglichen[75], wurde der Branchendifferenzierung die Abgrenzung einer offiziellen Statistik, die Systematik der Industrieberichterstattung zu-grundegelegt[76]. In Schema 1 ist die Systematik der Industriebericht-erstattung wiedergegeben. Die Eisen und Metall verarbeitende Indu-strie, die quantitativ den stärkeren industriellen Bereich des baden-württembergischen Raumes darstellt, wurde nach den wichtigsten Industriegruppen und -zweigen differenziert erfaßt[77]. Der Systematik des Industrieberichts wurde das Bauhauptgewerbe[78] hinzugefügt, das innerhalb der industriellen Ansiedlungstätigkeit des Untersuchungs-raumes eine besondere Aktivität entfaltete[79]. Schema 2 enthält die Industriebereiche, -gruppen und -zweige, die in der vorliegenden Studie gesondert erfaßt wurden.

Schema 1

Die Systematik der Industrieberichterstattung

Industriebereich
Industriegruppe und -zweig
(1) Bergbau, Industrie der Steine und Erden
Bergbau
Industrie der Steine und Erden

---

[75] In aller Regel wird für die empirischen Untersuchungen zur Standort-wahl die Abgrenzung der offiziellen Statistik gewählt. Vgl. *Fürst*, D., S. 196.

[76] Vgl. Statistisches Bundesamt (Hrsg.), Fachserie D, Industrie und Hand-werk; Reihe 4, Sonderbeitrag zur Industriestatistik, Regionale Verteilung der Industriebetriebe und deren Beschäftigte nach Industriegruppen, Septem-ber 1966, Stuttgart und Mainz im Januar 1968, S. 4. Siehe Schema 1.

[77] Vgl. ohne Verfasser, Land im Herzen Europas, S. 20 ff.; siehe ferner Statistisches Landesamt Baden-Württemberg (Hrsg.), Statistik von Baden-Württemberg, Bd. 155, Ergebnisse der Industrieberichterstattung 1968, Stutt-gart 1969 sowie die folgenden Bände dieser Reihe.

[78] Dazu zählen Bauindustrie und Bauhandwerk. Vgl. Statistisches Landes-amt Baden-Württemberg (Hrsg.), Statistische Berichte, Das Bauhaupt-gewerbe in Baden-Württemberg, Ergebnisse der Totalerhebung 1969, Stutt-gart 30. Dezember 1969, S. 3. In der vorliegenden Studie wurden nur die Unternehmen der Bauindustrie erfaßt.

[79] Vgl. *Frerich*, J., *Helms*, E., *Kreuter*, H., S. 133 ff.

Industriebereich
Industriegruppe und -zweig

(2) Eisen- und metallerzeugende Industrie
Eisenschaffende Industrie
NE-Metallindustrie
Gießerei-Industrie

(3) Eisen- und metallverarbeitende Industrie
Ziehereien und Kaltwalzwerke
Stahlverformung
Stahl- und Leichtmetallbau
Maschinenbau
Straßenfahrzeug- und Luftfahrzeugbau
Schiffbau
Elektrotechnische Industrie
Feinmechanische und optische sowie Uhrenindustrie
Eisen-, Blech- und Metallwarenindustrie
Musikinstrumenten-, Spiel-, Schmuckwaren und Sportgeräte-Industrie

(4) Chemische und verwandte Industrien
Mineralölverarbeitung
Chemische Industrie
Kohlenwertstoffindustrie
Kunststoffverarbeitende Industrie
Gummi- und asbestverarbeitende Industrie

(5) Feinkeramische und Glasindustrie
Feinkeramische Industrie
Glasindustrie

(6) Holzindustrie
Sägewerke und holzbearbeitende Industrie
Holzverarbeitende Industrie

(7) Papier- und Druckerei-Industrie
Holzschliff, Zellstoff, Papier und Pappe erzeugende Industrie
Papier- und pappeverarbeitende Industrie
Druckerei- und Vervielfältigungsindustrie

(8) Lederindustrie
Ledererzeugende Industrie
Lederverarbeitende Industrie
Schuhindustrie

(9) Textil- und Bekleidungsindustrie
Textilindustrie
Bekleidungsindustrie

(10) Nahrungs- und Genußmittelindustrie
Ernährungsindustrie
Tabakverarbeitende Industrie

Quelle: Statistisches Bundesamt (Hrsg.), Fachserie D, Industrie und Handwerk: Reihe 4, Sonderbeiträge zur Industriestatistik, Regionale Verteilung der Industriebetriebe und deren Beschäftigte nach Industriegruppen, September 1966, Stuttgart und Mainz im Januar 1968, S. 4.

Schema 2

**Die Branchendifferenzierung zur Ermittlung der
industriellen Standortaffinitäten in Baden-Württemberg**

Industriebereich
Industriegruppe und -zweig

(1) Bergbau, Industrie der Steine und Erden

(2) Eisen- und metallerzeugende Industrie

(3) Eisen- und metallverarbeitende Industrie
  - (a) Maschinenbau
  - (b) Fahrzeugbau
  - (c) Elektrotechnische Industrie
  - (d) Feinmechanik und Optik
  - (e) Musikinstrumenten-, Spiel-, Schmuckwaren- und Sportgeräte-Industrie
  - (f) Sonstige Zweige der eisen- und metallerzeugenden Industrie (Ziehereien und Kaltwalzwerke, Stahlverformung, Stahl- und Leichtmetallbau, Eisen-, Blech- und Metallwarenindustrie)

(4) Chemische und verwandte Industrie

(5) Feinkeramische und Glasindustrie

(6) Holzindustrie

(7) Papier- und Druckerei-Industrie

(8) Lederindustrie

(9) Textil- und Bekleidungsindustrie

(10) Nahrungs- und Genußmittelindustrie

(11) Bauindustrie

Quellen: Systematik der Industrieberichterstattung in modifizierter Form. Vgl. Quelle zu Schema 1. *Haas,* H.-D., Junge Industrieansiedlung im nordöstlichen Baden-Württemberg, Tübinger geographische Studien, Heft 35, Tübingen 1970.

b) Größenklassendifferenzierung

Die Unternehmen der einzelnen Industriebereiche wurden in die folgenden Größenklassen[80] eingestuft:

Größenklasse i	Zahl der Beschäftigten
1	bis unter 50
2	50 bis unter 100
3	100 bis unter 200
4	200 bis unter 500
5	500 bis unter 1000
6	über 1000

Neben der Ermittlung der branchenspezifischen Standortaffinitäten für die einzelnen Größenklassen wurde auch eine aggregierte Berechnung über alle Größenklassen jedes einzelnen Industriebereichs vorgenommen. Dabei ist unter der Annahme konstanter Arbeitsproduktivität aller Beschäftigten innerhalb einer Branche das Gewicht der Größenklasse allein von der Zahl der Arbeitskräfte innerhalb der jeweiligen Klasse abhängig.

Dieses Gewicht, definiert als der Quotient aus der Zahl der Beschäftigten einer bestimmten Größenklasse i und der Summe der Beschäftigten aller (6) Größenklassen in der jeweiligen Branche j, ist in der folgenden Gleichung ausgewiesen:

$$G_{GK} = \frac{B_{ij}}{\sum\limits_{i=1}^{6} B_{ij}}$$

Die in dieser Gleichung enthaltenen Symbole stellen die Klassenmitten dar, für die die Werte 25, 75, 150, 250, 750 und 1000 Beschäftigte gewählt wurden.

Schema 3 verdeutlicht die Berechnung des Größenklassengewichtes.

---

[80] Als wichtigste Einflußvariable, die das Gewicht der Standortfaktoren im Standortkalkül der Industrieunternehmer bestimmt, wird in fast allen Untersuchungen neben der Branchenzugehörigkeit die Betriebsgröße nach Zahl der Beschäftigten angesehen. Vgl. *Fürst, D.*, S. 196.

Schema 3

Ermittlung des Größenklassengewichtes[a)]

Betriebs- größen- klassen B	Be- triebe	Ansiedlungsgründe					Summe
		a		b		. . .	
		Anteil %	Anteil Ge- wicht[a)]	Anteil %	Anteil Gewicht		
I	1	a_1	$a_1 \cdot d_I$	b_1	$b_1 \cdot d_I$		I_1
	2	a_2		b_2			I_2
	3	a_3		b_3			I_3
	4	a_4		b_4			I_4
II	1	a_1	$a_1 \cdot d_{II}$	b_1	$b_1 \cdot d_{II}$		II_1
	2	a_2		b_2			II_2
	3	a_3		b_3			II_3
	4	a_4		b_4			II_4
Alle Größen- klassen		—	A_1	—	B_1		A, B_1

a) $$\dfrac{B_{ij}}{\sum\limits_{i=1}^{m} B_{ij}} = \alpha$$

j   bezeichnet die Branche
i   bezeichnet die Größenklasse
i = I, II, . . ., m

Quelle: Eigenes Berechnungsverfahren.

c) Zeitliche Differenzierung

Neben der Differenzierung nach Branchen und Betriebsgrößenklassen wurde zusätzlich eine Differenzierung nach Zeitabschnitten vorgenommen. Dabei wurden die folgenden Perioden t unterschieden:

Periode t	Ansiedlungsjahre
1. Zeitabschnitt	vor 1955
2. Zeitabschnitt	1955 bis 1959
3. Zeitabschnitt	1960 bis 1971
(4. Zeitabschnitt	1955 bis 1971)

Eine derartige zeitliche Differenzierung wurde in erster Linie durchgeführt, um zu bestimmten Aussagen hinsichtlich der Entwicklung der branchen- und größenklassenspezifischen Standortaffinitäten im Zeitablauf zu gelangen.

2. Besonderheiten des Auswertungsverfahrens

a) Ermittlung der Grunddaten

Die Daten der Fragebogen werden zunächst in besondere Formblätter übertragen. Formblatt (1)[81] enthält die Standortdeterminanten (a) bis (i) für jede Branche, jede Größenklasse und jeden Zeitraum. In den Zeilen finden sich die einzelnen Betriebe, in den Spalten die Standortdeterminanten in prozentualer Rangfolge. Für jeden Einzelbetrieb ergänzen sich die betriebseigenen Gewichtungen[82] der Faktoren zu 100. Über alle Betriebe einer Branche, einer Größenklasse und eines Zeitabschnitts werden für jeden Standortfaktor die prozentualen Angaben summiert. Die Summe aller Prozentangaben für alle Faktoren entspricht dem Produkt aus der Zahl der Betriebe und 100.

b) Ermittlung der Standortaffinitäten ohne und mit Berücksichtigung der Größenklassengewichtungsziffer

Die Summe für jede einzelne Standortdeterminante wird in Formblatt (2) übertragen, um die branchenspezifische Standortaffinität über alle Größenklassen eines Industriebereichs zu ermitteln[83]. Die unterschiedliche Relevanz verschiedener Betriebsgrößen für die Wirtschaftsentwicklung eines Raumes wird durch die Größenklassengewichtung berücksichtigt. Insofern geht ein regionalpolitisches Bewertungselement in das nachfrageorientierte Konzept des Affinitätenkatalogs ein[84]. Bei der Gewichtung wird von der Annahme ausgegangen, daß bei durchschnittlich konstanter Arbeitsproduktivität aller Beschäftigten innerhalb einer Branche das Gewicht der Größenklasse ausschließlich von der Zahl der Arbeitskräfte der jeweiligen Klasse abhängt. Diese vereinfachende Annahme mußte getroffen werden, da sonstige Angaben

---

[81] Vgl. Anhang Formblatt (1).

[82] Es handelt sich hierbei nicht um die Gewichtungen des Auswertungsverfahrens. Die Daten werden im folgenden als betriebseigene Prozentualangaben bezeichnet.

[83] Vgl. Anhang Formblatt (2). In Formblatt (2) sind alle Größenklassen für jede Branche und für jeden Zeitabschnitt ausgewiesen.

[84] Dieses Vorgehen erscheint gerechtfertigt, da die regionale Wirtschaftsförderung in erster Linie auf die Schaffung neuer, möglichst zahlreicher Arbeitsplätze abzielt. Vgl. z. B. Wirtschaftsministerium Baden-Württemberg (Hrsg.), Regionales Aktionsprogramm für das Gebiet Alb-Oberschwaben-Bodensee, o. O. u. J., S. 24 f.

über die Produktivität der Einzelbetriebe nicht erfragt werden konnten. Die Bereitschaft zur Offenlegung betriebsspezifischer Produktivitätsindikatoren ist erfahrungsgemäß geringer und weniger zuverlässig als die Bereitschaft, Informationen über die Beschäftigtenzahl und die Bedeutung einzelner Standortfaktoren zu vermitteln.

Formblatt (2) enthält in den Spalten 1 und 2 die einzelnen Betriebsgrößenklassen und die Anzahl der auf diese entfallenden Betriebe. Aus Gründen einer übersichtlichen Wiedergabe müssen die im folgenden zu erläuternden Auswertungsschritte auf zwei Tabellen verteilt werden, von denen jeweils die erste die branchenspezifischen Standortaffinitäten aller Größenklassen ohne Gewichtung enthält, die zweite eine derartige Gewichtung jedoch vornimmt.

In der ersten Tabelle, in der in Spalte 3 kein Wert für die Gewichtungsziffer ausgewiesen wird, enthält in den Spalten 4 bis 12 die für die einzelnen Größenklassen ermittelten betriebseigenen Prozentualangaben für jede einzelne Standortdeterminante. Die Quersumme dieser Daten entspricht dem Produkt aus der Anzahl der Betriebe der jeweiligen Größenklasse und 100. Die Summenzeile der Tabelle enthält die über alle Größenklassen aggregierten Prozentualangaben ohne Betriebsgrößengewichtung. Die Quersumme von Spalte 4 bis 12 entspricht hier dem Produkt aus der in Spalte 2 unten ausgewiesenen Zahl der Betriebe aller Größenklassen und 100. Die Werte der Summenzeile (Spalte 4 bis 12) werden horizontal addiert und gleich 100 gesetzt. Die prozentualen Anteile jedes einzelnen Faktors an der Gesamtheit aller Faktoren stellen in der untersten Tabellenzeile die einzelnen Ebenen der Standortaffinität der jeweiligen Branche im jeweiligen Zeitabschnitt ohne Gewichtung nach Betriebsgrößenklassen dar, die sich laut Voraussetzung zu 100 ergänzen müssen.

In der jeweils zweiten Tabelle eines Industriebereichs und eines Zeitabschnitts wird eine Gewichtung der in der ersten Tabelle enthaltenen Daten nach Betriebsgrößenklassen vorgenommen[85]. Der Ermittlung der Gewichtungsziffer α liegen dabei die folgenden Überlegungen zugrunde:

Die Anzahl der Betriebe einer Branche j in einer Größenklasse i und einem Zeitabschnitt t wird mit den jeweiligen Klassenmitten multipliziert. Über alle Größenklassen wird sodann die Summe dieser Produkte gebildet. Der prozentuale Anteil jedes Größenklassenprodukts an diese Summe stellt nach Division durch 100 die jeweilige größenklassenspezifische Gewichtungsziffer α dar, wobei sich die einzelnen Ziffern der vertretenen Größenklassen zu 1 ergänzen. Sie sind in Spalte 3 der jeweils zweiten Tabelle ausgewiesen.

---

[85] Vgl. hierzu den Abschnitt über die Größenklassendifferenzierung.

Die ungewichteten Angaben der ersten Tabelle werden nunmehr mit den zugehörigen Gewichtungsziffern multipliziert. Die Ergebnisse sind in den Spalten 4 bis 12 der zweiten Tabelle vertikal aggregiert in der Summenzeile enthalten. Die Werte dieser Summenzeile (Spalten 4 bis 12) werden horizontal addiert und gleich 100 gesetzt. Die prozentualen Anteile jeder einzelnen Determinante an der Gesamtheit der Einflußgrößen stellen dann in der untersten Tabellenzeile die einzelnen Ebenen der Standortaffinität der jeweiligen Branche im jeweiligen Zeitabschnitt unter Berücksichtigung der größenklassenspezifischen Gewichtungsziffern dar.

c) Ermittlung nach Größenklassen gesonderter Standortaffinitäten

In einem weiteren Auswertungsmodus des Grundmaterials werden die Dimensionen der branchenspezifischen Standortaffinitäten nach Betriebsgrößenklassen gesondert ermittelt. Die Grunddaten jeder Branche und jedes Zeitabschnitts werden zunächst nach Größenklassen und Standortdeterminanten getrennt zusammengefaßt. Für jede Größenklasse ergeben sich so Werte, die in ihrer horizontalen Addition dem Produkt aus der Anzahl der jeweiligen Betriebe der Größenklasse und 100 entsprechen. Diese Quersumme wird gleich 100 gesetzt. Die prozentualen Anteile jedes einzelnen Standortfaktors an der Gesamtheit aller Determinanten stellen dann die nach Größenklassen getrennt ausgewiesenen Ebenen der Standortaffinität der jeweiligen Branche im jeweiligen Zeitabschnitt dar.

Während bei dem Auswertungsverfahren unter b mit Ausnahme der Branche 5 (feinkeramische und Glasindustrie) durchweg repräsentative Ergebnisse erzielt werden konnten, führt das hier beschriebene Verfahren für die Größenklassen einiger Branchen in Einzelfällen zu einer Überrepräsentanz der Angaben nur weniger Betriebe. Dieser Mangel der Tabellen für nach Größenklassen gesonderte Standortaffinitäten, auf den durch besondere Anmerkungen im Einzelfall hingewiesen wird, muß bei der Interpretation berücksichtigt werden.

3. Das Ergebnis der Affinitätsberechnungen

Die im vorausgegangenen Abschnitt erläuterten Berechnungsverfahren liefern für jeden Industriebereich bzw. -zweig und jeden Zeitabschnitt drei branchenspezifische Affinitätsprofile in tabellarischer Form. Die Ergebnisse der Affinitätsberechnungen sind aus Gründen der besseren Übersichtlichkeit im Anhang der vorliegenden Untersuchung in 204 Tabellen ausgewiesen[86]. Die Interpretation der relevantesten

Charakteristika für Branchen, Betriebsgrößenklassen und Zeitabschnitte erfolgt im anschließenden Abschnitt D dieses Teils sowie in Teil IV bei der Erarbeitung von Empfehlungen für die Regionalpolitik.

In den folgenden Tabellen A bis I sind die Ergebnisse der Affinitätsberechnungen gesondert nach Standortdeterminanten für den Zeitabschnitt 1955 bis 1971 zusammengefaßt[87].

D. Tendenzen im Bedeutungswandel der Standortdeterminanten

Die empirischen Untersuchungen zur Standortwahl führten in alternativen Ländern zur Ermittlung teilweise erheblicher Bedeutungsunterschiede in der Relevanzempfindung der verschiedenen Hauptdeterminanten der Standortentscheidung[88]. Die Erhebungen der vorliegenden Studie konnten in detaillierter Abstufung der einzelnen Faktoren und in genauer Aufschlüsselung nach Branchen, Größenklassen und Zeitabschnitten im baden-württembergischen Raum die Tendenzen bei der

Tabelle A

Die Affinität der Industriebereiche zur Standortdeterminante „Arbeitskräfte" im Zeitabschnitt 1955—1971

Industriebereich	v.H.
(1) Bergbau, Industrie der Steine und Erden	10,4
(3) Eisen- und metallverarbeitende Industrie	29,9
(a) Maschinenbau	30,7
(b) Fahrzeugbau	30,7
(c) Elektrotechnische Industrie	36,9
(d) Feinmechanik und Optik	36,5
(e) Musikinstrumente-, Spiel-, Schmuckwaren- und Sportgeräte-Industrie	38,8
(f) Sonstige Zweige der eisen- und metallverarbeitenden Industrie	26,3
(4) Chemische und verwandte Industrien	19,0
(6) Holzindustrie	23,6
(7) Papier- und Druckerei-Industrie	20,6
(8) Lederindustrie	42,9
(9) Textil- und Bekleidungsindustrie	22,8
(10) Nahrungs- und Genußmittelindustrie	9,2
(11) Bauindustrie	22,4

Quelle: Eigene Berechnungen auf Basis eigener Erhebungen.

[86] Dabei enthalten die Tabellen 1 bis 136 die Ergebnisse aggregiert über alle Größenklassen ohne und mit Berücksichtigung der Größenklassengewichtungsziffer, die Tabellen 137 bis 204 die Ergebnisse nach Größenklassen gesondert.

[87] Wegen unzureichender Repräsentanz werden die Daten der eisen- und metallerzeugenden sowie der feinkeramischen und Glasindustrie in den Tabellen A bis I nicht ausgewiesen.

[88] Siehe hierzu *Fürst,* D., S. 197 ff.

Tabelle B

**Die Affinität der Industriebereiche zur Standort-
determinante „Industriegelände" im Zeitabschnitt 1955—1971**

Industriebereich	v.H.
(1) Bergbau, Industrie der Steine und Erden	14,1
(3) Eisen- und metallverarbeitende Industrie	26,4
(a) Maschinenbau	24,5
(b) Fahrzeugbau	19,6
(c) Elektrotechnische Industrie	22,6
(d) Feinmechanik und Optik	15,3
(e) Musikinstrumente-, Spiel-, Schmuckwaren- und Sportgeräte-Industrie	13,7
(f) Sonstige Zweige der eisen- und metallverarbeitenden Industrie	32,1
(4) Chemische und verwandte Industrien	28,0
(6) Holzindustrie	21,9
(7) Papier- und Druckerei-Industrie	20,7
(8) Lederindustrie	13,8
(9) Textil- und Bekleidungsindustrie	21,7
(10) Nahrungs- und Genußmittelindustrie	23,0
(11) Bauindustrie	26,0

Quelle: Eigene Berechnungen auf Basis eigener Erhebungen.

Tabelle C

**Die Affinität der Industriebereiche zur Standort-
determinante „günstige Lage zu den Rohstoffquellen
bzw. zum Beschaffungsmarkt" im Zeitabschnitt 1955—1971**

Industriebereich	v.H.
(1) Bergbau, Industrie der Steine und Erden	14,1
(3) Eisen- und metallverarbeitende Industrie	2,0
(a) Maschinenbau	0,9
(b) Fahrzeugbau	1,4
(c) Elektrotechnische Industrie	0,7
(d) Feinmechanik und Optik	0,6
(e) Musikinstrumente-, Spiel-, Schmuckwaren- und Sportgeräte-Industrie	9,9
(f) Sonstige Zweige der eisen- und metallverarbeitenden Industrie	2,4
(4) Chemische und verwandte Industrien	2,5
(6) Holzindustrie	3,7
(7) Papier- und Druckerei-Industrie	1,4
(8) Lederindustrie	0,9
(9) Textil- und Bekleidungsindustrie	2,3
(10) Nahrungs- und Genußmittelindustrie	10,7
(11) Bauindustrie	5,1

Quelle: Eigene Berechnungen auf Basis eigener Erhebungen.

Tabelle D

**Die Affinität der Industriebereiche zur Standort-
determinante „günstige Lage zum Absatzmarkt"
im Zeitabschnitt 1955—1971**

Industriebereich	v.H.
(1) Bergbau, Industrie der Steine und Erden	17,2
(3) Eisen- und metallverarbeitende Industrie	5,5
(a) Maschinenbau	6,5
(b) Fahrzeugbau	4,3
(c) Elektrotechnische Industrie	2,4
(d) Feinmechanik und Optik	1,3
(e) Musikinstrumente-, Spiel-, Schmuckwaren- und Sportgeräte-Industrie	13,9
(f) Sonstige Zweige der eisen- und metallverarbeitenden Industrie	6,0
(4) Chemische und verwandte Industrien	9,7
(6) Holzindustrie	8,1
(7) Papier- und Druckerei-Industrie	12,1
(8) Lederindustrie	11,0
(9) Textil- und Bekleidungsindustrie	8,1
(10) Nahrungs- und Genußmittelindustrie	16,9
(11) Bauindustrie	12,9

Quelle: Eigene Berechnungen auf Basis eigener Erhebungen.

Tabelle E

**Die Affinität der Industriebereiche zur
Standortdeterminante „verkehrsmäßige Erschließung"
im Zeitabschnitt 1955—1971**

Industriebereich	v.H.
(1) Bergbau, Industrie der Steine und Erden	22,3
(3) Eisen- und metallverarbeitende Industrie	13,5
(a) Maschinenbau	12,9
(b) Fahrzeugbau	9,7
(c) Elektrotechnische Industrie	13,3
(d) Feinmechanik und Optik	11,2
(e) Musikinstrumente-, Spiel-, Schmuckwaren- und Sportgeräte-Industrie	16,5
(f) Sonstige Zweige der eisen- und metallverarbeitenden Industrie	13,4
(4) Chemische und verwandte Industrien	13,5
(6) Holzindustrie	19,7
(7) Papier- und Druckerei-Industrie	21,9
(8) Lederindustrie	16,5
(9) Textil- und Bekleidungsindustrie	14,5
(10) Nahrungs- und Genußmittelindustrie	18,2
(11) Bauindustrie	10,0

Quelle: Eigene Berechnungen auf Basis eigener Erhebungen.

Tabelle F

**Die Affinität der Industriebereiche zur
Standortdeterminante „öffentliche Förderung"
im Zeitabschnitt 1955—1971**

Industriebereich	v.H.
(1) Bergbau, Industrie der Steine und Erden	0,3
(3) Eisen- und metallverarbeitende Industrie	2,0
(a) Maschinenbau	0,8
(b) Fahrzeugbau	3,3
(c) Elektrotechnische Industrie	1,3
(d) Feinmechanik und Optik	2,1
(e) Musikinstrumente-, Spiel-, Schmuckwaren- und Sportgeräte-Industrie	0,5
(f) Sonstige Zweige der eisen- und metallverarbeitenden Industrie	2,5
(4) Chemische und verwandte Industrien	2,6
(6) Holzindustrie	3,5
(7) Papier- und Druckerei-Industrie	1,0
(8) Lederindustrie	3,5
(9) Textil- und Bekleidungsindustrie	3,2
(10) Nahrungs- und Genußmittelindustrie	0,9
(11) Bauindustrie	3,8

Quelle: Eigene Berechnungen auf Basis eigener Erhebungen.

Tabelle G

**Die Affinität der Industriebereiche zur
Standortdeterminante „Übernahme vorhandener
Produktionsstätten" im Zeitabschnitt 1955—1971**

Industriebereich	v.H.
(1) Bergbau, Industrie der Steine und Erden	8,2
(3) Eisen- und metallverarbeitende Industrie	10,6
(a) Maschinenbau	12,1
(b) Fahrzeugbau	20,6
(c) Elektrotechnische Industrie	9,6
(d) Feinmechanik und Optik	21,4
(e) Musikinstrumente-, Spiel-, Schmuckwaren- und Sportgeräte-Industrie	6,0
(f) Sonstige Zweige der eisen- und metallverarbeitenden Industrie	8,7
(4) Chemische und verwandte Industrien	16,3
(6) Holzindustrie	16,2
(7) Papier- und Druckerei-Industrie	17,1
(8) Lederindustrie	8,5
(9) Textil- und Bekleidungsindustrie	18,9
(10) Nahrungs- und Genußmittelindustrie	16,5
(11) Bauindustrie	7,0

Quelle: Eigene Berechnungen auf Basis eigener Erhebungen.

Tabelle H

**Die Affinität der Industriebereiche zur
Standortdeterminante „Wohn- und Freizeitwerte"
im Zeitabschnitt 1955—1971**

Industriebereich	v.H.
(1) Bergbau, Industrie der Steine und Erden	—
(3) Eisen- und metallverarbeitende Industrie	1,3
(a) Maschinenbau	0,7
(b) Fahrzeugbau	4,2
(c) Elektrotechnische Industrie	2,8
(d) Feinmechanik und Optik	2,5
(e) Musikinstrumente-, Spiel-, Schmuckwaren- und Sportgeräte-Industrie	—
(f) Sonstige Zweige der eisen- und metallverarbeitenden Industrie	0,9
(4) Chemische und verwandte Industrien	1,3
(6) Holzindustrie	1,0
(7) Papier- und Druckerei-Industrie	1,0
(8) Lederindustrie	—
(9) Textil- und Bekleidungsindustrie	1,1
(10) Nahrungs- und Genußmittelindustrie	0,2
(11) Bauindustrie	0,3

Quelle: Eigene Berechnungen auf Basis eigener Erhebungen.

Tabelle I

**Die Affinität der Industriebereiche zur
Standortdeterminante „sonstige (insbesondere private)
Faktoren" im Zeitabschnitt 1955—1971**

Industriebereich	v.H.
(1) Bergbau, Industrie der Steine und Erden	6,3
(3) Eisen- und metallverarbeitende Industrie	8,8
(a) Maschinenbau	10,9
(b) Fahrzeugbau	6,2
(c) Elektrotechnische Industrie	10,4
(d) Feinmechanik und Optik	9,1
(e) Musikinstrumente-, Spiel-, Schmuckwaren- und Sportgeräte-Industrie	0,7
(f) Sonstige Zweige der eisen- und metallverarbeitenden Industrie	7,7
(4) Chemische und verwandte Industrien	7,1
(6) Holzindustrie	2,3
(7) Papier- und Druckerei-Industrie	4,2
(8) Lederindustrie	2,9
(9) Textil- und Bekleidungsindustrie	7,4
(10) Nahrungs- und Genußmittelindustrie	4,4
(11) Bauindustrie	12,5

Quelle: Eigene Berechnungen auf Basis eigener Erhebungen.

Standortentscheidung bestätigen, die auch das Bundesministerium für Arbeit und Sozialordnung im Bereich der gesamten BRD für Verdichtungsräume und sonstige Gebiete feststellte[89]. An der Spitze der Skala der Standortdeterminanten rangieren bei der überwiegenden Zahl der Entscheidungen die Faktoren Arbeitskräfte, Industriegelände und Transportmöglichkeiten[90]. Hinsichtlich der einzelnen Branchen, Größenklassen und Zeitabschnitte lassen sich jedoch sowohl für die drei Hauptdeterminanten als auch für die weiteren Ansiedlungsfaktoren bestimmte signifikante Tendenzen feststellen, die im folgenden in ihren wichtigsten Grundzügen erörtert werden sollen:

(1) Die Industrie Bergbau, Steine und Erden zählt zu den standortgebundenen Industrien mit wenigen Standorten im Bereich des Bergbaus und vielen Standorten im Bereich der Steine und Erden[91]. Im Untersuchungsraum ist der Bergbau jedoch ohne Bedeutung. Die Untersuchung bezieht sich daher in erster Linie auf die Sand- und Kiesindustrie, Naturstein- und Betonsteinindustrie, die nicht zuletzt aufgrund der gesteigerten Aktivität im Straßenbau günstigere Wachstumschancen aufweist als die ebenfalls vertretene Ziegel- und Kalkindustrie, sowie die Hersteller feuerfester Erzeugnisse[92]. Im Zeitraum vor 1955 dominierte bei der Industrie der Steine und Erden eindeutig die günstige Lage zu den Rohstoffquellen die Standortentscheidung mit 33,8 % bzw. 33,5 %[93].

Von 1955 bis 1971 war ein Absinken dieser Relevanz auf 21,1 % bzw. 21,2 % festzustellen[94]. Dieser Wandel ist so zu erklären, daß in verstärktem Maße auch die Erschließungsqualitäten des Standortes berücksichtigt wurden. Dies spiegelt sich in einem Anwachsen der Bedeutung des Industriegeländes von 9,4 % (9,2 %) auf 14,4 % (14,1 %) wider[95].

Die Anforderungen an den Faktor Arbeitskräfte veränderten ihr relatives Gewicht von 9,4 % auf 10,5 % (10,4 %). Die Bedeutung

---

[89] Bundesministerium für Arbeit und Sozialordnung (Hrsg.), S. 33 ff.

[90] Vgl. hierzu die Tabellen des Anhangs.

[91] *Schröder*, D., S. 150 f.

[92] Ebenda.

[93] Vgl. Tabellen 1 und 2. Vgl. zur Abhängigkeit der Industrie der Steine und Erden von den Steinkohlenlagen *Schmitz*, A., Der Einfluß der Nordwanderung des Ruhrkohlenbergbaus auf die industrielle Standortstruktur und den Wasserstraßenverkehr, Beiträge aus dem Institut für Verkehrswissenschaft an der Universität Münster, Hrsg. H. St. Seidenfus, Heft 40, Göttingen 1966, S. 101 ff.

[94] Vgl. Tabellen 7 und 8.

[95] Vgl. Tabellen 1, 2, 7 und 8. Die umklammerten Zahlen stellen im folgenden die Ergebnisse ohne Größenklassengewichtung, die geklammerten die gewichteten Ergebnisse dar. Der Vergleich konzentriert sich auf die Zeiträume vor 1955 und von 1955 bis 1971.

der verkehrsmäßigen Erschließung stieg von 18,5 % (18,4 %) auf
22,0 % (22,3 %). Eine ähnliche Steigerung erfuhr die Einschätzung
der günstigen Lage zum Absatzmarkt, deren Gewicht sich von
15,8 % (15,1 %) auf 18,0 % (17,2 %) erhöhte. Im Gegensatz zu dem
qualitativen Aspekt der Industriegeländeerschließung nahm die
Bedeutung der Übernahme vorhandener Produktionsstätten von
9,1 % (10,3 %) auf 7,4 % (8,2 %) geringfügig ab. Verständlicher-
weise können Wohn- und Freizeitwerte das Ansiedlungskalkül
dieses standortgebundenen Industriebereichs nur in den selten-
sten Koinzidenzfällen beeinflussen. Das Gewicht dieser Determinante blieb daher in den untersuchten Zeitabschnitten unter
1 %[96].

Die Analyse der Industrie der Steine und Erden führt zu zwei
besonders interessanten Ergebnissen. Zunächst muß festgehalten
werden, daß trotz der festen Standortbindung dieses Industriebereichs die unmittelbare Nähe der Rohstoffquellen als abnehmend
relevant empfunden wird.

Zwar stellt diese Einflußgröße nach wie vor eine der wichtigsten
Determinanten dar, doch konnte die starre Bindung an bestimmte
Standorte durch die Verbesserung des Verkehrssystems und die
daraus resultierenden Kosten- und Qualitätsvorteile elastischer
gestaltet werden. Gleichzeitig wurde größerer Wert auf die
Ausstattung des Industriegeländes gelegt, das aufgrund der
branchenspezifischen Produktionsbedingungen in engem Zusammenhang mit den Rohstoffquellen und Transportmöglichkeiten
gesehen werden muß. Aufschlußreich ist hier eine Aggregierung
der drei wichtigsten Determinanten, die vor 1955 ein Gesamtgewicht
von 61,1 % und nach 1955 von 57,6 % bei jeweiliger Berücksichtigung der Größenklassengewichtungsziffer ergibt[97]. An der grundsätzlichen Tatsache der festen Standortbindung änderte sich
wenig, doch wurden zunehmend neue, vorwiegend qualitäts-
orientierte Gesichtspunkte für die Entscheidung maßgebend[98].

Eine weitere interessante Feststellung ist die vergleichsweise
starke Übereinstimmung zwischen nach Größenklassen gewichteten Ergebnissen für die einzelnen Zeiträume. Daraus kann ge-
schlossen werden, daß im Industriebereich Steine und Erden bei
fester Standortbindung keine Verschiebungen in der Relevanz der

---

[96] Vgl. zu den Prozentangaben die Tabellen 1, 2, 7 und 8. Siehe auch
allgemein *Schroeder*, R., Industrie der Steine und Erden, Struktur und
Wachstum, in: Reihe Industrie, Heft 13, Hrsg. Ifo-Institut, München 1965.

[97] Vgl. Tabellen 2 und 8.

[98] Eine vergleichende Betrachtung der beiden Hauptzeiträume erscheint
auch im Hinblick auf die Repräsentanz der Tabellen gerechtfertigt. Vor 1955
wurden 71, von 1955 bis 1971 76 Betriebe der Branche analysiert.

Standortdeterminanten auftreten, die durch unterschiedliche Betriebsgrößen verursacht werden. Diese Feststellung wird auch annähernd durch den Vergleich mit den nach Größenklassen gesonderten Standortaffinitäten dieser Branche bestätigt[99].

(2) Auf eine genauere Analyse der eisen- und metallerzeugenden Industrie wird hier verzichtet, da sie für den Untersuchungsraum geringfügigere Bedeutung hat. Außerdem erscheinen die Ergebnisse bei nur 22 bzw. 10 zur Auswertung zur Verfügung stehenden Industriebetrieben zu wenig repräsentativ. Festgestellt sei nur, daß die Bedeutung der Faktoren Arbeitskräfte und Industriegelände überdurchschnittlich stark zugenommen hat[100].

(3) Der im baden-württembergischen Raum am stärksten vertretene Industriebereich ist die eisen- und metallverarbeitende Industrie[101]. Mit insgesamt 861 auswertbaren Einzelergebnissen weist diese Branche auch den größten Anteil an den erfolgreichen Befragungen der vorliegenden Untersuchung auf.

Als Hauptdeterminanten der Standortentscheidung wurden die Faktoren Arbeitskräfte (20,8 %/o bzw. 22,5 %/o), Industriegelände (19,8 %/o bzw. 17,8 %/o), Übernahme vorhandener Produktionsstätten (11,3 %/o bzw. 12,7 %/o) und verkehrsmäßige Erschließung (13,2 %/o bzw. 12,1 %/o) für den Zeitraum vor 1955 ermittelt[102]. Für den Abschnitt von 1955 bis 1971 ergaben sich für diese Determinanten in der gleichen Reihenfolge 26,7 %/o (29,9 %/o), 26,8 %/o (26,4 %/o) 10,0 %/o (10,6 %/o) und 14,6 %/o (13,5 %/o)[103].

Die Bedeutung der Arbeitskräfte und des Industriegeländes hat also bei der Standortentscheidung relativ stärker zugenommen als das Gewicht der verkehrsmäßigen Erschließung. Die Übernahme vorhandener Produktionsstätten verlor geringfügig an Relevanz. Die Bedeutung der günstigen Lage zu den Rohstoffquellen und Beschaffungsmärkten blieb weitgehend unverändert (2,7 %/o bzw. 1,9 %/o vor 1955, 2,3 %/o bzw. 2,0 %/o nach 1955). Demgegenüber nahm die Bedeutung der Nähe der Absatzmärkte für diese Branche, die nicht vorwiegend für den Lokalbereich produziert, relativ stark ab (7,6 %/o bzw. 7,8 %/o gegenüber 6,8 %/o bzw. 5,5 %/o). Diese Entwicklung erklärt sich zum größten Teil aus der Verbesserung der Kommunikationswege und der damit verbundenen Ausdehnung der Absatzbereiche[104]. Die regionale Wirt-

---

[99] Vgl. Tabellen 137 ff.
[100] Vgl. hierzu auch die Analyse bei *Schröder*, D., S. 154 ff.
[101] Ohne Verfasser, Land im Herzen Europas, S. 21 ff.
[102] Vgl. Tabellen 17 und 18.
[103] Vgl. Tabellen 23 und 24.
[104] Vgl. hierzu *Behrens*, K. Ch., Allgemeine Standortbestimmungslehre, Köln und Opladen 1961, S. 62 ff. sowie *Frerich*, J., Industrielle Standortwahl

schaftsförderung wurde als zunehmend wichtig bei der Standortentscheidung empfunden (1,6 % bzw. 1,7 % gegenüber 1,9 % bzw.
2,0 %); auch die Bedeutung der Wohn- und Freizeitwerte stieg von
0,9 % (0,7 %) auf 1,2 % (1,3 %). Neben dem Bedeutungszuwachs
der Einflußgrößen Arbeitskraft, Industriegelände und verkehrsmäßige Erschließung ist das auffälligste Charakteristikum der
Standortentscheidungen dieser Branche der Bedeutungsschwund
der sonstigen (insbesondere privaten) Faktoren, deren Gewicht
von 22,2 % (22,8 %) auf 9,7 % (8,8 %) zurückging[105].

Für die einzelnen Zweige der eisen- und metallverarbeitenden
Industrie ergeben sich Modifizierungen der hier dargestellten
Tendenzen in der Standortwahl, die unschwer den entsprechenden
Tabellen entnommen werden können[106].

(4) Die chemische Industrie ist in Baden-Württemberg hinsichtlich der
Größenklassenstruktur recht heterogen zusammengesetzt. Die orga-
nische Großchemie, die ihre Standortentscheidung zunehmend an
den Raffineriestandorten als Rohstoffquellen, der günstigen Ener-
giebasis sowie der Versorgung mit Oberflächenwasser, also an bestimmten Input-Transportkosten orientiert[107], ist in Baden-Württemberg schwächer vertreten als die Fabrikation von Pharma-
zeutika, Farben und chemisch-technischen Erzeugnissen, die gute
Entwicklungsmöglichkeiten auch für kleinere und mittlere Betriebe der Branche bietet. Die chemischen Betriebe dieser Größenordnung spielen im Untersuchungsraum keine unbedeutende Rolle.
Sie sind regional breit gestreut und bevorzugen die Konsumnähe,
während die Großchemie eindeutig zur betrieblichen und räumlichen Konzentration neigt[108]. Bedeutendster Zweig der chemischen
Industrie des Landes ist die Kunststoffverarbeitung, die von 1952
bis 1970 die höchste Umsatzzuwachsrate der Gesamtindustrie Baden-Württembergs zu verzeichnen hatte[109]. Auch hier sind mittel-
große Betriebsstrukturen eher vorherrschend als Großbetriebe.

---

und Raumordnungspolitik in der BRD, in: Die Mitarbeit, Zeitschrift zur
Gesellschafts- und Kulturpolitik, 20. Jg. (1971), S. 312 ff.

[105] Vgl. zu den Prozentangaben Tabellen 17, 18, 23 und 24.

[106] Schwerpunkte der eisen- und metallverarbeitenden Industrie sind in
Baden-Württemberg Maschinenbau, Fahrzeugbau, Elektrotechnik, Metall-
waren sowie Feinmechanik und Optik. Vgl. Tabellen 25 ff. Vgl. zur Standortentscheidung in der Eisen- und Stahlindustrie allgemein auch *Bansamir*, G.,
Standorttendenzen in der Eisen- und Stahlindustrie, in: Informationen,
21. Jg. (1971), Nr. 17, S. 471 ff.

[107] Siehe *Schröder*, D., S. 165.

[108] Raffineriestandorte und Betriebe der Großchemie befinden sich in
Randlagen Baden-Württembergs bei Karlsruhe, Mannheim und Ludwigshafen.

[109] Ohne Verfasser, Land im Herzen Europas, S. 24.

Aus der Betriebsgrößenstruktur der Branche und aus dem starken Gewicht der kunststoffverarbeitenden Industrie ergibt sich für Baden-Württemberg bei der Standortwahl eine Entscheidungs-Verhaltensweise, die für die Chemie atypisch ist, wenn standortabhängige Betriebe der organischen Großchemie vorherrschend sind. Allerdings wird auch bei letzteren durch den Rohrleitungstransport die Standortabhängigkeit verringert[110].

Die bei den Standortentscheidungen der baden-württembergischen Chemiebetriebe festgestellten Besonderheiten entsprechen in ihrer Entwicklung daher interessanterweise in vielen Ebenen der Standortaffinität den Tendenzen, die für die Eisen- und Metallverarbeitung — einen Industriebereich mit ebenfalls hoher Transportkostenempfindlichkeit[111] — ermittelt wurden.

Es sind dies im einzelnen: Nahezu Verdoppelung der Gewichte der Faktoren Arbeitskräfte und Industriegelände, starke Bedeutungszunahme der verkehrsmäßigen Erschließung, starker Bedeutungsrückgang der Nähe von Rohstoff- und anderen Beschaffungsmärkten, leichtes Absinken der Relevanz nahe gelegener Absatzmärkte, wachsende Berücksichtigung der regionalen Wohn- und Freizeitwerte, leichter Bedeutungsschwund der regionalen Wirtschaftsförderung sowie starke Verluste bei den Faktoren „Übernahme vorhandener Produktionsstätten" und sonstigen (insbesondere privaten) Einflußgrößen[112].

(5) Auf eine genauere Interpretation der Entwicklungstendenzen bei der Standortentscheidung der feinkeramischen und Glasindustrie, die zu den transportkostenempfindlichen Industrien mit geringen internen Ersparnissen zählt[113], wird hier aus Gründen einer unzureichenden Repräsentanz der Ergebnisse verzichtet[114]. Es sei nur soviel festgestellt, daß im Zeitraum vor 1955 bei 15 untersuchten Betrieben mit einer Affinität zur verkehrsmäßigen Erschließung von 24,8 % (26,1 %) eine außergewöhnlich hohe Input-Transportkostenempfindlichkeit festgestellt werden konnte[115].

(6) Die Holzindustrie ist mit rund 1150 Betrieben und mehr als 60 000 Beschäftigten eine der stärkst vertretenen Branchen in

---

[110] So erfolgt beispielsweise ein Teil der Rohstoffversorgung der BASF in Ludwigshafen durch eine Produkten-Pipeline aus dem Raum Köln.

[111] Vgl. *Schröder*, D., S. 154 ff.

[112] Vgl. Tabellen 73, 74, 79 und 80.

[113] Vgl. *Schröder*, D., S. 170 ff.

[114] Für den Zeitraum von 1955 bis 1971 standen zur Auswertung die Angaben von nur 3 Betrieben zur Verfügung (Tabellen 87 und 88).

[115] Siehe Tabellen 81 und 82. Vgl. auch *Schröder*, D., S. 173. Siehe ferner *Gebhardt*, A., Feinkeramische Industrie, Struktur und Wachstum, in: Reihe Industrie, Heft 8, Hrsg. Ifo-Institut, München 1964.

Baden-Württemberg[116]. Die Standortwahl der Sägewerke und
Holzbearbeitung — eine der standortgebundenen Industrien mit
vielen Standorten — orientiert sich weitgehend am heimischen
Holzanfall. Ausnahmen bilden Regionen mit starker Konzentration
der Holzverarbeitung, wie beispielsweise der Regierungsbezirk
Nord-Württemberg[117]. In Branche 6 sind in der vorliegenden Untersuchung Sägewerke, Holzbearbeitung und die holzverarbeitende
Industrie zusammengefaßt. Der starke Beschäftigungsrückgang bei
den Sägewerken und der Holzbearbeitung wird annähernd kompensiert durch die Expansion der holzverarbeitenden Industrie
Baden-Württembergs, deren Standortabhängigkeit weit geringer
ist als die der Sägewerke und Holzbearbeitung. Nur so ist es zu
erklären, daß die starke Bindung an die Rohstoffquellen von
24,0 % (25,0 %) vor 1955 auf 4,9 % (3,7 %) im Zeitraum von 1955
bis 1971 zurückging. Überdurchschnittlich stark stieg demgegenüber die Bedeutung der Arbeitskräfte und des Industriegeländes.
Auch diese Tendenz spricht dafür, daß in der baden-württembergischen Holzindustrie zunehmend die Holzverarbeitung, hier
insbesondere die Möbelfabrikation vorherrscht[118]. Die Bedeutung
der Transportfragen blieb weitgehend unverändert. Die Absatzorientierung (günstige Lage zum Absatzmarkt) nahm geringfügig zu.

Ein starkes Anwachsen zeigt die Relevanzempfindung für die
regionale Wirtschaftsförderung. Wohn- und Freizeitwerte blieben
in den Vergleichszeitabschnitten bedeutungsgleich. Eine starke Abnahme ist schließlich bei den Gewichten der sonstigen (insbesondere privaten) Faktoren und bei der Determinante „Übernahme
vorhandener Produktionsstätten" festzustellen[119].

(7) Der Industriebereich Papier und Druck zeigte lange Zeit im Zweig
Zellstoff- und Papiererzeugung eine starke Rohstofforientierung.
Der Rohstoff Faserholz war früher insbesondere in Baden-Württemberg nahezu eine Ubiquität, so daß die papiererzeugende Industrie auch heute noch relativ breit gestreut ist[120]. Allgemein wurde
festgestellt, daß sich die Transportkostenempfindlichkeit von der
Input-Seite auf die Output-Seite verlagerte, wobei durch zunehmende Bedeutung qualitativer Komponenten die Standort-

---

[116] Ohne Verfasser, Land im Herzen Europas, S. 22.

[117] Vgl. *Schröder*, D., S. 154.

[118] Siehe auch ohne Verfasser, Land im Herzen Europas, S. 22.

[119] Vgl. zur Entwicklung der Standortaffinität der Holzindustrie ausführlich
Tabellen 89 ff.

[120] Vgl. *Schroeder*, R., Zellstoff- und Papiererzeugung, Struktur und
Wachstum, in: Reihe Industrie, Heft 11, Hrsg. Ifo-Institut, München 1964,
S. 51 ff.

determinanz im klassischen Sinne verringert wurde, die Standort-Wachstumsrelevanz individueller firmenspezifischer Faktoren hingegen wuchs[121]. Das Druck- und Verlagsgewerbe zeigt eine besondere Neigung zur Standortwahl in Konsumzentren, so daß in der Untersuchungsregion der Stuttgarter Raum stark bevorzugt wird[122].

Die Untersuchung der Standortaffinität der Papier- und Druckereiindustrie in Baden-Württemberg bestätigt die hier vorangestellten Grundtendenzen. Auffallend ist das starke Anwachsen der Transportrelevanz von 10,6 % (13,3 %) auf 22,2 % (21,9 %). Die vermehrte Absatzorientierung (von 5,9 % bzw. 5,8 % auf 11,8 % bzw. 12,1 %) spricht bei gleichzeitigem Bedeutungsschwund der Rohstofforientierung (von 5,8 % bzw. 5,2 % auf 1,4 %) für die erwähnte Verschiebung der Input-Transportempfindlichkeit auf die Output-Transportempfindlichkeit und für die damit verbundene Neigung, bei der Standortwahl Konsumzentren zu bevorzugen. Die Faktoren Arbeitskräfte und Industriegelände stiegen in ihrer Standortrelevanz von 13,9 % (16,0 %) auf 20,5 % (20,6 %) resp. von 11,3 % (11,5 %) auf 20,1 % (20,7 %) und sind damit gleich ausschlaggebend. Die Werte für die Übernahme vorhandener Produktionsstätten sanken ebenso wie die Bedeutung der sonstigen (insbesondere privaten) Faktoren, letztere sogar von 15,9 % (21,2 %) auf 4,7 % (4,2 %). Ein leichtes Ansteigen ist für das Gewicht der öffentlichen Förderung, ein Absinken für die Wohn- und Freizeitwerte festzustellen[123].

(8) Mehr als die Hälfte aller im Bundesgebiet anfallenden Häute, Felle und Schuhleder werden in Baden-Württemberg aufbereitet. Obwohl die Lederindustrie in der Kunststoffverarbeitung durch die Produktion synthetischer Lederersatzartikel eine starke Konkurrenz erhielt — viele Unternehmen der Lederindustrie stellten sich daher auf die Kunststoffverarbeitung um —, zählt sie mit ca. 250 Betrieben und 28 000 Beschäftigten immer noch zu den Schwerpunktbereichen der baden-württembergischen Gesamtindustrie[124]. Das auffälligste Kriterium ihrer Standortaffinität ist die überaus starke Arbeitsorientierung, die mit einem Anwachsen von 25 % (25,7 %) vor 1955 auf 41,2 % (42,9 %) im Untersuchungsraum eine Spitzenposition einnimmt. Die Absatzorientierung verstärkte sich

---

[121] *Schröder*, D., S. 169. Siehe auch *König*, H., *Thoss*, R., Der optimale Standort der Industrie: Ein interregionales Programmierungsmodell für die westdeutsche Papierindustrie, in: Zeitschrift für die gesamte Staatswissenschaft, Bd. 121, Heft 3 (1965), S. 385 ff.
[122] Ohne Verfasser, Land im Herzen Europas, S. 22.
[123] Vgl. zu den Prozentangaben Tabellen 97 ff.
[124] Siehe hierzu ohne Verfasser, Land im Herzen Europas, S. 21.

ebenfalls (von 10,3 % bzw. 7,9 % auf 13,7 % bzw. 11,0 %), während die Ausrichtung der Standortwahl an Beschaffungsfragen erheblich zurückging (von 12,7 % bzw. 10,4 % auf 1,2 % bzw. 0,9 %). Dieser Umstand äußert sich in einer wachsenden Zentrierung insbesondere der Schuhindustrie in den Räumen Stuttgart, Kornwestheim und Tuttlingen. Die in ihrer Bedeutung abnehmende Lederaufbereitung hat nach wie vor ihre bevorzugten Standorte in Backnang und Weinheim[125]. Die im Untersuchungsraum konstatierte zunehmende Absatzorientierung dürfte auf die starke Position hindeuten, die innerhalb der Lederindustrie heute von der Lederverarbeitung mit ihrer Bevorzugung der Konsumzentren eingenommen wird. Die Bedeutung des Industriegeländes stieg in den Vergleichszeiträumen leicht an, während die Orientierung an Transportfragen weitgehend konstant blieb. Zunehmende Tendenzen zeigen sich auch in der Berücksichtigung der öffentlichen Förderung und der vermehrten Übernahme vorhandener Produktionsstätten. Besonders aufschlußreich ist auch bei der Lederindustrie der starke Bedeutungsschwund sonstiger (insbesondere privater) Faktoren des Standortkalküls[126].

(9) Die Textil- und Bekleidungsindustrie gehört zu den traditionellen Industriebereichen Baden-Württembergs. Lange Zeit war diese Branche Haupterwerbszweig des Raumes. Während 1952 noch 15,4 % der Gesamtumsätze des Landes auf die Textil- und Bekleidungsindustrie entfielen, lag ihr Anteil 1970 bereits unter 8 %, wobei der Anteil am Umsatz der Branche in der gesamten Bundesrepublik jedoch gesteigert werden konnte. So zählt auch noch 1972 trotz struktureller Veränderungen die Textilindustrie nach den Branchen Maschinenbau, Elektrotechnik und Fahrzeugbau zu den bedeutendsten Industriezweigen des Landes[127].

Wichtigster Faktor ist innerhalb der Skala der Standortdeterminanten die Arbeitskräftefrage geblieben. Die starke Mechanisierungstendenz dieser Branche, die für Industriezweige typisch ist, denen eine niedrige Nachfrageelastizität in bezug auf das Einkommen gegenübersteht[128], führte jedoch dazu, daß die Bedeutung des Standortfaktors Arbeitskräfte in den Vergleichszeiträumen von 23,7 % (24,4 %) auf 22,6 % (22,8 %) absank. Die Industriegeländefrage fand bei den Standortentscheidungen der Branche dem-

---

[125] Ebenda.

[126] Siehe zur Lederindustrie Tabellen 105 ff. Vgl. hierzu auch die Ergebnisse bei *Hoover*, E. M., Location Theory and the Shoe and Leather Industries.

[127] Vgl. ohne Verfasser, Land im Herzen Europas, S. 20.

[128] Vgl. hierzu *Voigt*, F., Theorie der regionalen Verkehrsplanung, S. 20 und 76 ff. Siehe auch *Frerich*, J., *Helms*, E., *Kreuter*, H., S. 71 f.

gegenüber zunehmende Beachtung. Die Beschaffungsorientierung sank, während bei relativ gleichbleibender Bedeutung der verkehrsmäßigen Erschließung die Absatzorientierung stark anstieg. Bei den weiteren Entwicklungstendenzen ist auch für die Textilindustrie hervorzuheben, daß die sonstigen (insbesondere privaten) Faktoren der Standortwahl erheblich an Relevanz verloren[129].

(10) Den Produkten der Nahrungsmittelindustrie steht eine Einkommenselastizität der Nachfrage von weit unter 1 gegenüber[130]. Dieser Elastizitätsaspekt, die früher starke Arbeitsorientierung sowie die hohe Transportkostenempfindlichkeit bei geringen internen Ersparnissen zwangen die Branche schon frühzeitig zu einer kontinuierlichen Mechanisierung der Produktionsverfahren sowie zu einem Ausweichen auf Genußmittel des gehobenen Bedarfs, deren Einkommenselastizität größer als 1 ist[131]. So beträgt der Nettoproduktionswert je Beschäftigten der Branche heute nahezu das Doppelte des industriellen Durchschnitts, eine Tatsache, die nicht zuletzt auf den hohen Anteil der Verbrauchssteuern für Tabak, Kaffee und Spirituosen zurückzuführen ist[132] und sich auch in dem Verhältnis von Umsatz zu Beschäftigten der Branche deutlich niederschlägt[133].

Die erwähnten Besonderheiten der Branche führten dazu, daß die Bedeutung der Arbeitskräftefrage geringer als in den meisten anderen Industriebereichen ist. In den Vergleichszeiträumen konnte jedoch entsprechend der allgemeinen Tendenz ein Anstieg von 7,4 % (7,5 %) auf 9,7 % (9,2 %) verzeichnet werden. Die Bedeutung des Industriegeländes stieg demgegenüber um ca. 100 % von 10,6 % (12,2 %) auf 22,8 % (23,0 %).. Interessant ist die abnehmende Beschaffungsorientierung (20,7 % bzw. 21,4 % gegenüber 8,7 % bzw. 10,7 %). Die Absatzorientierung stieg demgegenüber von 10,9 % (11,1 %) auf 15,9 % (16,9 %). Diese Tendenz bestätigt die Feststellung, daß sich die Zahl der Betriebe zur Versorgung eines lokalen Absatzgebietes, wie Molkereien, Mühlen, Brot- und Fleischwarenfabrikation, die stärker rohstofforientiert sind, verringert hat, während die Zahl der Betriebe mit regionalem

---

[129] Vgl. ausführlich Tabellen 113 ff.

[130] *Schröder*, D., S. 174. Vgl. zur Beziehung zwischen Einkommens- und Nachfrageveränderung allgemein *Klatt*, S., Die Theorie der Engel-Kurven, in: Jahrbuch für Sozialwissenschaft, Bd. 4 (1952), S. 274 ff.

[131] Vgl. *Heinicke*, B., Nahrungs- und Genußmittelindustrie, Struktur und Wachstum, in: Reihe Industrie, Heft 4, Hrsg. Ifo-Institut, München 1964, S. 138 ff.

[132] Vgl. Stabilisierung ohne Stagnation, Sachverständigengutachten 1965/66, Stuttgart 1966, S. 139 ff.

[133] Vgl. *Frerich*, J., *Helms*, E., *Kreuter*, H., Tabellen 10 und 16, S. TV 9 und TV 29.

bis überregionalem Absatzradius (Brauereien, Spirituosen, Zigarrenfabriken und Konserven), deren bevorzugte Standorte die Konsumzentren sind, anstieg[134]. Das Gewicht der verkehrsmäßigen Erschließung blieb weitgehend konstant und war im Zeitabschnitt von 1955 bis 1971 neben dem Industriegelände und der günstigen Lage der Absatzmärkte die wichtigste Standortdeterminante.

Die Berücksichtigung sonstiger (insbesondere privater) Faktoren verlor entsprechend der allgemein festgestellten Tendenz erheblich an Einfluß auf die Standortentscheidung[135].

(11) Neben den bisher behandelten Industriebereichen, deren Einteilung der Systematik der Industrieberichterstattung entspricht[136], wurde auch die Bauindustrie in die Standortanalyse einbezogen. Sie partizipiert in nicht unerheblichem Maße am industriellen Wachstum Baden-Württembergs[137].

Die Bauindustrie ist trotz zunehmender Mechanisierung noch immer stark arbeitsorientiert. Diese Tatsache spiegelt sich in der großen Bedeutung der Standortdeterminante Arbeitskräfte wider, die in den Vergleichszeiträumen einen Anstieg von 18,0 % (21,4 %) auf 21,9 % (22,4 %) zu verzeichnen hatte. Wichtigster Faktor ist jedoch heute für die Bauindustrie die Beschaffung geeigneten Industriegeländes (Anstieg von 12,9 % bzw. 12,5 % auf 25,7 % bzw. 26,0 %). Diese Entwicklung wird nicht zuletzt durch die stark anwachsende Zahl der Fabrikationsbetriebe von Fertigbauteilen hervorgerufen, die starke quantitative und qualitative Anforderungen an das Industriegelände stellen, jedoch wegen eines stärkeren Mechanisierungsgrades weniger arbeitsorientiert sind. Während die Orientierung der gesamten Bauindustrie an der Rohstoffbeschaffung weitgehend konstant blieb, verlor die unmittelbare Nähe der Absatzmärkte an Bedeutung. Diese Tendenz spricht für eine Ausdehnung des Leistungsradius, der zunehmend auch die überregionale Versorgung erfaßt. Die Branche zeigt ein überdurchschnittlich starkes Ansteigen der Bedeutung von Maßnahmen der regionalen Wirtschaftsförderung (0,6 % bzw. 0,2 % gegenüber 3,4 % bzw. 3,8 %). Auch hier dürften die Subventionen der Fertigteilindustrie nicht unerheblich ins Gewicht fallen. Die verkehrsmäßige Erschließung veränderte ihr Gewicht im Standort-

[134] Vgl. auch *Schröder*, D., S. 176.

[135] Vgl. Tabellen 121 ff.

[136] Vgl. Statistisches Landesamt Baden-Württemberg, Ergebnisse der Industrieberichterstattung 1966, Statistik von Baden-Württemberg, Bd. 136, Stuttgart 1967.

[137] Vgl. Statistisches Landesamt Baden-Württemberg, Statistische Berichte, Das Bauhauptgewerbe in Baden-Württemberg, Ergebnisse der Totalerhebung 1969.

kalkül der Branche nur unwesentlich. Festgehalten werden muß letztlich auch hier der starke Bedeutungsverlust sonstiger Faktoren bei der Ansiedlungsentscheidung[138].

Abschließend sollen einige besonders charakteristische Grundtendenzen im Bedeutungswandel der Standortdeterminanten zusammengefaßt werden, die sich im gesamten industriellen Bereich Baden-Württembergs feststellen ließen.

Die Faktoren Arbeitskräfte, Industriegelände und verkehrsmäßige Erschließung sind für fast alle Branchen die Hauptdeterminanten der Standortentscheidung. Dabei steigt die Bedeutung der Arbeitskräfte und des Industriegeländes im Durchschnitt stärker als die der verkehrsmäßigen Erschließung, die jedoch in bestimmten Problemgebieten Baden-Württembergs zur Steigerung der industriellen Produktivität einer erheblichen Verbesserung bedarf[139]. Interessant ist die Feststellung, daß die früher starre Standortbindung bestimmter Industriebereiche elastischer geworden ist[140]. Gleichzeitig ließ bei der weitaus überwiegenden Zahl der Branchen die Beschaffungsorientierung zugunsten einer zunehmenden Absatzorientierung nach[141]. Auffällig ist diese Entwicklung vor allem bei Industrien, die als stark rohstofforientiert galten. Gemeinsames Kennzeichen aller Branchen ist der überaus große Bedeutungsschwund sonstiger (insbesondere privater) Faktoren bei der Standortwahl. Diese Tendenz darf in Richtung auf eine wachsende Rationalität der Ansiedlungsentscheidungen interpretiert werden[142]. Die Relevanz von Faktoren des Wohn- und Freizeitwertes stieg nur schwach, ebenso die Relevanzeinschätzung der regionalen Wirtschaftsförderung. Die Entwicklung beider Faktorengruppen bedarf jedoch einer besonders vorsichtigen Interpretation[143].

---

[138] Vgl. ausführlich Tabellen 129 bis 136.
[139] Vgl. hierzu Teil IV der Untersuchung. Siehe zur verkehrsmäßigen Erschließung auch *Frerich*, J., *Helms*, E., *Kreuter* H., S. 92 ff.
[140] Vgl. insbes. Tabellen 1 ff. zur Industrie der Steine und Erden.
[141] Eine gewisse Ausnahme stellt hier nur die Bauindustrie dar.
[142] Vgl. *Fürst*, D., S. 218.
[143] Vgl. Teil IV der Studie.

TEIL IV

Möglichkeiten einer Berücksichtigung industrieller Standortaffinitäten in der regionalen Standortlenkung

A. Bisherige regionalpolitische Maßnahmen

Künftig zu treffende Maßnahmen der Regionalpolitik bedürfen zunächst einer Überprüfung der raumwirtschaftlichen Ausgangslagen sowie der in der Vergangenheit getroffenen regionalpolitischen Entscheidungen und deren Effizienz. Dabei soll die Regionalpolitik in Baden-Württemberg nicht isoliert betrachtet, sondern in den Rahmen einer kurz gefaßten Darstellung regionalpolitischer Probleme der Bundesrepublik Deutschland und einiger europäischer Staaten gestellt werden, deren raumwirtschaftliche Besonderheiten ähnlich denen der BRD sind und die über wichtige Erfahrungen auf dem Gebiet der regionalen Wirtschaftspolitik, insbesondere der Industriestandortlenkung verfügen[1].

1. Regionale Wirtschaftspolitik in ausgewählten europäischen Ländern

Die europäischen Nationen, deren Raumwirtschaftsprobleme am ehesten den Gegebenheiten in der Bundesrepublik Deutschland entsprechen, sind vor allem Frankreich, Großbritannien und die Niederlande. Es empfiehlt sich daher, vor der Darstellung der Regionalpolitik in der Bundesrepublik und Baden-Württemberg auch das regionalpolitische Instrumentarium dieser europäischen Nachbarländer im Hinblick auf seine Eignung und Anwendungsmöglichkeit im Untersuchungsraum zu prüfen. Daß dieser Überblick keine vollständige kritische Würdigung der Regionalpolitik dieser Staaten, sondern nur eine Darstellung der wesentlichen Grundzüge sein kann, ergibt sich aus dem Ziel dieser Untersuchung.

---

[1] Vgl. zur Industriestandortlenkung in der BRD allgemein *Giel, W.,* Industrieansiedlung als Bestandteil der regionalen Wirtschaftspolitik, in: Raumordnung, Landesplanung, Städtebau, DIHT, H. 75, Bonn 1961.

a) Regionalpolitik in Frankreich

Durch die stark zentralistische Ausrichtung des französischen Wirtschaftssystems ist die räumliche Verteilung der Wirtschaftstätigkeit in diesem Lande durch die Existenz erheblicher Ungleichgewichte gekennzeichnet. Um die Hauptstadt Paris hat sich ein dichter Agglomerationskern gebildet, während die übrigen Gebietseinheiten — mit Ausnahme der Räume Lille—Roubaix—Tourcoing, Metz—Thionville, Mulhouse, Lyon und Marseille — überaus strukturschwach sind[2]. Entsprechend der von Voigt analysierten Differenzierungstendenz, daß einmal stark begünstigte Teilräume bei unveränderter Datenkonstellation immer weiter auf Kosten benachteiligter Gebiete durch den Industrialisierungsprozeß begünstigt werden[3], konnte das starke Wirtschaftswachstum der Hauptstadt ständig zu Entleerungen, insbesondere in Zentralfrankreich, sowie dem Westen und Südwesten des Landes führen.

Der hohe Zentralisationsgrad der französischen Wirtschaft stellte die Regionalpolitik vor die schwere Aufgabe, industrielle Nebenzentren zu schaffen, um so den Agglomerationskern zu entlasten und die Struktur der benachteiligten Räume wirtschaftlich und sozial zu verbessern[4].

Die regionalen Ungleichgewichte führten in Frankreich 1962 zu Einkommensdifferenzen, die im Durchschnitt 80 % betrugen[5]. Eine derartig diskrepante Entwicklung konnte nur erfolgen, weil sich nach Kriegsende bis zum Jahre 1954 die französische Regionalpolitik auf ad-hoc-Interventionen beschränkte, die das dynamische Wirtschaftswachstum der Hauptstadt und die Kanalisierung nachgerade des gesamten Entwicklungspotentials in den Pariser Raum nicht einzuschränken vermochten. Seit 1954 jedoch handelte die Französische Regierung entsprechend dem raumordnungspolitischen Postulat, „daß die öffentliche Hand nicht nur komplementär zum Marktmechanismus tätig werden sollte, sondern darüber hinaus als übergeordnete Koordinationsstelle die Investitions- und Standortentscheidungen der privaten Unternehmen planen und lenken müsse, um räumliche Fehlentscheidungen aufzuhalten oder ins Gegenteil umkehren zu können"[6].

---

[2] Vgl. *Marx*, D., Wachstumsorientierte Regionalpolitik, S. 110.
[3] Vgl. Teil II, A. dieser Studie.
[4] Vgl. auch *Röper*, B., Regionalpolitik der EWG-Binnengrenzgebiete, insbesondere für das Aachener Gebiet, in: Beiträge zur Regionalpolitik (Hrsg. H. K. Schneider), Schriften des Vereins für Socialpolitik, N.F. Bd. 41, S. 177.
[5] Vgl. PEP (Political and Economic Planning), Regional Development in the European Community, London 1962, S. 39 ff.; siehe auch *Meyer*, F. W., *Willgerodt*, H., Der wirtschaftspolitische Aussagewert internationaler Lohnvergleiche, in: Internationale Lohngefälle, wirtschaftspolitische Folgerungen und statistische Problematik, Hrsg. Bundesministerium für wirtschaftliche Zusammenarbeit, Bonn 1956, S. 47.
[6] *Ockenfels*, H. D., Regionalplanung und Wirtschaftswachstum, Dargestellt am Beispiel Frankreichs, Abhandlungen zur Mittelstandsforschung, Nr. 42,

Um industrielle Neuansiedlungen und Erweiterungen im Raume Paris zu hemmen, bestehen seit 1954 zahlreiche Präventivmaßnahmen administrativer Art[7].

Seit 1960 existiert zur Förderung der strukturschwachen Gebiete ein regionales Entwicklungsprogramm, das die 90 Departements in 21 Programm-Regionen aufteilte. 1964 erfolgte unter diesem Gesichtspunkt eine neue Aufteilung in fünf Programmzonen[8], ähnlich den Gebieten der Regionalen Aktionsprogramme in der BRD[9].

Die Zonenbildung erfolgte nach Maßgabe der wirtschaftlichen Leistungsfähigkeit der Programmgebiete[10]. Unternehmen, die eine Ansiedlung in der strukturschwächsten Zone I planten bzw. eine Erweiterung, erhielten Förderungsmittel in Höhe von 10 bzw. 5 % der anfallenden Investitionskosten. In einigen Schwerpunktgebieten der Förderung in Zone I konnten die Investitionsbeihilfen bis auf 20 bzw. 12 % erhöht werden[11].

Bei Verlagerung eines Betriebes aus dem Pariser Verdichtungsraum in die Zone I wurden 60 % der Verlegungskosten erstattet, Steuererleichterungen gewährt und Beihilfen für die Umsiedlung von Arbeitskräften gezahlt[12].

Die Gebiete der Programmzone II erfaßten alle Räume, die wirtschaftlich monostrukturiert waren und deren regionales Wirtschaftsergebnis schrumpfende Zuwachsraten aufwies[13]. Die III. Zone bestand vorwiegend aus den strukturschwachen Gebieten Ostfrankreichs, deren Entwicklungsstand und -dynamik jedoch positiver zu bewerten war als bei den Zonen I und II.

In der Zone IV waren die Gebiete zusammengefaßt, die günstige Entwicklungschancen aufwiesen und die zur Ausgestaltung als industrielle Nebenzentren geeignet erschienen.

Das Maß der öffentlichen Förderung nahm von Zone I zu Zone IV entsprechend der zunehmenden wirtschaftlichen Leistungskraft der

---

Hrsg. Institut für Mittelstandsforschung, Auszug aus dem Vorwort von F. W. Meyer, Köln und Opladen 1969, S. 5.

[7] Vgl. *Marx*, D., Wachstumsorientierte Regionalpolitik, S. 112 f.

[8] Vgl. *Ockenfels*, H. D., S. 52 ff.

[9] Vgl. hierzu den Abschnitt über die Regionalen Aktionsprogramme in der vorliegenden Untersuchung; vgl. ferner Bundesministerium für Wirtschaft, Regionale Aktionsprogramme 1970, S. 3 ff., im folgenden zitiert als Regionale Aktionsprogramme 1970.

[10] Vgl. zur regionalen Abgrenzung Informationsblätter der Französischen Botschaft, Jg. 1964, Nr. 302, S. W. 7.

[11] Vgl. *Marx*, D., Wachstumsorientierte Regionalpolitik, S. 113.

[12] Ebenda.

[13] Informationsblätter der Französischen Botschaft, S. W. 7.

Zonen ab. Zone V umfaßte den gesamten Pariser Raum, in dem lediglich Prämien für den Abbruch gewerblicher Räume gezahlt und in dem Neuansiedlungen und Erweiterungen vorwiegend mit administrativen Mitteln verhindert werden sollten[14].

Im Zeitabschnitt von 1963 bis 1966 wurde die Regionalplanung in das System der nationalen Entwicklungspläne integriert, die durch eine gesamtwirtschaftliche Orientierung gekennzeichnet sind[15].

Die grundsätzliche Zielsetzung dieses zweiten Abschnitts der französischen Regionalpolitik verfolgt eine schnelle „Steigerung des gesamtwirtschaftlichen Wachstums bei möglichst ausgeglichener Wohlstandsentwicklung in den östlichen und westlichen Regionen Frankreichs"[16, 17]. Im V. Entwicklungs- und Sozialplan wurden die einzelnen regionalpolitischen Ziele erneut formuliert. Dabei geht es zunächst um eine Strukturverbesserung der französischen Landwirtschaft, die der Modernisierung bedarf und deren Produktivität nachhaltig verbessert werden soll. Innerhalb der Industrialisierungsbestrebungen der französischen Regionalpolitik nehmen die westlichen Regionen, deren Industriestruktur besonders schwach entwickelt ist, eine Vorrangstellung ein. Die alten Industrreviere des Nordens und Lothringens sollen durch eine verstärkte Infrastrukturpolitik weiter gefördert werden. Auch der Pariser Ballungsraum ist Gegenstand regionalpolitischer Aktivitäten des V. nationalen Entwicklungsplans. Die Infrastruktur des Raumes soll weiter verbessert werden, um die Wettbewerbsfähigkeit im Hinblick auf den gemeinsamen Markt zu erhalten und auszubauen[18]. Es zeigt sich ein gewisser Wandel in der französischen Regionalpolitik, die zunächst die Ausdehnung des Pariser Verdichtungskerns mit allen Mitteln zu hemmen versuchte[19], dann jedoch erkannte, daß eine gezielte Dezentralisierungspolitik nicht die bestehenden zentralen Orte zerstören, sondern durch eine Schaffung möglichst zahlreicher neuer Industriezentren das angestrebte Gleichgewicht herbeiführen sollte[20]. Entsprechend diesem Gestaltungsziel wird die Ausrüstung der größeren Städte des Pariser Beckens zu Regionalzentren fortgeführt und die

---

[14] Siehe *Marx*, D., Wachstumsorientierte Regionalpolitik, S. 112 f.

[15] Vgl. *Ockenfels*, D., S. 57.

[16] Ebenda.

[17] Siehe zu den Zielen der Regionalpolitik ebenda, S. 61 ff.

[18] Vgl. zur regionalen Wirtschaftspolitik innerhalb der EWG *Wäldchen*, P., Regionalpolitik der Europäischen Gemeinschaften, in: Handwörterbuch der Raumforschung und Raumordnung, Bd. III, Hannover 1970, Sp. 2649 ff.

[19] *Marx*, D., Wachstumsorientierte Regionalpolitik, S. 133.

[20] Vgl. hierzu *Brücher*, W., Ziele und Ergebnisse der industriellen Dezentralisierung in Frankreich, in: Raumforschung und Raumordnung, 29. Jg. (1971), Heft 6, S. 265 ff.

Politik der Schaffung von Gleichgewichtsmetropolen verstärkt[21]. Zu diesen Gleichgewichtsmetropolen zählen[22]:

(1)	Lille—Roubaix—Tourcoing	(8)	Nantes—St. Nazaire
(2)	Nancy—Metz—Theonville	(9)	Rennes
(3)	Lyon—St. Etienne	(10)	Rouen—Elbeuf
(4)	Marseille—Aix	(11)	Clermont—Ferrand
(5)	Straßburg	(12)	Grenoble
(6)	Toulouse	(13)	Nice
(7)	Bordeaux		

Die Förderung dieser Nebenzentren sieht in etwa die Maßnahmen vor, die auch in der BRD für in den Bundesausbaugebieten bzw. -orten sowie in den Landesfördergebieten resp. -ausbauorten Anwendung finden[23]. Weitere spezielle Förderungsmaßnahmen sind für bestimmte Notstandsgebiete Frankreichs eingeplant, deren Wirtschaftsentwicklung besonders stark unter dem Landesdurchschnitt liegt[24].

Insgesamt konzentriert sich die französische Subventionspolitik zur Standortlenkung privater Investitionen auf die folgenden Unterstützungsmaßnahmen:

(1) Prämien für die industrielle Entwicklung,

(2) Prämien für die industrielle Anpassung,

(3) Gewährung von Steuererleichterungen,

(4) Dezentralisierungsentschädigungen,

(5) Finanzierungserleichterungen[25].

Der bisher aufgeführte Maßnahmenkatalog dient der Erzielung eines gesamträumlichen Gleichgewichts, setzt den Hebel der Förderungsmaßnahmen jedoch bei bestimmten Raumeinheiten an. Daneben sind ergänzende Infrastrukturmaßnahmen, insbesondere auf dem Gebiet des Verkehrswesens vorgesehen, die das gesamte Staatsgebiet betreffen und vorwiegend die interregionalen Kooperations- und Kommunikationsmöglichkeiten verbessern sollen. Entsprechend der zentralistischen Aus-

---

[21] Vgl. *Ockenfels*, H. D., S. 61 f.

[22] Vgl. Plankommissariat, Premier rapport de la CNAT, vom 21. 9. 1964, S. 81 ff.; sowie Ve plan de développement économique et social (1966—1970) Gesetz Nr. 65-1001, vom 30. 11. 1965, J. O. vom 1. 12. 1965.

[23] Vgl. hierzu die Abschnitte über die Regionalpolitik in der BRD und in Baden-Württemberg.

[24] Vgl. *Ockenfels*, H. D., S. 62.

[25] Vgl. hierzu ausführlich *Thumm*, U., S. 148 ff. Siehe ferner *Wackermann*, G., Raumordnung und Landesplanung in Frankreich, in: Raumforschung und und Raumordnung, 26. Jg. (1968), Heft 1, S. 16 ff.

richtung der französischen Wirtschaftsstruktur nimmt auch die Qualität der verkehrsmäßigen Erschließung mit wachsender Entfernung vom
Pariser Zentralgebiet ab. Um die Wirtschaftsdynamik des Pariser
Raumes in die umliegenden Regionen hineinzukanalisieren und um die
Interaktionen zwischen den Nebenzentren zu stimulieren und effizienter
zu gestalten, sollen die Straßen- und Schienenverbindungen entscheidende Verbesserungen erfahren. Ein besonderes Schwergewicht wird
dabei dem Bau neuer Autobahnstrecken eingeräumt, welche die Gleichgewichtsmetropolen miteinander verbinden und die Kapazität des Fern-
straßennetzes entscheidend erhöhen[26].

Eine kritische, detaillierte Würdigung der französischen Regionalpolitik müßte den Rahmen dieses Abschnitts sprengen, der lediglich die
Instrumente der Industriestandortlenkung in ihrer praktischen Anwendung vorstellen soll, um so eine Vergleichsmöglichkeit zu entsprechenden Bemühungen in der BRD und in Baden-Württemberg
zu erarbeiten. Ockenfels kommt in einer eingehenden Kompatibilitäts-
prüfung der Unter- und Oberziele der französischen regionalen Wirtschaftspolitik[27] zu dem Ergebnis, „daß die Unterziele bzw. die zur
Realisierung der übergeordneten Zielsetzung vorgesehenen infrastruk-
tur- und subventionspolitischen Maßnahmen, den langfristigen, regionalpolitischen Orientierungszielen widersprechen und damit auch der gesamtwirtschaftlichen Zielsetzung zuwiderlaufen"[28]. Die wesentliche Begründung für dieses Ergebnis leitet Ockenfels aus der mangelnd langfristigen Orientierung der regional- und strukturpolitischen Ziele ab,
die in der Tat den Rahmen der Mittelfristigkeit nicht überschreiten.
„Eine Rationalisierung der Standortstruktur wäre in Frankreich auf
lange Sicht realisierbar, wenn die den Raum maßgeblich gestaltende
zentralistische Verwaltungsstruktur dezentralisiert, das radial auf Paris
ausgerichtete Verkehrsnetz durch leistungsstarke West-Ost- und Nord-
Süd-Verbindungen ergänzt, die Pariser Agglomeration entballt und ihre
Wachstumsdynamik auf die Regionen des Pariser Beckens ausgedehnt
. . . würden[29]."

b) Regionalpolitik in Großbritannien

Obgleich das raumwirtschaftliche Gleichgewicht Großbritanniens
nicht so gravierende Störungen wie Frankreich aufweist, sind dennoch
Wirtschaftswachstum und die Determinanten dieses Wachstums in Großbritannien stark ungleichgewichtig gestreut. Während ein großer Teil

---

[26] Vgl. Ockenfels, H. D., S. 62.
[27] Ebenda, S. 63 ff.
[28] Ebenda, S. 71.
[29] Ebenda, S. 72.

des britischen Nordens und Südwestens nur relativ dünn besiedelt ist[30], hat sich zwischen Lancaster, Manchester, Birmingham, London, Southampton und Portsmouth in Mittel- und Südost-England ein industrielles Verdichtungsband herausgebildet, das mehr als 50 % der Gesamtbevölkerung auf sich konzentrierte[31]. Die attraktiven Arbeitsplätze dieser Region haben im Verlauf der Industrialisierung kontinuierlich wesentliche Teile des regionalen Entwicklungspotentials aus den Nachbargebieten abgezogen. Dieser starke Bevölkerungsentzug machte bereits in den 30er Jahren gezielte regionalpolitische Präventiv- und Steuerungsmaßnahmen erforderlich. Schon 1934 wurde der „Special Areas (Development and Improvement) Act" erlassen, der einen der ersten europäischen Schritte zu einer planintregrierten Regionalpolitik darstellt[32]. In dieser Phase zeigte sich bereits deutlich, daß das Problem der regionalen Arbeitslosigkeit durch Transferzahlungen langfristig nur symptomatisch behandelt, aber nicht gelöst werden kann. Es bedarf hier vielmehr einer langfristigen Planung, um die schwache Wirtschaftsstruktur der benachteiligten Räume durch eine gezielte Industrieansiedlungspolitik zu sanieren[33]. Dabei muß berücksichtigt werden, „inwieweit gerade der staatliche und kommunale Interventionismus durch Übernahme von social costs, soziale Personenverkehrstarife, gemeindliche Bodenpolitik nach bodenreformerischen Idealen, Einräumung von steuerlichen Vergünstigungen bei der Industrieansiedlung usw. die Standortkosten in den Ballungen nach unten verfälscht und damit eine übertriebene räumliche Differenzierung..."[34] provozieren kann. In Großbritannien war die Regionalpolitik bereits frühzeitig bemüht, gerade der langfristigen Plangestaltung und der Konkurrenz und Kongruenz der wirtschaftspolitischen Ziele und Instrumente eine besondere Beachtung zu widmen. Starke Differenzierungsprozesse in der Industrialisierung Großbritanniens sind wie in den meisten Ländern zu einem überwiegenden Teil auf die Anhäufung von Standortvorteilen in den Ballungsgebieten zurückzuführen[35]. Die staatliche Regionalpolitik muß die relative Standortgunst der benachteiligten Regionen verbessern helfen, wenn sich nicht der Graben zwischen der Wirtschaftskraft dieser

---

30 Vgl. *Abrahamson*, G., Entwicklungsgebiete in Großbritannien, in: Wirtschaftsdienst, 42. Jg. (1962), H. 12, S. 545 ff.

31 Vgl. *Marx*, D., Wachstumsorientierte Regionalpolitik, S. 116.

32 *Levine*, S. H., Politik und Maßnahmen der britischen Regierung zur Bekämpfung der örtlichen Arbeitslosigkeit, in: Die Politik der Mitgliedstaaten auf dem Gebiet der Umstellung und der regionalen Entwicklung (Europäische Gemeinschaft für Kohle und Stahl), Baden-Baden und Bonn o. J., S. 172 ff.

33 Vgl. *Marx*, D., Wachstumsorientierte Regionalpolitik, S. 116.

34 *Meyer*, F. W., Entwicklungshilfe und Wirtschaftsordnung, S. 301 f.

35 *Greenhut*, M., Needed — A Return to the Classics in Regional Economic Development Theory, in: Kyklos, Vol. XIX (1966), Fasc. 3, S. 461 ff.

Regionen und der der Kernbereiche weiter vertiefen soll. Derartigen ansiedlungspolitischen Überlegungen wurde in Großbritannien 1945 durch die Schaffung des „Distribution of Industry Act" Rechnung getragen[36], in dem sowohl die Beeinflussung der Verhältnisse in den Verdichtungsräumen als auch die Verbesserung der Wirtschaftsstruktur in den zurückgebliebenen Gebieten vorgesehen wurde. Gleichzeitig wurde eine oberste regionalpolitische Koordinierungsinstanz geschaffen, indem dem „Board of Trade" fast die Gesamtheit aller Befugnisse für die Industrieansiedlungspolitik übertragen wurde[37]. Eines der bemerkenswertesten Instrumente dieser Industriestandortlenkung ist die Institution der „industrial estates", die als Entlastungskerne für die fortschreitende Ballung in den herkömmlichen Industrierevieren gedacht sind[38]. So wurden in Übereinstimmung mit dem raumwirtschaftlichen Gestaltungsziel der Auflockerung der Zentralisation durch Schaffung neuer zentraler Orte[39] zusätzliche Industriemetropolen errichtet, die zur Entlastung der Agglomeration in den Verdichtungsräumen Londons und Glasgows beitrugen und gleichzeitig in den schwach strukturierten Gebieten neue Siedlungsschwerpunkte förderten[40]. Als weiteres wirkungsvolles Instrument der britischen Regionalpolitik ist der „Town and Country Planning Act" zu erwähnen, der die Genehmigungspflicht für gewerbliche Neuansiedlungen und Erweiterungen 1957 gesetzlich verankerte[41]. Durch dieses Gesetz wurde eine zusätzliche Möglichkeit etabliert, die wirtschaftliche Aktivität in bestimmte Räume zu lenken bzw. in anderen zu hemmen und dabei den raumwirtschaftlichen Erfordernissen Rechnung zu tragen[42]. Ähnlich den Programmgebieten in der BRD[43], wurden nach Einführung des „Local Employment Act" von 1960 sog. Entwicklungskreise ausgewählt, die bevorzugt Gegenstand der öffentlichen Förderung, insbesondere unter dem Gesichtspunkt der Beseitigung von Arbeitslosigkeit durch Schaffung neuer Arbeitsplätze wurden. Der Maßnahmenkatalog, der dem Board of Trade bei der Förderung dieser Gebiete zur Verfügung steht, entspricht in seinen Grundzügen den Maßnahmen, die in den Regionalen Aktionsprogrammen der Bundes-

---

[36] Vgl. *Marx*, D., Wachstumsorientierte Regionalpolitik, S. 116.

[37] Ebenda, S. 117.

[38] *Forster*, S. A. S., An Introduction to Industrial Estates and the Part they play in Location of Industry Policy in Britain, Gateshead o. J., S. 24 ff. Vgl. hierzu auch Teil III. B. dieser Studie.

[39] *Storbeck*, D., Die wirtschaftliche Problematik der Raumordnung, S. 133 f.

[40] Vgl. *Weyl*, H., Planung in England, Elemente der Raumordnung in Großbritannien, in: Raumforschung und Raumordnung, 19. Jg. (1961), S. 148 ff.

[41] Vgl. *Marx*, D., Wachstumsorientierte Regionalpolitik, S. 117.

[42] *Levine*, S. H., S. 175.

[43] Vgl. hierzu den Abschnitt über die Regionalen Aktionsprogramme.

republik Deutschland vorgesehen sind[44, 45]. Es handelt sich im wesentlichen um Baukostenzuschüsse, die Vergabe von Darlehen für Rationalisierungsmaßnahmen und ähnliches, Förderung der regionalen Infrastruktur, insbesondere im Verkehrswesen und Wohnungsbau sowie Maßnahmen zur Verbesserung der interregionalen und beruflichen Mobilität der Arbeitskraft[46]. Die Effizienz des Maßnahmenkatalogs wurde 1963 verstärkt durch weitere Förderungsmöglichkeiten der relativen Standortgunst der Entwicklungskreise.

Die Institution der „industrial estates" weist Ähnlichkeiten zu den französischen „Gleichgewichtsmetropolen" auf und verdient als effizientes regionalpolitisches Instrument besondere Betonung[47]. Bei der Behandlung der Regionalen Aktionsprogramme in der BRD, insbesondere im Untersuchungsraum Baden-Württemberg wird zu überprüfen sein, inwieweit die Konzeption der „industrial estates" in den Regionalen Aktionsprogrammen bereits Verwendung fand bzw. verstärkt eingebaut werden könnte.

c) Regionalpolitik in den Niederlanden

In den Niederlanden stellt sich die raumwirtschaftliche Grundproblematik ähnlich dar wie in Großbritannien und Frankreich. Einem überaus stark verdichteten industriellen Ballungsraum mit extrem hoher Bevölkerungsdichte stehen die übrigen, relativ dünn besiedelten Niederlande gegenüber. Der Kernbereich besteht aus der industriellen Achse, die von Haarlem über Amsterdam, Utrecht, Rotterdam bis Den Haag reicht und die Ringstadt Holland darstellt[48]. Da es sich bei den holländischen Agglomerationen mehr um ein breiter gestecktes Kernband als um einen begrenzten Kernpunkt handelt, war die niederländische Regionalpolitik bis 1961 weniger restriktiv im Hinblick auf die Ballungen, als dies in Großbritannien und insbesondere Frankreich festgestellt werden konnte. Hauptinstrument der Regionalpolitik war vielmehr eine zentralistische Raumplanung, „die über die einzelnen Provinzen und Gemeinden Lenkungsbefugnisse von der Regierungsebene bis zum einzelnen Grundeigentümer umfaßt"[49].

---

[44] Vgl. hierzu Regionale Aktionsprogramme 1970, S. 5 f.

[45] Siehe zu den Maßnahmen in Großbritannien ausführlich *Marx*, D., Wachstumsorientierte Regionalpolitik, S. 119.

[46] Vgl. hierzu auch *Siebert*, H., Regionales Wirtschaftswachstum und interregionale Mobilität, S. 60 ff.

[47] Siehe auch *Wilson*, T., Policies for Regional Development, University of Glasgow Social and Economic Studies, Occasional Papers, No. 3, London—Edinburgh 1964; *McCrone*, G., Regional Policy in Britain, University of Glasgow Social and Economic Studies, Occasional Papers, No. 15, London 1969, S. 214 ff.

[48] Vgl. ausführlich *Marx*, D., Wachstumsorientierte Regionalpolitik, S. 121 f.

[49] Ebenda, S. 122. Siehe hierzu auch *Müller*, G., Raumplanung, in: HdSW, 8. Bd., S. 692 ff.; *Os*, F. J. v., Die regionale Industrialisierungspolitik in den

Die zentralistische Raumordnungspolitik und die niederländische Finanzpolitik, die den gemeindlichen Finanzbedarf ausschließlich durch Schlüsselzuwendungen seitens der Zentralregierung abdeckt, hat bei der Verwirklichung raumordnungspolitischer Zielsetzungen nicht die Koordinationsschwierigkeiten, die sich beispielsweise in Großbritannien, Frankreich und der Bundesrepublik Deutschland durch das Finanzsystem ergeben. Bei der Verfolgung gesamtwirtschaftlicher Interessen konnte weitgehend auf eine direkte Industrieansiedlungspolitik der Gemeinden verzichtet werden. Die angestrebten Effekte in den Problemgebieten wurden auf indirektem Wege „durch die Verbesserung des Industrieklimas"[50] realisiert[51]. Hierzu dienen Maßnahmen zum Ausbau und zur Verbesserung der verkehrlichen Infrastruktur[52], die Förderung der Industriegeländeerschließung, Verbesserung der öffentlichen Versorgungseinrichtungen, Erhöhung der regionalen Wohn- und Freizeitwerte etc.[53]. Bei diesen Maßnahmen erfolgt eine vorzugsweise Konzentration auf Entwicklungsschwerpunkte, bei denen wiederum sog. Entwicklungskerne besonders gefördert werden. Diese Kerne weisen in ihrem Entwicklungspotential die besten Wachstumschancen auf. Die Einzugsbereiche ihrer wirtschaftlichen Aktivität sind so groß, daß von ihnen auch eine wachstumsstimulierende Wirkung auf jene umliegenden Räume ausgehen kann, die nicht unmittelbar zu Entwicklungskernen erklärt wurden[54]. Die Durchsetzung des raumwirtschaftlichen Leitgedankens der Dezentralisation der Industrie durch regionale Streuung der Konzentration bewährt sich auch in den Niederlanden[55]. Diese Dezentralisierungspolitik betreibt weniger die Schaffung gleichbedeutender, horizontal angeordneter Entwicklungsmetropolen, sondern ist bemüht, in den Fördergebieten ein vertikales System unterschiedlich relevanter Wachstumspole aufzubauen[56].

Niederlanden, in: Die Politik der Mitgliedstaaten auf dem Gebiet der Umstellung und regionalen Entwicklung (Europäische Gemeinschaft für Kohle und Stahl), Baden-Baden und Bonn o. J., S. 149 ff.

[50] *Marx*, D., Wachstumsorientierte Regionalpolitik, S. 123.

[51] Vgl. auch *Esenwein-Rothe*, I., Die Persistenz von Industriebetrieben in strukturschwachen Wirtschaftsgebieten, S. 90 ff.

[52] Vgl. *Oort*, C. J., De Kosten van de Infrastruktuur, in: Nederland Transport, 16. Jg. (1964), Nr. 25, S. 844 ff.; *Lochner*, N., Niederländische und Europäische Verkehrspolitik, in: Vorträge aus dem Institut für Verkehrswissenschaft an der Universität Münster, Hrsg. A. Predöhl, Heft 16, Göttingen 1958, S. 1 ff.

[53] Vgl. *Marx*, D., Wachstumsorientierte Regionalpolitik, S. 124.

[54] Ebenda, S. 125. Vgl. zum theoretischen Konzept dieser Politik *Streit*, M. E., Regionalpolitische Aspekte des Wachstumpolkonzepts, S. 221 ff.

[55] *Vanhove*, N. D., Regionale Industrialisierung in den Niederlanden durch Konzentration in Entwicklungskernen, in: Informationen, 13. Jg. (1963), Nr. 17, S. 439 ff.

[56] Vgl. auch *Paelink*, J., La théorie du developpement régional polarisé, in: Economie régionale, Cahiers de l'ISEA, No. 159 (L 15), 1965, S. 5 ff. Vgl.

Um die Attraktivität der Schwerpunktorte zu erhöhen, werden fehlende externe Ersparnisse durch eine Bezuschussung ansiedlungs- williger Unternehmen kompensiert. Diesen Unternehmen werden Bau- kostenzuschüsse und Preisermäßigungen beim Ankauf von Industrie- gelände gewährt[57]. Daneben ist die niederländische Regionalpolitik ständig bemüht, die soziale und technische Infrastruktur der Schwer- punktorte zu verbessern.

Obgleich ihr Instrumentarium vorwiegend auf eine Verbesserung des Industrieklimas ausgerichtet und damit weniger einschneidend als in den Vergleichsländern ist, konnten in den Niederlanden beachtliche Ver- besserungen der Raumstruktur erzielt werden. Die besondere Effizienz dieser Politik resultiert hauptsächlich aus ihrem schwerpunktmäßigen Einsatz und der zentralen Koordination. Eine zentrale regionalpolitische Entscheidungsinstanz kann weit eher eine gesamtwirtschaftlich aus- gerichtete, auf der Finanzverfassung der Volkswirtschaft basierende Raumordnungspolitik betreiben und zum angestrebten Erfolg führen, als dies einer dezentralen Politik zahlreicher Parallel- und nachgeord- neter Gebietskörperschaften möglich ist, deren regionalpolitische Interessen häufig konkurrieren können[58].

2. Regionale Wirtschaftspolitik in der Bundesrepublik Deutschland

In der Zeit nach 1918 bis zum Ende der 40er Jahre bestand die regionale Wirtschaftspolitik in Deutschland vorwiegend aus ad-hoc- Maßnahmen, die der Beseitigung raumwirtschaftlicher Extrem- situationen in Notstandsgebieten dienten[59]. Von einer gezielten globalen Koordination konnte nicht gesprochen werden[60]. Mit dem Beginn der 50er Jahre traten die punktuellen Interventionen mehr und mehr in den Hintergrund. Der Aspekt einer langfristigen Koordination der Regional- politik gewann an Bedeutung, wenngleich auch zunächst noch keine differenzierten raumwirtschaftlichen Programme bestanden[61].

---

zur Systematik der Zentren in der BRD: Ohne Verfasser, Entschließung der Ministerkonferenz für Raumordnung, Zentrale Orte und ihre Verflechtungs- bereiche vom 8. 2. 1968, in: Gemeinsames Ministerialblatt, 1979 (1968), Nr. 6, S. 58 f.

[57] Vgl. zur sog. Prämien- und Preisermäßigungsregelung *Marx*, D., Wachs- tumsorientierte Regionalpolitik, S. 126.

[58] *Seidenfus*, H. St., Koordinationsprobleme und aktuelle Hemmnisse der Regionalpolitik, S. 128 ff.

[59] Vgl. *Meyer*, F. W., Raumforschung in den Notstandsgebieten, in: Raum- forschung und Raumordnung, 1. Jg. (1936/37), Heft 13.

[60] Vgl. zur Problematik der Koordination in der BRD *Seidenfus*, H. St., Koordinationsprobleme und aktuelle Hemmnisse der Regionalpolitik, S. 138 ff.

[61] Vgl. *Lauschmann*, E., Möglichkeiten und Notwendigkeit autonomer Raumordnungspolitik im Rahmen der EWG, in: Gestaltungsprobleme der

Nach dem 2. Weltkrieg war die Bundesrepublik Deutschland in regionalpolitischer Hinsicht vor besonders schwierige Probleme gestellt. Aufgrund des Krieges, der Nachkriegswirren durch Flüchtlingsstrom, regional unterschiedliche Ausmaße der Zerstörung und Demontage war die Regionalpolitik zunächst eine Politik der Beseitigung von Notständen. Mit der Beseitigung dieser regionalen Notstände war der „Interministerielle Ausschuß für Notstandsgebietsfragen" (IMNOS) befaßt[62].

Auch die Maßnahmen des IMNOS erfolgten zunächst ad hoc, ohne auf einem detaillierten, langfristigen Programm zu basieren. Der Notwendigkeit einer derartigen Programmgestaltung wurde jedoch bald durch die Einführung regionaler Förderungsprogramme entsprochen. Insbesondere die Erfahrungen in den Rezessionen der 60er Jahre führten zu einem Durchdringen der Erkenntnis, daß gerade wirtschaftsschwache Regionen von konjunkturellen Abschwüngen besonders hart betroffen werden. In Berücksichtigung der engen Zusammenhänge zwischen Struktur- und Konjunkturpolitik wurden das „Zweite Programm für besondere konjunktur- und strukturpolitische Maßnahmen 1967/68" sowie das „Gemeinsame Strukturprogramm Ruhr, Saar, Zonenrandgebiete, Bundesausbaugebiete und -orte von 1968" konzipiert[63]. Außerdem wurden mit Einführung des Konjunkturrates Investitionsprogramme beschlossen, deren konjunkturpolitische Erfordernisse auf die Belange des regionalpolitischen Einsatzes der Mittel abgestimmt sind.

Der eindeutig langfristige und koordinative Bezug der Regionalpolitik wurde jedoch erst 1968 durch die sogenannten „Regionalen Aktionsprogramme" hergestellt.

Wirtschaftliche Strukturen können nicht kurzfristig verändert werden. Erst längerfristig geplante und durchgeführte Förderungsmaßnahmen vermögen die erforderlichen Änderungen herbeizuführen. Ein Programm, das sich über mehrere Jahre erstreckt, schafft die Voraussetzungen für eine Berücksichtigung von Prognosen, zur Konkretisie-

Weltwirtschaft, Jahrbuch für Sozialwissenschaft, Bd. 14 (1963), Heft 3, S. 427. Siehe ausführlich *Hoffmann, F.*, Die Entwicklung der Raumordnung und Landesplanung bis zum Bundesraumordnungsgesetz und der Raumordnungsbericht 1966 der Bundesregierung, Hrsg. Gesellschaft für Wohnungsrecht und Wohnungswirtschaft Köln e.V., Köln 1968.

[62] Davon zu unterscheiden ist der „Interministerielle Ausschuß für Raumordnung" (IMARO), der die Schaffung des am 8. 4. 1965 erlassenen Bundesraumordnungsgesetzes vorbereitete; vgl. hierzu *Meyer, K.*, Raumordnungsgesetz des Bundes, in: Handwörterbuch der Raumforschung und Raumordnung, Bd. II, Hannover 1970, Sp. 2485 ff.

[63] Vgl. *Giel, W., Wegge, G.*, Regionale Wirtschaftspolitik in der BRD, in: Handwörterbuch der Raumforschung und Raumordnung, Bd. III, Hannover 1970, Sp. 2640 f.

rung dynamischer Entwicklungskonzepte und zur Einleitung längerfristiger Projekte. Außerdem können derartige Programme der mittel- und längerfristigen Finanzplanung angepaßt und entsprechend den finanziellen Möglichkeiten ausgerichtet werden. Im Vergleich zu den zuvor praktizierten regionalen Förderungsmaßnahmen haben die Regionalen Aktionsprogramme entscheidende Vorteile. Die in den Programmen vorgesehenen Maßnahmen berücksichtigen die Strukturprobleme größerer Raumeinheiten in den sogenannten Bundesfördergebieten[64]. Mittel und Mitteleinsatz unterliegen der Koordinierung durch Bund und Länder und entsprechen der längerfristigen Finanzplanung der Gebietskörperschaften. Die Förderungsmaßnahmen konzentrieren sich auf regionale Schwerpunktorte, deren Entwicklung für das Wirtschaftsgeschehen größerer Einzugsbereiche maßgebend ist[65].

Das Instrumentarium der regionalpolitischen Maßnahmen erhielt 1969 ein weiteres effizientes Mittel durch das Investitionszulagengesetz[66], das im Zonenrandgebiet, im Steinkohlenbergbau des Saarlandes und in weiteren wirtschaftsschwachen Gebieten[67] eine Investitionsbeihilfe von 10 % der Anschaffungs- oder Herstellungskosten für Neuansiedlungen und industrielle Erweiterungen vorsieht und 7,5 % der Kosten für grundlegende Rationalisierungs- und Umstellungsmaßnahmen im Zonenrandgebiet durch die öffentliche Hand übernehmen läßt[68].

Das Gesetz beschränkt sich jedoch nicht nur auf ausgesprochen rückständige Gebiete, sondern bezieht auch derartige Regionen in die Investitionsbeihilfen ein, deren Wirtschaftsentwicklung stagniert bzw. rückläufig ist, so daß ein Absinken unter den Bundesdurchschnitt befürchtet werden muß.

Im Jahre 1970 wurde der entscheidende Schritt zur Koordinierung der regionalpolitischen Aktivitäten der Gebietskörperschaften getan. Im Gesetz über die „Gemeinschaftsaufgabe Verbesserung der regiona-

---

[64] Vgl. zur Konzeption des Regionalen Förderungsprogramms des Bundes: Der Bundesminister für Wirtschaft, Das Regionale Förderungsprogramm der Bundesregierung, Richtlinien für die Verwendung der Bundeshaushaltsmittel, gültig ab 1. Januar 1969, als Manuskript vervielfältigt, Bonn 1969; *Zimmermann*, H., Programmstudie Regionalpolitik, Vorschläge für Grundsatzuntersuchungen, o. O. 1969, S. 11 ff.; vgl. zur Förderung unterentwickelter Gebiete in der BRD auch *Storbeck*, D., Regionale Entwicklungspolitik der Bundesrepublik Deutschland, in: Regionale Entwicklungspolitik in Großbritannien und den Ländern der EWG, Zentralinstitut für Raumplanung an der Universität Münster, Bd. 3, Münster 1967.

[65] Regionale Aktionsprogramme 1970, S. 3 ff.

[66] Investitionszulagengesetz vom 18. 8. 1969, BGBl. I, S. 1211 vom 21. 8. 1969 mit Rückwirkung per 1. 1. 1969.

[67] Derartige wirtschaftsschwache, förderungswürdige Gebietseinheiten können durch Rechtsverordnung festgelegt werden.

[68] Vgl. *Giel*, W., *Wegge*, G., Sp. 2645.

len Wirtschaftsstruktur" wurde die regionalpolitische Kooperation zwischen Bund und Ländern institutionalisiert[69]. Alle Mittel, Maßnahmen, Voraussetzungen und der Umfang der Förderung sowie die Festlegung der zu fördernden Gebiete wurden in einen gemeinsamen langfristigen Rahmenplan unter Abstimmung auf die mehrjährige Finanzplanung eingebracht[70]. Die Finanzierung der Strukturverbesserung erfolgt dabei hälftig durch Bund und Länder.

Die erwähnten Gesetzeswerke brachten für die Bundesrepublik Deutschland den endgültigen Übergang von punktuellen, vorwiegend die Notstandsgebiete betreffenden ad-hoc-Interventionen zu einer langfristig orientierten koordinativen Regionalplanung, die neben der notwendigen Heilung auch die dringend erforderliche Vorbeugung[71] in den regionalpolitischen Maßnahmenkatalog einbezog.

Das regionale Förderungsprogramm der Bundesregierung dient der Wirtschaftsförderung in den Bundesausbaugebieten, im Zonenrandgebiet und in den Bundesausbauorten[72, 73].

Zu Bundesausbaugebieten wurden solche Räume erklärt, in denen bestimmte Indikatoren der regionalen Wirtschaftskraft, wie z. B. die verschiedenen Kategorien des BIP oder des Industriebesatzes, unterhalb eines bestimmten Durchschnitts liegen. Die Maßnahmen des Programms haben vorwiegend Investitionserleichterungen zum Gegenstand. Sie greifen Platz bei gewerblichen Neuansiedlungen und Erweiterungen. Dabei beträgt die Beihilfe im Normfall maximal 15 % der Investitionssumme, in übergeordneten Schwerpunkten der regionalen Aktionsprogramme bis zu 20 %. Beihilfen zu gewerblichen und fremden-

---

[69] BGBl., Teil I, Nr. 108 v. 10. 10. 1969, S. 1861—1863.

[70] *Giel*, W., *Wegge*, G., Sp. 2645.

[71] Das Gesetz über die Gemeinschaftsaufgabe „Verbesserung der regionalen Wirtschaftsstruktur" sieht in § 1 Abs. 2 Nr. 1 Förderungsmaßnahmen für die Gebiete vor, „deren Wirtschaftskraft erheblich unter dem Bundesdurchschnitt liegt oder erheblich darunter abzusinken droht".

[72] Vgl. zu diesen Bundesfördergebieten Regionale Aktionsprogramme 1970, S. 3; vgl. zur Definition der Fördergebiete nach dem Gesetz über die Gemeinschaftsaufgabe „Verbesserung der regionalen Wirtschaftsstruktur" *Thelen*, P., *Lührs*, G., S. 1 ff. Siehe insbesondere die dort interpretierte Unterscheidung von „wirtschaftsschwachen Gebieten" (fast ausschließlich ländliche Problemgebiete) und „strukturell gefährdeten Industriegebieten" (Gebiete, „in denen Wirtschaftszweige vorherrschen, die vom Strukturwandel in einer Weise betroffen oder bedroht sind, daß negative Rückwirkungen auf das Gebiet in erheblichem Umfang eingetreten oder absehbar sind"; siehe Gesetz über die Gemeinschaftsaufgabe „Verbesserung der regionalen Wirtschaftsstruktur", BGBl., Teil I, Nr. 108 vom 10. 10. 1969, S. 1861 ff. § 1 Abs. 2 Nr. 2).

[73] Vgl. zur Einbettung zurückgebliebener Gebiete in die Planungsräume auch *Isbary*, G., Zur Abgrenzung von Problemräumen, in: Berichte zur Landesforschung und Landesplanung 1960, Klagenfurt o. J., S. 78.

verkehrlichen Rationalisierungs- und Umstellungsmaßnahmen können bis zu 10 % der Investitionskosten betragen[74].

Neben den Investitionsbeihilfen sind in dem Programm generelle Maßnahmen zur Erhöhung der regionalen Wirtschaftskraft bis zu 60 % der Kosten vorgesehen. Diese Förderungsmaßnahmen beziehen sich in erster Linie auf die Verbesserung der relativen Standortgunst der Räume. Sie betreffen die Erschließung von Industriegelände, die Verbesserung der verkehrsmäßigen Erschließung sowie Erhöhung der regionalen Wohn- und Freizeitwerte einschließlich Aktivierung des Fremdenverkehrs[75].

Die Förderungsmaßnahmen in den Zonenrandgebieten entsprechen dem Maßnahmenkatalog für die Bundesausbaugebiete. Allerdings sind die prozentualen Beteiligungen der öffentlichen Hand an den Investitionen durchweg höher angesetzt als in den Ausbaugebieten. Weitere Unterstützungsmaßnahmen bestehen in der besonderen Gewährung von Zinszuschüssen, Transportbeihilfen, Sonderabschreibungen sowie in einer Präferenz bei der Vergabe öffentlicher Aufträge[76].

Die Förderung der Bundesausbauorte folgt der Strategie der Schaffung und Begünstigung von Wachstumspolen als Mittelpunkte von Einzugsbereichen, in denen die Effizienz des Arbeitspotentials unzureichend ausgeschöpft ist[77]. Dies ist insbesondere in landwirtschaftlich orientierten Räumen der Fall. Die verkehrsmäßige Erschließung dieser Ausbauorte hat im Hinblick auf ihre Einzugsbereiche so zu erfolgen, daß die kritische Zeitgrenze für die Pendelwanderung nicht über einer Stunde liegt. Ferner müssen die Bundesausbauorte mit einem Minimum an Agglomerationsvorteilen und Infrastruktureinrichtungen ausgestattet sein bzw. werden[78].

B. Derzeitige regionalpolitische Maßnahmen zur Förderung der Problemgebiete Baden-Württembergs

Wie in allen Bundesländern bestand auch in Baden-Württemberg die Regionalpolitik bis zum Jahre 1968 aus einer Vielzahl von Maßnahmen, die nicht einem gemeinsamen, übergeordneten Plan folgten. Eine Beschreibung dieser Einzelmaßnahmen müßte zu breiten Raum

---

[74] Vgl. Regionale Aktionsprogramme 1970, S. 5 f.

[75] Ebenda.

[76] Siehe hierzu *Giel*, W., *Wegge*, G., Sp. 2647 f.

[77] Ebenda, Sp. 2648; vgl. auch *Streit*, M. E., Regionalpolitische Aspekte des Wachstumpolkonzepts, S. 222.

[78] *Giel*, W., *Wegge*, G., Sp. 2648.

einnehmen, zumal der Maßnahmenkatalog sich nur unwesentlich von der Regionalpolitik anderer Bundesländer unterschied. Allerdings war die Notwendigkeit derartiger Eingriffe relativ geringer, da marktwirtschaftliche Kräfte, geographische Lage, Mentalität der Bewohner des Landes, natürliche Besonderheiten und die insgesamt stetige Wirtschaftspolitik der Landesregierungen die Entwicklung der Struktur im Hinblick auf Mischung, Dezentralisierung, Produktivität und Stabilität der Wirtschaftstätigkeit ohne das Entstehen bedrohlicher Differenzierungseffekte förderten. Dennoch bildeten sich im Zeitablauf Regionen heraus, die der durchschnittlichen Landesentwicklung nicht folgen konnten und daher der Förderung bedürfen[79].

In den vom Bundesministerium für Wirtschaft erstmals in den „Vorschlägen zur Intensivierung und Koordinierung der regionalen Strukturpolitik" angeregten Regionalen Aktionsprogrammen sind daher auch Förderungsmaßnahmen für bestimmte unterentwickelte Räume Baden-Württembergs vorgesehen[80].

Es sind dies die Programme Hohenlohe-Odenwald-Gebiet, Alb-Oberschwaben-Bodensee-Gebiet sowie das Programm südlicher Oberrhein-Hochschwarzwald[81]. Außerdem werden einige weitere Gebietseinheiten im Rahmen des Landesförderungsprogramms von Baden-Württemberg unterstützt[82].

Eine detaillierte Behandlung all dieser Fördergebiete und der vorgesehenen Maßnahmekataloge wäre zu umfangreich. Es werden daher nur einige Problemregionen in die Analyse einbezogen, deren Standortvoraussetzungen sich besonders für die Erarbeitung bestimmter regionalpolitischer Empfehlungen eignen, die an den Standortaffinitäten der Industriebereiche orientiert werden.

---

[79] Vgl. *Kunz*, D., Stand und Entwicklung der Integration in Baden-Württemberg — Harmonisierungs- und Ballungstendenzen, in: Informationen, 21. Jg. (1971), Nr. 9, S. 233 ff. Siehe zu den Ballungstendenzen auch *Borcherdt*, C., *Grotz*, R., *Kulinat*, K., Verdichtung als Prozeß, Dargestellt am Beispiel des Raumes Stuttgart, in: Raumforschung und Raumordnung, 29. Jg. (1971), Heft 5, S. 201 ff.; vgl. auch *Geisenberger*, S., *Mälich*, W., Informationstheoretische Messung regionaler Konzentrationserscheinungen, Dargestellt an der BIP-Konzentration in Baden-Württemberg, in: Raumforschung und Raumordnung, 29. Jg. (1971), Heft 1, S. 19 ff.

[80] Regionale Aktionsprogramme 1970, S. 25 ff.

[81] Wirtschaftsministerium Baden-Württemberg (Hrsg.), Regionales Aktionsprogramm für das Gebiet Hohenlohe-Odenwald, o. O. u. J.; Wirtschaftsministerium Baden-Württemberg (Hrsg.), Regionales Aktionsprogramm für das Gebiet Alb-Oberschwaben-Bodensee; Wirtschaftsministerium Baden-Württemberg (Hrsg.), Regionales Aktionsprogramm für das Gebiet südlicher Oberrhein-Hochschwarzwald, o. O. u. J.

[82] Vgl. hierzu den Abschnitt über die Landesausbauorte und Landesförderungsgebiete.

Zu den als Beispiele verwendeten Problemregionen gehören das Gebiet Alb-Oberschwaben-Bodensee sowie die Gebiete der Landesförderungsprogramme.

1. Das Programmgebiet Alb-Oberschwaben-Bodensee

a) Entwicklung und Struktur des Programmgebietes

Zum Fördergebiet Alb-Oberschwaben-Bodensee gehören die Landkreise Münsingen, Saulgau, Sigmaringen, Stockach und Überlingen, die zusammen 3 350 km², das sind ca. 9 % der Landesfläche umfassen[83].

In dieser östlichsten Programmregion Baden-Württembergs ist die Wirtschafts-, Siedlungs- und Verkehrsstruktur stark heterogen. Die schwache Wirtschaftsstruktur zeigt sich in den relativ niedrigen Indikatoren BIP/WiB[84] und Industriebesatz. Besonders niedrig ist das Bruttoinlandsprodukt pro Kopf der Wirtschaftsbevölkerung in den Kreisen Münsingen und Stockach (unter 6 000 DM), zwischen 6 000 und 6 500 DM in den restlichen Kreisen der Region[85]. Der Industriebesatz ist in den Kreisen Münsingen und Stockach mit weniger als 80 Industriebeschäftigten auf 1 000 Einwohner besonders niedrig (1969). In Saulgau und Überlingen liegt er zwischen 100 und 120, in Sigmaringen durchschnittlich zwischen 120 und 140 Industriebeschäftigten pro 1 000 Einwohner[86]. Das niedrige BIP resultiert vorwiegend aus der geringen Beschäftigten- und Kapitalproduktivität der vertretenen Industrie- und Wirtschaftsbereiche. Innerhalb der Industriegruppen liegt das Schwergewicht auf der traditionell verankerten Textil- und Bekleidungsbranche, in der 1968 mehr als 32 % aller Industriebeschäftigten der Region tätig waren, ein branchenspezifischer Industriebesatz, der weit über dem Landesdurchschnitt (13,5 %) liegt[87]. Es folgt die Eisen- und Metallverarbeitung mit ca. 30 % (ohne Maschinenbau), die in den vergangenen Jahren durch die wachstumsintensive Flugzeugindustrie stark intensiviert wurde. Ein weiterer tragender Industriezweig ist die Gruppe der Sägerei, Holzbe- und -verarbeitung, in der ca. 8 % der Industriebeschäftigten Arbeit finden[88]. Die Betriebsgrößenklassen-

---

83 Wirtschaftsministerium Baden-Württemberg, Regionales Aktionsprogramm für das Gebiet Alb-Oberschwaben-Bodensee, S. 9, im folgenden zitiert als Regionales Aktionsprogramm für das Gebiet Alb-Oberschwaben-Bodensee.

84 Bruttoinlandsprodukt pro Kopf der Wirtschaftsbevölkerung. Wirtschaftsbevölkerung = Wohnbevölkerung ± doppelten Pendlersaldo. Regionales Aktionsprogramm für das Gebiet Alb-Oberschwaben-Bodensee, S. III.

85 Ebenda, S. 12.

86 Ebenda, S. 16.

87 Ebenda, S. 15.

88 Ebenda, S. 17.

struktur ist durch die Existenz zahlreicher Klein- und Mittelbetriebe gekennzeichnet, wobei insbesondere die kleinen Betriebseinheiten der dominierenden Textil- und Bekleidungsindustrie die Betriebsgrößenstruktur prägen.

Wesentlichstes Merkmal der Siedlungsstruktur des Raumes ist die überaus dünne Besiedlung. Im gesamten Programmgebiet beträgt die durchschnittliche Bevölkerungsdichte nur 88 Einwohner pro km², ein Drittel des vergleichbaren Landeswertes[89]. Die Siedlungsdichte ist überall dort besonders gering, wo auch das vergleichbare BIP stark unterentwickelt ist. Hier sind insbesondere die Kreise Münsingen und Stockach zu erwähnen (Münsingen 1969 nur 61, Stockach 87 Einwohner pro km²)[90, 91].

Die Erwerbsquote wird im Programmgebiet auf 50 bis 55 % geschätzt[92]. Sie wird bis zum Jahre 1975 voraussichtlich leicht absinken[93], wenn die Wirtschaftskraft des Raumes den Programmvorstellungen entsprechend verbessert werden kann[94]. Ein regionales Ungleichgewicht wird — trotz der dünnen Besiedlung — erzeugt durch die Diskrepanz zwischen Arbeitskräften und Arbeitsplätzen. Das Arbeitsplatzpotential der Programmregion reicht für die Erwerbsbevölkerung nicht aus, was sich in einem negativen Pendlersaldo der Gesamtregion niederschlägt. Trotz der geringen Bevölkerungsdichte der Kreise Münsingen und Stockach weisen gerade diese den stärksten Negativsaldo auf, wodurch die ungünstige Entwicklung des BIP und des Industriebesatzes zusätzlich verstärkt wird[95]. Im Durchschnitt aller Kreise wächst gegenwärtig der Negativsaldo weiter an. Trotz des starken Anwachsens der Industriebeschäftigtenzahl und des Industriebesatzes seit 1954 hat sich der Abstand zum Bundesland vergrößert, da sich im gesamten Baden-Württemberg alle Wirtschaftsbereiche wachstumsintensiver entwickelten als im Programmgebiet[96].

In der Land- und Forstwirtschaft war der Strukturwandel seit Kriegsende im Programmgebiet erheblich. Dieser Wandel zeigt sich

---

[89] Ebenda, S. 9.

[90] Ebenda, tabellarischer Anhang, S. II.

[91] Das höchste Bevölkerungswachstum ist im relativ wirtschaftsstarken Kreis Sigmaringen zu verzeichnen; ebenda, S. 10.

[92] Ebenda, S. 14.

[93] Ebenda, tabellarischer Anhang, S. VI, VII und XI.

[94] Vgl. zu den Zusammenhängen zwischen Bevölkerung, Erwerbsstruktur und Wirtschaftswachstum *Buchholz*, E. W., Sp. 642 ff.; *Schwarz*, K., Bevölkerung, in: Handwörterbuch der Raumforschung und Raumordnung, Bd. I, Hannover 1970, Sp. 229 ff.

[95] Regionales Aktionsprogramm für das Gebiet Alb-Oberschwaben-Bodensee, S. 14.

[96] Ebenda, S. 13.

deutlich im Rückgang der Beschäftigten in der Land- und Forstwirtschaft, in der zunehmenden Bedeutung wachsender landwirtschaftlicher Betriebsgrößen sowie in der Verbesserung der Besitz- und Flurverhältnisse[97]. Die agrarstrukturelle Rahmenplanung Baden-Württembergs rechnet jedoch künftig damit, daß mehr als 40 % der Vollerwerbsbetriebe in der Land- und Forstwirtschaft des Programmgebietes wegen eines unterdurchschnittlichen Arbeitseinkommens auf außeragrarischen Zuerwerb angewiesen sind[98].

Das Programmgebiet ist im Vergleich zum Landesdurchschnitt verkehrsmäßig schlecht erschlossen. Dieser Mangel wird von den Industriebetrieben stark empfunden[99]. Vor allem das System der Bundesstraßen ist in Netzbildung und Qualität unzureichend. Eine leistungsfähige Bundesautobahn fehlt vorab noch, befindet sich jedoch in der Planungs- bzw. Bauphase.

Die räumlichen Besonderheiten des Programmgebiets werden im folgenden im Hinblick auf das Angebot an Standortfaktoren zusammenfassend überprüft[100].

b) Raumwirtschaftliche Besonderheiten des Programmgebietes

Das Gebiet Alb-Oberschwaben-Bodensee ist kein einheitlich rückständiger Raum. Obwohl die Gesamtregion vorwiegend agrarisch strukturiert ist, ließen sich in der Vergangenheit gute Industrialisierungsansätze erkennen. Derartige Tendenzen bestehen vorwiegend im mittleren Teil des Programmgebietes im Raum Sigmaringen, Mengen, Saulgau und Riedlingen sowie im Landkreis Überlingen. Von hier aus können die Aktivitäten in die umliegenden Nachbarräume geleitet werden. Die Entwicklungschancen sind prinzipiell gut, sofern sie durch die öffentliche Förderung entsprechend aktiviert werden.

Arbeitskräftepotential für industrielle Zwecke ist in ausreichender Form vorhanden. Der negative Pendlersaldo zeigt deutlich, daß für zusätzliche Arbeitsplätze in der Region potentielle Industriebeschäftigte existieren. Dieses Potential kann durch eine Abschöpfung des landwirtschaftlichen Überbesatzes erheblich verstärkt werden. Außerdem könn-

---

[97] Ebenda, S. 17.

[98] Ebenda, S. 18; vgl. auch *Brünner*, F., S. 24 ff.

[99] Vgl. Teil III dieser Untersuchung. Bei der Beantwortung der Fragebogen wurde von vielen Betrieben des Programmgebietes in Begleitschreiben besonders auf die ungünstige Verkehrslage hingewiesen.

[100] Die hierbei herauszuarbeitenden Standortqualitäten liefern Ansatzpunkte für die Anwendung einer regionalen Standortpolitik, die neben der Standortwertigkeit auch die industrielle Standortaffinität berücksichtigt. Vgl. Teil IV, C.

ten in Industriebereichen mit niedriger Einkommenselastizität Arbeitskräfte freigesetzt werden, die in Branchen mit höherer Produktivität,
die im Programmgebiet allerdings größtenteils noch angesiedelt werden
müßten, Verwendung finden könnten. Diesem Freisetzungsprozeß unterliegt neben der Nahrungs- und Genußmittelindustrie besonders stark die
Textil- und Bekleidungsindustrie, die im Gebiet Alb-Oberschwaben-
Bodensee mehr als 30 % aller Industriebeschäftigten der Region auf sich
vereinigt.

Die Situation des Ansiedlungsfaktors Industriegelände kann ebenfalls
als befriedigend bezeichnet werden. Außerdem kann ein großer Teil der
unzureichend land- und forstwirtschaftlich bewirtschafteten Fläche zusätzlich in eine industrielle Nutzung überführt werden. Die Qualität
dieses Geländes bedarf jedoch in Hinblick auf den Erschließungsgrad
unbedingt der staatlichen Einflußnahme. Insbesondere die verkehrsmäßige Anbindung muß verbessert werden. Wenn von den im Zentrum
der Programmregion gelegenen Schwerpunktorten Wachstums- und
Strukturimpulse auf den Gesamtraum ausgehen sollen, so dürfen diese
nicht an der unzulänglichen verkehrsmäßigen Erschließung und anderen
Mängeln der raumwirtschaftlichen Infrastruktur scheitern. Ohne die
Katalysatorwirkung des Verkehrs müßten die Wachstumsimpulse
auch künftig punktuell beschränkt bleiben. Die Wohn- und Freizeitwerte sind im Programmgebiet ähnlich gut zu beurteilen wie im gesamten Baden-Württemberg[101]. Dieser Faktor wirkt sich bei entsprechender
regionalpolitischer Förderung sowohl auf die Industrieansiedlung als
auch auf den Fremdenverkehr wachstumsintensivierend aus[102].

c) Entwicklungsmaßnahmen im Rahmen des Regionalen Aktionsprogramms

Im Rahmen des Landesförderungsprogramms gehören Teile des heu-
tigen Programmgebiets bereits seit längerer Zeit zu den förderungsbedürftigen, strukturschwachen Räumen Baden-Württembergs. In diesem Zusammenhang erhielt das Gebiet Meßkirch-Pfullendorf seit 1961
im Werte von ca. 7,8 Mio DM Förderungsgelder. Die Region Münsingen-
Saulgau (einschließlich Landkreis Horb, der nicht zum Programmgebiet
gehört) war seit 1957 mit ca. 53 Mio DM Gegenstand der Landesförde-
rung. Die besonders wirtschaftsschwachen Kreise Stockach und Münsingen sind zudem seit 1969 als Bundesausbaugebiete anerkannt[103].

---

[101] *Schröder*, D., S. 116 ff.
[102] Regionales Aktionsprogramm für das Gebiet Alb-Oberschwaben-Bodensee, S. 19 ff. und 32 ff.
[103] **Ebenda, S. 23.**

Hauptanliegen des Aktionsprogramms ist die Erzielung überdurchschnittlicher Wachstumsraten in den Fördergebieten, um den Wachstumsvorsprung des gesamten Bundeslandes einzuholen. Günstige Ansätze sind hierfür vor allem in den Kreisen Überlingen und Sigmaringen festzustellen[104]. Voraussetzung für eine flächenhafte Wachstumswirkung der geplanten Förderungsmaßnahmen ist eine grundlegende Verbesserung der verkehrsmäßigen Erschließung des Programmgebietes. „Der Bau der Bundesautobahn Stuttgart-Westlicher Bodensee und ihrer Anschlußstrecken wird jedoch die großräumige Verkehrslage, insbesondere im Süden und Westen, in den nächsten Jahren entscheidend verbessern[105]." Gleichzeitig bedarf jedoch auch das Bundes-, Landes- und Kreisstraßennetz umfangreicher Verkehrsinvestitionen. Gerade durch leistungsfähige Zubringer mit guter Raumerschließung kann der Einzugsbereich der BAB vergrößert und damit die Wachstumswirkung verstärkt werden.

Das Regionale Aktionsprogramm für das Gebiet Alb-Oberschwaben-Bodensee legt zunächst Maßnahmen und Mittelbedarf der öffentlichen Förderung für fünf Jahre fest. Eine Programmfortschreibung ist vorgesehen. Zur Erreichung der Entwicklungsziele sind die folgenden Maßnahmen geplant:

(1) Öffentliche Förderung der industriellen Neuansiedlungs- und Erweiterungstätigkeit zum Zwecke der Errichtung zusätzlicher gewerblicher Arbeitsplätze.

Die Erwerbsbevölkerung des Programmgebietes ist zur Pendelwanderung in Nachbarregionen gezwungen, da die eigenen Arbeitsplätze nicht ausreichen. Den Industriebetrieben, die in den Ballungszentren Baden-Württembergs und anderer Bundesländer ihren Arbeitskräftebedarf nicht oder nur schwer decken können, wird ein Anreiz zur Verlagerung in das Programmgebiet geboten. Neben den Auspendlern stehen ihnen dort zahlreiche weitere Möglichkeiten der Arbeitskräfterekrutierung zur Verfügung. Es können sowohl aus den produktivitätsschwachen Industriegruppen als auch aus dem Bereich der übersetzten Landwirtschaft Arbeitskräfte abgezogen und effizienter eingesetzt werden. Entsprechend dem niedrigen Industriebesatz und dem geringen BIP/WiB[106] liegt das Lohnniveau im Programmgebiet unter dem Landes- und Bundesdurchschnitt, so daß auch die Lohnsumme einen Ansiedlungsanreiz für Industrieunternehmen darstellt. In den „Vorschlägen des Bundesministers für Wirtschaft zur Intensivierung und Ko-

---

[104] Ebenda, S. 9 und 23 f.
[105] Ebenda, S. 23 f.
[106] Ebenda, tabellarischer Anhang, S. III, IV und IX.

ordinierung der regionalen Strukturpolitik" wird die Auffassung vertreten, daß der Errichtung eines Arbeitsplatzes im sekundären Sektor zumindest die Etablierung eines Arbeitsplatzes im Tertiärbereich folgt[107]. Die dynamische Entwicklung des Dienstleistungssektors läßt sogar eine noch stärkere Folgewirkung vermuten. Nach den Angaben des Aktionsprogramms müßten im Raum Alb-Oberschwaben-Bodensee bis Ende 1974 von den knapp 12 000 neu zu schaffenden Arbeitsplätzen ca. 50 % im Bereich des warenproduzierenden Gewerbes zur Verfügung gestellt werden[108].

Eine weitere Determinante gibt Anlaß zu günstigen Prognosen für die Entwicklung des Arbeitspotentials im Programmgebiet. Es wird allgemein vermutet, daß sich die Erwerbsquote im Programmgebiet bis 1975 nicht wesentlich verändern wird. Andererseits ist in der gesamten Region ein kräftiger Aufwärtstrend bei der natürlichen Bevölkerungsentwicklung festzustellen[109], so daß für das Jahr 1975 bei einer erwarteten Bevölkerungszunahme von ca. 18 000 Personen die Zunahme der Erwerbstätigen um ca. 8 500 auf insgesamt 148 500 Erwerbspersonen geschätzt wird[110].

(2) Aktivierung der Erschließung von Industriegelände.

Neben dem Arbeitspotential stellt die Nachfrage nach geeignetem Ansiedlungsgelände den wesentlichsten Faktor im unternehmerische Kalkül der industriellen Neuansiedlung und Verlagerung dar[111]. Diesem Umstand wird durch das Aktionsprogramm (wie in allen Regionalen Aktionsprogrammen) dadurch Rechnung getragen, daß ein großer Teil der Förderungsmittel für die Unterstützung der Industriegeländeerschließung eingeplant ist. Die Grundvoraussetzungen sind im Programmgebiet im Hinblick auf das tatsächliche und potentielle Angebot an Industriegelände positiv zu bewerten[112]. Der Erschließungsgrad dieser Flächen bedarf jedoch der staatlichen Einflußnahme. Gerade die industrielle Produktion verlangt erhebliche Versorgungsleistungen, z. B. auf dem Gebiet der Energie- und Wasserversorgung, Müll- und Abwasserbeseitigung sowie der verkehrsmäßigen Anbindung.

---

[107] Ebenda, S. 28 f.

[108] Ebenda, S. 29.

[109] Ebenda, S. 27.

[110] Ebenda, tabellarischer Anhang, S. XI; vgl. zur Gesamtproblematik der Bevölkerungsentwicklung *Schwarz*, K., Bevölkerung, Sp. 229 ff.

[111] Bundesministerium für Arbeit und Sozialordnung (Hrsg.), S. 34 ff.; vgl. ferner Teil III dieser Studie.

[112] Vgl. *Frerich*, J., *Helms*, E., *Kreuter*, H., Tabellenteil zur Vergleichsregion.

(3) Durchführung ergänzender Infrastrukturmaßnahmen.

Die geplanten Investitionen in die raumwirtschaftliche Infrastruktur des Programmgebietes dienen insgesamt ebenfalls der Verbesserung der relativen Standortgunst der Region[113]. An erster Stelle ist hier der Verkehrssektor zu nennen, der für die künftige Entwicklung des Raumes von besonderer Wichtigkeit ist. Die Durchführung des Ausbauplanes für die Bundesfernstraßen wird die großräumige Verkehrserschließung erheblich verbessern.

Neben den Investitionen in den raumwirtschaftlichen Versorgungsapparat (Energie- und Wasserversorgung, Müll- und Abwasserbeseitigung etc.), die direkt der Verbesserung der Standortqualität dienen, sind weitere Investitionen für Infrastruktureinrichtungen vorgesehen, die über eine Verbesserung der Wohn- und Freizeitwerte der Region ebenfalls die relative Standortgunst beeinflussen. Die wachsenden Bedürfnisse der Beschäftigten hinsichtlich der Wohnverhältnisse, der Schul-, Bildungs-, Sport- und Freizeiteinrichtungen wirken sich in zunehmendem Maße auf die Standortentscheidungen der Betriebe aus[114]. Bei steigenden Löhnen und Gehältern, abnehmender Arbeitszeit und wachsendem Freizeitbewußtsein der Beschäftigten wird die Relevanz dieser Faktoren künftig im unternehmerischen Ansiedlungsentscheidungskalkül eher zunehmen denn zurückgehen[115].

(4) Förderung des Fremdenverkehrs.

Das Programmgebiet wurde in der Vergangenheit vorwiegend agrarisch genutzt, obwohl die Region aus der Sicht der Bodenqualität zu den „von Natur benachteiligten landwirtschaftlichen Gebieten" zählt[116]. Andererseits weist das Programmgebiet aufgrund seines Wald- und Seenreichtums, der reizvollen, abwechslungsreichen Landschaft und seiner klimatischen Vorzüge hervorragende Freizeit- und Erholungswerte auf, die gerade eine Förderung des Fremdenverkehrs lohnend erscheinen lassen. Das Aktionsprogramm sieht hierfür die Bereitstellung erheblicher Mittel vor[117].

---

[113] Vgl. zur Erfassung von Infrastrukturqualitäten *Töpfer*, K., Überlegungen zur Quantifizierung qualitativer Standortfaktoren, in: Zur Theorie der allgemeinen und regionalen Planung, Beiträge zur Raumplanung, Bd. 1, Hrsg. Zentralinstitut für Raumplanung an der Universität Münster, Gütersloh 1969, S. 176 f.

[114] Vgl. Regionales Aktionsprogramm für das Gebiet Alb-Oberschwaben-Bodensee, S. 32. Vgl. hierzu auch die Schlußbemerkungen.

[115] Vgl. *Jürgensen*, H., Lohnwert-Wohnwert-Freizeitwert, S. 7 ff.; *Schröder*, D., S. 116 ff.

[116] Regionales Aktionsprogramm für das Gebiet Alb-Oberschwaben-Bodensee, S. 32.

(5) Festlegung von Schwerpunktorten.

Während des Industrialisierungsprozesses, der in vielen Entwicklungsphasen in den westlichen Ländern kaum durch staatliche Einflußnahmen berührt wurde, hat sich das Phänomen immer wieder begünstigter Agglomerationen in den industriellen Kernbereichen herauskristallisiert[118]. Die moderne Regionalpolitik hat gewissermaßen dem „natürlichen" Industrialisierungsprozeß dieses Merkmal abgeschaut und versucht, in der gesteuerten Industrialisierungspolitik diese Vorgänge nachzuahmen[119].

Bei der Auswahl der Schwerpunkte ist insbesondere darauf zu achten, daß die Förderungsmaßnahmen nicht punktuell auf den Schwerpunktort begrenzt bleiben, sondern daß die Möglichkeit besteht, in den Schwerpunktorten induzierte Wachstumswirkungen möglichst weit in die Einzugsbereiche der Schwerpunktorte hineinzukanalisieren[120]. Unabdingbare Voraussetzung für eine Breiten- und Tiefenwirkung ist hier ein leistungsfähiges Verkehrssystem.

Die Wahl der Schwerpunktorte muß die unterschiedliche Struktur des Programmgebietes angemessen berücksichtigen und darauf achten, daß bei der Erzeugung von Pendelströmen die für die einzelnen Pendler kritische Zeit- und Weggrenze nicht überschritten wird[121]. Auch hier vermag das Verkehrssystem Entscheidendes zu leisten. Zu Schwerpunktorten werden generell nur solche Gebietseinheiten ausgewählt, die günstige Entwicklungschancen aufweisen und die in einem Umkreis von 10 bis 20 km über einen Arbeitnehmer-Einzugsbereich von mindestens 20 000 Einwohnern verfügen. Schwerpunktorte des Programmgebietes sind die Städte und Gemeinden Münsingen, Laidingen, Saulgau, Riedlingen, Mengen, Sigmaringen, Stockach, Meßkirch und Pfullendorf[122]. Die Orte sind

---

[117] Ebenda, S. 25, 32 ff. und 40. Vgl. auch *Heiber*, E., Überlegungen zur Fremdenverkehrsplanung aus der Sicht der Regionalplanung in Baden-Württemberg, in: Informationen, 21. Jg. (1971), Nr. 20, S. 535 ff.

[118] Vgl. *Marx*, D., Wachstumsorientierte Regionalpolitik, S. 92 ff.

[119] Siehe hierzu *Müller*, G., Der zentrale Ort und seine Aufgaben, in: Städtebund, Sept. 1966, S. 182 ff.

[120] *Boustedt*, O., Die zentralen Orte und ihre Einzugsbereiche, S. 203 ff.; siehe zur theoretischen Problematik *Berry*, B. J. L. u. a., Central Place Studies, A Bibliography of Theory and Applications, Bibliography Series Number One, Hrsg. Regional Science Research Institute, Philadelphia, Pennsylvania 1965; ders., Recent Developments of Central Place Theory, in: Papers and Proceedings of the Regional Science Association, Vol. IV (1958), S. 107 ff.; vgl. zu den Kriterien der Förderungswürdigkeit von Schwerpunktorten insbes. *Hellberg*, H., Zentrale Orte als Entwicklungsschwerpunkte in ländlichen Gebieten, Kriterien zur Beurteilung ihrer Förderungswürdigkeit, Göttingen 1972.

[121] Regionales Aktionsprogramm für das Gebiet Alb-Oberschwaben-Bodensee, S. 30.

[122] Ebenda.

geographisch so gelegen, daß sie mit ihren Einzugsbereichen den größten Teil der strukturschwachen Gebiete erfassen[123].

(6) Förderung von Umstellungs- und Rationalisierungsmaßnahmen zur Sicherung und Verbesserung vorhandener Arbeitsplätze.

Die im Programmgebiet stark vertretenen Industriebereiche zählen zu einem großen Teil zu den Branchen, die nicht an der Spitze der Skala der branchenspezifischen Arbeits- und Kapitalproduktivitäten liegen (z. B. Textil- und Bekleidungs- sowie Holzindustrie[124]). In diesem industriellen Bereich ist die Sicherung der Arbeitsplätze, insbesondere bei kapitalschwachen, kleinen Betriebsgrößen, zumeist besonders schwierig. Ein Überleben der gefährdeten Betriebe ist vielfach nur möglich, wenn umfangreiche Rationalisierungs- und Umstellungsmaßnahmen durchgeführt werden. Das hierfür erforderliche Kapital steht diesen Betrieben i. d. R. weder aus eigener, noch aus fremder privater Quelle zur Verfügung. Für derartige Fälle sind weitere Mittel in den Aktionsprogrammen vorgesehen, damit die Wettbewerbsfähigkeit der Betriebe erhalten und die Arbeitsplätze gesichert werden können. Gegenwärtig verfügt das Programmgebiet über knapp 30 000 industrielle Arbeitsplätze. Nach Schätzung des Bundesministeriums für Wirtschaft[125] bedürfen davon jährlich 5 bis 10 % der Umstellung, Modernisierung und Rationalisierung. Während der ersten fünf Jahre der Programmplanung werden demzufolge Förderungsmittel der beschriebenen Art für rd. 11 000 Arbeitsplätze erforderlich[126].

2. Landesausbauorte und Landesförderungsgebiete außerhalb der Regionalen Aktionsprogramme[127]

Neben den Regionalen Aktionsprogrammen, die eine gemeinsame Planung des Bundes und der Länder darstellen, verfügen die einzelnen

---

[123] Vgl. *Malchus*, V. v. u. a., Zentrale Orte und ihre Verflechtungsbereiche in Baden-Württemberg, Ergebnisse eines Forschungsauftrages des Innenministeriums Baden-Württemberg, Arbeit aus dem Institut für Agrarwissenschaft der Universität Freiburg, Freiburg 1967; *Schliebe*, K., Zentrale Orte in Baden-Württemberg, in: Informationen, 18. Jg. (1968), Nr. 23, S. 677 ff.; *Kretzmer*, J., Zur Frage des weiteren Ausbaues der zentralen Orte, in: Informationen, 20. Jg. (1970), Nr. 9, S. 285 ff.

[124] Vgl. *Frerich*, J., *Helms*, E., *Kreuter*, H., Tab. 16, S. TV 30.

[125] Vorschläge zur Intensivierung und Koordinierung der regionalen Strukturpolitik, hrsg. von der Pressestelle des Bundeswirtschaftsministeriums am 26. 9. 1968.

[126] Regionales Aktionsprogramm für das Gebiet Alb-Oberschwaben-Bodensee, S. 29.

[127] Vgl. zur folgenden Darstellung der Standortwertigkeit baden-württembergischer Landesausbauorte und Landesförderungsgebiete Wirtschaftsministerium Baden-Württemberg (Hrsg.), Industrieansiedlung, Beilage: Landesausbauorte in Baden-Württemberg, Stuttgart o. J.

Bundesländer in ihren Landesförderungsprogrammen über eine weitere Möglichkeit, die Entwicklung strukturschwacher Räume zu beeinflussen.

Innerhalb dieser Landesförderungsprogramme existiert parallel zu den Bundesausbaugebieten der Regionalen Aktionsprogramme die Institution der Landesausbauorte. Zu diesen gehören in Baden-Württemberg die Ausbauorte Ehingen, Gaildorf (Kreis Backnang), Langenau, Leutkirch (Kreis Wangen), Philippsburg (Kreis Bruchsal), Waldshut-Tiengen und Wolfach.

Die Stadt Ehingen, am Südrand der schwäbischen Alb im Donautal gelegen, ist verkehrsmäßig relativ gut erschlossen. Sie liegt am Kreuzungspunkt der Bundesstraßen 311 Freiburg-Tuttlingen-Ulm und 465 Stuttgart-Reutlingen-Urach-Biberach-Bodensee sowie in unmittelbarer Nähe der Bahnlinie Ulm-Sigmaringen-Freiburg. Es sind ca. 110 ha Industriegelände verfügbar, davon 10 ha erschlossenes Gelände mit vorhandenen oder möglichen Gleisanschlüssen. Ohne Zweifel ist gegenüber den anderen Standortfaktoren das Arbeitskräftepotential Minimumsektor. Die Einwohnerzahl betrug 1969 12 510 Personen, von denen ca. 5 700 erwerbstätig waren. Es bestand ein Einpendlerüberschuß von rd. 300 Personen. In diesem Umstand liegt ein wesentlicher Unterschied zwischen den Landesausbauorten und den Gebieten der Regionalen Aktionsprogramme, in denen in aller Regel ein Auspendlerüberschuß festgestellt wird. In 16 Industriebetrieben, vorwiegend der Textil-, Holz- und Nahrungsmittelindustrie sowie der Feinmechanik werden ca. 2 200 Arbeitnehmer beschäftigt. Die zentralörtlichen Einrichtungen enthalten Schulen, Gymnasien, Berufsschulen auf dem Bildungssektor, Krankenhaus, Altenwohnheim, Kindergarten im sozialen Sektor, zahlreiche Dienstleistungs- und Verwaltungseinrichtungen sowie Frei- und Hallenbäder, Sportanlagen und eine Stadthalle. Die Wohn- und Freizeitwerte sind von insgesamt sehr guter Qualität.

Gaildorf im Kochertal liegt an den Bundesstraßen 19 und 298 sowie an der Bahnlinie Stuttgart—Schwäbisch-Hall. Mit 3 100 Erwerbspersonen ist die Erwerbsquote bei 5 212 Einwohnern besonders hoch (1969). Davon sind über 1 700 in 9 lokalen Industriebetrieben der Branchen Eisen- und Metallverarbeitung, Holzbe- und -verarbeitung sowie im Kunststoffbereich beschäftigt. Der Ort weist einen Einpendlerüberschuß von rd. 800 Personen auf. Es stehen ca. 17 ha teilweise erschlossenen Industriegeländes zur Verfügung. Versorgungseinrichtungen wie Strom- und Wasserversorgung sowie Müll- und Abwasserbeseitigung, zentralörtliche Einrichtungen wie Schulen, Krankenhäuser, Verwaltungs- und Dienstleistungseinrichtungen sind vorhanden. Wohn- und Freizeitwerte werden durch ausreichendes Wohnungsangebot, natürliche Gegebenheiten und kulturelle sowie sportbezogene Einrichtungen (Hallenbad, Sportanlagen) gewährleistet.

Langenau ist die größte Stadt des Landkreises Ulm, am Ostrand der Schwäbischen Alb im Donauried gelegen. Die Stadt liegt im Einzugsbereich der BAB Stuttgart-Ulm-München, der Bundesstraße 19 sowie der Bahnlinie Ulm-Aalen-Würzburg. Weitere Wachstums- und Strukturimpulse werden von der künftigen BAB Würzburg-Ulm-östlicher Bodensee erwartet, deren Linienführung Langenau unmittelbar tangiert. Neben dieser günstigen verkehrsmäßigen Erschließung ist auch der Faktor Arbeitspotential im Vergleich zu anderen Landesausbauorten positiv zu bewerten. Bei 3 600 Erwerbstätigen von insgesamt 8 609 Einwohnern (1969) ist die Erwerbsquote unbedingt steigerungsfähig. Es fehlt an Arbeitsplätzen innerhalb der Grenzen der Gebietseinheit. Diese Tatsache wird durch den Auspendlersaldo von 700 Personen bestätigt (1969). In insgesamt 23 Industriebetrieben sind nur 1 700 industrielle Arbeitnehmer beschäftigt. Die wichtigsten vertretenen Industriebereiche sind die Textil- und Bekleidungsindustrie, Eisen- und Metallverarbeitung sowie ein überdurchschnittlich stark ausgeprägtes Baugewerbe. 10 ha erschlossenes Industriegelände stehen für Neuansiedlungen und Erweiterungen zur Verfügung, weitere 9 ha können unschwer erschlossen werden. Versorgungs- und zentralörtliche Einrichtungen sind ausreichend vorhanden. Wohn- und Freizeitwerte entsprechen dem Landesdurchschnitt, der über dem Bundesniveau liegt.

Die ehemalige freie Reichsstadt Leutkirch im Allgäu wird verkehrsmäßig durch die Bundesstraßen 18 Memmingen-Wangen-Lindau, 465 Biberach-Ulm sowie durch die Bahnverbindung Memmingen-Lindau erschlossen. Bei 9 623 Einwohnern und 4 900 Erwerbspersonen finden nur 2 300 Arbeitskräfte in der Industrie (15 Betriebe) Beschäftigung (1969). Gleichzeitig besteht ein hoher Einpendlersaldo von 1 200 Personen. Diese Faktoren erschweren deutlich die Neuansiedlung von Industriebetrieben, die eine hohe Standortaffinität zum Faktor Arbeitskräftepotential aufweisen. Die bisher relevantesten Industriebereiche sind die Textil-, Holz- und Kunststoffindustrie sowie die Metallverarbeitung. Ein wenig günstiger wird die relative Standortgunst der Stadt durch den Ansiedlungsfaktor Industriegelände beeinflußt. 10 ha stehen in erschlossener Form zur industriellen Ansiedlung bzw. Erweiterung bereit, weitere 19 ha sind zur Erschließung vorgesehen. Dabei besteht überall die Möglichkeit der Schaffung von Gleisanschlüssen.

Die Einrichtungen der kommunalen Infrastruktur entsprechen den Anforderungen moderner Industriebetriebe sowie ihrer Beschäftigten, da Gymnasien, Realschulen, Berufsfach- und Berufsschulen, Sonderschulen, Internat, Krankenhaus, Altersheime, Kindergärten, Freibad und Sportanlagen zur Verfügung stehen.

Die Garnisonstadt Philippsburg im nördlichen Oberrheingebiet liegt direkt an der Bundesstraße 36 Mannheim-Karlsruhe sowie im Einzugsbereich des Autobahnkreuzes Walldorf der BAB Karlsruhe-Mannheim. Die Bahnlinie nach Bruchsal schafft den Anschluß an den Schienenfernverkehr. Ein eigener Güterbahnhof ist vorhanden. Darüber hinaus bestehen Schiffsanlegeplätze in Germersheim und Speyer. Damit besteht für Philippsburg eine sehr gute verkehrsmäßige Anbindung an Nachbarregionen durch Bundesautobahn, Straße, Schiene und Binnenschifffahrt[128]. Günstig ist außerdem das Angebot an Industriegelände mit mehr als 81 ha, von denen 41 ha erschlossen für eine unmittelbare Industrieansiedlung bzw. -erweiterung zur Verfügung stehen. Demgegenüber ist wie bei allen Landesausbauorten mit Ausnahme Langenaus das Angebot an Arbeitskräften unzureichend. Von 5 652 (1969) Einwohnern sind ca. 2 700 erwerbstätig, davon rd. 1 500 in den 11 Industriebetrieben des Ausbauortes, in dem als wichtigste Industrie neben der Gummi- und Asbestverarbeitung die Herstellung von Schmuckwaren hervorzuheben ist. Wie in allen Landesausbauorten sind Versorgungs-, zentralörtliche Einrichtungen befriedigend, die Wohn- und Freizeitwerte als positiver Ansiedlungsanreiz überdurchschnittlich attraktiv.

Die Landesausbauorte Waldshut und Tiengen liegen in unmittelbarer Nähe der Schweizer Grenze. Sie sind Ausgangspunkt der Schwarzwaldhochstraße und verfügen über Straßen- und Bahnverbindungen nach Basel und Konstanz. Die Schnellstraße Basel-Bodensee wird die verkehrsmäßige Erschließung des Gebietes weiter verbessern. Möglichkeiten für den Luftverkehr bestehen in einer Ausnutzung des Flugplatzes Zürich/Kloten, der nur 38 km entfernt ist. Die Einwohnerzahl des gesamten Ausbauortes beträgt ca. 20 000 (1969), wovon rd. 9 000 Erwerbspersonen sind. Nur ein Drittel der Erwerbsbevölkerung findet in den 22 Industriebetrieben des Ortes Beschäftigung. Zudem ist das Gebiet auf Einpendler aus Nachbarregionen angewiesen (Negativsaldo 1 500). Mit der Chemie, Metallverarbeitung und Elektrotechnik sind neben der Tabakverarbeitung hauptsächlich wachstumsintensive und stark produktive Industriezweige vertreten, deren Fertigung kapitalintensiv ist und mit relativ geringer Beschäftigtenzahl auskommt. Im Industriegeländeangebot befinden sich rd. 60 ha, wovon 17 ha bereits erschlossen sind. Gleisanschlüsse für Fertigungsbereiche mit Affinität zur Eisenbahn sind vorgesehen. Versorgungseinrichtungen und zentralörtliche Strukturen sind unterdurchschnittlich gut, ebenso die Wohn- und Freizeitwerte. Hervorzuheben sind die vielfältigen Dienstleistungs- und Verwaltungseinrichtungen mit überörtlicher Bedeutung.

Der Luftkurort Wolfach im Zentrum des mittleren Schwarzwaldes, an der Mündung der Wolfach in die Kinzig gelegen, ist der letzte der

---

[128] Ähnlich wie Langenau empfiehlt sich Philippsburg für eine Ansiedlung solcher Industriebetriebe, die eine erhöhte Standortaffinität zum Faktor verkehrsmäßige Erschließung aufweisen.

baden-württembergischen Landesausbauorte. Er ist durch die Bundesstraße 294 und die Schwarzwaldquerbahn Hausach-Freudenstadt gut
an das Fernstraßen- und Bundesbahnnetz angeschlossen. Außerdem liegt
Wolfach im Einzugsbereich der BAB Karlsruhe-Basel. Die Erwerbsquote liegt mit mehr als 50 % über dem Landesdurchschnitt. Von den
2 400 Erwerbspersonen der gesamten Wohnbevölkerung (4 700) sind ca.
1 100 in der Industrie beschäftigt (1969). Die wichtigsten Industriezweige
sind die Eisen- und Metallverarbeitung sowie die Glasindustrie. Der
überwiegende Teil der Erwerbsbevölkerung ist im Fremdenverkehrs-
sektor beschäftigt, der im Luftkurort Wolfach überragende Bedeutung
hat. Der Einpendlerüberschuß ist mit 400 Personen relativ niedrig. Der
Erschließung von Industriegelände steht der Umstand entgegen, daß der
überwiegende Teil des verfügbaren Geländes bereits dem Fremdenverkehr dient bzw. für derartige Zwecke vorgesehen ist. Dement-
sprechend wird das verfügbare Industriegelände gegenwärtig nur mit
ca. 3,5 ha beziffert. Die Wohn- und Freizeitwerte sowie die versorgungs-
und zentralörtlichen Infrastruktureinrichtungen sind entsprechend der
Orientierung am Fremdenverkehr außerordentlich gut. Hervorzuheben
sind die vorhandenen Schuleinrichtungen sowie das Krankenhaus mit
besonderer Badeabteilung für den Kurbetrieb, eine Spezialklinik und
das Sanatorium. Eine weitere schwerpunktmäßige Ausrichtung des Ortes
am Fremdenverkehr erscheint zwar möglich, jedoch in ausschließlicher
Form nicht empfehlenswert. So plant die Landesregierung die weitere
Ansiedlung umweltfreundlicher Industrien im Landesausbauort Wolfach.

Landesförderungsgebiete (ohne Landesausbauorte) sind die Kreise
Horb a. N., Bühl, Kehl und Lahr. Horb ist zudem Bundesausbauort. Die
Stadt selbst liegt am oberen Neckar zwischen den Ausläufern der westlichen Schwäbischen Alb und dem Schwarzwald. Sie ist verkehrsmäßig
gegenwärtig gut erschlossen durch die Bundesstraße 14 Stuttgart-Tutt-
lingen und ist Eisenbahnknotenpunkt der Fernbahnlinie Stuttgart-
Zürich. Es bestehen Direktverbindungen nach Pforzheim, Freudenstadt
und Tübingen. Eine weitere Verbesserung der Verkehrslage wird durch
den Bau der Autobahn Stuttgart-westlicher Bodensee und den geplanten Neubau der Bundesstraße 28 erwartet. Bei ca. 4 800 Einwohnern hat
Horb mit mehr als 3 200 Erwerbspersonen eine überdurchschnittlich
hohe Erwerbsquote (1969). Davon sind jedoch nur 1 300 in der Industrie
beschäftigt. Die 13 ortsansässigen Industriebetriebe gehören vorwiegend
zur Eisen- und Metallverarbeitung, Elektrotechnik, Holz- und Textilindustrie. Trotz des hohen Beschäftigungsgrades ist Horb auf die Arbeitskräfte von Nachbarregionen angewiesen. Der Einpendlerüberschuß
betrug 1969 ca. 1 300 Personen.

Als außerordentlich günstig muß das Angebot an Industriegelände gewertet werden. Ca. 90 ha stehen erschlossen für eine sofortige industrielle Nutzung zur Verfügung. Weitere 60 ha sind zur Erschließung vorgesehen. Gleisanschlüsse können errichtet werden und so eine Verbindung zu dem vorhandenen Güterbahnhof und Stückgutknotenpunkt herstellen. Wie in den Landesausbauorten sind in Horb die vorhandenen Infrastruktureinrichtungen auf dem Versorgungs- und Ausbildungsgebiet sowie im Dienstleistungs- und Verwaltungsbereich den Erfordernissen moderner Industrieunternehmen angepaßt. Der hohe natürliche Freizeitwert der Region wird durch zahlreiche Kultur- und Sporteinrichtungen sowie gute Wohnwerte ergänzt.

Die zu den Landesförderungsgebieten zählenden Landkreise Bühl, Kehl und Lahr haben sich in den letzten Jahren günstig entwickelt. An der Spitze dieser Entwicklung steht Lahr, dessen BIP pro Kopf der Wirtschaftsbevölkerung bereits 1966 mit mehr als 9 500 DM den Landesdurchschnitt von 8 360 DM übertraf[129]. Dabei lag im Juni 1969 der Industriebesatz mit 140 bis 160 Industriebeschäftigten[130] je 1 000 Einwohner erheblich unter dem der Ballungszentren Rottweil, Balingen, Böblingen und Heidenheim, die einen Industriebesatz von mehr als 250 aufwiesen. Die Landkreise Bühl und Kehl liegen mit ihrem BIP/WiB und Industriebesatz zwar noch unter den Landesdurchschnittswerten[131], haben jedoch ein starkes regionales Wirtschaftswachstum zu verzeichnen. Nicht zuletzt dem großen Angebot an Industriegelände ist es zuzuschreiben, daß sich die Gebietseinheiten so positiv entwickeln konnten. Eine weitere Wachstumsdeterminante bestand ohne Zweifel in der ausgezeichneten verkehrsmäßigen Erschließung der Region, die in allen drei Kreisen westlich vom Oberlauf des Rheines begrenzt wird und die über ein leistungsfähiges Bundesfernstraßennetz mit Anschluß an die BAB Karlsruhe-Basel verfügt. Die Standortvoraussetzungen des Raumes erwiesen sich als sehr attraktiv und führten zu einer Vielzahl von industriellen Ansiedlungen und Erweiterungen, so daß vermutet werden kann, daß auch die Kreise Bühl und Kehl in absehbarer Zukunft dem durchschnittlichen Entwicklungsstand des Bundeslandes entsprechen werden[132].

Ohne Zweifel ist dieses regionale Wirtschaftswachstum zu einem nicht geringen Teil auf die Landesförderungsmaßnahmen zurückzuführen, welche das Entwicklungspotential des Raumes in effizienter Weise zur Entfaltung brachten.

---

[129] Vgl. Regionales Aktionsprogramm für das Gebiet südlicher Oberrhein-Hochschwarzwald, S. 12.

[130] Landesdurchschnitt = 173 (ebenda, S. 15).

[131] Ebenda, S. 12 und 15.

[132] Vgl. *Frerich, J., Helms, E., Kreuter, H.*, S. 224 ff.

Die detaillierte Beschreibung des Entwicklungspotentials der Landesförderungsgebiete, der Landesausbauorte sowie des Aktionsprogramm-
gebietes Alb-Oberschwaben-Bodensee erfolgte unter dem besonderen
Gesichtspunkt der relativen Standortgunst der einzelnen in den För-
derungsprogrammen vorgesehenen Gebietseinheiten. Jeder Ort bietet
andere Standortfaktoren, von denen unterschiedliche Industriegruppen
angesprochen werden. Jeder Industriebereich weist nach dem Ergebnis
der Standortanalyse in Teil II der vorliegenden Studie branchenspezifische Affinitäten zu bestimmten Standortwertigkeiten auf.

Diese Zusammenhänge zwischen Industrien und Standorten können
Orientierungsmaßstab für regionalpolitische Initiativen sein. Jeder Ort
kann entsprechend den Faktoren der ihm eigenen Standortgunst gefördert werden, d. h. aus standortpolitischer Sicht sollten zunächst die
Ansiedlungen der Industriebetriebe gefördert werden, deren Standortaffinität am ehesten der Standortwertigkeit der Fördergebiete entspricht. Wenn eine bloße Informationspolitik nicht zur Ansiedlung der
geeigneten Industriebetriebe führt und die unterdurchschnittliche Entwicklung der Problemregion so nicht verbessert werden kann, müssen
korrigierende Maßnahmen der regionalen Standortlenkungspolitik ein-
geleitet werden.

Im Mittelpunkt des folgenden Abschnitts steht die Erarbeitung von an
Standortaffinitäten orientierten Empfehlungen, die bei einer informierenden und korrigierenden regionalpolitischen Standortlenkung berücksichtigt werden sollten.

C. Empfehlungen für eine affinitätsorientierte
Industriestandortlenkung — dargestellt am Beispiel
baden-württembergischer Fördergebiete

1. Vorbemerkungen zur Beschreibung des regional-
politischen Aktionsraumes der Standortlenkung

Aus dem Überblick über die in der Vergangenheit im europäischen
Raum und in der Bundesrepublik Deutschland getroffenen regionalpolitischen Maßnahmen wird deutlich, daß sich die Instrumente der
Industriestandortlenkung als besonders effiziente Möglichkeiten einer
raumwirtschaftlichen Einflußnahme des Staates erwiesen haben[133].

---

[133] Zu den generellen Instrumenten der Industriestandortlenkung siehe
Klaassen, L. H., Methods of Selecting Industries for Depressed Areas, An
Introduction to Feasibility Studies, in: Developing Job Opportunities, OECD
Publication, Vol. 2, Paris 1967, S. 26 ff. Vgl. auch *Isenberg*, G., Wirtschaftliche
Zusammenhänge zwischen Verdichtungsräumen und entfernten ländlichen
Räumen Baden-Württembergs und Folgerungen für den Ansatz von Indu-

C. Empfehlungen für affinitätsorientierte Standortlenkung

Diese Politik war jedoch in der Regel auf den industriellen Bereich schlechthin ausgerichtet. Die Besonderheiten der Fördergebiete wurden zu wenig unter dem Aspekt ihrer Eignung für die Ansiedlung spezieller Industriebereiche betrachtet. Zwar haben in der BRD zahlreiche Bundesländer im Rahmen der Wirtschaftsförderungspolitik Informationsunterlagen über die Standortbedingungen der Problemgebiete erstellt[134], doch fehlte in der Industrieansiedlungspolitik zumeist der konkrete Bezug zu korrespondierenden Standortaffinitäten zielrelevanter Industriebereiche. Eine detaillierte Kenntnis branchen- und größenklassenspezifischer Standortanforderungen liefert den regionalpolitischen Entscheidungsträgern die erforderlichen Informationen, auf deren Basis die komparativen Vorteile alternativer Standorte erkannt und in Beziehung zu den Industriebereichen gesetzt werden können, für die ein bestimmter Standort besondere Vorteile aufweist und auf die sich daher die Ansiedlungsbemühungen konzentrieren sollten.

Im folgenden wird der Versuch unternommen, die Maßnahmen der Industriestandortlenkung, die an den branchen- und größenklassenspezifischen industriellen Standortaffinitäten orientiert werden können, zu systematisieren und konkrete Empfehlungen zu erarbeiten.

Ansatzpunkt für dieses Vorgehen ist eine Modifizierung der Instrumentensystematik Töpfers, auf deren Grundgehalt bereits bei der Behandlung des marktwirtschaftlichen Instrumentariums der regionalen Wirtschaftspolitik eingegangen wurde[135].

Töpfer gliedert die Elemente seiner Systematik entsprechend der Grundstruktur rationaler Entscheidungen und unterscheidet prinzipiell drei Aktionsfelder einer regionalpolitischen Industriestandortlenkung[136]:

Die Beeinflussung

  (1) der Umwelt,

  (2) des Wertsystems,

  (3) der Entscheidungsmaxime standortsuchender Unternehmen.

---

striebetrieben, Forschungsaufgabe, als Manuskript gedruckt, Teile I, II und III o. O. 1971, Teil IV 1973, hier: Teil IV, S. 48 ff.

[134] Siehe zur systematischen Analyse der Standortqualitäten als Orientierungshilfe für die staatliche Regionalpolitik *Esenwein-Rothe*, I., Über die Möglichkeiten einer Quantifizierung von Standortqualitäten, S. 496 ff.; vgl. als Beispiel für die Sammlung derartiger Informationsunterlagen: Auswahl geeigneter Standorte für Industriebetriebe — Verzeichnis von 134 Städten und ländlichen Gemeinden des Landes Niedersachsen, Hrsg. Niedersächsisches Amt für Landesplanung und Statistik, Hannover, erstmals 1956.

[135] Siehe Teil I, D. der vorliegenden Untersuchung.

[136] *Töpfer*, K., Regionalpolitik und Standortentscheidung, S. 81; vgl. Schema 4: Figuren zur Beschreibung des regionalpolitischen Aktionsraumes der Standortlenkung. Vgl. auch *Gäfgen*, G., Theorie der wirtschaftlichen Entscheidung, Untersuchung zur Logik und ökonomischen Bedeutung des rationalen Handelns, Tübingen 1963, S. 86.

Schema 4

Beschreibung des regionalpolitischen Aktionsraums der Standortlenkung

Figur 1: Regionalpolitischer Aktionsraum zur Standortlenkung

Aktionsfeld I	Aktionsfeld II	Aktionsfeld III
Umwelt	Wertsystem	Entscheidungsmaxime

Figur 2: Reine und gemischte Felder

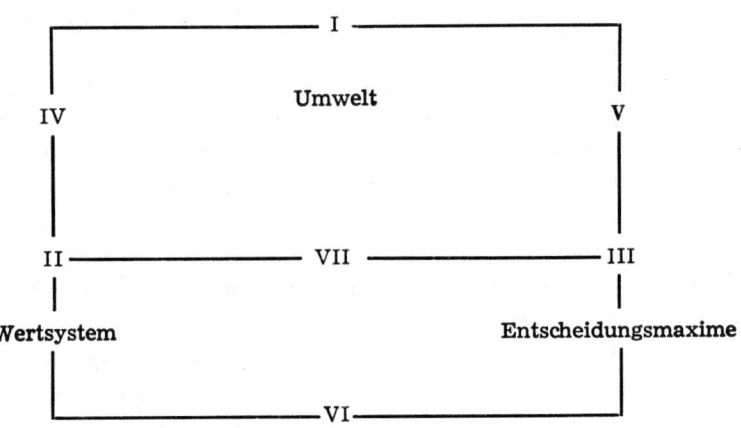

Figur 3: Aktionsfeld : Umwelt

Einwirkungsebene 1	Einwirkungsebene 2	Einwirkungsebene 3
Informationen	Entscheidungsergebnisse	Entscheidungsalternativen

Quellen: Der Verf. auf Basis der Systematik Töpfers. Vgl. *Töpfer,* K., Regionalpolitik und Standortentscheidung, S. 80 ff.

Da jedoch häufig ein Instrument der regionalpolitischen Standortlenkung gleichzeitig mehrere Felder des Aktionsraumes tangiert, wird dieser Raum durch weitere vier gemischte Felder ergänzt[137].

---

[137] *Töpfer,* K., Regionalpolitik und Standortentscheidung, S. 81.

Es ist dies die Beeinflussung

(4) der Umwelt und des Wertsystems,

(5) der Umwelt und der Entscheidungsmaxime,

(6) der Entscheidungsmaxime und des Wertsystems,

(7) aller Elemente.

Auf die Interpretation der Aktionsfelder „Wertsystem" und „Entscheidungsmaxime" sowie die angeführten Kombinationsformen kann hier verzichtet werden[138]. Der Bezug zwischen industrieller Standortaffinitäten und Industriestandortlenkung ergibt sich in erster Linie innerhalb des Aktionsfeldes „Umwelt" und dessen Wirkungsebenen informierender und korrigierender Maßnahmen[139]. Der folgende Abschnitt beschäftigt sich daher mit den Möglichkeiten der affinitätsorientierten Standortlenkung, welche die Umwelt der standortsuchenden Unternehmer beeinflussen und damit die Standortentscheidung in eine bestimmte Richtung lenken sollen. Die Branchen, auf die sich dabei die regionalpolitischen Bemühungen konzentrieren, werden als die zielrelevanten Industriebereiche definiert.

2. Zur Frage der Auswahl zielrelevanter Industriebereiche

Die Problematik der Auswahl zielrelevanter Industriebereiche bedarf zunächst einiger genereller Bemerkungen über die Typen von Industriebereichen, auf die sich die Ansiedlungsbemühungen der regionalpolitischen Entscheidungsinstanzen bevorzugt konzentrieren müssen.

Allgemein interessiert sich die regionalpolitische Industrieansiedlung besonders für Branchen, die gleichzeitig Wachstumsindustrien und arbeitsintensiv resp. arbeitskräfteorientiert sind[140]. Die Vorliebe für wachstumsstarke Industriebereiche ergibt sich aus der Tatsache, daß bei dynamischen Wachstumsindustrien besonders viele Ansiedlungen stattfinden, wodurch auch die Wahrscheinlichkeit für Ansiedlungen in den Problemregionen wächst. Bei stark expandierenden Industrien wird außerdem eine verstärkte Mechanisierung kaum zu einem absoluten Rückgang der Beschäftigung führen, wie dies bei stagnierenden oder schrumpfenden Bereichen der Fall ist.

---

[138] Siehe hierzu ausführlich ebenda, S. 121 ff.

[139] Vgl. Schema 4, Figur 3.

[140] „Prädestiniert für eine Standortwahl in unterentwickelten Gebieten sind Wachstumsindustrien, deren Güter sich einer hohen Einkommenselastizität der Nachfrage erfreuen, oder aber völlig neu in die bereits bestehende Produktionsstruktur eintretende Produktionszweige ..." *Schmidt*, H., S. 16. Siehe insbesondere auch *Voigt*, F., Verkehr, zweiter Band — zweite Hälfte, Berlin 1965, S. 1192 ff.

Arbeitsintensive Branchen sollten bevorzugt werden, weil tendenziell mit wachsender Arbeitsintensität auch die regionalen Beschäftigungswirkungen zunehmen.

Als Beispiel für arbeitsorientierte Wachstumsindustrien galten in den USA 1958 u. a. die Papier- und Druckereiindustrie, die elektronische Industrie, die Industrie der Steine und Erden sowie die feinkeramische und Glasindustrie[141].

Eine weitere Problematik, die bei den generellen Überlegungen zur Auswahl zielrelevanter Industriebereiche relevant wird, ist die Frage, inwieweit „footloose industries" für eine Ansiedlung in Problemgebieten besonders geeignet sind. Ein Industriebereich wird als „footloose" bezeichnet, „if its long run profitability is the same for any location in an economy"[142]. Mit dem tendenziellen Bedeutungsschwund der klassischen Standortfaktoren Transport- und Energiekosten ist der Anteil der im Sinne der traditionellen Standorttheorie standortunabhängigen Industriebereiche an der Gesamtindustrie ständig gewachsen. Es liegt also die Vermutung nahe, daß derartige „footloose industries" relativ unschwer verlagert und zu Ansiedlungen in Problemgebieten angeregt werden können. Dabei ist jedoch zu berücksichtigen, daß auch bei der Standortentscheidung dieser Branchen „localization and urbanization economies"[143] eine Rolle spielen, die in „... entwickelten Regionen mit breiter Branchenpalette bedeutend umfangreicher als in monostrukturierten Problemgebieten"[144] zur Verfügung stehen. Die abnehmende Standortbindung wird daher ohne regionalpolitische Einflußnahme nicht per se zu Standortentscheidungen in den Problemgebieten führen. Die Konzeption der Standortgebundenheit bezieht sich außerdem in erster Linie auf die Transport- und Energiekosten als quantités négligeables, ist jedoch im Hinblick auf die Kosten der Arbeitskraft und des Industriegeländes und deren qualitative Aspekte sowie im Hinblick auf metaökonomische und außerökonomische Standortdeterminanten nur mit aller Vorsicht zu interpretieren.

Für die Auswahl konkreter Industriebereiche zur Förderung von Problemgebieten sind verschiedene Methoden entwickelt worden. Es ist nicht Aufgabe dieser Studie, all diese Verfahren in extenso darzustellen und zu diskutieren. Hier sei auf Klaassen verwiesen, der die „methods of industry-selection" einer ausführlichen Prüfung unter-

---

[141] *Klaassen*, L. H., Methods of Selecting Industries for Depressed Areas, S. 39.

[142] Ebenda, S. 33.

[143] Vgl. *Hoover*, E. M., The Location of Economic Activity, S. 43 ff.

[144] *Schneider*, H. K., Über die Notwendigkeit regionaler Wirtschaftspolitik, S. 13.

zieht[145]. Es sollen jedoch einige Bezugspunkte dieser Methoden zu der Problematik der industriellen Standortaffinität herausgearbeitet werden.

Ausgangspunkt einer jeden Auswahl zielrelevanter Industriebereiche muß die Feststellung sein, welche Industrien unter welchen Standortbedingungen bereits in der Problemregion ansässig sind. Dieser erste Schritt dient nicht nur der Lösung der Frage, für welche industriellen Ansiedlungen die Region kraft ihrer gegenwärtigen Beschaffenheit geeignet erscheint, sondern auch der Feststellung, welche Zuliefer- und Absatzbeziehungen potentiell neu anzusiedelnden Industrien zunächst zur Verfügung stehen[146].

Eine wesentliche Voraussetzung für eine erfolgreiche Anwendung der Auswahlmethoden ist die detaillierte Kenntnis der branchen- und größenklassenspezifischen Standortaffinitäten aller Industriebereiche, die für die Auswahl in Frage kommen. "The region would then need to compare its own structure with the requirements of the different industries, adjust this structure where possible and necessary and then take action to attract the most appropriate industries[147]." Diese prägnante Formulierung Klaassens umfaßt sowohl die Konzeption einer informierenden als auch einer korrigierenden Standortpolitik, die auf den Standortaffinitäten basiert. Klaassen weist die Aufgabe der Ermittlung industrieller Standortaffinitäten in einem föderalistischen System der regionalpolitischen Zentralinstanz zu[148].

Die Methode der check-lists stellt ein vergleichsweise wenig kompliziertes Verfahren der Förderung von Problemgebieten dar. Hierin ist insofern eine passive Methode der Standortpolitik zu erblicken, als die regionalen Entscheidungsinstanzen lediglich Kataloge über die Standortvoraussetzungen der Fördergebiete erstellen und publizieren[149]. Eine

---

145 Klaassen untersucht die folgenden Methoden:
(1) Check-list approach
(2) Experts' visit approach
(3) Local forecast approach
(4) Comparative cost approach
(5) Perloff-Access Method
(6) Method of weigthed inter-industry relations.
Vgl. *Klaassen*, L. H., Methods of Selecting Industries for Depressed Areas, S. 44 ff.

146 Vgl. *Brösse*, U., Regionalpolitische Konsequenzen aus einer Standortuntersuchung über die Zulieferindustrie, in: Informationen, 21. Jg. (1971), Nr. 7, S. 177 ff.

147 *Klaassen*, L. H., Methods of Selecting Industries for Depressed Areas, S. 44.

148 Ebenda.

149 Vgl. hierzu ausführlich den Abschnitt über die informierende Standortpolitik.

weitere Einflußnahme auf die Entscheidung standortsuchender Unternehmen sieht der check-list approach nicht vor.

Die Methode des experts' visit approach hat vorwiegend in den USA Bedeutung und dort zu einigen Erfolgen geführt. Das Verfahren beinhaltet nichts anderes als ein Symposium von Raumwirtschaftsexperten der Problemregion, der zuständigen regionalen Entscheidungsinstanz und außerregionalen Fachleuten, die die standortsuchenden Industriebereiche repräsentieren. Gemeinsam werden Empfehlungen für die Auswahl der Industrien erarbeitet, auf die sich die regionalpolitischen Ansiedlungsbemühungen konzentrieren sollen[150]. Der experts' visit approach stellt eine typisch fallspezifische Lösung des Problems ohne allgemeingültige Orientierungsrichtlinien für die Regionalpolitik dar.

Ein weiteres Auswahlverfahren, der local forecast-approach, basiert auf Methoden der Regionalprognose[151]. In der Vergangenheit wurden zumeist einfache Trendextrapolationen industrieller Aktivitäten vorgenommen, in die Daten über die relevanten Nachfrageelastizitäten, die Arbeitsproduktivität, die Expansionspläne bestehender Unternehmen u. a. eingingen. Erwies sich die Prognose für die in der Problemregion vertretenen Industriebereiche als günstig, so hoffte man über eine Publizierung der Prognose standortsuchende Unternehmer dieser Branchen zur Ansiedlung im Fördergebiet anregen zu können. Die Prognoseverfahren sind in jüngerer Zeit entscheidend verbessert worden[152]. Damit stieg auch der Informationswert der Prognosen für standortsuchende Industriebereiche. Allerdings beziehen sich die local forecasts nach wie vor ausschließlich auf die interindustriellen Beziehungen der Branchen, die in der Prognoseregion bereits vertreten sind. Hierin ist ein entscheidender Mangel des „local forecast approach" zu erblicken[153].

Die Methode des „comparative cost approach"[154] erfaßt die komparativen Kosten, die sich für die Produktion bestimmter Industriebereiche an alternativen Standorten ergeben. Ein umfassender Kostenvergleich

---

[150] *Klaassen*, L. H., Methods of Selecting Industries for Depressed Areas, S. 48.

[151] Vgl. zu den Methoden der Regionalprognose *Dietrichs*, B., Regionalprognose, in: Handwörterbuch der Raumforschung und Raumordnung, Bd. III, Hannover 1970, Sp. 2683 ff.

[152] Vgl. *Klaassen*, L. H., Area Economic and Social Redevelopment, in: Developing Job Opportunities, OECD Publication, Vol. 1, Paris 1965, bes. S. 43 ff.; *Schröder*, D., S. 127 ff.; Deutscher Bundestag (Hrsg.), Raumordnungsbericht 1968 der Bundesregierung, BT-Drucksache V/3958, S. 26 ff.; ders., Raumordnungsbericht 1970 der Bundesregierung, BT-Drucksache VI/1340, S. 18 ff.

[153] *Klaassen*, L. H., Methods of Selecting Industries for Depressed Areas, S. 50.

[154] Siehe *Isard*, W., Methods of Regional Analysis, S. 233 ff.; vgl. auch *Klemmer*, P., Die komparative Kostenanalyse, S. 459 ff.

für alle Industriebereiche und alle Regionen wird den standortsuchenden Unternehmen unterbreitet, die aufgrund dieses Informationsmaterials ihre Entscheidung treffen sollen. Grundsätzlich liefert das Verfahren wertvolle Hinweise für einige Branchen des Basissektors, insbesondere für solche mit hoher Transportkostenempfindlichkeit[155]. Weniger informativ ist das Verfahren für den großen Bereich der „footloose industries" und für alle Branchen, bei deren Standortentscheidung sekundäre Ansiedlungsdeterminanten relevant sind, die nur sehr schwer durch Kostenkategorien erfaßt werden können. Prinzipiell muß daher dem „comparative cost approach" mit den gleichen Vorbehalten begegnet werden, die für die Aussagefähigkeit makroökonomischer Standorttheorien gelten, die eine optimale industrielle Verteilung ausschließlich auf Basis der Transportkosten oder anderer isolierter Einflußgrößen zu erzielen bemüht sind[156].

Die „Perloff-Access Method"[157] basiert auf einer schematischen Darstellung verschiedener Typen von Regionen und soll unterschiedliche regionale Wachstumschancen zum Ausdruck bringen. Determinanten dieser regionalen Wachstumspotentiale sind dabei „... terms of costs and markets, of input-output access, with regard to the requirements of specific industries and for all economic activities taken together..."[158].

Um die branchenspezifischen Standortanforderungen noch besser berücksichtigen zu können, empfiehlt Klaassen die Erstellung entsprechender Schemata der Regionalstruktur jeweils unter besonderer Berücksichtigung eines bestimmten in der Region vertretenen Industriebereichs. "The table would then contain information about the size of relevant local and regional inputs and markets, for the industry in question[159]."

Dieses Verfahren ist ein erster Schritt in Richtung auf eine simultane Berücksichtigung der regionalen Standortwertigkeit und der industriellen Standortaffinität[160]. Nicht berücksichtigt werden jedoch interindustrielle Absatz- und Beschaffungsrelationen. Das Gewicht, das die einzelnen Branchen diesen Beziehungen beimessen, entscheidet ebenfalls über die Vorteilhaftigkeit eines bestimmten Standorts. Für die Bestimmung dieses Gewichts ist die ökonomische Distanz zu den Quell-

---

[155] Vgl. zu diesen Industriebereichen *Schröder, D.*, S. 137 ff.

[156] Siehe hierzu *Klaassen, L. H.*, Methods of Selecting Industries for Depressed Areas, S. 51 f. sowie Teil II, B. dieser Studie.

[157] *Perloff, H. S. u. a.*, How a region grows, Committe for Economic Development, March 1963, S. 31 ff., zit. nach *Klaassen, L. H.*, Methods of Selecting Industries for Depressed Areas, S. 52.

[158] Ebenda.

[159] *Klaassen, L. H.*, Methods of Selecting Industries for Depressed Areas, S. 54.

[160] Vgl. hierzu die sogenannte „Angebots-Nachfrage-Konzeption". *Töpfer, K.*, Regionalpolitik und Standortentscheidung, S. 94.

bzw. Zielorten der Input- und Output-Ströme entscheidend. Es wäre jedoch zu einfach, die Gewichtung allein auf Basis der Transportkosten vornehmen zu wollen. Tatsächlich spielen diese eine entscheidende Rolle bei einem homogenen, einfach strukturierten, massenhaften Gut wie Eisenerz oder Rohöl. Andere Einflußgrößen gewinnen jedoch an Bedeutung, wenn ein Gut differenzierterer Natur ist. Die reinen Transportkosten stellen dann nur einen Teil der allgemeinen Kosten der Kommunikation dar, die notwendigerweise aus den vielschichtigen interindustriellen Beschaffungs- und Absatzbeziehungen erwachsen. Die zunehmende Bedeutung direkter, schneller und häufiger Kontakte zu Lieferanten und Kunden, Einzelhändlern und Großhändlern, Banken und Dienstleistungsbetrieben läßt häufig die physischen Transportkosten als Teil der gesamten Kommunikationskosten in den Hintergrund treten[161]. So kann eine Branche zwar im Hinblick auf die Transport- und Energiekosten zu den „footloose industries" zählen, durch die Relevanz der allgemeinen Kommunikation jedoch in einer engen Beziehung zu anderen Industriebereichen stehen und insofern standortgebunden sein. Diese interindustriellen Interdependenzen und ihre Bedeutung für die Standortwahl versucht Klaassen durch die Methode der „weighted inter-industry relation" mit Hilfe einer besonderen Gewichtung zu erfassen und bei der Auswahl industrieller Bereiche zur Förderung von Problemgebieten zu berücksichtigen[162].

Die wichtigsten Gesichtspunkte, die sich aus der Studie Klaassens für die Problematik des vorliegenden Abschnitts dieser Untersuchung ergeben, lassen sich wie folgt zusammenfassen:

Die Ansiedlung von arbeitsorientierten Wachstumsindustrien in Problemgebieten ist in besonderem Maße geeignet, Ungleichgewichte in der Einkommensverteilung abzumildern. Jedoch können auch von Industrien, die entweder wachstumsintensiv oder arbeitsorientiert sind, wertvolle Einkommens- bzw. Beschäftigungswirkungen ausgehen. Ausgangspunkt einer jeden Industrieansiedlungspolitik muß eine genaue Kenntnis sowohl der Standortqualitäten der Problemregion als auch der Standortanforderungen der in Frage kommenden Industriebereiche sein. Ansiedlungen werden sich dann für die Problemregion als besonders fruchtbringend erweisen, wenn bei der Standortentscheidung zueinander „passende" Wertigkeiten und Affinitäten kombiniert werden können. Daher ist die Erarbeitung aussagefähiger check-lists der Angebots- und Nachfrageseite außerordentlich wichtig. Die Standortentscheidung bzw. ihre Beeinflussung kann für die Industrien und regionalpolitischen Entscheidungsinstanzen erleichtert werden, wenn die Er-

---

[161] *Klaassen*, L. H., Methods of Selecting Industries for Depressed Areas, S. 58.

[162] Ebenda, S. 59, mathematischer Anhang 2, S. 116 ff.

gebnisse zuverlässiger Verfahren der Regionalprognose nach Branchen differenziert vorliegen. Sowohl aus den check-lists als auch aus den Prognosedaten kann ermittelt werden, ob die Industrieansiedlungspolitik vorwiegend informierende oder korrigierende Maßnahmen ergreifen sollte. Mit diesen unterschiedlichen Einwirkungsebenen der Standortlenkung und ihren Instrumenten sowie mit den besonderen Erfordernissen konkreter raumwirtschaftlicher Problemsituationen baden-württembergischer Fördergebiete beschäftigt sich der folgende Abschnitt.

3. Die Wirkungsebenen einer affinitätsorientierten Standortlenkung

a) Informierende Standortpolitik

Die Wirkungsebene der Information greift gewissermaßen im Entscheidungsvorfeld des standortsuchenden Unternehmens an. In der ökonomischen Realität weichen die Standortentscheidungen der Unternehmen häufig erheblich von den regionalpolitischen Zielvorstellungen ab. Eine informierende Standortlenkung — der Begriff „Lenkung" soll hier allgemein im Sinne einer Beeinflussung der Standortentscheidung, nicht im Sinne eines Standortdirigismus verstanden werden — kann das Informationsniveau der standortsuchenden Unternehmen qualitativ und quantitativ verbessern und in die regionalpolitisch wünschenswerte Richtung lenken.

Diese informierende Politik bedarf, soll sie effizient sein, auf Seiten der regionalpolitischen Entscheidungsinstanzen einer Verbesserung des bestehenden Informationsapparates, einer Steigerung der Aufnahmefähigkeit und Flexibilität der Informationskanäle sowie einer möglichst umfassenden Kenntnis der branchen- und größenklassenspezifischen Standortaffinitäten der Industriebereiche einerseits und der Standortwertigkeiten der Fördergebiete andererseits[163].

Der Verbesserung des Informationsniveaus der regionalpolitischen Entscheidungsträger dienen die nachfrageorientierten Standort-Kataloge, die die Standortaffinitäten der Industriebereiche ausweisen[164]. Vorwiegend zur Information der standortsuchenden Unternehmer wurde die Einrichtung der angebotsorientierten Standortkataloge konzipiert, die die Standortwertigkeiten alternativer Ansiedlungsorte enthalten[165].

---

[163] *Töpfer*, K., Regionalpolitik und Standortentscheidung, S. 85 ff.

[164] Vgl. *Carol*, H., Aufstellung eines Industriezonenplanes über das Gebiet des Kantons Zürich. Siehe auch *Schilling*, H., S. 22 ff.

[165] *Esenwein-Rothe*, I., Über die Möglichkeiten einer Quantifizierung von Standortqualitäten, S. 492 ff. *Töpfer*, K., Überlegungen zur Quantifizierung qualitativer Standortfaktoren, S. 178 ff. Eine grundlegende Vorarbeit auf dem Gebiet der Erfassung von Standortwertigkeiten wurde in den USA ge-

Es wäre jedoch falsch, das Konzept des „Standortporträts" als ausschließlich relevant für die Information der Industriebereiche, das der „Standortaffinität" als ausschließlich relevant für die Regionalpolitik anzusehen[166]. Beide Konzepte berühren die Informationsgewinnung sowohl der standortsuchenden Unternehmen als auch der standortvermittelnden Träger der Regionalpolitik[167].

Hauptaufgabe dieses IV. Teils der Untersuchung ist es, Empfehlungen zu unterbreiten, die den nachfrageorientierten Standortkatalog des III. Teils in den Dienst der Regionalpolitik stellen. Die Erarbeitung eines eigenen angebotsorientierten Katalogs mit detaillierten Quantifizierungen von Standortqualitäten ist nicht Ziel der vorliegenden Studie. Die Verwendung von Katalogen der Standortwertigkeit wird in der Bundesrepublik bereits regionalpolitisch praktiziert. In Baden-Württemberg geschah dies durch die Aufstellung einer Industriekartei auf Basis von Fragebögen für Gemeinden und Betriebe[168]. Auch die Beschreibung der Programmgebiete in den Regionalen Aktionsprogrammen, die im Mittelpunkt des Abschnitts B dieses IV. Teils der Untersuchung stand, ist nichts anderes als eine verbale Formulierung der Standortwertigkeiten der Fördergebiete.

Wenn im folgenden versucht wird, eine Verbindung zwischen den Standortbedingungen bestimmter Fördergebiete und den in Teil III erarbeiteten Standortaffinitäten herzustellen, so ist dies in der Wirkungsebene der Information eine Anwendung des sog. „Angebots-Nachfrage-Konzepts"[169], welches dem Standortporträt des zu fördernden Problemgebiets ein korrespondierendes Standortaffinitätenprofil bestimmter Industriebereiche gegenüberstellt[170]. Es würde den Rahmen

leistet; vgl. US Department of Commerce, Community Industrial Development Kit, 1954, teilweise übernommen in die Veröffentlichungen des „Deutschen Verbandes für Wohnungswesen, Städtebau und Raumplaung e.V. Köln", Schriften Nr. 8, Industrie aufs Land (1953); Nr. 27, Raumordnung und Wirtschaftspolitik (1957); Nr. 28, Standortberatung in der Bundesrepublik (1958); Nr. 35, Standortwahl und Industrieförderung (1958).

[166] Anderer Auffassung ist Töpfer, der einen derartigen einseitigen Bezug feststellt, Töpfer, K., Regionalpolitik und Standortentscheidung, S. 91.

[167] Esenwein-Rothe, I., Über die Möglichkeiten einer Quantifizierung von Standortqualitäten, S. 496 ff.

[168] Siehe Töpfer, K., Regionalpolitik und Standortentscheidung, S. 92, Fußnote 282. Es existiert jedoch in der BRD noch kein einheitliches Bewertungssystem für die Quantifizierung von Standortqualitäten.

[169] Schneider, H. K., Über einige Probleme und Methoden regionaler Analyse und Prognose, S. 103 ff.

[170] Nachgerade ideale Voraussetzungen bestünden für die Anwendung der Angebots-Nachfrage-Konzeption, wenn ein Quantifizierungsverfahren durch Übereinkunft festgelegt werden könnte, das als Basis sowohl der angebots- als auch der nachfrageorientierten Standortkataloge verwendet werden könnte. Es existieren zahlreiche Quantifizierungsansätze, vorwiegend auf der Angebotsseite, jedoch noch keine derartigen Konventionen; vgl. hierzu Töpfer, K., Regionalpolitik und Standortentscheidung, S. 94.

dieser Untersuchung weit überschreiten, wenn für alle Fördergebiete Baden-Württembergs eine derartige Angebots-Nachfrage-Konzeption entwickelt werden sollte. Die Empfehlungen für die Regionalpolitik sollen daher aus dem Beispiel einzelner Fördergebiete abgeleitet werden[171]. Dabei bleibt die Wirkungsebene der Standortlenkung zunächst auf die informierende Intervention beschränkt.

Als Beispiel für diese Ebene wird der Ausbauort Ehingen des Landesförderungsprogramms von Baden-Württemberg untersucht.

Die Stadt Ehingen am Südrand der Schwäbischen Alb verfügt über ein quantitativ nur sehr geringes Angebot an Arbeitskräften. Es ist dies wohl die relativ schwächste Dimension ihrer Standortwertigkeit. Demgegenüber ist das Angebot an Industriegelände vergleichsweise groß. Ebenfalls gut ist die verkehrsmäßige Erschließung des Standortes. Die übrigen Qualitäten des Ausbauortes sind als durchschnittlich zu bewerten. Ein Industriebereich, dessen Anforderungen an die quantitative und qualitative Ausgestaltung des Arbeitspotentials eines Standortes innerhalb der Skala der Ansiedlungsdeterminanten nur unwesentlich ins Gewicht fallen, der jedoch hohe Ansprüche an das Industriegelände und die verkehrsmäßige Erschließung stellt, ist die Nahrungs- und Genußmittelindustrie. Mit 9,2 % liegt die Standortdeterminante „Arbeitskräfte" bei dieser Branche im Zeitabschnitt von 1955 bis 1971 besonders niedrig. Ein Vergleich der verschiedenen Zeitabschnitte zeigt, daß die Bedeutung dieses Faktors im Zeitablauf sinkende Tendenz aufweist (1955—1959 13 %, 1960—1971 8,2 %). Die Anforderungen an das Angebot an Industriegelände liegen mit 23 % bei Standortdeterminante b und 16,5 % bei g überdurchschnittlich hoch. Auch die Affinität zur verkehrsmäßigen Erschließung weist mit 18,2 % einen hohen Wert auf[172]. Die übrigen Ebenen der Standortwertigkeit der Nahrungs- und Genußmittelindustrie zeigen ebenso wie die korrespondierenden Dimen-

---

[171] Dabei bleibt aus den angeführten Gründen die Darstellung der Standortqualitäten von Fördergebieten eine verbale Abwägung der Standortvorteile und -nachteile, etwa im Sinne einer Rangfolgenklassifizierung mit den Prädikaten „sehr gute Voraussetzungen", „gute Voraussetzungen", „ausreichende Voraussetzungen" und „unzureichende Voraussetzungen" für die einzelnen Ebenen der Standortwertigkeit. Ein derartiges Vorgehen erscheint gerechtfertigt, zumal auf seiten der Standortaffinitätenkataloge vielfach mit Erfolg derartige Klassifizierungen vorgenommen wurden. Carol differenziert nach den Anforderungen „sehr wichtig", „wichtig", „unwichtig" oder „Haupterfordernis". Vgl. *Carol*, H., Aufstellung eines Industriezonenplanes über das Gebiet des Kantons Zürich. Auch das amerikanische Schema des Community Industrial Development Kit operiert mit den Kategorien „äußerst wichtig" und „von allgemeiner Bedeutung". Vgl. hierzu *Esenwein-Rothe*, I., Über die Möglichkeiten einer Quantifizierung von Standortqualitäten, Übersicht 1: Standortkatalog für 13 wichtige Standortfaktoren nach dem Schema Community Industrial Development Kit des US Department of Commerce, S. 501.

[172] Vgl. Tabellen 121 ff.

sionen der Standortwertigkeit des Ausbauortes keine weiteren Besonderheiten. Die Vermutung, daß aufgrund der herausgearbeiteten Entsprechungen die Nahrungs- und Genußmittelindustrie für eine Ansiedlung im Raume Ehingen besonders geeignet sein könnte, wird durch den Umstand bestärkt, daß sich einige Betriebe der Nahrungsmittelindustrie in diesem Gebiet gut entwickeln konnten und voraussichtlich in dieser Region auch weiterhin gute Wachstumschancen aufweisen. Eine affinitätsorientierte standortlenkende Informationspolitik bestünde nun darin, standortsuchenden Unternehmen dieser Branche die Vorzüge einer Ansiedlung im Ausbauort Ehingen zu unterbreiten. Das regionalpolitische Gestaltungsziel der Adäquanz räumlicher Wirkungsfaktoren kann im Falle Ehingens als einer mittelgroßen Stadt durch eine besondere Berücksichtigung weniger großer Industriebetriebe der zielrelevanten Branche in die informierende Standortpolitik einbezogen werden[173].

Da es sich bei einem Landesausbauort wie Ehingen um eine Subregion handelt, kann im speziellen Falle eines derartigen Standortes das Gestaltungsziel der optimalen räumlichen Verteilung der Aktivitäten unberücksichtigt bleiben. Dieses Gestaltungsziel bedarf der Beachtung eher bei größeren Raumeinheiten, wie sie beispielsweise die Fördergebiete der Regionalen Aktionsprogramme darstellen. Ähnliches gilt für die Verwirklichung der Gestaltungsziele der qualitativen Harmonie sowie für die Erzielung von Produktivität und Stabilität in der Raumnutzung. Diese Ziele haben vorwiegend Geltung für die großräumigere Betrachtung. Im Falle eines räumlich relativ begrenzten Fördergebietes können branchenspezifische und räumliche Produktionsspezialisierung in Kauf genommen werden[174], sofern sie der Steigerung der subregionalen Produktivkraft des Raumes, der Beseitigung regionaler Einkommens- und Wohlstandsunterschiede und damit der Erzielung eines Gleichgewichts zwischen wirtschaftsstarken und unterentwickelten Räumen dienen[175].

Während bei den meisten Landesausbauorten Baden-Württembergs das Angebot an Arbeitskräften unzureichend ist, besteht im Falle der Stadt Langenau ein Arbeitskräfteüberschuß. Hier muß die Regionalplanung vorrangig um die Schaffung neuer Arbeitsplätze bemüht sein. Auch im Bereich anderer Qualitäten der Standortwertigkeit weist Langenau günstige Voraussetzungen für die Industrieansiedlung auf. Verkehrsmäßige Erschließung und Angebot von Industriegelände sind positiv zu bewerten.

---

[173] Siehe Tabellen 197 ff.

[174] Siehe hierzu *Hatau*, H., Produktivitätsorientierte Industrieansiedlung in der Stadt- und Regionalplanung — dargestellt am Beispiel des Unterweserraumes, Göttingen 1972.

[175] Vgl. *Isenberg*, G., Regionale Wohlstandsunterschiede, Finanzausgleich und Raumordnung, S. 64 ff.; *Egner*, E., Die Industrialisierung ländlicher Gebiete, in: Jahrbuch für Nationalökonomie und Statistik, Bd. 169/1, 1958, S. 43 ff.

Der Industriebereich, der durch dieses Angebot an Standortfaktoren besonders angesprochen wird, ist die Textil- und Bekleidungsindustrie. Mit 22,8 % fällt bei dieser Branche die Standortdeterminante „Arbeitskräfte" innerhalb der Skala aller Ansiedlungsfaktoren am stärksten ins Gewicht. Die empirische Untersuchung ergab weiter eine überaus starke Affinität zu den Faktoren „Industriegelände" (21,7) und der „Übernahme vorhandener Produktionsstätten" (18,9)[176]. Die Textil- und Bekleidungsindustrie zählt zu der von Schröder entwickelten Kategorie der „standortunabhängigen Industrien", bei denen die Summe der Kosten für Transport, Brennstoffe, Strom und Wasser weniger als 5 % des Bruttoproduktionswertes beträgt[177]. Die eigenen Erhebungen bestätigen bei einem Bedeutunganteil der Rohstoff- und Energiequellen von nur 2,3 %[178] die Untersuchungen Schröders. Die Textil- und Bekleidungsindustrie zählt also zu den Branchen, die vergleichsweise unschwer in Fördergebieten angesiedelt werden können, die die branchenspezifischen Anforderungen an die Hauptdeterminanten der Standortwahl dieses Industriebereichs zu befriedigen in der Lage sind. Diesen Affinitäten entspricht der Ansiedlungsort Langenau, ohne daß zunächst korrigierende Maßnahmen der Standortpolitik erforderlich wären.

Während die Nahrungs- und Genußmittelindustrie speziell im Bereich der Artikel für den gehobenen Bedarf als wachsender Industriebereich angesehen werden kann, müssen die Entwicklungschancen der Textil- und Bekleidungsindustrie als insgesamt weniger positiv angesehen werden. Daher muß in dieser Branche mit einer verstärkten Substitution der Arbeitskraft durch Kapital gerechnet werden[179]. Es besteht also die Gefahr, daß bei erfolgreicher Ansiedlung der Textil- und Bekleidungsindustrie im Raume Langenau zunächst gebundene Arbeitskräfte durch den Mechanisierungszwang wieder freigesetzt werden. Die Ansiedlungsbemühungen der regionalpolitischen Entscheidungsinstanzen sollten sich daher zusätzlich auf einen Industriebereich konzentrieren, der wachstumsindustrie- und arbeitskraftorientiert zugleich ist, so daß bei Expansion trotz verstärkter Mechanisierung kein Rückgang der Beschäftigtenzahl befürchtet werden muß[180]. Die eisen- und metallverarbeitende Industrie erwies sich im baden-württember-

---

[176] Siehe Tabelle 120.

[177] *Schröder*, D., S. 137 ff., bes. S. 139.

[178] Siehe Tabelle 120.

[179] Vgl. zur Entwicklung der Umsätze sowie der Beschäftigten in der baden-württembergischen Industrie *Frerich, J., Helms, E., Kreuter, H.*, Tabellen 8 und 9, S. TU 9 ff.

[180] *Klaassen*, L. H., Methods of Selecting Industries for Depressed Areas, S. 37.

gischen Raum als besonders wachstumsstark[181]. Die Analyse ihrer Standortanforderungen ergab ferner für ihren Gesamtbereich und für die einzelnen Industriezweige ein hohes Maß an Affinität zur Standortdeterminante „Arbeitskräfte". Außerdem fallen die Anforderungen an das Industriegelände und die verkehrsmäßige Erschließung stark ins Gewicht[182]. Auch für die weiteren relevanten Standortdeterminanten läßt sich eine Übereinstimmung zwischen der Standortwertigkeit der Stadt Langenau und den branchenspezifischen Anforderungen der eisen- und metallverarbeitenden Industrie feststellen[183].

Die informierende Standortlenkung könnte daher, sofern die Voraussetzungen einer effizienten Informationspolitik erfüllt sind, im Falle des Ausbauortes Langenau erfolgreich sein. Das Gestaltungsziel der quantitativen Adäquanz der räumlichen Wirkungsfaktoren kann in einer verstärkten Adressierung der Information an standortsuchende Betriebe kleinerer und mittlerer Größenordnungen berücksichtigt werden[184]. Für die anderen Gestaltungsziele der Regionalpolitik gelten analog die Ausführungen zum Ausbauort Ehingen.

Für alle Fördergebiete in der Größenordnung der behandelten Ausbauorte können ähnlich dem hier beschriebenen Verfahren Industriebereiche ermittelt werden, deren Standortaffinität in Übereinstimmung zu der Standortwertigkeit der Problemgebiete gebracht werden kann, wobei der Rahmen der informierenden Standortlenkung nicht überschritten werden muß.

Neben den Verfahren, die auf Standortkatalogen aufbauen[185] gehört zu den informierenden Instrumenten der Standortlenkung auch die deskriptive ex post-Information über die Entwicklung der Fördergebiete[186].

Zu diesem Deskriptionsverfahren gehören beispielsweise die Input-Output-Tabelle und die shift-Analyse[187]. Diese Ansätze haben jedoch den Nachteil, daß sie zwar beschreiben, nicht aber erklären können, wie es zu einer bestimmten räumlichen Situation gekommen ist[188].

Der Prognose raumwirtschaftlicher Entwicklungstendenzen dienen demgegenüber die Explikationsmodelle der ex ante-Information[189].

---

[181] Vgl. ohne Verfasser, Land im Herzen Europas, S. 20 ff.

[182] Vgl. Tabelle 24.

[183] Da jedoch gerade Wachstumsindustrien in ihrem Ansiedlungsverhalten stark auf das Vorhandensein externer Ersparnisse reagieren, wird hier die informierende Intervention durch korrigierende Maßnahmen ergänzt werden müssen. Vgl. *Tumm*, U., S. 53 ff.

[184] Vgl. Tabellen 145 ff.

[185] Siehe zum zweckmäßigen Aufbau von Standortkatalogen auch *Klaassen*, L. H., Methods of Selecting Industries for Depressed Areas, S. 46 ff.

[186] *Töpfer*, K., Regionalpolitik und Standortentscheidung, S. 94.

[187] Vgl. dazu Teil II, 3. dieser Untersuchung.

[188] *Schneider*, H. K., Modelle für die Regionalpolitik, S. 63 f.

[189] Ebenda, S. 66 ff.

Derartige Informationsmodelle, die sich auf eine gesamte Region oder auf ein System von Regionen beziehen und eine Projektion der regionalen Wirtschaftsentwicklung zulassen, sind beispielsweise die Input-Output-Analyse sowie die Gravitations- und Potentialmodelle[190]. Je zuverlässiger die Voraussagen der regionalpolitischen Entscheidungsinstanzen in der Vergangenheit waren, desto größer wird die Beeinflußbarkeit der privaten Wirtschaftssubjekte und desto effizienter damit die explikative Informationspolitik sein[191]. Voraussetzung für diese Effizienz ist die Existenz leistungsfähiger Explikationsmodelle[192].

Weder für die Deskriptions- noch für die Explikationsmodelle sind bisher geeignete Ansätze entwickelt worden, die eine explizite Einbeziehung unterschiedlicher Standortwertigkeiten und -affinitäten in die Analysen ermöglichen. Im Rahmen der informierenden Standortpolitik muß daher die Berücksichtigung der Affinitäten vorerst der Angebots-Nachfrage-Konzeption vorbehalten bleiben. Explikationsmodelle können allerdings zusätzlich wertvolle Informationen über die wahrscheinliche Entwicklung eines Raumes vermitteln.

Legt man an die Information als Einwirkungsebene des regionalpolitischen Aktionsfeldes „Umwelt" den Maßstab der Markt- und Systemkonformität an, so kann zweifellos „eine allseitige Einmütigkeit darüber festgestellt werden, daß die informierende Intervention als *das* geeignete Instrument der Regionalpolitik im Rahmen einer marktwirtschaftlichen Grundordnung angesehen wird"[193].

Diese Einschätzung der informierenden, empfehlenden Intervention liegt darin begründet, daß in einem marktwirtschaftlichen System der Weg der Vorausschau als das anstrebenswerteste Ziel der Regionalplanung angesehen wird[194]. Er verbindet ein vergleichsweise hohes Maß an „Konformität" mit hoher regionalpolitischer Effizienz und ergänzt

---

[190] *Isard*, W., Methods of Regional Analysis, S. 439; *Kraft*, J., Sp. 2424 ff.; siehe auch Teil II, 3. dieser Untersuchung.

[191] Vgl. *Esenwein-Rothe*, I., Die Beeinflußbarkeit der Willensentscheidungen privater Wirtschaftssubjekte bei dezentraler Lenkung des Wirtschaftsprozesses, in: Probleme der Willensbildung und der wirtschaftlichen Führung, Hrsg. H.-J. Seraphim, Schriften des Vereins für Socialpolitik, N.F. Bd. 19, Berlin 1959, S. 49 ff., bes. 73 ff.

[192] *Töpfer*, K., Regionalpolitik und Standortentscheidung, S. 95. Vgl. hierzu auch *Paelink*, J., Efficacité des Mesures de Politique Régionale, Rapport Général-Thème No. 1, in: L'Efficacité des Mesures de Politique Economique Régionale, Actes du VIe Colloque annuel de l'Association de Science Régionale de Langue Française, Namur 1967, S. 27 ff.

[193] *Töpfer*, K., Regionalpolitik und Standortentscheidung, S. 96.

[194] Vgl. *Düren*, A., Struktur- und Standortveränderung der gewerblichen Wirtschaft in ihrer regionalen Problematik, in: Regionalpolitik, Beiträge und Untersuchungen, Institut für Siedlungs- und Wohnungswesen an der Universität Münster, Hrsg. H. K. Schneider, Bd. 63, Köln-Braunsfeld 1966, S. 82 ff.

die Dynamik der unbeeinflußten unternehmerischen Standortentscheidung durch das komplexe Beurteilungsvermögen raumwirtschaftlicher Entwicklungstendenzen seitens der regionalpolitischen Entscheidungsinstanzen. Die raumwirtschaftlich orientierte Informationspolitik kann so den Rahmen reaktiver Maßnahmen zur Beseitigung eingetretener regionaler Fehlentwicklungen überschreiten und eine langfristigere aktive Regionalprophylaxe ermöglichen[195]. Die informierende Standortpolitik „besteht nicht in datensetzenden hoheitlichen Akten, die den Standortvorteil-Standortnachteil-Kalkül beeinflussen, sondern sie zielt nur auf eine verbesserte Transparenz bei den entscheidungsrelevanten Standortdaten ab"[196].

Das hohe Maß an Konformität wäre unerheblich, wenn nicht damit auch die erforderliche Effizienz der Maßnahmen verbunden wäre. Die Informationspolitik wird umso wirkungsvoller sein, je zuverlässiger die Informationen der regionalpolitischen Entscheidungsträger in der Vergangenheit waren und je mehr daher auch zukünftig mit für die einzelnen Wirtschaftssubjekte fruchtbaren Empfehlungen gerechnet werden kann[197]. Diese Zuverlässigkeit kann durch eine ständige Verbesserung der Diagnose- und Prognoseverfahren sowie der Informationswege gesteigert werden[198]. In Zusammenhang mit der Hauptproblematik der vorliegenden Studie bedeutet dies, daß auf der einen Seite die Profile der verschiedenen industriellen Standortaffinitäten und auf der anderen die förderungswürdigen Problemgebiete und deren regionalspezifische Standortwertigkeiten bekannt sein müssen, damit auf dem Wege der empfehlenden Information den regionalen Aktionsgebieten standortwertigkeitsadäquate Industrien zugeführt werden oder in den Problemgebieten standortaffinitätsadäquate Ansiedlungsbedingungen geschaffen werden können[199].

---

[195] Jahresgutachten 1968 des Sachverständigenrates zur Begutachtung der gesamtwirtschaftlichen Entwicklung, Deutscher Bundestag, 5. Wahlperiode, Drucksache V/3550, S. 90.

[196] *Töpfer*, K., Regionalpolitik und Standortwahl, S. 97.

[197] Ebenda.

[198] Vgl. hierzu *Klaassen*, L. H., Methods of Selecting Industries for Depressed Areas, S. 47.

[199] Bereits Alfred Weber (*Weber*, A., Über den Standort der Industrien) wies darauf hin, daß die industrielle Standortentscheidung nicht nur durch natürlich-technische Standortvoraussetzungen bedingt wird, sondern daß auch gesellschaftlich-kulturelle Faktoren bestimmend wirken. Damit gelangen Vorteile in der relativen Standortgunst zu Bedeutung, die der Mensch durch Investitionen in den Standort herbeiführte. Vgl. hierzu *Egner*, E., Die regionale Entwicklung der Industriewirtschaften, in: Industrialisierung ländlicher Räume, Forschungs- und Sitzungsberichte der Akademie für Raumforschung und Landesplanung, Bd. 17, Raum und gewerbliche Wirtschaft I, Hannover 1961, S. 35 ff. Vgl. hierzu den Abschnitt über die korrigierende Standortlenkung. Siehe auch *Zepf*, E., Die zentralörtlichen Infrastruktursysteme als Planungsinstrument der Raumordnung, in: Raumforschung und Raumordnung, 28. Jg. (1970), Heft 3, S. 97 ff.

Zumeist wird bei der informierenden Intervention der regionalpolitischen Entscheidungsinstanzen der Kommunikationsweg der Verbreitung von Prospekten, Broschüren und Anzeigen beschritten[200]. Die Informationen werden also an eine relativ anonyme Schicht standortsuchender Unternehmen gerichtet. Eine individuellere Information, beispielsweise durch persönliche Kontaktpflege zwischen Unternehmen und regionalpolitischen Akteuren, könnte die subjektiven Informationsströme der einzelwirtschaftlichen Entscheidungsträger stärker objektivieren und in die raumwirtschaftlich angestrebten Bahnen lenken[201].

b) Korrigierende Standortpolitik

Sofern die staatliche Informationspolitik wegen mangelnder Standortvoraussetzungen in den Fördergebieten oder mangelnder Neigung der privaten Wirtschaftssubjekte, den staatlichen Empfehlungen zu folgen, nicht in der Lage ist, die standortsuchenden Industriebereiche in die Problemregionen zu lenken, müssen die informierenden Maßnahmen durch korrigierende Mittel der Standortpolitik ergänzt werden.

Neben der Einwirkungsebene der Information unterscheidet Töpfer zwei weitere Bereiche des Aktionsfeldes Umwelt, innerhalb derer standortlenkende Maßnahmen wirksam werden können. Es sind dies die Beeinflussung der Ergebnisse gegebener Handlungsalternativen und die Beeinflussung der Handlungsalternativen selbst[202]. In beiden Wirkungsebenen finden „korrigierende Maßnahmen der Standortpolitik" Anwendung, die an den Standortaffinitäten bestimmter Industriebereiche orientiert werden müssen. Beispiele für eine derartige Politik sollen nunmehr anhand der Programmregion Alb-Oberschwaben-Bodensee erläutert werden.

α) Symptomorientierte Maßnahmen

Symptomatische Maßnahmen beherrschen in allen marktwirtschaftlich organisierten Volkswirtschaften die Skala regionalpolitischer Bestrebungen, die die Beeinflussung der unternehmerischen Standortwahl zum Gegenstand haben. Die Bedeutung dieser Form der Standortlenkung resultiert in erster Linie aus der weitgehenden Markt- und

---

[200] *Töpfer*, K., Regionalpolitik und Standortentscheidung, S. 98; hierzu vgl. auch den Abschnitt über die Regionalen Aktionsprogramme.

[201] Vgl. hierzu auch *Schmölders*, G., Willensbildung und wirtschaftspolitische Führung in der Marktwirtschaft, in: Probleme der Willensbildung und der wirtschaftspolitischen Führung, Hrsg. H.-J. Seraphim, Schriften des Vereins für Socialpolitik, N.F. Bd. 19, Berlin 1959, S. 103 ff.; siehe auch *Luttrell*, W. F., Factory Location and Industrial Movement, A Study of Recent Experience in Great Britain, Vol. I, London 1962, S. 74 ff.

[202] Vgl. *Töpfer*, K., Regionalpolitik und Standortentscheidung, S. 99 ff. und S. 107 ff. Siehe hierzu auch Schema 4, Fig. 3.

Systemkomformität der Maßnahmen, die zumeist auf indirektem Wege die entscheidungsrelevanten Daten und Strukturzusammenhänge modifizieren und das Verhalten der Unternehmen manipulieren[203], ohne die Freiheit ihrer Entscheidung grundsätzlich in Frage zu stellen[204]. Grundsätzlich greifen die Instrumente dieser Kategorie dann Platz, wenn die unternehmerische Standortentscheidung bereits erfolgt ist. Sie bezwekken eine Datenänderung, durch die die Standortnachteile, die sich für Industrieunternehmen ergeben, kompensiert werden. Sie beseitigen jedoch nicht die Ursache des betreffenden regionalpolitischen Problems, „sondern sie gestatten nur ein Kurieren an den besonders offensichtlichen Symptomen"[205].

Das Beispiel des Programmgebiets Alb-Oberschwaben-Bodensee eignet sich besonders für die Exemplifizierung affinitätsorientierter, korrigierender Maßnahmen der symptomatischen (und auch kausalorientierten[206]) Standortbeeinflussung[207], da das Fördergebiet aufgrund seiner Heterogenität in der Wirtschafts-, Siedlungs- und Verkehrsstruktur Ansatzpunkte für verschiedenartige Möglichkeiten korrigierender Standortbeeinflussung bietet. Außerdem können wegen der flächenhaften Ausdehnung der Region auch die globalen Gestaltungsziele der Raumordnung stärker berücksichtigt werden, als dies im Falle der Landesausbauorte möglich war, die vorwiegend den Charakter von Subregionen aufweisen.

Zunächst werden die Kreise Münsingen und Stockach untersucht, deren Indikatoren der regionalen Wirtschaftskraft besonders stark unter dem Landesdurchschnitt liegen[208]. Trotz der niedrigen Bevölkerungsdichte ist in diesen Kreisen des Programmgebiets die Diskrepanz zwischen Arbeitskräften und Arbeitsplätzen besonders groß. Die Regionalpolitik muß also in erster Linie bestrebt sein, durch die Schaffung neuer Arbeitsplätze den negativen Pendlersaldo der Kreise zu verringern, deren Erwerbstätige vielfach in Gebietseinheiten beschäftigt werden, die nicht zur Programmregion gehören. Um den Arbeitskräfteüberschuß in den Grenzen der Programmregion zu halten, empfehlen

---

[203] Vgl. *Giersch*, H., Allgemeine Wirtschaftspolitik — Grundlagen, Die Wirtschaftswissenschaft, Hrsg. E. Gutenberg, Reihe B (Volkswirtschaftslehre). Beitrag Nr. 9, Wiesbaden 1960, S. 313.

[204] Vgl. *Dörpmund*, H., S. 104.

[205] *Töpfer*, K., Regionalpolitik und Standortentscheidung, S. 101.

[206] Siehe hierzu den folgenden Abschnitt über die kausalorientierten Maßnahmen der Standortbeeinflussung.

[207] Es empfiehlt sich in diesem Zusammenhang eher von Standortbeeinflussung als von Standortlenkungen zu sprechen, da im Falle der Beeinflussung gegebener Handlungsalternativen die Standortentscheidungen bereits erfolgt sind.

[208] Vgl. zu den charakteristischen Daten dieses Fördergebietes den Abschnitt über die Programmregion Alb-Oberschwaben-Bodensee.

sich zumeist verstärkte Bemühungen der Regionalpolitik um die Industriebereiche, die eine besondere Affinität zur Standortdeterminante „Arbeitskräfte" aufweisen. Da in diesem Abschnitt die Beeinflussung der Ergebnisse gegebener Handlungsalternativen zur Diskusssion steht, bezieht sich die Standortbeeinflussung auf die Industriebetriebe, die bereits in der Problemregion angesiedelt sind. Durch eine affinitätsgerechte Verbesserung der Standortgunst müssen die Voraussetzungen für eine Beschäftigung zusätzlicher Arbeitskräfte sowie die Erhöhung der branchenspezifischen Arbeits- und Kapitalproduktivität geschaffen werden. Orientierungskriterien für das Problem, welche Dimensionen der Standortwertigkeit vorrangig verbessert werden müssen, liefern die Standortaffinitäten der betreffenden Industriebereiche.

Innerhalb des industriellen Bereichs liegt das Schwergewicht in den Problemkreisen auf der traditionell verankerten Textil- und Bekleidungsbranche, der eisen- und metallverarbeitenden Industrie sowie der Holzindustrie. Diese Branchen sind stark arbeitsorientiert bzw. Wachstumsindustrie und arbeitsorientiert zugleich. Es gilt zunächst, die Standortbedingungen den Affinitäten dieser Industriebereiche anzupassen, d. h. bestehende Standortnachteile durch eine gezielte regionale Subventionspolitik zu kompensieren.

Die Instrumente der regionalen Subventionspolitik sind innerhalb der symptomorientierten Standortbeeinflussung die gebräuchlichsten. Dabei steht wiederum die Steuerpolitik im Vordergrund[209]. Die angesprochenen Industriebereiche eignen sich nicht nur aufgrund ihrer besonderen Affinität zum Faktor „Arbeitskräfte" — Eisen- und Metallverarbeitung 29,9 %, Holzindustrie 23,6 %, Textil- und Bekleidungsindustrie 22,8 %[210] —, sondern auch aufgrund der ermittelten Reagibilität in bezug auf Maßnahmen der öffentlichen Förderung besonders für die Zwecke der zur Diskussion stehenden Politik der symptomatischen Standortbeeinflussung. Mit 2,0 %, 3,5 % und 3,2 % lagen die Angaben für die Relevanz der öffentlichen Förderung im Zeitabschnitt 1955 bis 1971 vergleichsweise hoch[211]. Außerdem ist davon auszugehen, daß tendenziell in allen Branchen diese Standortdeterminante als weniger relevant empfunden bzw. angegeben wird, als sie tatsächlich ist[212]. Der Befragte neigt vielfach dazu, die Bedeutung der öffentlichen Förderung herunterzuspielen, da er befürchtet, die Relevanz öffentlicher Hilfen könnte als Zeichen unternehmerischer Unfähigkeit interpretiert werden. Tatsächlich zeigt sich jedoch, daß Unterstützungsmaßnahmen durch die Steuer-

---

[209] Vgl. *Töpfer*, K., Regionalpolitik und Standortlenkung, S. 102 ff.

[210] Vgl. Tabellen 24, 96 und 120 für den Zeitraum 1955 bis 1971.

[211] Ebenda.

[212] Siehe hierzu *Fürst*, D., S. 207 f.; *Frerich*, J., *Helms*, E., *Kreuter*, H., S. 99.

politik, durch Kreditvergünstigungen und naturale Subventionen (verbilligter Grund und Boden, billige Übernahme vorhandener Produktionsstätten etc.) durchaus als Standortdeterminanten bedeutungsvoll sind[213].

Im Falle der drei zielrelevanten Industriebereiche der Kreise Münsingen und Stockach lassen die in Teil III ermittelten Ergebnisse mit einer starken Reagibilität auf die regionale Subventionspolitik rechnen.

Die Steuerpolitik, die auch innerhalb der EWG in allen Mitgliedstaaten regionalpolitisch eingesetzt wird, bietet grundsätzlich drei Ansatzpunkte für eine symptomatische Standortbeeinflussung[214]. Es ist dies zunächst die besondere Ausgestaltung des Steuersystems in der Zuordnung der einzelnen Steuern zu den Gebietskörperschaften.

Zum zweiten können über die quantitativen Gewichte der Steuern oder ihrer Veränderungsraten Standortwirkungen erzielt werden. Drittens läßt sich insbesondere durch eine regionale Differenzierung der Steuersätze ein symptomatisch standortbeeinflussender Effekt herbeiführen[215]. Gerade diese dritte Form einer steuerpolitischen Einflußnahme hat in der Regionalpolitik praktische Bedeutung gewonnen, da sie bei relativ großer Marktkonformität schnell und regional differenziert gehandhabt und bei Änderungen der Datenkonstellation flexibel angepaßt werden kann[216]. Differenzierungen der Steuersätze sind geeignet, Standortnachteile durch Kostensenkung zu kompensieren, bergen jedoch auch die Gefahr der Zementierung unerwünschter Standortgegebenheiten in sich, wenn sie nicht durch kausalorientierte Maßnahmen begleitet werden. Regionale Steuerbelastungsunterschiede sollten daher vorwiegend den Charakter temporärer Anpassungsbeihilfen tragen und sind „stets nur als subsidiäres Instrument der regionalen Strukturpolitik zu rechtfertigen"[217].

Auch die weiteren Möglichkeiten regionaler Subventionspolitik bezwecken eine Senkung des Kostenblocks, der sich bei den zielrelevanten Industriebereichen in Beschaffung, Herstellung und Absatz ergibt, insbesondere dort, wo die Kosten aufgrund wenig affinitätsgerechter Standortbedingungen besonders hoch sind.

---

[213] Siehe hierzu *Mueller*, E., *Morgan*, J. N., S. 216; *Carrier*, R. F., *Schriver*, W. R., An Explanation of Plant Location in Tennessee 1955—1965, S. 80 ff.

[214] *Kloten*, N., Steuerpolitik als regionale Strukturpolitik, in: Archiv für Kommunalwissenschaften, Bd. 39, erster Halbjahresband, Stuttgart—Köln—Opladen 1964, S. 41 ff.

[215] Ebenda, S. 43.

[216] *Töpfer*, K., Regionalpolitik und Standortentscheidung, S. 104.

[217] *Kloten*, N., Steuerpolitik als regionale Strukturpolitik, S. 55. Die Möglichkeiten der regionalen Strukturpolitik werden als kausal angreifende Mittel der korrigierenden Standortpolitik im nachfolgenden Abschnitt erörtert.

So weisen beispielsweise die zielrelevanten Industrien der Kreise Münsingen und Stockach eine hohe Affinität zur Standortdeterminante „Industriegelände" auf (26,4 %, 21,9 % und 21,7 %[218]). Durch ein verbilligtes Angebot an Grund und Boden kann der Anreiz zu Erweiterungen bzw. Zweigstellengründungen geboten und damit die Schaffung zusätzlicher Arbeitsplätze beschleunigt werden. Weiterhin ist bei den ausgewählten Branchen die Neigung zur Übernahme vorhandener Produktionsstätten mit Entscheidungsgewichten von 10,6 %, 16,2 % und 18,9 % im Zeitabschnitt von 1955 bis 1971 vergleichsweise groß[219]. Hier können naturale Subventionsmaßnahmen, etwa in Gestalt eines verbilligten Angebots beziehbarer Werkhallen, aber auch Kreditgarantien, zinslose Darlehen oder verlorene Zuschüsse wie alle weiteren Möglichkeiten direkter oder indirekter Produkt- und Faktorpreissubventionen standortbedingte Kostennachteile ausgleichen und zu Betriebserweiterungen oder Zweigstellengründungen beitragen. Auch die Gestaltung der Verkehrstarife kann bei Branchen mit großer Affinität zur verkehrsmäßigen Erschließung (Textil- und Bekleidungsindustrie 14,5 % von 1955 bis 1971[220]) Nachteile in der verkehrlichen Anbindung der Standorte kompensieren[221]. So hat sich die Affinität der Holzindustrie zur Schiene als besonders stark erwiesen[222]. Hier könnten beispielsweise andere Standortnachteile symptomatisch durch Vergünstigungen bei den Transportbedingungen der Eisenbahn (Vorzugstarife, Schaffung von Gleisanschlüssen etc.) ausgeglichen werden, sofern nicht andere Gesichtspunkte einer derartigen Politik entgegenstehen[223].

Die Einbeziehung der in Teil I dieser Untersuchung diskutierten Gestaltungsziele der Raumordnung in die Standortpolitik wird im folgenden Abschnitt über die kausalorientierte korrigierende Standortpolitik behandelt werden.

β) Kausalorientierte Maßnahmen

Bei der Behandlung der Steuerpolitik wurde betont darauf hingewiesen, daß subventionspolitische Maßnahmen zur Standortbeeinflus-

---

218 Vgl. Tabellen 24, 96 und 120 für den Zeitraum 1955 bis 1971.

219 Ebenda.

220 Vgl. Tabelle 120.

221 Hier ist von Bedeutung, wie sich das Gewicht der verkehrsmäßigen Erschließung auf die einzelnen Verkehrsträger verteilt. Vgl. dazu *Frerich, J., Helms, E., Kreuter, H.*, Tabelle 67, S. TU 112. Siehe auch *Scheele, E.*, Tarifpolitik und Standortstruktur, Forschungen aus dem Institut für Verkehrswissenschaft an der Universität Münster, Bd. 13, Göttingen 1959.

222 *Frerich, J., Helms, E., Kreuter, H.*, S. TU 112.

223 Mit dem tendenziellen, empirisch nachweisbaren Bedeutungsrückgang der traditionellen Standortfaktoren Transport- und Energiekosten ist die ökonomische Rechtfertigung derartiger Maßnahmen immer stärker in Frage gestellt worden; vgl. *Schneider, H. K.*, Über die Notwendigkeit regionaler Wirtschaftspolitik, S. 12.

sung i. d. R. den Charakter temporärer Subsidiarität tragen sollten. Die regionale Problemsituation nicht nur an den Symptomen kurieren, sondern die Wurzel der Mißstände beseitigen soll die Form der Standortlenkung, die die „Beeinflussung der Handlungsalternativen"[224] der standortsuchenden Unternehmen zum Gegenstand hat.

Ein allgemeines Kennzeichen von Problemregionen, wie sie die Gebiete der Regionalen Aktionsprogramme darstellen, ist das Fehlen externer und interner Ersparnisse[225]. Eine Beseitigung derartiger Mängel, die in schwächer idustrialisierten und monostrukturierten Regionen ansiedlungshemmend wirken, ist langfristig nicht ohne regional gezielte Maßnahmen der Infrastrukturpolitik möglich, da nur so die regionalen Implikationen des Stabilitätsziels verwirklicht werden können[226].

αα) Regionale Infrastrukturpolitik

„Das wohl eindeutigste und gleichzeitig wichtigste Beispiel für ein auf die Beeinflussung des Aktionsraumes des standortsuchenden Unternehmers ausgerichtetes Instrument der Regionalpolitik ist zweifellos die Infrastrukturpolitik[227]." Investitionen in die Infrastruktur des Raumes dienen einer Verbesserung der Standortgunst der Problemgebiete. Infrastrukturpolitik kann dann als affinitätsorientiert bezeichnet werden, wenn die Maßnahmen in Quantität und Qualität an den Standortanforderungen der Industriebereiche ausgerichtet werden, deren Ansiedlung aus regionalpolitischen Gründen wünschenswert erscheint[228].

Die Auswahl dieser zielrelevanten Bereiche sei dargestellt für das Problemgebiet Alb-Oberschwaben-Bodensee und den Maßnahmen einer affinitätsorientierten regionalen Strukturpolitik. Es ist an dieser Stelle nicht erforderlich, eine Theorie der Infrastrukturpolitik zu entwickeln oder die Wirkungszusammenhänge von Infrastrukturinvestitionen in der regionalpolitischen Praxis detailliert zu erörtern[229]. Es sollen vielmehr nur am Beispiel des Fördergebietes Alb-Oberschwaben-Boden-

---

[224] *Töpfer*, K., Regionalpolitik und Standortentscheidung, S. 107.

[225] Vgl. zu den externen und internen Ersparnissen den Abschnitt über die allgemeinen Standortanforderungen in Teil III, A., 1. dieser Untersuchung.

[226] *Schneider*, H. K., Über die Notwendigkeit regionaler Wirtschaftspolitik, S. 13.

[227] *Töpfer*, K., Regionalpolitik und Standortentscheidung, S. 110.

[228] *Klaassen*, L. H., Methods of Selecting Industries for Depressed Areas, S. 31 ff. Vgl. auch *Isenberg*, G., Wirtschaftliche Zusammenhänge ..., Teil IV, S. 3 f. und 48.

[229] Vgl. hierzu die Beiträge verschiedener Autoren in: Theorie und Praxis der Infrastrukturpolitik, Hrsg. R. Jochimsen und U. E. Simonis, Schriften des Vereins für Socialpolitik, N.F. Bd. 54, Berlin 1970 sowie die Beiträge in: Grundfragen der Infrastrukturplanung für wachsende Wirtschaften, Hrsg. H. Arndt und D. Swatek, Schriften des Vereins für Socialpolitik, N.F. Bd. 58, Berlin 1971.

see einige Kriterien erarbeitet werden, an denen eine affinitätsorientierte regionale Strukturpolitik ausgerichtet werden kann.

Die entscheidende Bedeutung von Infrastrukturinvestitionen muß darin gesehen werden, daß sie die Voraussetzung für eine Durchbrechung des circulus vitiosus liefern, der die Problemregionen ohne staatliche Einflußnahme immer weiter verarmen läßt[230]. Nur eine im materiellen, institutionellen und personellen Bereich ausreichend leistungsfähige regionale Infrastruktur kann durch ihren kostensenkenden Einfluß auf die privatwirtschaftliche Kalkulation zu den externen Vorteilen führen, die langfristig die für das regionale Wirtschaftswachstum erforderlichen industriellen Ansiedlungen und Kapazitätsausweitungen ermöglichen.

Die Bedeutung der regionalen Infrastruktur für die räumliche Allokation von Betriebsgründungen, die durch die bisherigen Erfahrungen empirischer Untersuchungen bestätigt wird[231], findet besondere Berücksichtigung in der Theorie der Wachstumspole, die als raumbezogene Wachstumsstrategie auf die Erzeugung technologischer und pekuniärer externer Ersparnisse durch Investitionen in den Polen abzielt[232]. Ohne Zweifel ist für die Qualität der Infrastruktur und die aus ihr resultierende industrielle Ansiedlungs- und Expansionsaktivität das Verkehrssystem eine der wichtigsten Determinanten[233].

Die Erörterung der regionalen Infrastrukturpolitik bezieht sich daher auch hier in erster Linie auf Investitionen in die Verkehrsinfrastruktur, bei deren Betrachtung die infrastrukturellen Standortanforderungen verschiedener Branchen in die Untersuchung einbezogen werden[234].

---

[230] *Singer*, H. W., Economic Progress in Underdeveloped Countries, in: Social Research, Vol. 16 (1949), S. 5; *Töpfer*, K., Regionalpolitik und Standortentscheidung, S. 115.

[231] Vgl. dazu *McMillan*, T. E., S. 241 ff.; *Boblett*, R. P., S. 518 ff.

[232] Siehe hierzu *Hirschmann*, A. O., The Strategy of Economic Development, New Haven and London 1958, S. 183.

[233] *Voigt*, F., Theorie der regionalen Verkehrsplanung, S. 26 f. Vgl. auch *Schmidt*, H., S. 58 ff. Siehe ferner *Aberle*, G., Verkehrsinfrastruktur, Preispolitik und optimale Verkehrskoordination, in: Zeitschrift für Verkehrswissenschaft, 40. Jg. (1969), Heft 3, S. 151 ff.; *Böventer*, E. v., The Relationship Between Transportation Costs and Location Rent in Transportation Problems, in: Journal of Regional Science, Vol. III (1961), No. 1, S. 27 ff.; *Goldman*, T. A., Efficient Transportation and Industrial Location, in: Papers and Proceedings of the Regional Science Association, Vol. IV (1958), S. 91 ff.; *Seidenfus*, H. St., Zur Problematik der Investitionen im Deutschen Verkehrswesen, in: Zeitschrift für Verkehrswissenschaft, 26. Jg. (1955), S. 199 ff.

[234] Vgl. zu den infrastrukturellen Anforderungen verschiedener Branchen *Buhr*, W., Die Abhängigkeit der räumlichen Entwicklung von der Infrastrukturausstattung, in: Grundfragen der Infrastrukturplanung für wachsende Wirtschaften (Hrsg. H. Arndt und D. Swatek, Schriften des Vereins für Socialpolitik, N.F. Bd. 58, Berlin 1971, S. 103 ff., bes. S. 118 ff.). Siehe auch *Hoffmann*, R., Die Rechtfertigung von Verkehrsinfrastruktur-Investitionen

Das Programmgebiet Alb-Oberschwaben-Bodensee ist insgesamt im Vergleich zum Bundesland Baden-Württemberg unzureichend verkehrsmäßig erschlossen. Wie stark dieser Mangel von den Industrieunternehmern empfunden wird, zeigen die ausführlichen Stellungnahmen der befragten Firmen dieses Raumes zu der Standortdeterminante „Transportmöglichkeiten"[235].

Die verkehrsmäßige Erschließung ist nach den Faktoren Arbeitskräfte und Industriegelände im Durchschnitt aller Branchen die drittwichtigste Standortdeterminante. Die unzureichenden Verkehrsverbindungen des Programmgebiets scheinen in einem Zusammenhang zur schwachen Wirtschaftsentwicklung des Raumes zu stehen[236]. Diese Vermutung wird verstärkt durch die Tatsache, daß die besonders schwach erschlossenen Kreise Stockach und Münsingen das niedrigste BIP/WiB aufweisen. Die Durchführung der Ausbauplanung für die Bundesfernstraßen soll die verkehrliche Infrastruktur des Programmgebietes fühlbar verbessern[237]. Insbesondere die Neutrassierung und der Ausbau der Bundesfernstraßen 312 und 32 sowie der Bau der BAB Stuttgart-westlicher Bodensee sind entscheidende Voraussetzungen dafür, daß das Standortpotential des Programmgebiets mit seinen Produktivitätsreserven in den Faktoren Arbeitskräfte und Industriegelände nachhaltig aktiviert werden kann[238]. Gerade die im Programmgebiet traditionell verankerten Industriebereiche Eisen- und Metallverarbeitung, Textil und Bekleidung sowie die Holzindustrie weisen mit 13,5 % und 19,7 % eine vergleichsweise starke Affinität zum Transportsektor auf. Durch korrigierende Infrastrukturinvestitionen kann die Entwicklungsdynamik dieser Branchen aktiviert und die Standortentscheidung weiterer Unternehmen in der Region angeregt werden. Auch die stark expandierende chemische Industrie[239], die aus den industriellen Kernbereichen in periphäre Randlagen drängt, bedarf, wenn sich die Ansiedlungs-

---

aus wirtschaftstheoretischer und raumordnungspolitischer Sicht, in: Informationen, 18. Jg. (1968), Nr. 1, S. 1 ff. Siehe zu den internationalen Zusammenhängen *Zünkler*, H., Verkehrsinvestitionen in gesamtwirtschaftlicher, europäischer Sicht, in: Zeitschrift für Verkehrswissenschaft, 31. Jg. (1960), Nr. 1, S. 1 ff.

[235] Vgl. zur Bedeutung der verkehrsmäßigen Erschließung für die industrielle Ansiedlungsentscheidung insbesondere Teil III, B., 3., Tabelle E.

[236] Vgl. zu den Wachstums- und Struktureffekten von Verkehrsinvestitionen *Frerich*, J., *Helms*, E., *Kreuter*, H., S. 60 ff.

[237] Vgl. hierzu die Verkehrsschwerpunkte zur Vorbereitung des Ausbauplanes für die Bundesfernstraßen 1971—1985. Raumordnungsbericht 1970 der Bundesregierung, S. 53 ff. Siehe auch *Spary*, P., Wachstums- und Wohlstandseffekte als Entscheidungskriterien bei öffentlichen Straßenbauinvestitionen. Finanzwissenschaftliche Forschungsarbeiten der Universität Köln, Neue Folge Heft 37, Berlin—München 1968.

[238] Regionales Aktionsprogramm für das Gebiet Alb-Oberschwaben-Bodensee, S. 31.

[239] Vgl. hierzu Tabellen 73 ff.

bemühungen der Regionalpolitik erfolgreich auf sie konzentrieren sollen, einer verstärkten Schaffung interner und externer Ersparnisse durch Investitionen in die Verkehrsinfrastruktur. Unter dieser Voraussetzung eignet sich die Chemie als arbeitsorientierte Wachstumsindustrie mit hoher Affinität zum Faktor Industriegelände besonders für die Ansiedlung in Gebieten, die als Schwerpunktorte vorgesehen sind und die zudem durch den Ausbau der Bundesfernstraßen eine bessere Verkehrsinfrastruktur erhalten werden[240]. Hier ist der Schwerpunkt Pfullendorf im Landkreis Überlingen hervorzuheben. Der Kreis zeigte seit 1960 ein starkes Wachstum in der Zahl der Industriebeschäftigten, insbesondere in der eisen- und metallverarbeitenden Industrie, die kräftige Entwicklungsimpulse durch die Flugzeugindustrie im Südteil Überlingens erhielt[241]. Diese Entwicklung wird zusammen mit den Wachstumseffekten, die durch die BAB Stuttgart-westlicher Bodensee und die Anschlußstrecke entlang dem Bodensee ins Allgäu erwartet werden können, auch günstige Entwicklungschancen für die Chemie und verwandte Industriebereiche im südlichen Teil des Programmgebietes schaffen, sofern sich die Umweltfreundlichkeit bestimmter Zweige dieser Branche mit der fremdenverkehrlichen Ausrichtung der Region vereinbaren läßt.

Eine verstärkte Ansiedlungs- und Erweiterungsaktivität der eisen- und metallverarbeitenden sowie der chemischen und verwandten Industrien kann unterstützt durch eine branchengezielte staatliche Infrastrukturpolitik in den Schwerpunktorten des Programmgebiets zum Entstehen externer Ersparnisse und damit zu den Polarisierungseffekten führen, die als Agglomerationsvorteile die Ansiedlung weiterer Industriebereiche in den Polen begünstigen[242]. Da die Aktivitätszentren ihr Umland dominieren und Faktor-, Güter-, Verkehrs- und Kommunikationsströme nicht nur auf sich ziehen, sondern auch emittieren[243], wird von den Schwerpunktorten eine Kanalisierung der Wachstumsimpulse in die Einzugsbereiche der Pole erfolgen[244]. Grundvoraussetzung für eine erfolgreiche Anwendung dieses Wachstumpolkonzepts ist die

---

[240] Vgl. *Voigt*, F., *Frerich*, J., *Radel*, R. u. a., Ökonomische Untersuchung zum Ausbauplan für die Bundesfernstraßen, in: Ausbauplan für die Bundesfernstraßen 1971—1985, Untersuchungsberichte, Band B, Teil IV, Gutachten im Auftrage des Bundesministers für Verkehr, Abteilung Straßenbau, Bonn 1971.

[241] Regionales Aktionsprogramm für das Gebiet Alb-Oberschwaben-Bodensee, S. 17.

[242] Vgl. zum Entstehen von technischen, einkommensmäßigen, psychologischen und geographischen Polarisierungseffekten *Thumm*, U., S. 53 ff.

[243] *Streit*, M. E., Regionalpolitische Aspekte des Wachstumpolkonzepts, S. 222.

[244] Siehe zum Erfolg einer derartigen Politik allgemein *Kroner*, G., Die Bestimmung zentraler Orte durch die Bundesländer, Eine Zwischenbilanz, in: Informationen, 20. Jg. (1970), Nr. 4, S. 97 ff.

Schaffung ausreichend leistungsfähiger Infrastruktureinrichtungen, die erst das Entstehen von Aktivitätszentren und die Emission von Wachstumsimpulsen ermöglichen. Die regionale Infrastrukturpolitik hat neben den Verkehrsinvestitionen weitere Schwerpunkte in der Erschließung von Industriegelände und der Erzielung einer leistungsfähigen Versorgung mit Energie und Wasser sowie einer befriedigenden Abfall- und Abwasserbeseitigung. Die Schaffung dieser Voraussetzungen einer modernen gewerblichen Produktion konzentriert sich vorzugsweise auf die Schwerpunktorte.

Die eisen- und metallverarbeitende sowie die chemische und verwandte Industrien sind als Wachstumsbranchen verstärkt auf das Vorhandensein quantitativ und qualitativ ausreichender Ansiedlungs- und Erweiterungsflächen angewiesen[245]. Die Möglichkeiten der Industriegeländeerschließung sind in der gesamten Programmregion, die heute noch überwiegend agrarisch strukturiert ist, positiv einzuschätzen. Der Strukturwandel in der Landwirtschaft begünstigt eine ausgedehnte Überführung zuvor landwirtschaftlich genutzter Flächen in eine industrielle Nutzung. Nur die nördlichen Gebiete der Programmregion, die zur Schwäbischen Alb gehören, lassen wegen ihres Oberflächencharakters eine industrielle Nutzung wenig angezeigt erscheinen, zumal sich hier die natürlichen Gegebenheiten des Raumes besonders für eine intensivierte fremdenverkehrliche Ausrichtung eignen. Das insgesamt in der Programmregion und ihren Schwerpunktorten quantitativ in ausreichendem Maße vorhandene Industriegelände bedarf jedoch im Hinblick auf die zielrelevanten Industriebereiche und auf den mit zunehmender Zahl von Arbeitsplätzen wachsenden Bedarf an Versorgungs- und Entsorgungsleistungen verstärkter Bemühungen, die Industriegeländeerschließung qualitativ zu verbessern. Hier müssen die Infrastrukturinvestitionen gezielt an den Erfordernissen der zielrelevanten Industriebereiche orientiert werden.

Neben den technischen gewinnen auch solche Infrastruktureinrichtungen zunehmende Bedeutung, die den Wohn- und Freizeitwert der Standorte erhöhen. „Eine ausreichende Infrastruktur ist nicht nur erforderlich, um die dynamische Entwicklung der regionalen Wirtschaft zu ermöglichen bzw. anzuregen, sondern sie ist auch unabdingbare Voraussetzung dafür, daß sich die Vitalsituation der Wohnbevölkerung im Gleichschritt mit der Entwicklung der entsprechenden Normvorstellungen verändert[246]." Die wachsenden Ansprüche der Beschäftigten hinsichtlich der Wohnverhältnisse, der Schul-, Bildungs-, Sport- und Freizeiteinrichtungen wirken sich in zunehmendem Maße auf die Standort-

---

[245] Vgl. Tabellen 17 ff. und 73 ff.
[246] *Töpfer*, K., Regionalpolitik und Standortentscheidung, S. 111.

entscheidungen und Wachstumschancen der Industriebetriebe aus[247]. Diese Feststellung gilt gerade auch für die zielrelevanten Wachstumsbranchen Eisen- und Metallverarbeitung und Chemie[248]. Die chemischen und verwandten Industrien zeigten beispielsweise in der Zeit vor 1955 ein relatives Gewicht von 1 v. H. für die Wohn- und Freizeitwerte, im Abschnitt von 1955 bis 1971 hingegen von 1,3 v. H.[249].

Besonders aufschlußreich erscheint dabei die Feststellung, daß diese Einschätzung der Wohn- und Freizeitfaktoren in kleineren und größeren Betrieben dieser Branche die gleiche ist. Mit und ohne Größenklassengewichtung ergaben sich jeweils für die Zeitabschnitte die Werte von 1 v. H. und 1,3 v. H.[250]. Bei den Ergebnissen für 91 Betriebe in der Zeit vor 1955 und 121 im Abschnitt 1955 bis 1971 kann mit einer ausreichenden Repräsentanz gerechnet werden.

Den Investitionen in die regionale Infrastruktur wird in der regionalpolitischen Literatur entscheidende Bedeutung für eine nachhaltige und effiziente Beeinflussung der unternehmerischen Standortentscheidung beigemessen. "It has become fashionable in economic theory to devote a great deal of attention to the so-called infrastructure[251]." Dabei muß jedoch beachtet werden, daß die Effekte von Infrastrukturinvestitionen zwar nachhaltig sind, aber auch erst nach recht langer Anlaufzeit wirksam werden können[252]. Viele Problemsituationen erfordern jedoch eine staatliche Einflußnahme mit schnellerer Wirkungsweise. Die symptomatischen Maßnahmen der korrigierenden Standortbeeinflussung bieten hier zahlreiche subsidiäre Ansatzmöglichkeiten. Es existieren jedoch auch kausalorientierte korrigierende Instrumente der Standortlenkung, die schneller als Infrastrukturinvestitionen wirksam werden können.

ββ) Anfangsförderungsmaßnahmen

Korrigierende Anfangsförderungsmaßnahmen zur Beeinflussung der unternehmerischen Standortentscheidung sind wegen ihrer kausalen Orientierung grundsätzlich anders zu beurteilen als die symptomatische regionale Subventionspolitik[253]. Initialmaßnahmen können jedoch nur dann als kausalorientiert bezeichnet werden, wenn sie lediglich in der

---

[247] Regionales Aktionsprogramm für das Gebiet Alb-Oberschwaben-Bodensee, S. 32. Vgl. auch *Abraham*, K., Die Berufsbildung als Mittel zur Gestaltung der personellen Infrastruktur, in: Theorie und Praxis der Infrastrukturpolitik (Hrsg. R. Jochimsen und U. E. Simonis), Schriften des Vereins für Socialpolitik, N.F. Bd. 54, Berlin 1970, S. 655 ff.

[248] Vgl. Tabellen 17 ff. und 73 ff.

[249] Vgl. Tabellen 73 f. und 79 f.

[250] Vgl. Tabellen 13 f. und 79 f.

[251] *Klaassen*, L. H., Areas Economic and Social Redevelopment, S. 89.

[252] Vgl. *Töpfer*, K., Regionalpolitik und Standortentscheidung, S. 120.

[253] Ebenda, S. 107 f.

Übergangszeit Anwendung finden, in der regional gezielte Infrastrukturinvestitionen zwar geplant oder in der Durchführung, aber noch nicht wirksam im Sinne einer nachhaltigen Erzielung von external economies sind. Eine derart ursachenorientierte, kurzfristige regionale Subventionspolitik, die den nachhaltigen Abbau der für Problemgebiete charakteristischen external diseconomies beschleunigt, bedient sich i. d. R. der Mittel von Ausnahmetarifen und Besteuerungsvorteilen, die den Vorzug haben, auf die spezifischen Standortaffinitäten der ansiedlungswilligen bzw. ansiedlungsgeeigneten (zielrelevanten) Industriebereiche genau zugeschnitten werden zu können[254]. Auch hierfür sollen anhand eines Beispiels einige Empfehlungen ausgesprochen werden.

Die besonders wachstumsintensiven und arbeitsorientierten Branchen Baden-Württembergs, die Industriebereiche Eisen- und Metallverarbeitung sowie Chemie, stellen hohe quantitative und qualitative Anforderungen an die Standortdeterminanten Industriegelände und verkehrsmäßige Erschließung[255]. Häufig weisen jedoch die von den Gemeinden angebotenen Flächen nicht den für eine effiziente industrielle Produktion erforderlichen Erschließungsgrad auf[256]. Hier können die Gebietskörperschaften durch eine langfristig orientierte Bodenvorrats-Politik bemüht sein, nicht nur preislich attraktive, sondern auch für die zielrelevanten Betriebe geeignete Grundstücke bereitzustellen[257]. Die Träger der Regionalpolitik sind auf Bundes-, Landes- und Gemeindeebene in der Lage, durch die Gewährung von Ausnahmetarifen und/ oder Besteuerungsvorteilen noch bestehende Mängel in der Versorgung, Entsorgung und Verkehrsbedienung so lange zu kompensieren, bis entsprechende Infrastrukturinvestitionen wirksam werden und die Kostennachteile beseitigen können. Wenn durch die beschriebenen Ansiedlungsanreize tatsächlich produktive Branchen zur Standortentscheidung im Problemgebiet angeregt wurden, können die bei Wirksamwerden der Infrastrukturinvestitionen entfallenden kausalorientierten Erleichterungen aufgefangen werden. Hier jedoch zeigt sich die besondere Problematik der Anfangsförderungsmaßnahmen. Obwohl als temporäre Unterstützungen konzipiert, werden auch sie häufig zu permanenten Einrichtungen und damit zu symptomatischen Subventionen, wenn die regionale Infrastrukturpolitik vernachlässigt wird und nicht zu dem angestrebten Erfolg führt, so daß ein Abbau der Ausnahmetarife bzw. Besteuerungsvorteile für die angesiedelten Betriebe eine Existenzbedrohung darstellen müßte[258].

---

254 Vgl. zu den Maßnahmen der Anfangsförderung auch *Funck*, R., S. 118 f.
255 Siehe hierzu Tabellen 17 ff. und 73 ff.
256 Vgl. *Frerich*, J., *Helms*, E. *Kreuter*, H., S. 160 ff.
257 Vgl. *Töpfer*, K., Regionalpolitik und Standortentscheidung, S. 109.
258 Ebenda, S. 110.

Hier wird deutlich, daß eine Einordnung standortbeeinflussender Maßnahmen in die Kategorien „systemorientiert" und „ursachenorientiert" nicht unveränderlich festliegt. Eine exakte Trennung der Maßnahmen zur Standortbeeinflussung ist überhaupt nur theoretisch sinnvoll. In der regionalpolitischen Praxis werden die erörterten Maßnahmen i. d. R. nebeneinander zur gegenseitigen Ergänzung und Intensivierung angewandt werden.

c) Die Erfordernisse einer kombinierten Handlungsstrategie

Die Wirkungsebenen einer affinitätsorientierten Standortbeeinflussung können theoretisch exakt voneinander getrennt werden. In der regionalpolitischen Praxis verlangen hingegen die Vielschichtigkeit der Problemsituationen, die unterschiedlichen Diskrepanzen zwischen Standortwertigkeit und -affinität und die zeitlich verschiedenartigen Anpassungserfordernisse zumeist eine kombinierte Durchführung informierender und korrigierender standortbeeinflussender Maßnahmen. Von der konkreten Problemsituation wird es abhängen, in welchem Komplementaritätsverhältnis die Ebenen zueinander stehen. Das Programmgebiet Alb-Oberschwaben-Bodensee bedarf zunächst ad hoc wirkender Unterstützungen, wenn es nicht weiter den Anschluß an die Entwicklung des Bundeslandes verlieren soll. Neben der Informationspolitik, die stärker als bisher die branchenspezifischen Vorteile einzelner Standorte für die Ansiedlung bestimmter Industriebereiche herausstellen sollte, müssen die symptomatischen und ursachenorientierten Erleichterungen speziell auf die Erfordernisse entwicklungsdynamischer Industrien zugeschnitten werden, die sich besonders für die Schaffung und Erhaltung von Arbeitsplätzen eignen. Ihre eigentliche wirtschaftspolitische Rechtfertigung erfahren diese unmittelbar, schnell und flexibel auf die Kostenstruktur der Unternehmen einwirkenden Maßnahmen jedoch erst durch die an sie zu knüpfende Bedingung der Subsidiarität bzw. zeitlichen Begrenztheit. Im Programmgebiet kann eine nachhaltige Verbesserung der für die industrielle Standortentscheidung relevanten Daten nur durch eine Beseitigung der Ursachen der Problemsituation erreicht werden. Gezielte Investitionen in die regionale Infrastruktur, insbesondere im Verkehrssektor und auf dem Gebiet der Ver- und Entsorgungseinrichtungen[259], die den Erschließungsgrad des Industriegeländes sowie die personale Infrastrukturausstattung der Region verbessern, sind unabdingbare Voraussetzungen dafür, daß das Problemgebiet auf dem Weg über eine verstärkte Ansiedlungs- und Expansionsaktivität des sekundären Sektors Anschluß an die Wirtschaftsentwicklung Baden-Württembergs gewinnt.

---

[259] Siehe hierzu auch *Funck*, R., S. 117.

Eine kombinierte Handlungsstrategie, die sich auf eine größere Gebietseinheit wie die Programmregion bezieht, verlangt eine Berücksichtigung der raumwirtschaftlichen Gestaltungsziele, die in Teil I dieser Studie erörtert wurden. Da der Regionalpolitik immer noch eine umfassende theoretische Basis zur Formulierung eines konfliktfreien und operationalen Zielsystems fehlt, das der Optimierung der gesamten Raumstruktur dient[260], werden die raumwirtschaftlichen Gestaltungsziele bei der Durchführung regionalpolitischer Maßnahmen nur tendenziell berücksichtigt. Im konkreten Fall des Programmgebiets Alb-Oberschwaben-Bodensee bedeutet dies, daß weit eher die produktivitätsorientierten als die stabilitätsfördernden Entwicklungsziele beachtet werden müssen. Hier muß die Problemregion relativiert und als Teil des Bundeslandes betrachtet werden, dessen wirtschaftliche und soziale Stabilität durch das unterdurchschnittliche Wachstum des Fördergebiets beeinträchtigt wird. Die Regionalpolitik sollte daher bei der Beeinflussung der unternehmerischen Standortentscheidung dafür Sorge tragen, daß in den Schwerpunktorten zunächst die für die Wirtschaftsentwicklung des Programmgebietes unabdingbare Produktionsspezialisierung begünstigt wird. Orientierungshilfe ist hier zunächst eine exakte Analyse der Standortwertigkeiten alternativer Standorte, die bei einem Vergleich mit den industriellen Anforderungen aufzeigt, für welche Form der Spezialisierung ein Gebiet besonders geeignet ist. Eine Industrialisierung um jeden Preis sollte dabei vermieden werden[261]. Teile des Programmgebietes, z. B. die zum Landkreis Überlingen gehörenden Bodenseegemeinden oder das Lautertal im Landkreis Münsingen[262], eignen sich weit eher für eine fremdenverkehrliche Nutzung. Die Förderung des Fremdenverkehrs steht zudem insofern in einem direkten Zusammenhang zur Industrieansiedlungspolitik, als sich die Standortentscheidungen zunehmend auch am Vorhandensein günstig gelegener Naherholungsgebiete orientieren[263].

Die Ausrichtung der Spezialisierung an der besonderen Eignung der Teilgebiete beinhaltet bei der heterogenen Raumstruktur des Programmgebiets gleichzeitig eine Berücksichtigung des Verteilungsziels. Die im Programm festgelegten Schwerpunktorte sind breit über die

---

[260] *Storbeck*, D., Regionale Wirtschaftspolitik, Sp. 2629. Vgl. hierzu auch *Isard*, W., Toward a more Adequate General Regional Theory and Approach to Conflict Resolution, presented at the 8. European Congress of the Regional Science Association, 27.—30. 8. 1968, Budapest 1968.

[261] Vgl. hierzu *Poetschke*, L., Regional Planning for Depressed Rural Areas, The Canadian Experience, in: Canadian Agricultural Economics Society, Ottawa, Vol. 16 (1968), Nr. 1, S. 8 ff.

[262] Siehe zu den Schwerpunktgebieten der Fremdenverkehrsförderung Regionales Aktionsprogramm für das Gebiet Alb-Oberschwaben-Bodensee, S. 33 f.

[263] Vgl. *Jürgensen*, H., Lohnwert-Wohnwert-Freizeitwert, S. 26.

Gesamtregion gestreut, sind für unterschiedliche industrielle Nutzungen vorgesehen und bergen nicht die Gefahr einer zu einseitigen Agglomeration in sich[264].

Die Schaffung dieser Aktivitätszentren, von denen jedes einen Spezialisierungspol darstellen kann, steht in Übereinstimmung mit dem Gestaltungsziel der optimalen räumlichen Verteilung der Wirtschaftstätigkeit[265] und erscheint insbesondere auch aus wachstumsstrategischen Gesichtspunkten gerechtfertigt[266].

Auf die Möglichkeiten einer Berücksichtigung der Adäquanz der räumlichen Wirkungsfaktoren wurde bereits an anderer Stelle eingegangen. Hierfür wesentliche Voraussetzungen werden durch einen nach Größenklassen gesonderten Ausweis der branchenspezifischen Standortaffinitäten eröffnet[267]. Da jedoch im Vordergrund der regionalpolitischen Bemühungen um die Problemgebiete die Schaffung möglichst vieler Arbeitsplätze steht, muß tendenziell der Standortbeeinflussung größerer Betriebe der Vorrang gegeben werden. Dieser Tendenz wird gerade durch die unterschiedliche Gewichtung der Ansiedlungsdeterminanten bei der Ermittlung branchenspezifischer Standortaffinitäten Rechnung getragen.

Es gehört nicht zu den Aufgaben der vorliegenden wirtschaftspolitischen Studie, die einen empirischen und theoretischen Beitrag zu den affinitätsorientierten Bezugspunkten von industrieller Standortentscheidung und regionalpolitischer Standortlenkung leisten soll, auch ein theoretisches Optimierungsmodell zu entwickeln, das neben den fallspezifischen Daten der jeweiligen Problemsituation auch die übergeordneten raumwirtschaftlichen Gestaltungsziele als Argument enthält. Da sich das Gesamtproblem einer optimalen Regionalpolitik aufgrund der Vielzahl relevanter Ziele und Instrumente gegenwärtig noch der widerspruchsfreien Erfassung durch einen Optimierungsansatz entzieht, müßten vereinfachende Annahmen getroffen werden, die im konkreten Anwendungsfall sorgfältig auf ihre zumindest näherungsweise Übereinstimmung mit der Realität geprüft werden müßten. Bedenken gegen eine Anwendung der linearen Programmierung bestehen beispielsweise, wenn es darum geht, eine optimale räumliche Verteilung mehrerer Produktionen oder Investitionen auf Zentren unterschiedlicher Agglomerationsdichte zu bestimmen, wie sie die Schwerpunktorte der Aktionsprogramme darstellen[268]. Sowohl externe Produktions-

---

[264] Regionales Aktionsprogramm für das Gebiet Alb-Oberschwaben-Bodensee, S. 29 f.
[265] Vgl. *Storbeck*, D., Die wirtschaftliche Problematik der Raumordnung, S. 133 ff.
[266] Siehe hierzu insbesondere *Perroux*, F., S. 142 ff.
[267] Vgl. für alle Industriebereiche Tabellen 137 bis 204.
[268] Vgl. *Schneider*, H. K., Modelle für die Regionalpolitik, S. 80.

effekte als auch steigende Skalengrenzerträge widersprechen hier den Grundannahmen der Linearen Programmierungstechnik.

Es müßte daher nach anderen, für die Problematik geeigneteren Rechentechniken gesucht werden, die jedoch wegen der an sie zu stellenden Anforderungen erheblich komplizierter sein und den Rahmen dieser Untersuchung sprengen würden[269]. Die übergeordneten raumwirtschaftlichen Gestaltungsziele sollen daher in den diskutierten Problemsituationen in Anlehnung an Storbeck als begrenzende Aktionsparameter betrachtet werden, innerhalb derer die Regionalpolitik je nach Erfordernis der Einzelsituation variieren kann. Da die Problemgebiete Baden-Württembergs als wachstumsschwache Regionen eines insgesamt hochindustrialisierten Gesamtraumes zu betrachten sind, läßt sich verallgemeinernd sagen, daß in erster Linie die produktivitätsorientierten Gestaltungsziele zu verwirklichen sind.

Die Industrieansiedlung ist neben der Förderung des Fremdenverkehrs die relevanteste Möglichkeit zur Entwicklung wachstumsschwacher Räume. Sie bedarf im Hinblick auf ihre Effizienz einer möglichst kontinuierlichen Erfolgskontrolle. Gerade in jüngerer Zeit hat der Begriff der „Raumwirksamkeit" öffentlicher Maßnahmen und die Notwendigkeit einer Erfolgskontrolle stark an Aktualität gewonnen[270]. Die Ergebnisse dieser Kontrollen liefern wertvolle Informationen für die Gestaltung der künftigen Regionalplanung[271]. In diesem Zusammenhang ist die Erfassung des Nutzens öffentlicher Förderungsmaßnahmen eines der relevantesten Probleme[272]. Weniger als Erfolgskontrolle denn als Mittel der Erfolgsprojektion wurde die Nutzwertanalyse entwickelt[273]. Dieses Verfahren bietet für die Entscheidungsfindung in konkreten raumwirtschaftlichen Problemsituationen den Vorteil, die Vielfalt der Zielkriterien simultan stärker berücksichtigen zu können. Die detaillierte Zielbetrachtung, die der eigentlichen Analyse

[269] Vgl. zum Anwendungsbereich komplizierter ökonomischer Modelle in der Regionalforschung *Klatt*, S., Anwendungsmöglichkeiten ökonometrischer Modelle in der Raumforschung und Raumordnung, in: Raumforschung und Raumordnung, Jg. 26 (1968), Heft 2, S. 49 ff. Siehe auch *Diedrich*, H., Mathematische Optimierung: Ihr Rationalisierungsbeitrag für die Stadtentwicklung, Göttingen 1970.

[270] *Becker*, Ch., Eine Erfolgskontrolle für Förderungsmittel der öffentlichen Hand bei Industrieansiedlung und Fremdenverkehr auf einheitlicher Grundlage, in: Raumforschung und Raumordnung, 29. Jg. (1971), Heft 1, S. 25.

[271] Vgl. *Vogt*, K., Wirksamere Regionalpolitik durch Erfolgskontrolle, in: Raumforschung und Raumordnung, 27. Jg. (1969), Heft 5/6, S. 226 ff. Siehe auch *Schütte*, W., Die Zukunft der Regionalplanung in Baden-Württemberg, in: Informationen, 21. Jg. (1971), Nr. 8, S. 193 ff.

[272] Vgl. *Becker*, Ch., S. 26 f.

[273] *Strassert*, G., *Turowski*, G., Nutzwertanalyse: Ein Verfahren zur Beurteilung regionalpolitischer Projekte, in: Informationen, 21. Jg. (1971), Nr. 2, S. 29 ff.

Schema 5

Beispiel einer Zielhierarchie für das raumordnerische Oberziel in zurückgebliebenen ländlichen Gebieten

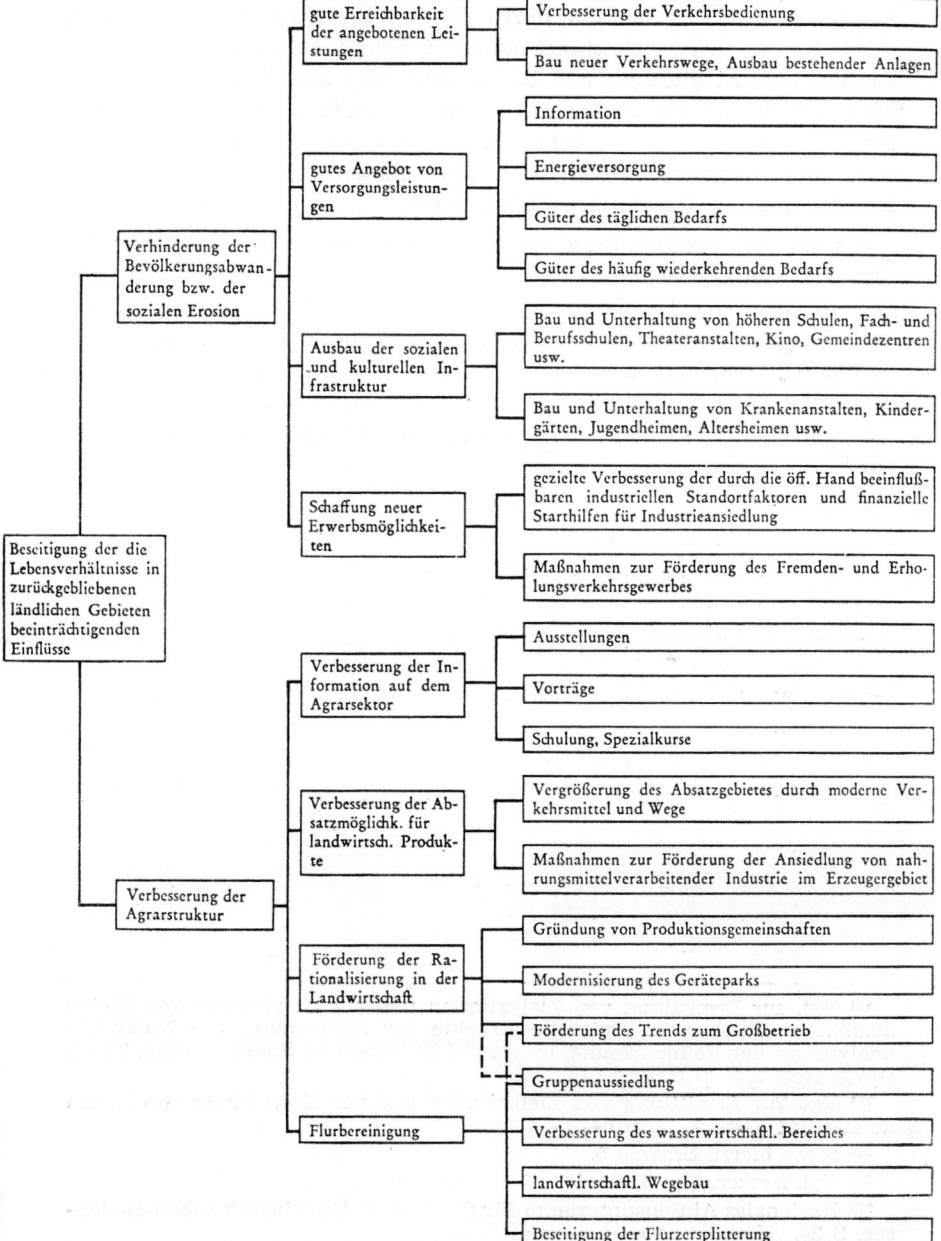

Quelle: Fischer, **L.**, **Spezielle Anwendung** von Nutzwertanalysen in der **Raumordnung,** S. 59.

voranzustellen ist[274], verlangt eine vollständige Untersuchung der komplexen Zielproblematik der Entscheidungssituation; „alle mit einem Oberziel in Verbindung stehenden Teilaspekte werden — nachdem sie einmal erkannt sind — nicht mehr außer acht gelassen, wobei das Erkennen von Teilaspekten durch die hierarchische Auflistung (der Zielkriterien, d. V.) erleichtert wird"[275]. Damit bietet die Nutzwertanalyse eine Möglichkeit zur Berücksichtigung sowohl fallspezifischer Ziele der konkreten Problemsituation als auch übergeordneter, allgemein raumordnungspolitischer Gestaltungspostulate und zeigt gleichzeitig die Nutzwerte alternativer Maßnahmen im Hinblick auf die Realisierung der Gesamtzielsetzung auf[276].

Als interessantestes Ergebnis der Untersuchung Beckers über die Effizienz von Förderungsmitteln sei hier in bezug auf die Programmgebiete Baden-Württembergs festgehalten, daß die öffentliche Fremdenverkehrsförderung bedeutend aufwendiger als die Industrieansiedlungspolitik ist, wenn das Ziel der öffentlichen Ausgaben vorrangig in der Schaffung neuer oder in der Sicherung bestehender Arbeitsplätze besteht[277], wie es in den Regionalen Aktionsprogrammen formuliert wird[278].

---

[274] Vgl. zur Ermittlung von Zielkriterien und zur Gewichtung von Zielen ausführlich *Fischer*, L., Spezielle Aspekte der Anwendung von Nutzwertanalysen in der Raumordnung, in: Raumforschung und Raumordnung, 29. Jg. (1971), Heft 2, S. 57 ff. und 61 f.

[275] Vgl. zur Ermittlung von Zielkriterien und zur Gewichtung von Zielen ausführlich *Fischer*, L., S. 64.

[276] Siehe hierzu Schema 5.

[277] Vgl. *Becker*, Ch., S. 32.

[278] Regionales Aktionsprogramm für das Gebiet Alb-Oberschwaben-Bodensee, S. 26.

Schlußbemerkungen

In den Jahren seit Adam Smith ist das Vertrauen in die prästabilisierte Harmonie der selbstregulierenden Kräfte eines marktwirtschaftlich organisierten Systems zunehmend geschwunden[1]. Die regionalen Implikationen der wirtschaftspolitischen Ziele Gerechtigkeit, Stabilität und Wachstum werden durch den Marktmechanismus nicht automatisch realisiert. Die allenthalben konstatierten Diskrepanzen zwischen diagnostizierten und prognostizierten Raumsituationen einerseits und regionalpolitischen Zielvorstellungen andererseits können nur durch gezielte Interventionen des Staates beseitigt werden[2]. Zur Verwirklichung dieser Ziele fehlt der Regionalpolitik jedoch heute noch die umfassende theoretische Basis, „die für eine rationale Bestimmung der zielkonformen Maßnahmen eine notwendige Voraussetzung ist"[3].

Es konnte nicht die Aufgabe dieser vorwiegend empirisch orientierten Arbeit sein, eine derartige Theorie des regionalen Wirtschaftswachstums zu erarbeiten. Die Studie sollte vielmehr den regionalpolitischen Entscheidungsträgern detaillierte Informationen über typische Entscheidungs-Verhaltensweisen und deren Entwicklungstendenzen liefern, die bei der Untersuchung der Standortwahl von Industrieunternehmern im baden-württembergischen Raum festgestellt wurden, und als Orientierungshilfen für die Ausrichtung der Regionalpolitik an den Standortaffinitäten der Industriebereiche interpretieren.

Die Hauptaufgabe der empirischen Analyse bestand in der Ermittlung einer prozentual abgestuften Rangfolge der relevanten Standortdeterminanten innerhalb der Branchen, Größenklassen und Zeitabschnitte. Dabei konnten allgemein hypostasierte Tendenzen in der Standortwahl zum Teil bestätigt[4], zum Teil — was wichtiger erscheint — im Hinblick auf branchenspezifische Besonderheiten modifiziert werden[5].

---

[1] Vgl. hierzu *Heuss*, E., Allgemeine Markttheorie, St. Galler wirtschaftswissenschaftliche Forschungen (Hrsg. Handelshochschule St. Gallen), Bd. 21, Tübingen und Zürich 1965, S. 262.

[2] *Schneider*, H. K., Über die Notwendigkeit regionaler Wirtschaftspolitik, S. 4 und 16 f.

[3] *Töpfer*, K., Regionalpolitik und Standortentscheidung, S. 128; vgl. auch *Storbeck*, D., Regionale Wirtschaftspolitik, Sp. 2627.

[4] Vgl. zu den Tendenzen in der Standortwahl allgemein *Fürst*, D., S. 218 ff.

[5] Siehe hierzu insbesondere Teil III, D. und Teil IV, C. der vorliegenden Untersuchung sowie den tabellarischen Anhang.

Gerade diese Besonderheiten müssen von der Regionalpolitik beachtet werden, wenn es gilt, zielrelevante Industrieunternehmen in Problemgebieten anzusiedeln.

In ihrem Ansatz ist jede empirische Untersuchung industrieller Standortentscheidungen, die auf Befragungen basiert, primär statisch. Die zeitliche Differenzierung ermöglicht jedoch eine komparativ-statische Betrachtungsweise, die aufgrund sekundärer Informationen Aufschluß über die Entwicklung im Standortverhalten industrieller Unternehmer gibt. Auch Prognosen über künftige Tendenzen können daraus abgeleitet werden, sofern sie nicht einen Anspruch auf langfristige Gültigkeit erheben[6].

Die Untersuchung der Standortaffinitäten zeigt gegenwärtig die dominierende Bedeutung der Faktoren Arbeitskräfte, Industriegelände und verkehrsmäßige Erschließung für alle Industriebereiche. Bei anhaltender Arbeitskräfteknappheit sind gegenwärtig die Regionen mit hohen Anteilen von Wirtschaftsbereichen begünstigt, die eine stark rückläufige Beschäftigtenzahl und daher eine Freisetzung von Arbeitskräften aufweisen. Dies ist im Untersuchungsbereich der vorliegenden Arbeit nach wie vor aufgrund des landwirtschaftlichen Überbesatzes der Fall[7]. Es wird jedoch vermutet, daß die vorrangige Bedeutung des Standortfaktors „Verfügbarkeit von Arbeitskräften" nur eine vorübergehende Erscheinung ist, die ab 1975 bei stärkerem Anstieg des Erwerbspotentials spürbar nachlassen wird[8]. Außerdem wird das Angebot an qualifizierten Arbeitskräften zunehmen, wodurch sich gewisse Erleichterungen für die Standortentscheidung ergeben[9]. In diesem Zusammenhang muß jedoch die Harmonisierung der Bildungschancen als ein besonders wichtiges Ziel der regionalen Wirtschaftspolitik betrachtet werden, da insbesondere Arbeitsplätze höherer Lohn- und Gehaltssummen stärker zur Beseitigung regionaler Einkommensdisparitäten beitragen können als reine Fertigungsbetriebe, die einen nur geringen Bedarf an mittleren und gehobenen Qualifikationen aufweisen[10].

Die Standortdeterminante „Verfügbarkeit erschlossenen Industriegeländes" wird künftig wahrscheinlich unter quantitativem und quali-

---

[6] Vgl. hierzu *Fulton*, M., Plant Location — 1965, in: Harvard Business Review, Vol. 33 (1955), No. 2, S. 40 ff.

[7] Siehe hierzu *Brünner*, F., S. 49.

[8] Vgl. *Schröder*, D., S. 199.

[9] Vgl. *Hübler*, K.-H., Die räumliche Entwicklung des Bundesgebietes, Prognosen bis zu den Jahren 1980/2000, in: Die neue Ordnung, Heft 5 (1969), S. 366 f.

[10] *Kunz*, D., *Spöri*, D., Eine neue Technik für die regionale Wirtschaftsförderung, in: Informationen, 21. Jg. (1971), Nr. 23, S. 608 f. und 613 ff. Vgl. auch dieselben, Harmonisierungs- und Ballungseffekte in Baden-Württemberg, in: Institut für Südwestdeutsche Wirtschaftsforschung, Bericht, Jg. 1971, Nr. 165, S. 7 ff. sowie *Jochimsen*, R., *Treuner*, P., S. 48 f.

tativem Aspekt weiter an Gewicht im Standortkalkül gewinnen[11]. Ähnliches gilt für die Bedeutung der verkehrsmäßigen Erschließung in Verdichtungsräumen sowie in ländlichen und zurückgebliebenen Gebieten[12].

Wenn sich auch die Rangordnung der drei Hauptdeterminanten künftig verschieben wird, so müssen doch gerade der Beeinflussung dieser Faktoren weiterhin die besonderen Bemühungen der regionalen Wirtschaftspolitik gelten. Dabei liefert die detaillierte Kenntnis branchenspezifischer Standortaffinitäten wertvolle Orientierungshinweise. Nur die konkrete raumwirtschaftliche Problemsituation kann Aufschluß darüber geben, welcher Natur (informierend, symptomorientiert oder kausalorientiert korrigierend), Zusammensetzung und Intensität die Maßnahmen im Einzelfall sein müssen. Für die Lösung dieser Frage sind die Standortwertigkeit des Fördergebiets, seine Stellung im Gesamtraum, die Auswahl der zielrelevanten, ansiedlungsgeeigneten Industrien und deren Standortaffinität von entscheidender Bedeutung. Teil IV der Untersuchung zeigt in Abschnitt C Beispiele auf, wie die Regionalpolitik zweckmäßig an den industriellen Standortaffinitäten orientiert werden kann und inwieweit bisherige Ansätze einer derartigen Politik modifiziert werden müssen.

Neben den erwähnten, allgemein dominierenden Einflußgrößen, deren Rangfolge für verschiedene Branchen durchaus unterschiedlich ist, bedürfen auch die weiteren analysierten Faktoren in ihrer branchen- und größenklassenspezifischen Relevanz einer gezielten Berücksichtigung seitens der regionalpolitischen Standortlenkung. Die Probleme, die dadurch aufgeworfen werden, wurden ebenfalls anhand der Beispiele baden-württembergischer Fördergebiete erörtert.

Die vergleichende Standortanalyse läßt den Schluß zu, daß die Transportkostenempfindlichkeit und die damit verbundene Standortabhängigkeit der Industriebetriebe zunehmend geringer werden und daß die in ihrer Standortwahl unabhängigen Industrien in stärkerem Maße als bisher das regionale Wirtschaftswachstum bestimmen[13]. Die aus dem Schwinden einer zwingenden Standortdeterminanz resultierende Mobilitätssteigerung in der Standortwahl ist die entscheidende Chance für die regionale Wirtschaftspolitik, den Trend zu Verdichtungsräumen[14]

---

[11] Siehe *Fürst*, D., S. 219 f.
[12] Vgl. Raumordnungsbericht 1970 der Bundesregierung, S. 28 ff. und 53 ff.
[13] So auch *Schröder*, D., S. 195.
[14] In den Jahren 1968 und 1969 konnte in der BRD bereits eine Abnahme des Standortentscheidungstrends zu Verdichtungsräumen festgestellt werden. Auch in Baden-Württemberg traten die „sonstigen Gebiete" stärker als in den Jahren 1966 und 1967 in den Vordergrund. Vgl. Bundesministerium für Arbeit und Sozialordnung (Hrsg.), Tabelle 5, S. 27; siehe auch Raumordnungsbericht 1970 der Bundesregierung, S. 28 ff. sowie *Kroner*, G., Standortwahl und Stillegungen von Industriebetrieben in den Jahren 1968 und 1969, S. 222.

weiter aufzuhalten und standortsuchende Industrien in größerem Umfang in Fördergebiete zu lenken. Ohne Zweifel ist in diesem Zusammenhang die regionalpolitische Einwirkungsebene der Information wichtig[15]. Die Informationspolitik bedarf jedoch unbedingt auch einer Unterstützung durch korrigierende Maßnahmen, insbesondere auf dem Gebiet der regionalen Infrastrukturpolitik. Die Analyse der Standortentscheidungen ließ ein deutliches Anwachsen der Absatzorientierung in der industriellen Standortwahl erkennen.

Möglicherweise ist gerade die zunehmende Absatzorientierung die Hauptursache dafür, daß trotz der Überwindung des ökonomischen Zwanges zur verstärkten Konzentration von Bevölkerung und Wirtschaft auf wenige standortgünstige Regionen[16] weiterhin vielfach ballungsnahe Räume bevorzugt werden, wobei die Verdichtungsräume in erster Linie als potentielle, nahe gelegene Konsumzentren zur Ansiedlung anreizen. Ein leistungsfähiges Kommunikationssystem — vor allem auf dem Gebiet der Verkehrsinfrastruktur — kann jedoch zu einer Ausdehnung der Absatzbereiche führen und so die Bedeutung der unmittelbaren Marktnähe geographisch weiter fassen[17].

Durch eine gezielte Förderung von Schwerpunktorten[18] in den Problemgebieten können die Voraussetzungen für das Entstehen neuer

[15] Beispielsweise durch Informationen über die Standortwertigkeit der Fördergebiete oder über erfolgte und geglückte Standortverlagerungen; vgl. *Fürst*, D., S. 219; siehe auch *Mueller*, E., *Morgan*, J. N., S. 204 ff. In jüngerer Zeit wurden verstärkt Informationen über Standortvorteile auf dem Wege der Koordination und Kooperation zahlreicher öffentlicher Institutionen zur Verfügung gestellt. So hat der Arbeitskreis „Unterelbe-Ostsee", in dem die Industrie- und Handelskammern Flensburg, Hamburg, Kiel, Lübeck, Lüneburg und Stade vertreten sind, einen „Wegweiser für Industrieansiedlungen" (vgl. Standort Nord — Wohin mit dem Betrieb — Wegweiser für Industrie-Ansiedlungen zwischen Ostsee und Unterelbe, 1972) vorgelegt, der einen Weg moderner Informationspolitik aufzeigt. Siehe hierzu auch Commerzbank, Bericht der Abteilung Volkswirtschaft, Industrieansiedlung im Küstengebiet, R 13 vom 16. 10. 1972, S. 12; vgl. ferner Minister für Wirtschaft und öffentliche Arbeiten des Landes Niedersachsen (Hrsg.), Niedersachsen — Industrieland mit Zukunft, Hannover 1972.

[16] Vgl. *Schröder*, D., S. 195.

[17] *Frerich*, J., *Helms*, E., *Kreuter*, H., S. 107 ff. Vgl. auch allgemein *Voigt*, F., Die volkswirtschaftlichen Grundlagen der Verkehrsplanung, in: Gestaltungsprobleme der Weltwirtschaft, Jahrbuch für Sozialwissenschaft, Bd. 14 (1963), Heft 3 (zugleich Festschrift für Andreas Predöhl), S. 237 ff., bes. 242 ff.

[18] Die Ministerkonferenz für Raumordnung empfahl eine Förderung der zentralen Orte in einer Abstufung nach Oberzentren, Mittelzentren, Unter- und Kleinzentren (vgl. Raumordnungsbericht 1968 der Bundesregierung, S. 149). Übereinstimmende Maßstäbe für eine einheitliche Festlegung der Zentren sind jedoch noch nicht entwickelt worden (vgl. Raumordnungsbericht 1970 der Bundesregierung, S. 37). Vgl. zur Schwerpunktförderung auch *Hessing*, F.-J., Standortprogramme — Kooperationsinstrument zwischen Staat und Selbstverwaltung in der Entwicklungsplanung, in: Informationen, 21. Jg. (1971), Nr. 18, S. 485 ff.

oder die Belebung vorhandener Aktivitätskerne geschaffen werden, die als potentielle Konsumzentren periphäre Ansiedlungen stimulieren, Faktor-, Güter- und (insbesondere verkehrliche) Kommunikationsströme einerseits auf sich ziehen, andererseits in ihr Umland emittieren[19].

Eine weitere Entwicklungstendenz, die aus der empirischen Analyse industrieller Standortentscheidungen in Baden-Württemberg ersichtlich wird, ist die Bedeutungszunahme regionaler Faktoren der Wohnort- und Freizeitgunst. Die eigenen Erhebungen zeigen jedoch hier kein so starkes Anwachsen, wie es in anderen Untersuchungen konstatiert und prognostiziert wird[20]. Die Standortrelevanz immobiler Knappheitsfaktoren wie Klima, Landschaft, Sport- und sonstiger Unterhaltungsmöglichkeiten dürfte jedoch bei fortschreitender Arbeitszeitverkürzung und wachsendem Freizeitbewußtsein der Beschäftigten künftig weiter an Attraktivität gewinnen und daher auch von der regionalen Wirtschaftspolitik stärker beachtet werden müssen[21].

In der vorliegenden Untersuchung stand weniger die Erweiterung regional-wirtschaftlicher Entwicklungstheorien im Vordergrund als vielmehr die empirische Überprüfung der Standortentscheidungen, die ihre erhebliche Bedeutung aus der Tatsache gewinnt, daß nur solche theoretischen Ansätze kognitiven Wert besitzen, die anhand kritischer Überprüfung ihres Aussagegehalts an der Realität Bestätigung erfahren. Insofern sind die erzielten, empirisch abgesicherten Ergebnisse der Standortanalyse auch für die Theorie der Regionalpolitik erheblich, indem nämlich der negative Wahrheitswert einer falschen Aussage einer Theorie gewissermaßen rücktransferiert wird und die Falschheit mindestens einer der Prämissen ergibt[22]. Das heißt, daß eine Theorie dann als widerlegt zu gelten hat, wenn ihre Konsequenzen widerlegt wur-

---

[19] Die in Verfolgung des Wachstumpolkonzepts auftretenden Planungs- und Koordinationsprobleme (insbesondere auch die Fragen, die sich aus den Vor- und Nachteilen der Industriekomplexe und Industrieparks ergeben) konnten in dieser Arbeit nicht ausführlich behandelt werden; siehe dazu u. a. *Streit*, M. E., Regionalpolitische Aspekte des Wachstumpolkonzepts, S. 231 ff. sowie *Ritter*, U. P., Industrieparks, in: Handwörterbuch der Raumforschung und Raumordnung, Bd. II, Hannover 1970, Sp. 1277 ff.

[20] Vgl. etwa *Schröder*, D., S. 116 ff. und 195 ff.

[21] Siehe *Anderseck*, K., *Reding*, K., Regionale Präferenzen von Arbeitnehmern — Überblick über eine empirische Untersuchung —, in: Informationen, 21. Jg. (1971), Nr. 12, S. 302 und 309.

[22] Zu dieser wissenschaftstheoretischen Problematik vgl. *Albert*, H., Modell-Platonismus, Der neoklassische Stil des ökonomischen Denkens in kritischer Beleuchtung, in: E. Topitsch (Hrsg.), Logik der Sozialwissenschaften, 7. Aufl., Köln—Berlin 1971, S. 409; ähnlich auch *Popper*, K., Das Elend des Historizismus, dritte, verbesserte Aufl., Tübingen 1971, S. 105: „... alle Prüfungen lassen sich als Versuch auffassen, falsche Theorien auszumerzen — die schwachen Punkte einer Theorie zu finden, um sie zu verwerten, wenn sie durch die Prüfung falsifiziert wird."

den. Dieser Zusammenhang gilt auch für die in dieser Arbeit vorgenommene empirische Überprüfung von Theorien; insofern besitzt die
Untersuchung auch für die Theorie der Regionalpolitik Bedeutung.
Hauptziel der Studie war es also, die Notwendigkeit einer detaillierten
Kenntnis branchen- und größenklassenspezifischer industrieller Standortanforderungen für die regionalpolitischen Entscheidungsträger auf-
zuzeigen, auf Basis von 2 208 Standortentscheidungen einen Affinitäten-
katalog zu erarbeiten und dessen Informationswert anhand der Förderung von Problemgebieten zu exemplifizieren.

Eine Lösung für die Problematik der Zielkonformität der empfoh-
lenen Maßnahmen kann die Arbeit nicht liefern. Solange nicht eine
allgemeine Theorie der Regionalpolitik die rationale Bestimmung ziel-
konformer raumwirtschaftlicher Maßnahmen als integrierte Bestand-
teile der allgemeinen Wirtschaftspolitik ermöglicht und auf deren Zielsetzungen hin relativiert, müssen Diagnose und Prognose der regionalen
Problemsituation Aufschluß darüber geben, welche Maßnahmen der
regionalpolitischen Standortlenkung im Einzelfall unter Berücksichtigung der Standortwertigkeiten und -affinitäten getroffen werden
müssen.

Standortentscheidungen werden, wie sich aus der vorliegenden Studie
tendenziell feststellen läßt, zunehmend rationaler getroffen. Klarere,
längerfristig orientierte Auswahlkriterien gewinnen an Bedeutung, Ge-
fühlswertungen werden durch zuverlässigere, umfangreichere Informationen ersetzt[23]. Diese Tendenzen lassen gleichzeitig erhoffen, daß die
privaten Entscheidungsträger einer fundierten und gezielten regionalpolitischen Information und korrigierenden Intervention, die einzelwirtschaftliche und raumordnungspolitische Interessen wirkungsvoll
koordiniert, künftig aufgeschlossener als bisher gegenüberstehen werden.

---

[23] Zur Feststellung ähnlicher Tendenzen gelangt auch *Fürst*, D., S. 218.

Tabellenanhang

Die Determinanten der Standortentscheidungen

a = Verfügbare Arbeitskräfte

b = Verfügbares (erschlossenes) Ansiedlungsgelände

c = Günstige Lage zu den Rohstoffquellen bzw. zum Beschaffungsmarkt

d = Günstige Lage zum Absatzmarkt

e = Transportmöglichkeiten (verkehrsmäßige Erschließung)

f = Öffentliche Förderung

g = Übernahme vorhandener Produktionsstätten

h = Wohn- und Freizeitwerte

i = Sonstige (insbesondere private) Faktoren

Tabelle 1 : Die Berechnung der Standortaffinität für

Branche: 1 (ohne Größenklassengewichtung)   Zeitabschnitt: vor 1955

Betriebs-größen-klasse	Anzahl der Betriebe	α*	Standortdeterminanten										
			a Anteil	b Anteil	c Anteil	d Anteil	e Anteil	f Anteil	g Anteil	h Anteil	i Anteil		
1	2	3	4	5	6	7	8	9	1o	11	12		
1	43	-	447	389	1.506	744	812	25	322	55	-		
2	13	-	94	169	494	150	278	-	15	-	100		
3	10	-	40	20	259	125	148	-	308	-	100		
4	4	-	88	88	140	-	84	-	-	-	-		
5	1	-	-	-	-	100	-	-	-	-	-		
6	-	-	-	-	-	-	-	-	-	-	-		
Σ	71	-	669	666	2.399	1.119	1.322	25	645	55	200	7100	
Standortaffinität			9,4	9,4	33,8	15,8	18,5	0,4	9,1	0,8	2,8	100,0	

$$* \ \alpha = \frac{B_{ij}}{\sum\limits_{i=1}^{6} B_{ij}}$$

Quelle: Eigene Berechnungen auf Basis eigener Erhebungen.

Tabellenanhang

Tabelle   2   : Die Berechnung der Standortaffinität
               für
               Branche: 1   (mit Größenklassengewichtung)   Zeitabschnitt: vor 1955

Betriebs-größenklasse	Anzahl der Betriebe	α^*	Standortdeterminanten									
			a Anteil	b Anteil	c Anteil	d Anteil	e Anteil	f Anteil	g Anteil	h Anteil	i Anteil	
1	2	3	4	5	6	7	8	9	10	11	12	
1	43	0,1886	84,3	73,4	284,0	140,3	153,2	4,7	60,7	10,4	-	
2	13	0,1710	16,1	28,9	84,5	25,7	47,5	-	2,6	-	17,1	
3	10	0,2632	10,5	5,3	68,2	32,9	39,0	-	81,1	-	26,3	
4	4	0,2456	21,6	21,6	34,4	-	20,7	-	-	-	-	
5	1	0,1316	-	-	-	13,2	-	-	-	-	-	
6	-	-	-	-	-	-	-	-	-	-	-	
$\sum$	71	1,0000	132,5	129,2	471,1	212,1	260,4	4,7	144,4	10,4	43,4	1408,2
Standortaffinität			9,4	9,2	33,5	15,1	18,4	0,3	10,3	0,7	3,1	100,0

$^* \; \alpha = \dfrac{B_{ij}}{\sum\limits_{i=1}^{6} B_{ij}}$

Quelle: Eigene Berechnungen auf Basis eigener Erhebungen.

Tabelle 3 : Die Berechnung der Standortaffinität für

Branche: 1 (ohne Größenklassengewichtung)   Zeitabschnitt: 1955 - 1959

Betriebs-größen-klasse	Anzahl der Betriebe	α^*	Standortdeterminanten								
			a Anteil	b Anteil	c Anteil	d Anteil	e Anteil	f Anteil	g Anteil	h Anteil	i Anteil
1	2	3	4	5	6	7	8	9	10	11	12
1	16	-	245	260	325	185	435	-	90	-	60
2	2	-	-	-	50	110	40	-	-	-	-
3	3	-	20	-	60	70	150	-	-	-	-
4	1	-	-	-	-	-	-	-	-	-	100
5	-	-	-	-	-	-	-	-	-	-	-
6	-	-	-	-	-	-	-	-	-	-	-
$\sum$	22	-	265	260	435	365	625	-	90	-	160	2200
Standortaffinität			12,1	11,8	19,8	16,8	28,0	-	4,2	-	7,3	100,0

$* \ \alpha = \dfrac{B_{ij}}{\sum\limits_{i=1}^{6} B_{ij}}$

Quelle: Eigene Berechnungen auf Basis eigener Erhebungen.

Tabelle 4 : Die Berechnung der Standortaffinität
             für
             Branche: 1 (mit Größenklassengewichtung)   Zeitabschnitt: 1955 - 1959

Betriebs-größen-klasse	Anzahl der Betriebe	α^*	Standortdeterminanten									
			a Anteil	b Anteil	c Anteil	d Anteil	e Anteil	f Anteil	g Anteil	h Anteil	i Anteil	
1	2	3	4	5	6	7	8	9	10	11	12	
1	16	0,2963	72,6	77,0	96,3	54,8	128,9	-	26,7	-	17,8	
2	2	0,1111	-	-	5,6	12,2	4,5	-	-	-	-	
3	3	0,3333	6,7	-	20,0	23,3	50,0	-	-	-	-	
4	1	0,2593	-	-	-	-	-	-	-	-	25,9	
5	-	-	-	-	-	-	-	-	-	-	-	
6	-	-	-	-	-	-	-	-	-	-	-	
$\sum$	22	1,0000	79,3	77,0	121,9	90,3	183,4	-	26,7	-	43,7	622,3
Standortaffinität			12,7	12,4	19,6	14,5	29,5	-	4,3	-	7,0	100,0

$$ {}^* \; \alpha = \frac{B_{ij}}{\sum_{i=1}^{6} B_{ij}} $$

Quelle: Eigene Berechnungen auf Basis eigener Erhebungen.

Tabelle 5 : Die Berechnung der Standortaffinität für

Branche: 1 (ohne Größenklassengewichtung)   Zeitabschnitt: 1960 – 1971

Betriebs-größen-klasse	Anzahl der Betriebe	α^*	Standortdeterminanten									
			a	b	c	d	e	f	g	h	i	
			Anteil	Anteil	Anteil	Anteil	Anteil	Anteil	Anteil	Anteil	Anteil	
1	2	3	4	5	6	7	8	9	10	11	12	
1	43	–	365	563	938	758	868	20	470	–	318	
2	6	–	90	180	130	115	75	–	–	–	10	
3	4	–	50	90	70	120	70	–	–	–	–	
4	1	–	30	–	30	10	30	–	–	–	–	
5	–	–	–	–	–	–	–	–	–	–	–	
6	–	–	–	–	–	–	–	–	–	–	–	
$\sum$	54	–	535	833	1.168	1.003	1.043	20	470	–	328	5400
Standortaffinität			9,9	15,4	21,6	18,6	19,3	0,4	8,7	–	6,1	100,0

$$* \; \alpha = \frac{B_{ij}}{\sum_{i=1}^{6} B_{ij}}$$

Quelle: Eigene Berechnungen auf Basis eigener Erhebungen.

Tabelle 6 : Die Berechnung der Standortaffinität
für
Branche: 1 (mit Größenklassengewichtung)

Zeitabschnitt: 1960 - 1971

Betriebs-größen-klasse	Anzahl der Betriebe	α*	Standortdeterminanten									
			a Anteil	b Anteil	c Anteil	d Anteil	e Anteil	f Anteil	g Anteil	h Anteil	i Anteil	
1	2	3	4	5	6	7	8	9	1o	11	12	
1	43	0,4343	158,5	244,5	407,4	329,2	377,0	8,7	204,1	-	138,1	
2	6	0,1818	16,4	32,7	23,6	20,9	13,6	-	-	-	1,8	
3	4	0,2425	12,1	21,8	17,0	29,1	17,0	-	-	-	-	
4	1	0,1414	4,2	-	4,2	1,4	4,2	-	-	-	-	
5	-	-	-	-	-	-	-	-	-	-	-	
6	-	-	-	-	-	-	-	-	-	-	-	
Σ	54	1,0000	191,2	299,0	452,2	380,6	411,8	8,7	204,1	-	139,9	2087,5
Standortaffinität			9,2	14,3	21,8	18,2	19,7	0,3	9,8	-	6,7	100,0

$$* \; \alpha = \frac{B_{ij}}{\sum\limits_{i=1}^{6} B_{ij}}$$

Quelle: Eigene Berechnungen auf Basis eigener Erhebungen.

Tabelle 7 : Die Berechnung der Standortaffinität für

Branche: 1 (ohne Größenklassengewichtung)   Zeitabschnitt: 1955 - 1971

Betriebs- größen- klasse	Anzahl der Betriebe	α*	Standortdeterminanten									
			a Anteil	b Anteil	c Anteil	d Anteil	e Anteil	f Anteil	g Anteil	h Anteil	i Anteil	
1	2	3	4	5	6	7	8	9	1o	11	12	
1	59	-	610	823	1.263	943	1.303	20	560	-	378	
2	8	-	90	180	180	225	115	-	-	-	10	
3	7	-	70	90	130	190	220	-	-	-	-	
4	2	-	30	-	30	10	30	-	-	-	100	
5	-	-	-	-	-	-	-	-	-	-	-	
6	-	-	-	-	-	-	-	-	-	-	-	
Σ	76	-	800	1.093	1.603	1.368	1.668	20	560	-	488	7600
Standortaffinität			10,5	14,4	21,1	18,0	22,0	0,3	7,4	-	6,3	100,0

$$* \quad \alpha = \frac{B_{ij}}{\sum\limits_{i=1}^{6} B_{ij}}$$

Quelle: Eigene Berechnungen auf Basis eigener Erhebungen.

13*

Tabelle   8   : Die Berechnung der Standortaffinität
                für
                Branche: 1 (mit Größenklassengewichtung)   Zeitabschnitt: 1955 - 1971

Betriebs-größen-klasse	Anzahl der Betriebe	α^*	Standortdeterminanten									
			a Anteil	b Anteil	c Anteil	d Anteil	e Anteil	f Anteil	g Anteil	h Anteil	i Anteil	
1	2	3	4	5	6	7	8	9	10	11	12	
1	59	0,3856	235,2	317,3	487,0	363,6	502,4	7,7	215,9	-	145,8	
2	8	0,1569	14,1	28,2	28,2	35,3	18,1	-	-	-	1,6	
3	7	0,2745	19,2	24,7	35,7	52,2	60,3	-	-	-	-	
4	2	0,1830	5,5	-	5,5	1,8	5,5	-	-	-	18,3	
5	-	-	-	-	-	-	-	-	-	-	-	
6	-	-	-	-	-	-	-	-	-	-	-	
$\sum$	76	1,0000	274,0	370,2	556,4	452,9	586,3	7,7	215,9	-	165,7	2629,1
Standortaffinität			10,4	14,1	21,2	17,2	22,3	0,3	8,2	-	6,3	100,0

$* \ \alpha = \dfrac{B_{ij}}{\sum\limits_{i=1}^{6} B_{ij}}$

Quelle: Eigene Berechnungen auf Basis eigener Erhebungen.

Tabelle 9 : Die Berechnung der Standortaffinität für

Branche: 2 (ohne Größenklassengewichtung)   Zeitabschnitt: vor 1955

Betriebsgrößenklasse	Anzahl der Betriebe	α*	Standortdeterminanten								
			a Anteil	b Anteil	c Anteil	d Anteil	e Anteil	f Anteil	g Anteil	h Anteil	i Anteil
1	2	3	4	5	6	7	8	9	1o	11	12
1	6	–	10	60	–	180	40	–	310	–	–
2	6	–	116	67	122	66	124	5	100	–	–
3	7	–	110	170	50	140	105	–	125	–	–
4	2	–	–	–	–	–	–	–	100	–	100
5	1	–	–	–	–	–	–	–	–	–	–
6	1	–	20	20	–	20	30	–	10	–	–
Σ	22	–	256	317	172	406	299	5	645	–	100	2200
Standortaffinität			11,6	14,4	7,8	18,5	13,7	0,2	29,3	–	4,5	100,0

$$* \ \alpha = \frac{B_{ij}}{\sum\limits_{i=1}^{6} B_{ij}}$$

Quelle: Eigene Berechnungen auf Basis eigener Erhebungen.

Tabelle 10 : Die Berechnung der Standortaffinität
             für
             Branche: 2 (mit Größenklassengewichtung)   Zeitabschnitt: vor 1955

Betriebs-größen-klasse	Anzahl der Betriebe	α^*	Standortdeterminanten a Anteil	b Anteil	c Anteil	d Anteil	e Anteil	f Anteil	g Anteil	h Anteil	i Anteil	
1	2	3	4	5	6	7	8	9	10	11	12	
1	6	0,0448	0,5	2,7	-	8,1	1,8	-	13,9	-	-	
2	6	0,1343	15,6	9,0	16,4	8,9	16,6	0,7	13,4	-	-	
3	7	0,3134	34,5	53,3	15,7	43,9	32,9	-	39,2	-	-	
4	2	0,2090	-	-	-	-	-	-	-	-	20,9	
5	-	-	-	-	-	-	-	-	-	-	-	
6	1	0,2985	6,0	6,0	-	6,0	9,0	-	3,0	-	-	
$\sum$	22	1,0000	56,6	71,0	32,1	66,9	60,3	0,7	90,4	-	20,9	398,9
Standortaffinität			14,2	17,8	8,0	16,8	15,1	0,2	22,7	-	5,2	100,0

$$* \; \alpha = \frac{B_{ij}}{\sum\limits_{i=1}^{6} B_{ij}}$$

Quelle: Eigene Berechnungen auf Basis eigener Erhebungen.

Tabelle 11 : Die Berechnung der Standortaffinität für

Branche: 2 (ohne Größenklassengewichtung) Zeitabschnitt: 1955 - 1959

Betriebs-größen-klasse	Anzahl der Betriebe	α^*	Standortdeterminanten								
			a Anteil	b Anteil	c Anteil	d Anteil	e Anteil	f Anteil	g Anteil	h Anteil	i Anteil
1	2	3	4	5	6	7	8	9	1o	11	12
1	3	-	120	80	-	-	20	-	-	-	80
2	-	-	-	-	-	-	-	-	-	-	-
3	1	-	30	40	5	15	5	5	-	-	-
4	-	-	-	-	-	-	-	-	-	-	-
5	-	-	-	-	-	-	-	-	-	-	-
6	-	-	-	-	-	-	-	-	-	-	-
$\sum$	4	-	150	120	5	15	25	5	-	-	80	400
Standortaffinität			37,4	30,0	1,3	3,8	6,3	1,3	-	-	20,0	100,1

$$* \; \alpha = \frac{B_{ij}}{\sum_{i=1}^{6} B_{ij}}$$

Quelle: Eigene Berechnungen auf Basis eigener Erhebungen.

Tabelle 12 : Die Berechnung der Standortaffinität
             für
             Branche: 2 (mit Größenklassengewichtung)   Zeitabschnitt: 1955 – 1959

Betriebs-größen-klasse	Anzahl der Betriebe	α*	Standortdeterminanten									
			a Anteil	b Anteil	c Anteil	d Anteil	e Anteil	f Anteil	g Anteil	h Anteil	i Anteil	
1	2	3	4	5	6	7	8	9	10	11	12	
1	3	0,3333	40,0	26,7	–	–	6,6	–	–	–	26,7	
2	–	–	–	–	–	–	–	–	–	–	–	
3	1	0,6667	20,0	26,7	3,3	10,0	3,3	3,3	–	–	–	
4	–	–	–	–	–	–	–	–	–	–	–	
5	–	–	–	–	–	–	–	–	–	–	–	
6	–	–	–	–	–	–	–	–	–	–	–	
Σ	4	1,0000	60,0	53,4	3,3	10,0	9,9	3,3	–	–	26,7	166,6
Standortaffinität			36,0	32,1	2,0	6,0	6,0	2,0	–	–	16,0	100,1

$$* \; \alpha = \frac{B_{ij}}{\sum_{i=1}^{6} B_{ij}}$$

Quelle: Eigene Berechnungen auf Basis eigener Erhebungen.

Tabelle 13 : Die Berechnung der Standortaffinität für

Branche: 2 (ohne Größenklassengewichtung)   Zeitabschnitt: 1960 - 1971

Betriebs-größen-klasse	Anzahl der Betriebe	α*	Standortdeterminanten								
			a Anteil	b Anteil	c Anteil	d Anteil	e Anteil	f Anteil	g Anteil	h Anteil	i Anteil
1	2	3	4	5	6	7	8	9	1o	11	12
1	2	-	80	20	-	20	40	-	-	-	4o
2	2	-	50	20	-	100	10	20	-	-	-
3	2	-	60	40	-	-	-	-	100	-	-
4	-	-	-	-	-	-	-	-	-	-	-
5	-	-	-	-	-	-	-	-	-	-	-
6	-	-	-	-	-	-	-	-	-	-	-
$\sum$	6	-	190	80	-	120	50	20	100	-	40	600
Standortaffinität			31,7	13,6	-	20,0	8,3	3,3	16,7	-	6,4	100,0

* $\alpha = \dfrac{B_{ij}}{\sum\limits_{i=1}^{6} B_{ij}}$

Quelle: Eigene Berechnungen auf Basis eigener Erhebungen.

Tabelle 14 : Die Berechnung der Standortaffinität
für
Branche: 2 (mit Größenklassengewichtung)　　　　Zeitabschnitt: 1960 - 1971

Betriebs-größen-klasse	Anzahl der Betriebe	α^*	Standortdeterminanten								
			a Anteil	b Anteil	c Anteil	d Anteil	e Anteil	f Anteil	g Anteil	h Anteil	i Anteil
1	2	3	4	5	6	7	8	9	1o	11	12
1	2	0,1000	8,0	2,0	-	2,0	4,0	-	-	-	4,0
2	2	0,3000	15,0	6,0	-	30,0	3,0	6,0	-	-	-
3	2	0,6000	36,0	24,0	-	-	-	-	60,0	-	-
4	-	-	-	-	-	-	-	-	-	-	-
5	-	-	-	-	-	-	-	-	-	-	-
6	-	-	-	-	-	-	-	-	-	-	-
$\sum$	6	1,0000	59,0	32,0	-	32,0	7,0	6,0	60,0	-	4,0	200,0
Standortaffinität			29,5	16,0	-	16,0	2,6	3,0	30,9	-	2,0	100,0

$* \ \alpha = \dfrac{B_{ij}}{\sum\limits_{i=1}^{6} B_{ij}}$

Quelle: Eigene Berechnungen auf Basis eigener Erhebungen.

Tabelle 15 : Die Berechnung der Standortaffinität für

Branche: 2 (ohne Größenklassengewichtung)   Zeitabschnitt: 1955 - 1971

Betriebs- größen- klasse	Anzahl der Betriebe	α^*	Standortdeterminanten									
			a Anteil	b Anteil	c Anteil	d Anteil	e Anteil	f Anteil	g Anteil	h Anteil	i Anteil	
1	2	3	4	5	6	7	8	9	1o	11	12	
1	5	-	200	100	-	20	60	-	-	-	120	
2	2	-	50	20	-	100	10	20	-	-	-	
3	3	-	90	80	5	15	5	5	100	-	-	
4	-	-	-	-	-	-	-	-	-	-	-	
5	-	-	-	-	-	-	-	-	-	-	-	
6	-	-	-	-	-	-	-	-	-	-	-	
$\sum$	10	-	340	200	5	135	75	25	100	-	120	1000
Standortaffinität			34,0	20,0	0,5	13,5	7,5	2,5	10,0	-	12,0	100,0

$$* \; \alpha = \frac{B_{ij}}{\sum\limits_{i=1}^{6} B_{ij}}$$

Quelle: Eigene Berechnungen auf Basis eigener Erhebungen.

Tabelle 16 : Die Berechnung der Standortaffinität für

Branche: 2 (mit Größenklassengewichtung)   Zeitabschnitt: 1955 - 1971

Betriebs-größen-klasse	Anzahl der Betriebe	α^*	Standortdeterminanten								
			a Anteil	b Anteil	c Anteil	d Anteil	e Anteil	f Anteil	g Anteil	h Anteil	i Anteil
1	2	3	4	5	6	7	8	9	10	11	12
1	5	0,1724	34,5	17,2	-	3,4	10,3	-	-	-	20,7
2	2	0,2069	10,3	4,1	-	20,7	2,1	4,1	-	-	-
3	3	0,6207	55,9	49,7	3,1	9,3	3,1	3,1	62,1	-	-
4	-	-	-	-	-	-	-	-	-	-	-
5	-	-	-	-	-	-	-	-	-	-	-
6	-	-	-	-	-	-	-	-	-	-	-
$\sum$	10	1,0000	100,7	71,0	3,1	33,4	15,5	7,2	62,1	-	20,7	313,7
Standortaffinität			32,1	22,6	1,0	10,6	4,9	2,3	19,8	-	6,7	100,0

$* \ \alpha = \dfrac{B_{ij}}{\sum\limits_{i=1}^{6} B_{ij}}$

Quelle: Eigene Berechnungen auf Basis eigener Erhebungen.

Tabelle 17 : Die Berechnung der Standortaffinität für

Branche: 3 (ohne Größenklassengewichtung)   Zeitabschnitt: vor 1955

Betriebs- größen- klasse	Anzahl der Betriebe	α*	Standortdeterminanten								
			a Anteil	b Anteil	c Anteil	d Anteil	e Anteil	f Anteil	g Anteil	h Anteil	i Anteil
1	2	3	4	5	6	7	8	9	10	11	12
1	151	-	3.134	2.636	605	1.193	2.578	190	1.566	140	2.959
2	76	-	1.245	1.942	254	755	832	50	437	112	2.073
3	86	-	1.820	1.654	149	489	924	260	1.182	67	2.055
4	60	-	1.338	1.259	113	267	825	90	765	30	1.312
5	22	-	580	510	-	30	135	40	565	30	310
6	28	-	697	376	10	485	267	30	255	-	680
∑	423	-	8.814	8.377	1.131	3.219	5.561	660	4.770	379	9.389	42300
Standortaffinität			20,8	19,8	2,7	7,6	13,2	1,6	11,3	0,9	22,2	100,1

* $\alpha = \dfrac{B_{ij}}{\sum\limits_{i=1}^{6} B_{ij}}$

Quelle: Eigene Berechnungen auf Basis eigener Erhebungen.

Tabelle 18   : Die Berechnung der Standortaffinität
              für
              Branche: 3 (mit Größenklassengewichtung)   Zeitabschnitt: vor 1955

Betriebs- größen- klasse	Anzahl der Betriebe	α*	Standortdeterminanten									
			a Anteil	b Anteil	c Anteil	d Anteil	e Anteil	f Anteil	g Anteil	h Anteil	i Anteil	
1	2	3	4	5	6	7	8	9	10	11	12	
1	151	0,0430	139,1	113,3	26,0	51,3	110,8	8,2	67,3	6,0	127,2	
2	76	0,0648	80,7	125,8	16,5	48,9	53,9	3,2	28,3	7,3	134,3	
3	86	0,1468	267,2	242,8	21,9	71,8	135,6	38,2	173,5	9,8	301,7	
4	60	0,2390	319,8	200,9	27,0	63,8	197,4	21,5	182,8	7,2	313,6	
5	22	0,1878	108,9	95,8	-	5,6	25,4	7,5	106,1	5,6	58,2	
6	28	0,3186	222,1	119,8	3,2	154,5	85,1	9,6	81,2	-	216,6	
Σ	423	1,0000	1137,8	898,4	94,6	395,9	608,2	88,2	639,2	35,9	1151,6	5049,8
Standortaffinität			22,5	17,8	1,9	7,8	12,1	1,7	12,7	0,7	22,8	100,0

$$* \ \alpha = \frac{B_{ij}}{\sum_{i=1}^{6} B_{ij}}$$

Quelle: Eigene Berechnungen auf Basis eigener Erhebungen.

Tabelle 19 : Die Berechnung der Standortaffinität für

Branche: 3 (ohne Größenklassengewichtung)   Zeitabschnitt: 1955 - 1959

Betriebs- größen- klasse	Anzahl der Betriebe	α*	Standortdeterminanten								
			a Anteil	b Anteil	c Anteil	d Anteil	e Anteil	f Anteil	g Anteil	h Anteil	i Anteil
1	2	3	4	5	6	7	8	9	10	11	12
1	66	–	1.614	1.893	172	844	998	140	344	50	545
2	30	–	698	924	30	210	298	40	375	25	400
3	13	–	382	403	20	90	241	57	67	–	40
4	23	–	1.000	610	40	–	245	80	175	30	120
5	11	–	390	258	4	40	143	33	170	41	21
6	8	–	179	344	15	14	138	–	100	10	–
Σ	151	–	4.263	4.432	281	1.198	2.063	350	1.231	156	1.126	15100
Standortaffinität			29,2	29,4	1,9	7,9	12,6	2,3	8,2	1,0	7,5	100,0

$$* \; \alpha = \frac{B_{ij}}{\sum\limits_{i=1}^{6} B_{ij}}$$

Quelle: Eigene Berechnungen auf Basis eigener Erhebungen.

Tabelle 20 : Die Berechnung der Standortaffinität

für

Branche: 3 (mit Größenklassengewichtung)   Zeitabschnitt: 1955 – 1959

Betriebs-größen-klasse	Anzahl der Betriebe	α*	Standortdeterminanten									
			a Anteil	b Anteil	c Anteil	d Anteil	e Anteil	f Anteil	g Anteil	h Anteil	i Anteil
1	2	3	4	5	6	7	8	9	10	11	12
1	66	0,0548	88,4	103,7	9,4	46,3	54,7	7,7	18,9	2,7	29,9
2	30	0,0746	52,1	68,9	2,2	15,7	22,2	3,0	28,0	1,9	29,8
3	13	0,0647	24,7	26,1	1,3	5,8	15,6	3,7	4,3	–	2,6
4	23	0,2669	266,9	162,8	10,7	–	65,3	21,4	46,7	8,0	32,0
5	11	0,2737	106,7	70,6	1,1	10,9	39,2	9,0	46,5	11,2	5,7
6	8	0,2653	47,5	91,3	4,0	3,7	36,5	–	26,5	2,7	–
Σ	151	1,0000	586,3	523,4	28,7	82,4	233,5	44,8	170,9	26,5	100,0
Standortaffinität			32,6	29,1	1,6	4,6	13,0	2,5	9,5	1,5	5,6

Gesamt: 1796,5   100,0

$$* \ \alpha = \frac{B_{ij}}{\sum\limits_{i=1}^{6} B_{ij}}$$

Quelle: Eigene Berechnungen auf Basis eigener Erhebungen.

Tabelle 21 : Die Berechnung der Standortaffinität für

Branche: 3 (ohne Größenklassengewichtung) Zeitabschnitt: 1960 - 1971

Betriebs-größen-klasse	Anzahl der Betriebe	α*	Standortdeterminanten									
			a Anteil	b Anteil	c Anteil	d Anteil	e Anteil	f Anteil	g Anteil	h Anteil	i Anteil	
1	2	3	4	5	6	7	8	9	10	11	12	
1	149	-	2.900	3.947	570	1.056	2.752	285	1.361	147	1.882	
2	65	-	1.747	1.664	85	468	925	75	907	102	527	
3	37	-	1.263	925	20	250	382	72	390	45	353	
4	19	-	708	483	50	10	125	30	264	10	220	
5	12	-	640	225	-	10	115	30	90	25	65	
6	5	-	165	60	10	-	50	-	120	25	70	
$\sum$	287	-	7.423	7.304	735	1.794	4.349	492	3.132	354	3.117	28700
Standortaffinität			25,9	25,5	2,6	6,3	15,1	1,7	10,9	1,2	10,9	100,1

* $\alpha = \dfrac{B_{ij}}{\sum\limits_{i=1}^{6} B_{ij}}$

Quelle: Eigene Berechnungen auf Basis eigener Erhebungen.

Tabelle 22 : Die Berechnung der Standortaffinität

für

Branche: 3 (mit Größenklassengewichtung)   Zeitabschnitt: 1960 - 1971

Betriebs-größen-klasse	Anzahl der Betriebe	α*	Standortdeterminanten a Anteil	b Anteil	c Anteil	d Anteil	e Anteil	f Anteil	g Anteil	h Anteil	i Anteil	
1	2	3	4	5	6	7	8	9	10	11	12	
1	149	0,1071	310,6	422,7	61,0	113,1	294,8	30,5	145,8	15,7	201,6	
2	65	0,1400	244,6	233,0	11,9	65,5	129,5	10,5	127,0	14,3	73,8	
3	37	0,1595	201,4	147,5	3,2	39,9	61,0	11,5	62,2	7,2	56,3	
4	19	0,1911	135,3	92,3	9,6	1,9	23,9	5,7	50,5	1,9	42,0	
5	12	0,2586	165,5	58,2	-	2,6	29,8	7,8	23,3	6,5	16,8	
6	5	0,1437	23,7	8,6	1,4	-	7,3	-	17,2	3,6	10,1	
Σ	287	1,0000	1.081,1	962,3	87,1	223,0	546,3	66,0	426,0	49,2	400,6	3841,6
Standortaffinität			28,1	25,0	2,3	5,8	14,3	1,7	11,1	1,3	10,4	100,0

$$* \; \alpha = \frac{B_{ij}}{\sum\limits_{i=1}^{6} B_{ij}}$$

Quelle: Eigene Berechnungen auf Basis eigener Erhebungen.

Tabelle 23 : Die Berechnung der Standortaffinität

für

Branche: 3 (ohne Größenklassengewichtung)   Zeitabschnitt: 1955 - 1971

Betriebs-größen-klasse	Anzahl der Betriebe	α*	Standortdeterminanten								
			a Anteil	b Anteil	c Anteil	d Anteil	e Anteil	f Anteil	g Anteil	h Anteil	i Anteil
1	2	3	4	5	6	7	8	9	1o	11	12
1	215	-	4.514	5.840	742	1.900	3.750	425	1.705	197	2.427
2	95	-	2.445	2.588	115	678	1.223	115	1.282	127	927
3	50	-	1.645	1.328	40	340	623	129	457	45	393
4	42	-	1.708	1.093	90	10	370	110	439	40	340
5	23	-	1.030	483	4	50	258	63	260	66	86
6	13	-	344	404	25	14	188	-	220	35	70
Σ	438	-	11.686	11.736	1.016	2.992	6.412	842	4.363	510	4.243	43800
Standortaffinität			26,7	26,8	2,3	6,8	14,6	1,9	10,0	1,2	9,7	100,0

$$* \quad \alpha = \frac{B_{ij}}{\sum\limits_{i=1}^{6} B_{ij}}$$

Quelle: Eigene Berechnungen auf Basis eigener Erhebungen.

14*

Tabelle 24 : Die Berechnung der Standortaffinität

für

Branche: 3 (mit Größenklassengewichtung)   Zeitabschnitt: 1955 - 1971

Betriebs-größen-klasse	Anzahl der Betriebe	α^*	Standortdeterminanten								
			a Anteil	b Anteil	c Anteil	d Anteil	e Anteil	f Anteil	g Anteil	h Anteil	i Anteil
1	2	3	4	5	6	7	8	9	10	11	12
1	215	0,0828	373,8	483,6	61,4	157,3	310,5	35,2	141,2	16,3	201,0
2	95	0,1096	268,0	283,6	12,6	74,3	134,0	12,6	140,5	13,9	101,6
3	50	0,1154	189,8	153,3	4,6	39,2	71,9	14,9	52,7	5,2	45,4
4	42	0,2264	386,7	247,5	20,4	2,3	83,7	24,9	99,4	9,1	77,0
5	23	0,2656	273,6	128,3	1,1	13,3	68,5	16,7	69,1	17,5	22,8
6	13	0,2002	68,9	80,9	5,0	2,8	37,6	-	44,0	7,0	14,0
$\sum$	438	1,0000	1.560,8	1.377,2	105,1	289,2	706,2	104,3	546,9	69,0	461,8
											5220,5
Standortaffinität			29,9	26,4	2,0	5,5	13,5	2,0	10,6	1,3	8,8
											100,0

$* \ \alpha = \dfrac{B_{ij}}{\sum\limits_{i=1}^{6} B_{ij}}$

Quelle: Eigene Berechnungen auf Basis eigener Erhebungen.

Tabelle 25 : Die Berechnung der Standortaffinität für

Branche: 3a　(ohne Größenklassengewichtung)　　　　Zeitabschnitt: vor 1955

Betriebs-größen-klasse	Anzahl der Betriebe	α^*	Standortdeterminanten									
			a Anteil	b Anteil	c Anteil	d Anteil	e Anteil	f Anteil	g Anteil	h Anteil	i Anteil	
1	2	3	4	5	6	7	8	9	1o	11	12	
1	21	–	275	556	–	187	390	20	215	17	440	
2	22	–	229	510	84	213	270	–	167	57	670	
3	20	–	355	550	29	45	315	–	290	26	390	
4	17	–	430	440	–	80	185	30	255	–	280	
5	5	–	140	180	–	30	–	40	110	–	–	
6	7	–	53	43	–	140	54	–	110	–	300	
$\sum$	92	–	1.482	2.279	113	695	1.214	90	1.147	100	2.080	9200
Standortaffinität			16,1	24,8	1,2	7,6	13,1	1,0	12,5	1,1	22,6	100,0

$$* \ \alpha = \frac{B_{ij}}{\sum\limits_{i=1}^{6} B_{ij}}$$

Quelle: Eigene Berechnungen auf Basis eigener Erhebungen.

Tabelle   26   : Die Berechnung der Standortaffinität
                 für
                 Branche: 3a (mit Größenklassengewichtung)   Zeitabschnitt: vor 1955

Betriebs-größen-klasse	Anzahl der Betriebe	α^*	Standortdeterminanten								
			a Anteil	b Anteil	c Anteil	d Anteil	e Anteil	f Anteil	g Anteil	h Anteil	i Anteil
1	2	3	4	5	6	7	8	9	1o	11	12
1	21	0,0240	6,6	13,3	-	4,5	9,4	0,5	5,2	0,4	10,6
2	22	0,0755	17,3	38,5	6,3	16,1	20,4	-	12,6	4,3	50,6
3	20	0,1371	48,7	75,4	4,0	6,2	43,3	-	39,8	3,6	53,5
4	17	0,2720	117,0	119,7	-	21,8	50,3	8,2	69,4	-	76,2
5	5	0,1714	24,0	30,9	-	5,1	-	6,9	18,9	-	-
6	7	0,3200	17,0	13,8	-	44,8	17,2	-	35,2	-	96,0
$\sum$	92	1,0000	230,6	291,6	10,3	98,5	140,6	15,6	181,1	8,3	286,9	1263,5
Standortaffinität			18,3	23,1	0,8	7,8	11,1	1,2	14,3	0,7	22,7	100,0

$* \ \alpha = \dfrac{B_{ij}}{\sum\limits_{i=1}^{6} B_{ij}}$

Quelle: Eigene Berechnungen auf Basis eigener Erhebungen.

Tabelle 27 : Die Berechnung der Standortaffinität für

Branche: 3a (ohne Größenklassengewichtung)   Zeitabschnitt: 1955 - 1959

Betriebs-größen-klasse	Anzahl der Betriebe	α*	Standortdeterminanten								
			a Anteil	b Anteil	c Anteil	d Anteil	e Anteil	f Anteil	g Anteil	h Anteil	i Anteil
1	2	3	4	5	6	7	8	9	10	11	12
1	10	–	320	255	10	180	150	–	10	25	50
2	5	–	50	40	–	100	–	–	250	–	60
3	3	–	50	130	–	–	70	–	50	–	–
4	4	–	90	55	–	–	55	–	100	–	100
5	2	–	80	35	–	15	55	–	–	5	10
6	1	–	20	50	–	–	30	–	–	–	–
Σ	25	–	610	565	10	295	360	–	410	30	220	2500
Standortaffinität			24,4	22,6	0,4	11,8	14,4	–	16,4	1,2	8,8	100,0

$$* \quad \alpha = \frac{B_{ij}}{\sum_{i=1}^{6} B_{ij}}$$

Quelle: Eigene Berechnungen auf Basis eigener Erhebungen.

Tabelle 28 : Die Berechnung der Standortaffinität für

Branche: 3a (mit Größenklassengewichtung)   Zeitabschnitt: 1955 – 1959

Betriebs-größen-klasse	Anzahl der Betriebe	α*	Standortdeterminanten								
			a Anteil	b Anteil	c Anteil	d Anteil	e Anteil	f Anteil	g Anteil	h Anteil	i Anteil
1	2	3	4	5	6	7	8	9	10	11	12
1	10	0,0503	16,1	12,8	0,5	9,1	7,6	–	0,5	1,3	2,5
2	5	0,0754	3,8	3,0	–	7,5	–	–	18,9	–	4,5
3	3	0,0905	4,5	11,8	–	–	6,4	–	4,5	–	–
4	4	0,2814	25,3	15,5	–	–	15,5	–	28,1	–	28,1
5	2	0,3015	24,1	10,6	–	4,5	16,6	–	–	1,5	3,0
6	1	0,2010	4,0	10,1	–	–	6,0	–	–	–	–
Σ	25	1,0001	77,8	63,8	0,5	21,1	52,1	–	52,0	2,8	38,1	308,2
Standortaffinität			25,2	20,7	0,2	6,8	16,9	–	16,9	0,9	12,4	100,0

$$* \quad \alpha = \frac{B_{ij}}{\sum_{i=1}^{6} B_{ij}}$$

Quelle: Eigene Berechnungen auf Basis eigener Erhebungen.

Tabelle 29 : Die Berechnung der Standortaffinität für

Branche: 3a (ohne Größenklassengewichtung)   Zeitabschnitt: 1960 - 1971

Betriebs- größen- klasse	Anzahl der Betriebe	α*	Standortdeterminanten									
			a Anteil	b Anteil	c Anteil	d Anteil	e Anteil	f Anteil	g Anteil	h Anteil	i Anteil	
1	2	3	4	5	6	7	8	9	1o	11	12	
1	25	-	639	451	81	66	535	50	240	38	400	
2	7	-	145	100	-	125	30	-	180	-	120	
3	9	-	375	140	10	110	65	20	100	-	80	
4	3	-	90	150	-	-	10	-	50	-	-	
5	3	-	140	140	-	-	10	-	-	-	10	
6	1	-	35	15	-	-	-	-	-	-	50	
$\sum$	48	-	1.424	996	91	301	650	70	570	38	660	4800
Standortaffinität			29,7	20,8	1,9	6,3	13,5	1,5	11,9	0,8	13,7	100,1

* $\alpha = \dfrac{B_{ij}}{\sum\limits_{i=1}^{6} B_{ij}}$

Quelle: Eigene Berechnungen auf Basis eigener Erhebungen.

Tabelle 30 : Die Berechnung der Standortaffinität
für
Branche: 3a (mit Größenklassengewichtung)   Zeitabschnitt: 1960 – 1971

Betriebs-größen-klasse	Anzahl der Betriebe	α^*	Standortdeterminanten									
			a Anteil	b Anteil	c Anteil	d Anteil	e Anteil	f Anteil	g Anteil	h Anteil	i Anteil	
1	2	3	4	5	6	7	8	9	10	11	12	
1	25	0,0919	58,7	41,4	7,4	6,1	49,1	4,6	21,1	3,5	36,8	
2	7	0,0772	11,2	7,7	–	9,7	2,3	–	13,9	–	9,3	
3	9	0,1985	74,4	27,8	2,0	21,8	12,9	4,0	19,9	–	15,9	
4	3	0,1544	13,9	23,2	–	–	1,6	–	7,7	–	–	
5	3	0,3309	46,3	46,3	–	–	3,3	–	–	–	3,3	
6	1	0,1471	5,1	2,2	–	–	–	–	–	–	7,4	
Σ	48	1,0000	209,6	148,6	9,4	37,6	69,2	8,6	62,6	3,5	72,7	621,8
Standortaffinität			33,7	23,9	1,5	6,0	11,1	1,4	10,1	0,6	11,7	100,0

$$* \; \alpha = \frac{B_{ij}}{\sum_{i=1}^{6} B_{ij}}$$

Quelle: Eigene Berechnungen auf Basis eigener Erhebungen.

Tabelle 31 : Die Berechnung der Standortaffinität
              für

Branche: 3a (ohne Größenklassengewichtung)   Zeitabschnitt: 1955 – 1971

Betriebs-größen-klasse	Anzahl der Betriebe	α*	Standortdeterminanten								
			a Anteil	b Anteil	c Anteil	d Anteil	e Anteil	f Anteil	g Anteil	h Anteil	i Anteil
1	2	3	4	5	6	7	8	9	1o	11	12
1	35	–	959	706	91	246	685	50	250	63	450
2	12	–	195	140	–	225	30	–	430	–	180
3	12	–	425	270	10	110	135	20	150	–	80
4	7	–	180	205	–	–	65	–	150	–	100
5	5	–	220	175	–	15	65	–	–	5	20
6	2	–	55	65	–	–	30	–	–	–	50
Σ	73	–	2.034	1.561	101	596	1.010	70	980	68	880	7300
Standortaffinität			27,9	21,4	1,4	8,2	13,9	1,0	13,4	0,9	12,0	100,1

$$* \ \alpha = \frac{B_{ij}}{\sum\limits_{i=1}^{6} B_{ij}}$$

Quelle: Eigene Berechnungen auf Basis eigener Erhebungen.

Tabelle 32 : Die Berechnung der Standortaffinität
                für
              Branche: 3a (mit Größenklassengewichtung)   Zeitabschnitt: 1955 – 1971

Betriebs-größen-klasse	Anzahl der Betriebe	α*	Standortdeterminanten										
			a Anteil	b Anteil	c Anteil	d Anteil	e Anteil	f Anteil	g Anteil	h Anteil	i Anteil	
1	2	3	4	5	6	7	8	9	10	11	12	
1	35	0,0743	71,3	52,5	6,8	18,3	50,9	3,7	18,6	4,7	33,4	
2	12	0,0764	14,9	10,7	-	17,2	2,3	-	32,9	-	13,8	
3	12	0,1528	64,9	41,3	1,5	16,8	20,6	3,1	22,9	-	12,2	
4	7	0,2081	37,5	42,7	-	-	13,5	-	31,2	-	20,8	
5	5	0,3185	70,1	55,7	-	4,8	20,6	-	-	1,6	6,4	
6	2	0,1699	9,3	11,0	-	-	5,1	-	-	-	8,5	
Σ	73	1,0000	268,0	213,9	8,3	57,1	113,0	6,8	105,6	6,3	95,1	874,1
Standortaffinität			30,7	24,5	0,9	6,5	12,9	0,8	12,1	0,7	10,9	100,0

$$* \quad \alpha = \frac{B_{ij}}{\sum\limits_{i=1}^{6} B_{ij}}$$

Quelle: Eigene Berechnungen auf Basis eigener Erhebungen.

Tabelle 33 : Die Berechnung der Standortaffinität
              für

Branche: 3b (ohne Größenklassengewichtung)   Zeitabschnitt: vor 1955

Betriebs- größen- klasse	Anzahl der Betriebe	α*	Standortdeterminanten									Σ
			a Anteil	b Anteil	c Anteil	d Anteil	e Anteil	f Anteil	g Anteil	h Anteil	i Anteil	
1	2	3	4	5	6	7	8	9	10	11	12	
1	6	-	70	60	10	120	190	-	120	10	20	
2	4	-	55	165	-	30	50	-	-	-	100	
3	3	-	100	-	-	-	-	-	200	-	-	
4	2	-	20	140	-	-	-	-	40	-	-	
5	1	-	-	-	-	-	-	-	100	-	-	
6	3	-	65	65	-	60	65	-	45	-	-	
Σ	19	-	310	430	10	210	305	-	505	10	120	1900
Standortaffinität			16,3	22,6	0,5	11,1	16,1	-	26,6	0,5	6,3	100,0

$$* \ \alpha = \frac{B_{ij}}{\sum\limits_{i=1}^{6} B_{ij}}$$

Quelle: Eigene Berechnungen auf Basis eigener Erhebungen.

Tabelle 34 : Die Berechnung der Standortaffinität
für

Branche: 3b (mit Größenklassengewichtung)   Zeitabschnitt: vor 1955

Betriebs-größen-klasse	Anzahl der Betriebe	α^*	Standortdeterminanten								
			a Anteil	b Anteil	c Anteil	d Anteil	e Anteil	f Anteil	g Anteil	h Anteil	i Anteil
1	2	3	4	5	6	7	8	9	1o	11	12
1	6	0,0280	2,0	1,7	0,3	3,4	5,4	-	3,4	0,3	0,6
2	4	0,0561	3,1	9,3	-	1,7	2,8	-	-	-	5,6
3	3	0,0841	8,4	-	-	-	-	-	16,8	-	-
4	2	0,1308	2,6	18,3	-	-	-	-	5,2	-	-
5	1	0,1402	-	-	-	-	-	-	14,0	-	-
6	3	0,5608	36,5	36,5	-	33,6	36,4	-	25,2	-	-
$\sum$	19	1,0000	52,6	65,8	0,3	38,7	44,6	-	64,6	0,3	6,2	273,1
Standortaffinität			19,3	24,1	0,1	14,2	16,3	-	23,7	0,1	2,2	100,0

$* \ \alpha = \dfrac{B_{ij}}{\sum\limits_{i=1}^{6} B_{ij}}$

Quelle: Eigene Berechnungen auf Basis eigener Erhebungen.

Tabelle 35 : Die Berechnung der Standortaffinität
für

Branche: 3b (ohne Größenklassengewichtung)   Zeitabschnitt: 1955 - 1959

Betriebs-größen-klasse	Anzahl der Betriebe	α^*	Standortdeterminanten									
			a Anteil	b Anteil	c Anteil	d Anteil	e Anteil	f Anteil	g Anteil	h Anteil	i Anteil	
1	2	3	4	5	6	7	8	9	10	11	12	
1	3	-	25	100	-	100	5	-	10	-	60	
2	1	-	100	-	-	-	-	-	-	-	-	
3	-	-	-	-	-	-	-	-	-	-	-	
4	-	-	-	-	-	-	-	-	-	-	-	
5	3	-	51	65	4	25	48	3	100	3	1	
6	1	-	-	100	-	-	-	-	-	-	-	
$\sum$	8	-	176	265	4	125	53	3	110	3	61	800
Standortaffinität			22,0	33,1	0,5	15,6	6,6	0,4	13,8	0,4	7,6	100,0

$$^* \ \alpha = \frac{B_{ij}}{\displaystyle\sum_{i=1}^{6} B_{ij}}$$

Quelle: Eigene Berechnungen auf Basis eigener Erhebungen.

Tabelle   36   : Die Berechnung der Standortaffinität
                 für
                 Branche: 3b (mit Größenklassengewichtung)   Zeitabschnitt: 1955 - 1959

Betriebs-größen-klasse	Anzahl der Betriebe	α*	Standortdeterminanten									
			a Anteil	b Anteil	c Anteil	d Anteil	e Anteil	f Anteil	g Anteil	h Anteil	i Anteil	
1	2	3	4	5	6	7	8	9	10	11	12	
1	3	0,0221	0,6	2,2	-	2,2	0,1	-	0,2	-	1,3	
2	1	0,0221	2,2	-	-	-	-	-	-	-	-	
3	-	-	-	-	-	-	-	-	-	-	-	
4	-	-	-	-	-	-	-	-	-	-	-	
5	3	0,6618	33,8	43,0	2,6	16,5	31,7	2,0	66,2	2,0	0,7	
6	1	0,2940	-	29,4	-	-	-	-	-	-	-	
Σ	8	1,0000	36,6	74,6	2,6	18,7	31,8	2,0	66,4	2,0	2,0	236,7
Standortaffinität			15,5	31,5	1,1	7,9	13,5	0,8	28,1	0,8	0,8	100,0

$$* \; \alpha = \frac{B_{ij}}{\sum\limits_{i=1}^{6} B_{ij}}$$

Quelle: Eigene Berechnungen auf Basis eigener Erhebungen.

Tabelle 37 : Die Berechnung der Standortaffinität für

Branche: 3b (ohne Größenklassengewichtung)   Zeitabschnitt: 1960 - 1971

Betriebs-größen-klasse	Anzahl der Betriebe	α^*	Standortdeterminanten									
			a Anteil	b Anteil	c Anteil	d Anteil	e Anteil	f Anteil	g Anteil	h Anteil	i Anteil	
1	2	3	4	5	6	7	8	9	1o	11	12	
1	3	-	60	75	30	-	60	-	75	-	-	
2	4	-	129	120	15	15	109	-	-	12	-	
3	1	-	-	-	-	-	100	-	-	-	-	
4	1	-	10	40	40	-	10	-	-	-	-	
5	3	-	140	30	-	-	5	20	40	25	40	
6	-	-	-	-	-	-	-	-	-	-	-	
$\sum$	12	-	339	265	85	15	284	20	115	37	40	1200
Standortaffinität			28,3	22,1	7,1	1,3	23,6	1,7	9,6	3,1	3,3	100,1

$$* \quad \alpha = \frac{B_{ij}}{\sum\limits_{i=1}^{6} B_{ij}}$$

Quelle: Eigene Berechnungen auf Basis eigener Erhebungen.

Tabelle 38 : Die Berechnung der Standortaffinität
              für
              Branche: 3b (mit Größenklassengewichtung)   Zeitabschnitt: 1960 - 1971

Betriebs-größen-klasse	Anzahl der Betriebe	α^*	Standortdeterminanten									
			a Anteil	b Anteil	c Anteil	d Anteil	e Anteil	f Anteil	g Anteil	h Anteil	i Anteil	
1	2	3	4	5	6	7	8	9	10	11	12	
1	3	0,0240	1,4	1,8	0,7	-	1,5	-	1,8	-	-	
2	4	0,0960	12,4	11,5	1,4	1,4	10,5	-	-	1,2	-	
3	1	0,0480	-	-	-	-	4,7	-	-	-	-	
4	1	0,1120	1,1	4,5	4,5	-	1,2	-	-	-	-	
5	3	0,7200	100,8	21,6	-	-	3,6	14,4	28,8	18,0	28,8	
6	-	-	-	-	-	-	-	-	-	-	-	
$\sum$	12	1,0000	115,7	39,4	6,6	1,4	21,5	14,4	30,6	19,2	28,8	277,6
Standortaffinität			41,7	14,2	2,4	0,5	7,7	5,2	11,0	6,9	10,4	100,0

$$* \ \alpha = \frac{B_{ij}}{\sum\limits_{i=1}^{6} B_{ij}}$$

Quelle: Eigene Berechnungen auf Basis eigener Erhebungen.

Tabelle 39 : Die Berechnung der Standortaffinität für

Branche: 3b (ohne Größenklassengewichtung) Zeitabschnitt: 1955 - 1971

Betriebs-größen-klasse	Anzahl der Betriebe	α*	\multicolumn{9}{c|}{Standortdeterminanten}									
			a Anteil	b Anteil	c Anteil	d Anteil	e Anteil	f Anteil	g Anteil	h Anteil	i Anteil	
1	2	3	4	5	6	7	8	9	10	11	12	
1	6	–	85	175	30	100	65	–	85	–	60	
2	5	–	229	120	15	15	109	–	–	12	–	
3	1	–	–	–	–	–	100	–	–	–	–	
4	1	–	10	40	40	–	10	–	–	–	–	
5	6	–	191	95	4	25	53	23	140	28	41	
6	1	–	–	100	–	–	–	–	–	–	–	
Σ	20	–	515	530	89	140	337	23	225	40	101	2000
Standortaffinität			25,8	26,5	4,5	7,0	16,9	1,1	11,2	2,0	5,0	100,0

$$* \; \alpha = \frac{B_{ij}}{\sum\limits_{i=1}^{6} B_{ij}}$$

Quelle: Eigene Berechnungen auf Basis eigener Erhebungen.

15*

Tabelle 40 : Die Berechnung der Standortaffinität
               für
               Branche: 3b (mit Größenklassengewichtung)   Zeitabschnitt: 1955 - 1971

Betriebs-größen-klasse	Anzahl der Betriebe	α*	Standortdeterminanten									
			a Anteil	b Anteil	c Anteil	d Anteil	e Anteil	f Anteil	g Anteil	h Anteil	i Anteil	
1	2	3	4	5	6	7	8	9	10	11	12	
1	6	0,0230	2,0	4,0	0,7	2,3	1,5	-	2,0	-	1,4	
2	5	0,0575	13,2	6,9	0,9	0,9	6,3	-	-	0,7	-	
3	1	0,0230	-	-	-	-	2,3	-	-	-	-	
4	1	0,0536	0,5	2,1	2,1	-	0,6	-	-	-	-	
5	6	0,6897	131,7	65,5	2,8	17,2	36,6	15,9	96,6	19,3	28,3	
6	1	0,1532	-	15,3	-	-	-	-	-	-	-	
Σ	20	1,0000	147,4	93,8	6,5	20,4	47,3	15,9	98,6	20,0	29,7	479,6
Standortaffinität			30,7	19,6	1,4	4,3	9,7	3,3	20,6	4,2	6,2	100,0

$$* \ \alpha = \frac{B_{ij}}{\sum\limits_{i=1}^{6} B_{ij}}$$

Quelle: Eigene Berechnungen auf Basis eigener Erhebungen.

Tabelle 41 : Die Berechnung der Standortaffinität für

Tabelle 41 : Die Berechnung der Standortaffinität für

Branche: 3c (ohne Größenklassengewichtung)   Zeitabschnitt: vor 1955

Betriebs-größen-klasse	Anzahl der Betriebe	α^*	Standortdeterminanten									
			a Anteil	b Anteil	c Anteil	d Anteil	e Anteil	f Anteil	g Anteil	h Anteil	i Anteil	
1	2	3	4	5	6	7	8	9	10	11	12	
1	11	-	175	270	40	-	30	60	300	-	225	
2	6	-	90	120	20	115	65	-	-	5	185	
3	8	-	170	180	-	110	165	-	150	5	20	
4	10	-	220	163	-	33	214	10	180	20	160	
5	5	-	225	75	-	-	20	-	45	25	110	
6	6	-	170	110	10	10	30	30	20	-	220	
$\sum$	46	-	1.050	918	70	268	524	100	695	55	920	4600
Standortaffinität			22,8	20,0	1,5	5,8	11,3	2,2	15,1	1,2	20,1	100,0

$* \quad \alpha = \dfrac{B_{ij}}{\sum\limits_{i=1}^{6} B_{ij}}$

Quelle: Eigene Berechnungen auf Basis eigener Erhebungen.

Tabelle   42   : Die Berechnung der Standortaffinität

für

Branche: 3c   (mit Größenklassengewichtung)   Zeitabschnitt: vor 1955

Betriebs-größen-klasse	Anzahl der Betriebe	α^*	Standortdeterminanten									
			a Anteil	b Anteil	c Anteil	d Anteil	e Anteil	f Anteil	g Anteil	h Anteil	i Anteil	
1	2	3	4	5	6	7	8	9	10	11	12	
1	11	0,0181	3,2	4,9	0,7	-	0,6	1,1	5,4	-	4,1	
2	6	0,0297	2,7	3,6	0,6	3,4	1,9	-	-	0,1	5,5	
3	8	0,0791	13,4	14,2	-	8,7	13,1	-	11,9	0,4	1,6	
4	10	0,2306	50,7	37,6	-	7,6	49,3	2,3	41,5	4,6	36,9	
5	5	0,2471	55,6	18,5	-	-	5,0	-	11,1	6,2	27,2	
6	6	0,3954	67,2	53,5	4,0	4,0	11,9	11,9	7,9	-	87,0	
$\sum$	46	1,0000	192,8	132,3	5,3	23,7	81,8	15,3	77,8	11,3	162,3	702,6
Standortaffinität			27,4	18,8	0,8	3,4	11,6	2,2	11,1	1,6	23,1	100,0

$$* \quad \alpha = \frac{B_{ij}}{\sum\limits_{i=1}^{6} B_{ij}}$$

Quelle: Eigene Berechnungen auf Basis eigener Erhebungen.

Tabelle 43 : Die Berechnung der Standortaffinität für

Branche: 3c (ohne Größenklassengewichtung) Zeitabschnitt: 1955 - 1959

Betriebs-größen-klasse	Anzahl der Betriebe	α^*	Standortdeterminanten									
			a Anteil	b Anteil	c Anteil	d Anteil	e Anteil	f Anteil	g Anteil	h Anteil	i Anteil	
1	2	3	4	5	6	7	8	9	10	11	12	
1	4	-	30	130	10	10	195	20	-	5	-	
2	7	-	65	175	-	20	80	-	25	10	325	
3	2	-	33	73	-	30	34	-	-	-	30	
4	7	-	405	170	-	-	60	-	55	10	-	
5	3	-	144	78	-	-	20	20	-	33	5	
6	5	-	159	114	15	14	88	-	100	10	-	
$\sum$	28	-	836	740	25	74	477	40	180	68	360	2800
Standortaffinität			29,9	26,4	0,9	2,6	17,0	1,4	6,4	2,6	12,9	100,1

$$* \ \alpha = \frac{B_{ij}}{\sum_{i=1}^{6} B_{ij}}$$

Quelle: Eigene Berechnungen auf Basis eigener Erhebungen.

Tabelle 44 : Die Berechnung der Standortaffinität für

Branche: 3c (mit Größenklassengewichtung)   Zeitabschnitt: 1955 – 1959

Betriebs-größen-klasse	Anzahl der Betriebe	α^*	Standortdeterminanten									
			a Anteil	b Anteil	c Anteil	d Anteil	e Anteil	f Anteil	g Anteil	h Anteil	i Anteil	
1	2	3	4	5	6	7	8	9	10	11	12	
1	4	0,0094	0,3	1,2	0,1	0,1	1,9	0,2	–	0,0	–	
2	7	0,0494	3,2	8,6	–	1,0	3,9	–	1,2	0,5	16,1	
3	2	0,0282	0,9	2,1	–	0,8	1,0	–	–	–	0,9	
4	7	0,2306	93,4	39,2	–	–	13,9	–	12,7	2,3	–	
5	3	0,2118	30,5	16,5	–	–	4,2	4,2	–	7,0	1,1	
6	5	0,4706	74,8	53,6	7,1	6,6	41,4	–	47,1	4,7	–	
$\sum$	28	1,0000	203,1	121,2	7,2	8,5	66,3	4,4	61,0	14,5	18,1	504,3
Standortaffinität			40,3	24,0	1,4	1,7	13,1	0,9	12,1	2,9	3,6	100,0

$* \ \alpha = \dfrac{B_{ij}}{\sum\limits_{i=1}^{6} B_{ij}}$

Quelle: Eigene Berechnungen auf Basis eigener Erhebungen.

Tabelle 45 : Die Berechnung der Standortaffinität für

Branche: 3c (ohne Größenklassengewichtung)   Zeitabschnitt: 1960 - 1971

Betriebs-größen-klasse	Anzahl der Betriebe	α*	Standortdeterminanten								
			a Anteil	b Anteil	c Anteil	d Anteil	e Anteil	f Anteil	g Anteil	h Anteil	i Anteil
1	2	3	4	5	6	7	8	9	1o	11	12
1	17	-	373	361	15	325	309	50	149	-	118
2	9	-	230	140	-	-	185	50	210	10	75
3	8	-	238	265	-	10	7	12	30	40	198
4	4	-	115	70	-	-	55	-	40	-	120
5	2	-	130	15	-	-	40	-	-	-	15
6	1	-	50	20	-	-	10	-	-	10	10
$\sum$	41	-	1.136	871	15	335	606	112	429	60	536
Standortaffinität			27,7	21,2	0,4	8,2	14,8	2,7	10,5	1,5	13,1

(Summe: 4100 / 100,1)

* $\alpha = \dfrac{B_{ij}}{\sum\limits_{i=1}^{6} B_{ij}}$

Quelle: Eigene Berechnungen auf Basis eigener Erhebungen.

Tabelle 46 : Die Berechnung der Standortaffinität
               für
               Branche: 3c (mit Größenklassengewichtung)   Zeitabschnitt: 1960 - 1971

Betriebs-größen-klasse	Anzahl der Betriebe	α*	Standortdeterminanten									
			a Anteil	b Anteil	c Anteil	d Anteil	e Anteil	f Anteil	g Anteil	h Anteil	i Anteil	
1	2	3	4	5	6	7	8	9	10	11	12	
1	17	0,0685	25,6	24,7	1,0	22,3	21,2	3,4	10,2	-	8,1	
2	9	0,1089	25,0	15,2	-	-	20,2	5,4	22,9	1,1	8,2	
3	8	0,1935	46,1	51,3	-	1,9	1,4	2,3	5,8	7,7	38,3	
4	4	0,2258	26,0	15,8	-	-	12,4	-	9,0	-	27,1	
5	2	0,2419	31,4	3,6	-	-	9,6	-	-	-	3,6	
6	1	0,1613	8,1	3,2	-	-	1,6	-	-	1,6	1,6	
Σ	41	0,9999	162,2	113,8	1,0	24,2	66,4	11,1	47,9	10,4	86,9	523,9
Standortaffinität			31,0	21,7	0,2	4,6	12,7	2,1	9,1	2,0	16,6	100,0

$$ ^*\ \alpha = \frac{B_{ij}}{\sum\limits_{i=1}^{6} B_{ij}} $$

Quelle: Eigene Berechnungen auf Basis eigener Erhebungen.

Tabelle 47 : Die Berechnung der Standortaffinität
für

Branche: 3c (ohne Größenklassengewichtung)   Zeitabschnitt: 1955 – 1971

Betriebs-größen-klasse	Anzahl der Betriebe	α*	Standortdeterminanten									
			a Anteil	b Anteil	c Anteil	d Anteil	e Anteil	f Anteil	g Anteil	h Anteil	i Anteil	
1	2	3	4	5	6	7	8	9	10	11	12	
1	21	-	403	491	25	335	504	70	149	5	118	
2	16	-	295	315	-	20	265	50	235	20	400	
3	10	-	271	338	-	40	41	12	30	40	228	
4	11	-	520	240	-	-	115	-	95	10	120	
5	5	-	274	93	-	-	60	20	-	33	20	
6	6	-	209	134	15	14	98	-	100	20	10	
Σ	69	-	1.972	1.611	40	409	1.083	152	609	128	896	6900
Standortaffinität			28,6	23,3	0,6	5,9	15,7	2,2	9,8	1,9	12,0	100,0

$$* \ \alpha = \frac{B_{ij}}{\sum\limits_{i=1}^{6} B_{ij}}$$

Quelle: Eigene Berechnungen auf Basis eigener Erhebungen.

Tabelle 48 : Die Berechnung der Standortaffinität für

Branche: 3c (mit Größenklassengewichtung)   Zeitabschnitt: 1955 - 1971

Betriebs-größen-klasse	Anzahl der Betriebe	α^{*}	Standortdeterminanten									
			a Anteil	b Anteil	c Anteil	d Anteil	e Anteil	f Anteil	g Anteil	h Anteil	i Anteil	
1	2	3	4	5	6	7	8	9	10	11	12	
1	21	0,0312	12,6	15,3	0,8	10,4	15,8	2,2	4,6	1,6	3,7	
2	16	0,0713	21,0	22,5	-	1,4	18,9	3,6	16,8	1,4	28,5	
3	10	0,0892	24,2	30,1	-	3,6	3,6	1,1	2,7	3,6	20,3	
4	11	0,2288	119,0	54,9	-	-	26,3	-	21,7	2,3	27,5	
5	5	0,2229	61,1	20,7	-	-	13,4	4,5	-	7,4	4,5	
6	6	0,3566	74,5	47,8	5,3	5,0	34,9	-	35,7	7,1	3,6	
$\sum$	69	1,0000	312,4	191,3	6,1	20,4	112,9	11,4	81,5	23,4	88,1	847,5
Standortaffinität			36,9	22,6	0,7	2,4	13,3	1,3	9,6	2,8	10,4	100,0

$$ {}^{*}\ \alpha = \frac{B_{ij}}{\sum\limits_{i=1}^{6} B_{ij}} $$

Quelle: Eigene Berechnungen auf Basis eigener Erhebungen.

Tabelle 49 : Die Berechnung der Standortaffinität
für
Branche: 3d (ohne Größenklassengewichtung)   Zeitabschnitt: vor 1955

Betriebs-größen-klasse	Anzahl der Betriebe	α*	Standortdeterminanten									
			a Anteil	b Anteil	c Anteil	d Anteil	e Anteil	f Anteil	g Anteil	h Anteil	i Anteil	
1	2	3	4	5	6	7	8	9	10	11	12	
1	23	–	988	145	170	194	238	21	33	31	480	
2	13	–	250	255	80	20	155	–	135	10	395	
3	12	–	300	220	30	65	105	10	60	–	410	
4	7	–	300	80	70	70	80	–	30	–	70	
5	3	–	60	20	–	–	40	–	80	–	100	
6	4	–	130	55	–	–	25	–	30	–	160	
$\sum$	62	–	2.028	775	350	349	643	31	368	41	1.615	6200
Standortaffinität			32,7	12,5	5,6	5,6	10,3	0,5	6,0	0,6	26,1	99,9

* $\alpha = \dfrac{B_{ij}}{\sum\limits_{i=1}^{6} B_{ij}}$

Quelle: Eigene Berechnungen auf Basis eigener Erhebungen.

Tabelle 50 : Die Berechnung der Standortaffinität
               für
               Branche: 3d (mit Größenklassengewichtung)   Zeitabschnitt: vor 1955

Betriebs- größen- klasse	Anzahl der Betriebe	α*	Standortdeterminanten								
			a Anteil	b Anteil	c Anteil	d Anteil	e Anteil	f Anteil	g Anteil	h Anteil	i Anteil
1	2	3	4	5	6	7	8	9	10	11	12
1	23	0,0477	47,1	6,9	8,1	9,3	11,4	1,0	1,6	1,5	22,9
2	13	0,0809	20,2	20,6	6,5	1,6	12,5	-	10,9	0,8	32,0
3	12	0,1494	44,8	32,9	4,5	9,7	15,7	1,5	9,0	-	61,3
4	7	0,2033	61,0	16,3	14,2	14,2	16,3	-	6,1	-	14,2
5	3	0,1867	11,2	3,7	-	-	7,5	-	14,9	-	18,7
6	4	0,3320	43,2	18,3	-	-	8,3	-	10,0	-	53,1
∑	62	1,0000	227,5	98,7	33,3	34,8	71,7	2,5	52,5	2,3	202,2
Standortaffinität			31,4	13,6	4,6	4,8	9,9	0,3	7,2	0,3	27,9

725,5

100,0

$$* \ \alpha = \frac{B_{ij}}{\sum\limits_{i=1}^{6} B_{ij}}$$

Quelle: Eigene Berechnungen auf Basis eigener Erhebungen.

Tabelle 51 : Die Berechnung der Standortaffinität für

Branche: 3d (ohne Größenklassengewichtung)   Zeitabschnitt: 1955 - 1959

Betriebsgrößenklasse	Anzahl der Betriebe	α*	Standortdeterminanten									
			a Anteil	b Anteil	c Anteil	d Anteil	e Anteil	f Anteil	g Anteil	h Anteil	i Anteil	
1	2	3	4	5	6	7	8	9	1o	11	12	
1	5	-	50	75	-	-	75	50	100	-	150	
2	1	-	30	40	-	-	15	-	-	-	15	
3	-	-	-	-	-	-	-	-	-	-	-	
4	4	-	255	55	-	-	40	20	20	10	-	
5	-	-	-	-	-	-	-	-	-	-	-	
6	-	-	-	-	-	-	-	-	-	-	-	
$\sum$	10	-	335	170	-	-	130	70	120	10	165	1000
Standortaffinität			33,5	17,0	-	-	13,0	7,0	12,0	1,0	16,5	100,0

$$* \ \alpha = \frac{B_{ij}}{\sum\limits_{i=1}^{6} B_{ij}}$$

Quelle: Eigene Berechnungen auf Basis eigener Erhebungen.

Tabelle 52 : Die Berechnung der Standortaffinität
für
Branche: 3d (mit Größenklassengewichtung)　　　　Zeitabschnitt: 1955 - 1959

Betriebs-größen-klasse	Anzahl der Betriebe	α^*	Standortdeterminanten									
			a Anteil	b Anteil	c Anteil	d Anteil	e Anteil	f Anteil	g Anteil	h Anteil	i Anteil	
1	2	3	4	5	6	7	8	9	10	11	12	
1	5	0,0434	2,2	3,3	-	-	3,3	2,2	4,3	-	6,5	
2	1	0,0434	1,3	1,7	-	-	0,6	-	-	-	0,7	
3	-	-	-	-	-	-	-	-	-	-	-	
4	4	0,9132	232,3	49,7	-	-	36,2	18,1	18,1	9,0	-	
5	-	-	-	-	-	-	-	-	-	-	-	
6	-	-	-	-	-	-	-	-	-	-	-	
$\sum$	10	1,0000	235,8	54,7	-	-	40,1	20,3	22,4	9,0	7,2	389,5
Standortaffinität			60,5	14,0	-	-	10,3	5,2	5,9	2,3	1,8	100,0

$$ * \ \alpha = \frac{B_{ij}}{\sum_{i=1}^{6} B_{ij}} $$

Quelle: Eigene Berechnungen auf Basis eigener Erhebungen.

Tabelle 53 : Die Berechnung der Standortaffinität für

Branche: 3d (ohne Größenklassengewichtung)   Zeitabschnitt: 1960 – 1971

Betriebsgrößenklasse	Anzahl der Betriebe	α*	Standortdeterminanten								
			a Anteil	b Anteil	c Anteil	d Anteil	e Anteil	f Anteil	g Anteil	h Anteil	i Anteil
1	2	3	4	5	6	7	8	9	1o	11	12
1	11	–	155	178	33	75	300	–	55	59	245
2	4	–	165	45	–	3	32	–	53	–	102
3	6	–	240	130	–	–	10	–	210	–	10
4	–	–	–	–	–	–	–	–	–	–	–
5	–	–	–	–	–	–	–	–	–	–	–
6	2	–	60	15	–	–	15	–	100	10	–
Σ	23	–	620	368	33	78	357	–	418	69	357
Standortaffinität			27,0	16,0	1,4	3,4	15,5	–	18,2	3,0	15,5

(Σ total: 2300; Standortaffinität total: 100,0)

$$* \; \alpha = \frac{B_{ij}}{\sum_{i=1}^{6} B_{ij}}$$

Quelle: Eigene Berechnungen auf Basis eigener Erhebungen.

16 Kreuter

Tabelle 54 : Die Berechnung der Standortaffinität
              für
              Branche: 3d (mit Größenklassengewichtung)   Zeitabschnitt: 1960 - 1971

Betriebs- größen- klasse	Anzahl der Betriebe	α*	Standortdeterminanten								
			a Anteil	b Anteil	c Anteil	d Anteil	e Anteil	f Anteil	g Anteil	h Anteil	i Anteil
1	2	3	4	5	6	7	8	9	1o	11	12
1	11	0,0791	12,3	6,2	2,6	5,9	23,8	-	4,4	4,7	19,4
2	4	0,0863	14,2	3,9	-	0,3	2,8	-	4,6	-	8,8
3	6	0,2590	62,2	33,7	-	-	2,7	-	54,4	-	2,6
4	-	-	-	-	-	-	-	-	-	-	-
5	-	-	-	-	-	-	-	-	-	-	-
6	2	0,5756	34,5	8,6	-	-	8,7	-	57,6	5,8	-
Σ	23	1,0000	123,2	52,4	2,6	6,2	38,0	-	121,0	10,5	30,8	384,7
Standortaffinität			32,0	13,6	0,7	1,6	9,9	-	31,5	2,7	8,0	100,0

$$* \quad \alpha = \frac{B_{ij}}{\sum_{i=1}^{6} B_{ij}}$$

Quelle: Eigene Berechnungen auf Basis eigener Erhebungen.

Tabelle 55 : Die Berechnung der Standortaffinität für

Branche: 3d (ohne Größenklassengewichtung)   Zeitabschnitt: 1955 – 1971

Betriebs-größen-klasse	Anzahl der Betriebe	α*	Standortdeterminanten								
			a Anteil	b Anteil	c Anteil	d Anteil	e Anteil	f Anteil	g Anteil	h Anteil	i Anteil
1	2	3	4	5	6	7	8	9	1o	11	12
1	16	-	205	253	33	75	375	50	155	59	395
2	5	-	195	85	-	3	47	-	53	-	117
3	6	-	240	130	-	-	10	-	210	-	10
4	4	-	255	55	-	-	40	20	20	10	-
5	-	-	-	-	-	-	-	-	-	-	-
6	2	-	60	15	-	-	15	-	100	10	-
Σ	33		955	538	33	78	487	70	538	79	522	3300
Standortaffinität			28,9	16,3	1,0	2,4	14,7	2,1	16,3	2,4	15,8	99,9

$$* \ \alpha = \frac{B_{ij}}{\sum\limits_{i=1}^{6} B_{ij}}$$

Quelle: Eigene Berechnungen auf Basis eigener Erhebungen.

16*

Tabelle 56 : Die Berechnung der Standortaffinität
für
Branche: 3d (mit Größenklassengewichtung)   Zeitabschnitt: 1955 – 1971

Betriebs-größen-klasse	Anzahl der Betriebe	α*	Standortdeterminanten								
			a Anteil	b Anteil	c Anteil	d Anteil	e Anteil	f Anteil	g Anteil	h Anteil	i Anteil
1	2	3	4	5	6	7	8	9	1o	11	12
1	16	0,0788	16,2	19,9	2,6	5,9	29,5	3,9	12,2	4,6	31,1
2	5	0,0739	14,4	6,3	–	0,2	3,5	–	3,9	–	8,6
3	6	0,1773	42,6	23,0	–	–	1,8	–	37,2	–	1,8
4	4	0,2759	70,4	15,2	–	–	11,0	5,5	5,5	2,8	–
5	–	–	–	–	–	–	–	–	–	–	–
6	2	0,3941	23,6	5,9	–	–	6,0	–	39,4	3,9	–
∑	33	1,0000	167,2	70,3	2,6	6,1	51,8	9,4	98,2	11,3	41,5
Standortaffinität			36,5	15,3	0,6	1,3	11,2	2,1	21,4	2,5	9,1

458,4

100,0

$$* \ \alpha = \frac{B_{ij}}{\sum\limits_{i=1}^{6} B_{ij}}$$

Quelle: Eigene Berechnungen auf Basis eigener Erhebungen.

Tabelle 57 : Die Berechnung der Standortaffinität für

Branche: 3e (ohne Größenklassengewichtung)   Zeitabschnitt: vor 1955

Betriebs-größen-klasse	Anzahl der Betriebe	α*	Standortdeterminanten								
			a	b	c	d	e	f	g	h	i
			Anteil	Anteil	Anteil	Anteil	Anteil	Anteil	Anteil	Anteil	Anteil
1	2	3	4	5	6	7	8	9	1o	11	12
1	20	-	562	153	77	288	287	50	13	-	570
2	8	-	135	215	40	110	80	10	-	20	190
3	10	-	277	36	37	117	10	80	187	16	240
4	2	-	20	53	33	54	40	-	-	-	-
5	-	-	-	-	-	-	-	-	-	-	-
6	2	-	150	-	-	50	-	-	-	-	-
Σ	42	-	1.144	457	187	619	417	140	200	36	1.000	4200
Standortaffinität			27,2	10,9	4,5	14,7	10,0	3,3	4,8	0,9	23,8	100,1

$$* \ \alpha = \frac{B_{ij}}{\sum_{i=1}^{6} B_{ij}}$$

Quelle: Eigene Berechnungen auf Basis eigener Erhebungen.

Tabelle 58 : Die Berechnung der Standortaffinität
für
Branche: 3e (mit Größenklassengewichtung)   Zeitabschnitt: vor 1955

Betriebs- größen- klasse	Anzahl der Betriebe	α*	Standortdeterminanten									
			a Anteil	b Anteil	c Anteil	d Anteil	e Anteil	f Anteil	g Anteil	h Anteil	i Anteil	
1	2	3	4	5	6	7	8	9	1o	11	12	
1	20	0,0943	53,0	14,4	7,3	27,2	27,1	4,7	1,2	-	53,8	
2	8	0,1132	15,3	24,3	4,5	12,5	9,1	1,1	-	2,3	21,5	
3	10	0,2830	78,4	10,2	10,5	33,1	2,8	22,6	52,9	4,5	67,9	
4	2	0,1321	2,6	7,0	4,4	7,1	5,2	-	-	-	-	
5	-	-	-	-	-	-	-	-	-	-	-	
6	2	0,3774	55,6	-	-	18,9	-	-	-	-	-	
∑	42	1,0000	204,9	55,9	26,7	98,8	44,2	28,4	54,1	6,8	143,2	663,0
Standortaffinität			30,9	8,4	4,0	14,9	6,7	4,3	8,2	1,0	21,6	100,0

$$* \quad \alpha = \frac{B_{ij}}{\sum_{i=1}^{6} B_{ij}}$$

Quelle: Eigene Berechnungen auf Basis eigener Erhebungen.

Tabelle 59 : Die Berechnung der Standortaffinität für

Branche: 3e (ohne Größenklassengewichtung)   Zeitabschnitt: 1955 - 1959

Betriebs-größen-klasse	Anzahl der Betriebe	α*	Standortdeterminanten										
			a Anteil	b Anteil	c Anteil	d Anteil	e Anteil	f Anteil	g Anteil	h Anteil	i Anteil		
1	2	3	4	5	6	7	8	9	1o	11	12		
1	8	–	456	25	52	152	115	–	–	–	–		
2	2	–	53	54	10	40	43	–	–	–	–		
3	–	–	–	–	–	–	–	–	–	–	–		
4	–	–	–	–	–	–	–	–	–	–	–		
5	–	–	–	–	–	–	–	–	–	–	–		
6	–	–	–	–	–	–	–	–	–	–	–		
$\sum$	10	–	509	79	62	192	158	–	–	–	–	1000	
Standortaffinität			50,9	7,9	6,2	19,2	15,8	–	–	–	–	100,0	

$$* \quad \alpha = \frac{B_{ij}}{\sum\limits_{i=1}^{6} B_{ij}}$$

Quelle: Eigene Berechnungen auf Basis eigener Erhebungen.

Tabelle 60 : Die Berechnung der Standortaffinität für

Branche: 3e (mit Größenklassengewichtung)   Zeitabschnitt: 1955 - 1959

Betriebs-größen-klasse	Anzahl der Betriebe	α^*	Standortdeterminanten a Anteil	b Anteil	c Anteil	d Anteil	e Anteil	f Anteil	g Anteil	h Anteil	i Anteil	
1	2	3	4	5	6	7	8	9	10	11	12	
1	8	0,6667	304,0	16,7	34,7	101,3	76,7	–	–	–	–	
2	2	0,3333	17,7	18,0	3,3	13,3	14,3	–	–	–	–	
3	–	–	–	–	–	–	–	–	–	–	–	
4	–	–	–	–	–	–	–	–	–	–	–	
5	–	–	–	–	–	–	–	–	–	–	–	
6	–	–	–	–	–	–	–	–	–	–	–	
$\sum$	10	1,0000	321,7	34,7	38,0	114,6	91,0	–	–	–	–	600,0
Standortaffinität			53,6	5,8	6,3	19,1	15,2	–	–	–	–	100,0

$$* \ \alpha = \frac{B_{ij}}{\sum_{i=1}^{6} B_{ij}}$$

Quelle: Eigene Berechnungen auf Basis eigener Erhebungen.

Tabelle 61 : Die Berechnung der Standortaffinität
für
Branche: 3e (ohne Größenklassengewichtung)   Zeitabschnitt: 1960 – 1971

Betriebs-größen-klasse	Anzahl der Betriebe	α^*	Standortdeterminanten									
			a Anteil	b Anteil	c Anteil	d Anteil	e Anteil	f Anteil	g Anteil	h Anteil	i Anteil	
1	2	3	4	5	6	7	8	9	10	11	12	
1	9	–	250	200	149	90	162	10	39	–	–	
2	3	–	80	20	–	20	60	–	100	–	20	
3	–	–	–	–	–	–	–	–	–	–	–	
4	–	–	–	–	–	–	–	–	–	–	–	
5	–	–	–	–	–	–	–	–	–	–	–	
6	–	–	–	–	–	–	–	–	–	–	–	
$\sum$	12	–	330	220	149	110	222	10	139	–	20	1200
Standortaffinität			27,5	18,3	12,4	9,2	18,5	0,8	11,6	–	1,7	100,0

$$* \quad \alpha = \frac{B_{ij}}{\sum\limits_{i=1}^{6} B_{ij}}$$

Quelle: Eigene Berechnungen auf Basis eigener Erhebungen.

Tabelle   62   : Die Berechnung der Standortaffinität
                 für
                 Branche: 3e (mit Größenklassengewichtung)   Zeitabschnitt: 1960 - 1971

Betriebs-größen-klasse	Anzahl der Betriebe	α^*	Standortdeterminanten								
			a Anteil	b Anteil	c Anteil	d Anteil	e Anteil	f Anteil	g Anteil	h Anteil	i Anteil
1	2	3	4	5	6	7	8	9	10	11	12
1	9	0,5000	125,0	100,0	74,5	45,0	81,0	5,0	19,5	-	-
2	3	0,5000	40,0	10,0	-	10,0	30,0	-	50,0	-	10,0
3	-	-	-	-	-	-	-	-	-	-	-
4	-	-	-	-	-	-	-	-	-	-	-
5	-	-	-	-	-	-	-	-	-	-	-
6	-	-	-	-	-	-	-	-	-	-	-
$\sum$	12	1,0000	165,0	110,0	74,5	55,0	111,0	5,0	69,5	-	10,0	600,0
Standortaffinität			27,5	18,3	12,4	9,2	18,5	0,8	11,6	-	1,7	100,0

$$* \quad \alpha = \frac{B_{ij}}{\sum\limits_{i=1}^{6} B_{ij}}$$

Quelle: Eigene Berechnungen auf Basis eigener Erhebungen.

Tabelle 63 : Die Berechnung der Standortaffinität

für

Branche: 3e (ohne Größenklassengewichtung)   Zeitabschnitt: 1955 - 1971

Betriebs-größen-klasse	Anzahl der Betriebe	α^*	\multicolumn{9}{c} Standortdeterminanten									Summe
			a Anteil	b Anteil	c Anteil	d Anteil	e Anteil	f Anteil	g Anteil	h Anteil	i Anteil	
1	2	3	4	5	6	7	8	9	1o	11	12	
1	17	-	706	225	201	242	277	10	39	-	-	
2	5	-	133	74	10	60	103	-	100	-	20	
3	-	-	-	-	-	-	-	-	-	-	-	
4	-	-	-	-	-	-	-	-	-	-	-	
5	-	-	-	-	-	-	-	-	-	-	-	
6	-	-	-	-	-	-	-	-	-	-	-	
$\sum$	22	-	839	299	211	302	380	10	139	-	20	2200
Standortaffinität			38,1	13,6	9,6	13,7	17,2	0,5	6,3	-	0,9	99,9

$$* \quad \alpha = \frac{B_{ij}}{\sum_{i=1}^{6} B_{ij}}$$

Quelle: Eigene Berechnungen auf Basis eigener Erhebungen.

Tabelle 64 : Die Berechnung der Standortaffinität für

Branche: 3e (mit Größenklassengewichtung)   Zeitabschnitt: 1955 – 1971

Betriebs-größen-klasse	Anzahl der Betriebe	α^*	\multicolumn{9}{c	}{Standortdeterminanten}	
			a Anteil	b Anteil	c Anteil	d Anteil	e Anteil	f Anteil	g Anteil	h Anteil	i Anteil	
1	2	3	4	5	6	7	8	9	10	11	12	
1	17	0,5313	375,1	119,5	106,8	128,6	137,2	5,3	20,7	–	–	
2	5	0,4687	62,3	34,7	4,7	28,1	48,2	–	46,9	–	9,4	
3	–	–	–	–	–	–	–	–	–	–	–	
4	–	–	–	–	–	–	–	–	–	–	–	
5	–	–	–	–	–	–	–	–	–	–	–	
6	–	–	–	–	–	–	–	–	–	–	–	
$\sum$	22	1,0000	437,4	154,2	111,5	156,7	185,4	5,3	67,6	–	9,4	1127,5
Standortaffinität			38,8	13,7	9,9	13,9	16,5	0,5	6,0	–	0,7	100,0

$* \ \alpha = \dfrac{B_{ij}}{\sum\limits_{i=1}^{6} B_{ij}}$

Quelle: Eigene Berechnungen auf Basis eigener Erhebungen.

Tabelle 65 : Die Berechnung der Standortaffinität
für
Branche: 3f (ohne Größenklassengewichtung)   Zeitabschnitt: vor 1955

Betriebs-größen-klasse	Anzahl der Betriebe	α^*	Standortdeterminanten									
			a Anteil	b Anteil	c Anteil	d Anteil	e Anteil	f Anteil	g Anteil	h Anteil	i Anteil	
1	2	3	4	5	6	7	8	9	1o	11	12	
1	70	-	1.164	1.452	308	404	1.442	39	885	82	1.224	
2	23	-	386	677	30	267	212	40	135	20	533	
3	33	-	618	668	53	152	329	170	295	20	995	
4	22	-	348	383	10	30	307	50	260	10	802	
5	8	-	155	235	-	-	75	-	230	5	100	
6	6	-	129	103	-	225	93	-	50	-	-	
$\sum$	162	-	2.800	3.518	401	1.078	2.458	299	1.855	137	3.654	16200
Standortaffinität			17,3	21,7	2,5	6,7	15,2	1,8	11,5	0,8	22,6	100,1

$* \ \alpha = \dfrac{B_{ij}}{\sum\limits_{i=1}^{6} B_{ij}}$

Quelle: Eigene Berechnungen auf Basis eigener Erhebungen.

Tabelle 66 : Die Berechnung der Standortaffinität
für

Branche: 3f (mit Größenklassengewichtung)   Zeitabschnitt: vor 1955

Betriebs-größen-klasse	Anzahl der Betriebe	α^*	Standortdeterminanten									
			a Anteil	b Anteil	c Anteil	d Anteil	e Anteil	f Anteil	g Anteil	h Anteil	i Anteil	
1	2	3	4	5	6	7	8	9	1o	11	12	
1	70	0,0622	72,4	90,3	19,2	25,1	89,7	2,4	55,0	5,1	76,1	
2	23	0,0613	23,7	41,5	1,8	16,4	13,0	2,5	8,3	1,2	32,7	
3	33	0,1760	108,8	117,6	9,3	26,8	57,9	29,9	51,9	3,5	175,1	
4	22	0,2738	95,3	104,9	2,7	8,2	84,1	13,7	71,2	2,7	219,6	
5	8	0,2133	33,1	50,1	-	-	16,0	-	49,1	1,1	21,3	
6	6	0,2133	27,5	22,0	-	48,0	19,8	-	10,7	-	-	
$\sum$	162	0,9999	360,8	426,4	33,0	124,5	280,5	48,5	246,2	13,6	524,8	2058,3
Standortaffinität			17,5	20,7	1,6	6,0	13,6	2,4	12,0	0,7	25,5	100,0

$* \ \alpha = \dfrac{B_{ij}}{\sum\limits_{i=1}^{6} B_{ij}}$

Quelle: Eigene Berechnungen auf Basis eigener Erhebungen.

Tabelle 67 : Die Berechnung der Standortaffinität für

Branche: 3f (ohne Größenklassengewichtung)   Zeitabschnitt: 1955 - 1959

Betriebs-größen-klasse	Anzahl der Betriebe	α^*	Standortdeterminanten									
			a Anteil	b Anteil	c Anteil	d Anteil	e Anteil	f Anteil	g Anteil	h Anteil	i Anteil	
1	2	3	4	5	6	7	8	9	1o	11	12	
1	36	-	733	1.308	100	402	458	70	224	20	285	
2	14	-	400	615	20	50	160	40	100	15	-	
3	8	-	299	200	20	60	137	57	17	-	10	
4	8	-	250	330	40	-	90	60	-	10	20	
5	3	-	115	80	-	-	20	10	70	-	5	
6	1	-	-	80	-	-	20	-	-	-	-	
$\sum$	70	-	1.797	2.613	180	512	885	237	411	45	320	7000
Standortaffinität			25,7	37,3	2,6	7,3	12,6	3,4	5,9	0,6	4,6	100,0

$$* \; \alpha = \frac{B_{ij}}{\sum\limits_{i=1}^{6} B_{ij}}$$

Quelle: Eigene Berechnungen auf Basis eigener Erhebungen.

Tabelle 68 : Die Berechnung der Standortaffinität

für

Branche: 3f (mit Größenklassengewichtung)   Zeitabschnitt: 1955 - 1959

Betriebs-größen-klasse	Anzahl der Betriebe	α*	Standortdeterminanten								
			a Anteil	b Anteil	c Anteil	d Anteil	e Anteil	f Anteil	g Anteil	h Anteil	i Anteil
1	2	3	4	5	6	7	8	9	1o	11	12
1	36	0,0978	71,7	127,9	9,8	39,3	44,8	6,8	21,8	2,0	27,9
2	14	0,1142	45,7	70,2	2,3	5,7	18,3	4,6	11,4	1,7	-
3	8	0,1304	39,0	26,1	2,6	7,8	17,9	7,4	2,2	-	1,3
4	8	0,3043	76,1	100,4	12,2	-	27,4	18,3	-	3,0	6,1
5	3	0,2446	28,1	19,6	-	-	4,8	2,4	17,1	-	1,2
6	1	0,1087	-	8,7	-	-	2,2	-	-	-	-
∑	70	1,0000	260,6	352,9	26,9	52,8	115,4	39,5	52,5	6,7	36,5
Standortaffinität			27,6	37,4	2,9	5,6	12,1	4,2	5,6	0,7	3,9

(Letzte Spalte: ∑ = 943,8; Standortaffinität = 100,0)

$$* \ \alpha = \frac{B_{ij}}{\sum\limits_{i=1}^{6} B_{ij}}$$

Quelle: Eigene Berechnungen auf Basis eigener Erhebungen.

Tabelle 69 : Die Berechnung der Standortaffinität für

Branche: 3f (ohne Größenklassengewichtung)   Zeitabschnitt: 1960 - 1971

Betriebs-größen-klasse	Anzahl der Betriebe	α^*	Standortdeterminanten										
			a Anteil	b Anteil	c Anteil	d Anteil	e Anteil	f Anteil	g Anteil	h Anteil	i Anteil		
1	2	3	4	5	6	7	8	9	10	11	12		
1	84	-	1.423	2.682	262	500	1.386	175	803	50	1.119		
2	38	-	998	1.239	70	305	509	25	364	80	210		
3	13	-	410	390	10	130	200	40	50	5	65		
4	11	-	493	223	10	10	50	30	174	10	100		
5	4	-	230	40	-	10	60	10	50	-	-		
6	1	-	20	10	10	-	25	-	20	5	10		
$\sum$	151	-	3.574	4.584	362	955	2.230	280	1.461	150	1.504	15100	
Standortaffinität			23,7	30,4	2,4	6,3	14,7	1,9	9,7	1,0	9,9	100,0	

$$* \ \alpha = \frac{B_{ij}}{\sum_{i=1}^{6} B_{ij}}$$

Quelle: Eigene Berechnungen auf Basis eigener Erhebungen.

17 Kreuter

Tabelle 70 : Die Berechnung der Standortaffinität
            für
            Branche: 3f (mit Größenklassengewichtung)   Zeitabschnitt: 1960 – 1971

Betriebs-größen-klasse	Anzahl der Betriebe	α*	Standortdeterminanten								
			a Anteil	b Anteil	c Anteil	d Anteil	e Anteil	f Anteil	g Anteil	h Anteil	i Anteil
1	2	3	4	5	6	7	8	9	lo	11	12
1	84	0,1424	202,6	381,9	37,3	71,2	197,4	24,9	114,3	7,1	159,3
2	38	0,1932	192,8	239,4	13,5	58,9	98,3	4,8	70,3	14,5	40,6
3	13	0,1322	54,2	51,6	1,3	17,2	26,5	5,3	6,6	0,7	8,6
4	11	0,2610	128,7	58,2	2,6	2,6	13,0	7,8	45,4	2,6	26,1
5	4	0,2034	46,8	8,1	–	2,0	12,3	2,0	10,2	–	–
6	1	0,0678	1,4	0,7	0,7	–	1,7	–	1,4	0,3	0,7
Σ	151	1,0000	626,5	739,9	55,4	151,9	349,2	44,8	248,2	25,2	235,3	2476,4
Standortaffinität			25,3	29,9	2,2	6,1	14,2	1,8	10,0	1,0	9,5	100,0

$$* \; \alpha = \frac{B_{ij}}{\sum\limits_{i=1}^{6} B_{ij}}$$

Quelle: Eigene Berechnungen auf Basis eigener Erhebungen.

Tabelle 71 : Die Berechnung der Standortaffinität für

Branche: 3f (ohne Größenklassengewichtung)   Zeitabschnitt: 1955 - 1971

Betriebs-größen-klasse	Anzahl der Betriebe	α^*	Standortdeterminanten									
			a Anteil	b Anteil	c Anteil	d Anteil	e Anteil	f Anteil	g Anteil	h Anteil	i Anteil	
1	2	3	4	5	6	7	8	9	10	11	12	
1	120	-	2.156	3.990	362	902	1.844	245	1.027	70	1.404	
2	52	-	1.398	1.854	90	355	669	65	464	95	210	
3	21	-	709	590	30	190	337	97	67	5	75	
4	19	-	743	553	50	10	140	90	174	20	120	
5	7	-	345	120	-	10	80	20	120	-	5	
6	2	-	20	90	10	-	45	-	20	5	10	
$\sum$	221	-	5.371	7.197	542	1.467	3.115	517	1.872	195	1.824	22100
Standortaffinität			24,3	32,6	2,5	6,6	14,0	2,3	8,5	0,9	8,3	100,0

$$* \ \alpha = \frac{B_{ij}}{\sum\limits_{i=1}^{6} B_{ij}}$$

Quelle: Eigene Berechnungen auf Basis eigener Erhebungen.

17*

Tabelle 72 : Die Berechnung der Standortaffinität für

Branche: 3f (mit Größenklassengewichtung)   Zeitabschnitt: 1955 - 1971

Betriebs-größen-klasse	Anzahl der Betriebe	α^*	\multicolumn{9}{c}{Standortdeterminanten}									
			a Anteil	b Anteil	c Anteil	d Anteil	e Anteil	f Anteil	g Anteil	h Anteil	i Anteil
1	2	3	4	5	6	7	8	9	10	11	12
1	120	0,1253	270,1	499,9	45,4	113,0	231,0	30,7	128,7	8,8	175,9
2	52	0,1628	227,6	301,8	14,7	57,8	108,9	10,6	75,5	15,5	34,2
3	21	0,1315	93,2	77,6	3,9	25,0	44,3	12,8	8,8	0,7	9,9
4	19	0,2777	206,3	153,6	13,9	2,8	38,9	25,0	48,3	5,6	33,3
5	7	0,2192	75,6	26,3	-	2,2	17,6	4,4	26,3	-	1,1
6	2	0,0835	1,7	7,5	0,8	-	3,8	-	1,7	0,4	0,8
$\sum$	221	1,0000	874,5	1066,7	78,7	200,8	444,5	83,5	289,3	31,0	255,2	3324,2
Standortaffinität			26,3	32,1	2,4	6,0	13,4	2,5	8,7	0,9	7,7	100,0

$$* \ \alpha = \frac{B_{ij}}{\sum\limits_{i=1}^{6} B_{ij}}$$

Quelle: Eigene Berechnungen auf Basis eigener Erhebungen.

Tabelle 73 : Die Berechnung der Standortaffinität für

Branche: 4 (ohne Größenklassengewichtung)   Zeitabschnitt: vor 1955

Betriebs- größen- klasse	Anzahl der Betriebe	α*	Standortdeterminanten								
			a Anteil	b Anteil	c Anteil	d Anteil	e Anteil	f Anteil	g Anteil	h Anteil	i Anteil
1	2	3	4	5	6	7	8	9	1o	11	12
1	34	-	437	445	360	434	607	67	340	15	695
2	20	-	250	384	155	95	156	80	375	40	465
3	22	-	305	260	84	314	168	160	669	20	220
4	11	-	140	190	200	115	75	30	150	-	200
5	2	-	-	-	-	-	-	-	-	-	200
6	2	-	34	58	-	-	10	38	-	20	40
Σ	91	-	1.166	1.337	799	958	1.016	375	1.534	95	1.820	9100
Standortaffinität			12,8	14,7	8,8	10,5	11,2	4,1	16,9	1,0	20,0	100,0

$$* \quad \alpha = \frac{B_{ij}}{\sum\limits_{i=1}^{6} B_{ij}}$$

Quelle: Eigene Berechnungen auf Basis eigener Erhebungen.

Tabelle 74 : Die Berechnung der Standortaffinität für

Branche: 4 (mit Größenklassengewichtung)　　　　Zeitabschnitt: vor 1955

Betriebs-größen-klasse	Anzahl der Betriebe	α*	Standortdeterminanten								
			a Anteil	b Anteil	c Anteil	d Anteil	e Anteil	f Anteil	g Anteil	h Anteil	i Anteil
1	2	3	4	5	6	7	8	9	10	11	12
1	34	0,0654	28,6	29,1	23,5	29,4	39,6	4,4	22,2	1,0	45,5
2	20	0,1154	28,9	44,3	17,9	11,0	18,0	9,2	43,3	4,6	53,7
3	22	0,2538	77,4	66,0	21,3	79,7	42,6	40,6	169,8	5,1	55,8
4	11	0,2962	41,5	56,3	59,2	34,1	22,2	8,9	44,4	-	59,2
5	2	0,1154	-	-	-	-	-	-	-	-	23,1
6	2	0,1538	5,2	8,9	-	-	1,6	5,8	-	3,1	6,2
Σ	91	1,0000	181,6	204,6	121,9	154,2	124,0	68,9	279,7	13,8	243,5	1392,2
Standortaffinität			13,0	14,7	8,8	11,1	8,9	4,9	20,1	1,0	17,5	100,0

$$* \ \alpha = \frac{B_{ij}}{\sum\limits_{i=1}^{6} B_{ij}}$$

Quelle: Eigene Berechnungen auf Basis eigener Erhebungen.

Tabelle 75 : Die Berechnung der Standortaffinität für

Branche: 4 (ohne Größenklassengewichtung)   Zeitabschnitt: 1955 - 1959

Betriebs-größen-klasse	Anzahl der Betriebe	α*	Standortdeterminanten								
			a Anteil	b Anteil	c Anteil	d Anteil	e Anteil	f Anteil	g Anteil	h Anteil	i Anteil
1	2	3	4	5	6	7	8	9	1o	11	12
1	15	-	170	258	20	309	213	-	290	20	220
2	16	-	304	484	89	215	239	50	139	10	70
3	3	-	40	50	-	-	60	50	80	20	-
4	4	-	90	130	-	-	50	20	10	-	100
5	2	-	50	90	-	-	20	-	-	-	40
6	1	-	80	-	-	-	-	-	20	-	-
$\sum$	41	-	734	1.012	109	524	582	120	539	50	430	4100
Standortaffinität			17,9	24,7	2,7	12,8	14,2	2,9	13,1	1,2	10,5	100,0

$$* \ \alpha = \frac{B_{ij}}{\sum\limits_{i=1}^{6} B_{ij}}$$

Quelle: Eigene Berechnungen auf Basis eigener Erhebungen.

Tabelle 76 : Die Berechnung der Standortaffinität für

Branche: 4 (mit Größenklassengewichtung)   Zeitabschnitt: 1955 – 1959

Betriebsgrößenklasse	Anzahl der Betriebe	α^*	Standortdeterminanten								
			a Anteil	b Anteil	c Anteil	d Anteil	e Anteil	f Anteil	g Anteil	h Anteil	i Anteil
1	2	3	4	5	6	7	8	9	10	11	12
1	15	0,0633	10,8	16,3	1,3	19,6	13,6	–	18,4	1,3	13,9
2	16	0,2025	61,6	98,0	18,0	43,5	48,4	10,1	28,1	2,0	14,2
3	3	0,0759	3,0	3,8	–	–	4,5	3,8	6,1	1,5	–
4	4	0,2363	21,3	30,7	–	–	11,8	4,7	2,3	–	23,6
5	2	0,2532	12,7	22,8	–	–	5,1	–	–	–	10,1
6	1	0,1688	13,5	–	–	–	–	–	3,8	–	–
$\sum$	41	1,0000	122,9	171,6	19,3	63,1	83,4	18,6	58,7	4,8	61,8	604,2
Standortaffinität			20,3	28,4	3,2	10,4	13,9	3,1	9,7	0,8	10,2	100,0

$$* \ \alpha = \frac{B_{ij}}{\sum\limits_{i=1}^{6} B_{ij}}$$

Quelle: Eigene Berechnungen auf Basis eigener Erhebungen.

Tabelle 77 : Die Berechnung der Standortaffinität
              für
              Branche: 4 (ohne Größenklassengewichtung)   Zeitabschnitt: 1960 - 1971

Betriebs-größen-klasse	Anzahl der Betriebe	α*	Standortdeterminanten									
			a Anteil	b Anteil	c Anteil	d Anteil	e Anteil	f Anteil	g Anteil	h Anteil	i Anteil	
1	2	3	4	5	6	7	8	9	1o	11	12	
1	49	-	837	1.341	164	270	667	108	1.085	54	374	
2	20	-	410	620	30	175	230	50	390	50	45	
3	8	-	180	291	14	75	103	-	37	-	100	
4	-	-	-	-	-	-	-	-	-	-	-	
5	3	-	80	40	-	70	60	20	20	-	10	
6	-	-	-	-	-	-	-	-	-	-	-	
∑	80	-	1.507	2.292	208	590	1.060	178	1.532	104	529	8000
Standortaffinität			18,8	28,7	2,6	7,4	13,3	2,2	19,2	1,3	6,6	100,1

$$* \ \alpha = \frac{B_{ij}}{\sum\limits_{i=1}^{6} B_{ij}}$$

Quelle: Eigene Berechnungen auf Basis eigener Erhebungen.

Tabelle 78 : Die Berechnung der Standortaffinität für

Branche: 4 (mit Größenklassengewichtung)   Zeitabschnitt: 1960 – 1971

Betriebs-größen-klasse	Anzahl der Betriebe	α^*	Standortdeterminanten									
			a Anteil	b Anteil	c Anteil	d Anteil	e Anteil	f Anteil	g Anteil	h Anteil	i Anteil	
1	2	3	4	5	6	7	8	9	10	11	12	
1	49	0,1984	166,1	266,1	32,5	53,6	132,3	21,4	215,3	10,7	74,2	
2	20	0,2429	99,6	150,6	7,3	42,5	55,8	12,1	94,7	12,1	10,9	
3	8	0,1943	35,0	56,5	2,7	14,6	20,0	–	7,2	–	19,4	
4	–	–	–	–	–	–	–	–	–	–	–	
5	3	0,3644	29,2	14,6	–	25,5	21,8	7,3	7,3	–	3,6	
6	–	–	–	–	–	–	–	–	–	–	–	
$\sum$	80	1,0000	329,9	487,8	42,5	136,2	229,9	40,8	324,5	22,8	108,1	1722,5
Standortaffinität			19,2	28,3	2,5	7,9	13,4	2,4	18,8	1,3	6,2	100,0

$$* \ \alpha = \frac{B_{ij}}{\sum_{i=1}^{6} B_{ij}}$$

Quelle: Eigene Berechnungen auf Basis eigener Erhebungen.

Tabelle 79 : Die Berechnung der Standortaffinität für

Branche: 4 (ohne Größenklassengewichtung)   Zeitabschnitt: 1955 – 1971

Betriebs-größen-klasse	Anzahl der Betriebe	α*	Standortdeterminanten								
			a Anteil	b Anteil	c Anteil	d Anteil	e Anteil	f Anteil	g Anteil	h Anteil	i Anteil
1	2	3	4	5	6	7	8	9	1o	11	12
1	64	–	1.007	1.599	184	579	880	108	1.375	74	594
2	36	–	714	1.104	119	390	469	100	529	60	115
3	11	–	220	341	14	75	163	50	117	20	100
4	4	–	90	130	–	–	50	20	10	–	100
5	5	–	130	130	–	70	80	20	20	–	50
6	1	–	80	–	–	–	–	–	20	–	–
Σ	121	–	2.241	3.304	317	1.114	1.642	298	2.071	154	959	12100
Standortaffinität			18,5	27,3	2,6	9,2	13,7	2,5	17,0	1,3	7,9	100,0

$$* \ \alpha = \frac{B_{ij}}{\sum\limits_{i=1}^{6} B_{ij}}$$

Quelle: Eigene Berechnungen auf Basis eigener Erhebungen.

Tabelle   80   : Die Berechnung der Standortaffinität
              für
              Branche: 4 (mit Größenklassengewichtung)   Zeitabschnitt: 1955 - 1971

Betriebs-größen-klasse	Anzahl der Betriebe	α*	Standortdeterminanten								
			a Anteil	b Anteil	c Anteil	d Anteil	e Anteil	f Anteil	g Anteil	h Anteil	i Anteil
1	2	3	4	5	6	7	8	9	1o	11	12	
1	64	0,1322	133,1	211,4	24,3	76,5	116,4	14,3	181,8	9,8	78,5	
2	36	0,2231	159,3	246,3	26,5	87,0	104,6	22,3	118,0	13,4	25,6	
3	11	0,1364	30,0	46,5	1,9	10,2	22,2	6,8	16,0	2,7	13,6	
4	4	0,1157	10,4	15,0	-	-	5,8	2,3	1,2	-	11,6	
5	5	0,3099	40,3	40,3	-	21,7	24,8	6,2	6,2	-	15,5	
6	1	0,0827	6,6	-	-	-	-	-	1,6	-	-	
Σ	121	1,0000	379,7	559,5	52,7	195,4	273,8	51,9	324,8	25,9	144,8	2008,5
Standortaffinität			19,0	28,0	2,5	9,7	13,5	2,6	16,3	1,3	7,1	100,0

$$* \quad \alpha = \frac{B_{ij}}{\sum_{i=1}^{6} B_{ij}}$$

Quelle: Eigene Berechnungen auf Basis eigener Erhebungen.

Tabelle 81 : Die Berechnung der Standortaffinität
für
Branche: 5 (ohne Größenklassengewichtung)   Zeitabschnitt: vor 1955

Betriebs-größen-klasse	Anzahl der Betriebe	α*	Standortdeterminanten								
			a Anteil	b Anteil	c Anteil	d Anteil	e Anteil	f Anteil	g Anteil	h Anteil	i Anteil
1	2	3	4	5	6	7	8	9	1o	11	12
1	8	-	90	120	-	170	240	-	180	-	-
2	3	-	14	45	115	34	92	-	-	-	-
3	1	-	-	-	-	-	-	-	-	-	100
4	2	-	120	50	-	30	-	-	-	-	-
5	1	-	10	20	10	-	60	-	-	-	-
6	-	-	-	-	-	-	-	-	-	-	-
Σ	15	-	234	235	125	234	392	-	180	-	100	1500
Standortaffinität			15,6	15,6	8,3	15,6	26,1	-	12,0	-	6,8	100,0

* $\alpha = \dfrac{B_{ij}}{\sum\limits_{i=1}^{6} B_{ij}}$

Quelle: Eigene Berechnungen auf Basis eigener Erhebungen.

Tabelle 82 : Die Berechnung der Standortaffinität für

Branche: 5 (mit Größenklassengewichtung)　　　　　Zeitabschnitt: vor 1955

Betriebs-größen-klasse	Anzahl der Betriebe	α*	Standortdeterminanten									
			a Anteil	b Anteil	c Anteil	d Anteil	e Anteil	f Anteil	g Anteil	h Anteil	i Anteil	
1	2	3	4	5	6	7	8	9	1o	11	12	
1	8	0,0988	8,9	11,9	–	16,8	23,8	–	17,8	–	–	
2	3	0,1110	1,6	5,0	12,8	3,8	10,2	–	–	–	–	
3	1	0,0741	–	–	–	–	–	–	–	–	7,4	
4	2	0,3457	41,5	17,3	–	10,4	–	–	–	–	–	
5	1	0,3704	3,7	7,4	3,7	–	22,2	–	–	–	–	
6	–	–	–	–	–	–	–	–	–	–	–	
∑	15	1,0000	55,7	41,6	16,5	31,0	56,2	–	17,8	–	7,4	226,2
Standortaffinität			24,6	18,4	7,3	13,7	24,8	–	7,9	–	3,3	100,0

$$* \quad \alpha = \frac{B_{ij}}{\sum_{i=1}^{6} B_{ij}}$$

Quelle: Eigene Berechnungen auf Basis eigener Erhebungen.

Tabelle 83 : Die Berechnung der Standortaffinität für

Branche: 5 (ohne Größenklassengewichtung)   Zeitabschnitt: 1955 - 1959[1]

Betriebs-größen-klasse	Anzahl der Betriebe	α^*	Standortdeterminanten a Anteil	b Anteil	c Anteil	d Anteil	e Anteil	f Anteil	g Anteil	h Anteil	i Anteil	
1	2	3	4	5	6	7	8	9	1o	11	12	
1	1	–	–	–	–	–	75	–	–	25	–	100
2	–	–	–	–	–	–	–	–	–	–	–	
3	–	–	–	–	–	–	–	–	–	–	–	
4	–	–	–	–	–	–	–	–	–	–	–	
5	–	–	–	–	–	–	–	–	–	–	–	
6	–	–	–	–	–	–	–	–	–	–	–	
$\sum$	1	–	–	–	–	–	75	–	–	25	–	100
Standortaffinität			–	–	–	–	75,0	–	–	25,0	–	100,0

$$* \ \alpha = \frac{B_{ij}}{\sum\limits_{i=1}^{6} B_{ij}}$$

1) Die Ergebnisse für diesen Zeitabschnitt sind nicht repräsentativ, da zur Auswertung nur ein Unternehmen zur Verfügung stand

Quelle: Eigene Berechnungen auf Basis eigener Erhebungen.

Tabelle 84 : Die Berechnung der Standortaffinität für

Branche: 5 (mit Größenklassengewichtung)　　　Zeitabschnitt: 1955 – 1959[1]

Betriebs-größen-klasse	Anzahl der Betriebe	α^*	Standortdeterminanten									
			a Anteil	b Anteil	c Anteil	d Anteil	e Anteil	f Anteil	g Anteil	h Anteil	i Anteil
1	2	3	4	5	6	7	8	9	10	11	12
1	1	1,0000	–	–	–	–	75,0	–	–	25,0	–
2	–	–	–	–	–	–	–	–	–	–	–
3	–	–	–	–	–	–	–	–	–	–	–
4	–	–	–	–	–	–	–	–	–	–	–
5	–	–	–	–	–	–	–	–	–	–	–
6	–	–	–	–	–	–	–	–	–	–	–
$\sum$	1	1,0000	–	–	–	–	75,0	–	–	25,0	–
Standortaffinität			–	–	–	–	75,0	–	–	25,0	–

(rechte Randspalte: 100,0 / 100,0)

$$* \quad \alpha = \frac{B_{ij}}{\sum\limits_{i=1}^{6} B_{ij}}$$

1) Die Ergebnisse für diesen Zeitabschnitt sind nicht repräsentativ, da zur Auswertung nur ein Unternehmen zur Verfügung stand

Quelle: Eigene Berechnungen auf Basis eigener Erhebungen.

Tabelle 85 : Die Berechnung der Standortaffinität für

Branche: 5 (ohne Größenklassengewichtung) Zeitabschnitt: 1960 - 1971[1]

Betriebs-größen-klasse	Anzahl der Betriebe	α^*	Standortdeterminanten									
			a	b	c	d	e	f	g	h	i	
			Anteil	Anteil	Anteil	Anteil	Anteil	Anteil	Anteil	Anteil	Anteil	
1	2	3	4	5	6	7	8	9	10	11	12	
1	1	-	15	-	-	15	-	-	70	-	-	
2	-	-	-	15	-	-	-	-	-	-	-	
3	1	-	15	15	15	-	40	-	-	15	-	
4	-	-	-	-	-	-	-	-	-	-	-	
5	-	-	-	-	-	-	-	-	-	-	-	
6	-	-	-	-	-	-	-	-	-	-	-	
$\sum$	2	-	30	15	15	15	40	-	70	15	-	200
Standortaffinität			15,0	7,5	7,5	7,5	20,0	-	35,0	7,5	-	100,0

$* \ \alpha = \dfrac{B_{ij}}{\sum\limits_{i=1}^{6} B_{ij}}$

1) Ergebnisse wegen zu geringer Ansiedlungstätigkeit kaum repräsentativ

Quelle: Eigene Berechnungen auf Basis eigener Erhebungen.

18 Kreuter

Tabelle 86 : Die Berechnung der Standortaffinität

für

Branche: 5 (mit Größenklassengewichtung)   Zeitabschnitt: 1960 – 1971[1]

Betriebs-größen-klasse	Anzahl der Betriebe	α^*	Standortdeterminanten									
			a Anteil	b Anteil	c Anteil	d Anteil	e Anteil	f Anteil	g Anteil	h Anteil	i Anteil	
1	2	3	4	5	6	7	8	9	10	11	12	
1	1	0,1429	2,1	-	-	2,1	-	-	10,0	-	-	
2	-	-	-	-	-	-	-	-	-	-	-	
3	1	0,8571	12,9	12,9	12,9	-	34,2	-	-	12,9	-	
4	-	-	-	-	-	-	-	-	-	-	-	
5	-	-	-	-	-	-	-	-	-	-	-	
6	-	-	-	-	-	-	-	-	-	-	-	
$\sum$	2	1,0000	15,0	12,9	12,9	2,1	34,2	-	10,0	12,9	-	100,0
Standortaffinität			15,0	12,9	12,9	2,1	34,2	-	10,0	12,9	-	100,0

$* \ \alpha = \dfrac{B_{ij}}{\sum\limits_{i=1}^{6} B_{ij}}$

1) Ergebnisse wegen zu geringer Ansiedlungstätigkeit kaum repräsentativ

Quelle: Eigene Berechnungen auf Basis eigener Erhebungen.

Tabelle   87 : Die Berechnung der Standortaffinität für

Branche: 5 (ohne Größenklassengewichtung)   Zeitabschnitt: 1955 - 1971[1]

Betriebs-größen-klasse	Anzahl der Betriebe	α^*	Standortdeterminanten								
			a Anteil	b Anteil	c Anteil	d Anteil	e Anteil	f Anteil	g Anteil	h Anteil	i Anteil
1	2	3	4	5	6	7	8	9	10	11	12
1	2	-	15	-	-	15	75	-	70	25	-
2	-	-	-	-	-	-	-	-	-	-	-
3	1	-	15	15	15	-	40	-	-	15	-
4	-	-	-	-	-	-	-	-	-	-	-
5	-	-	-	-	-	-	-	-	-	-	-
6	-	-	-	-	-	-	-	-	-	-	-
$\sum$	3	-	30	15	15	15	115	-	70	40	-
Standortaffinität			10,0	5,0	5,0	5,0	38,3	-	23,3	13,3	-

300

99,9

$* \ \alpha = \dfrac{B_{ij}}{\sum\limits_{i=1}^{6} B_{ij}}$

1) Ergebnisse wegen zu geringer Ansiedlungstätigkeit kaum repräsentativ

Quelle: Eigene Berechnungen auf Basis eigener Erhebungen.

18*

Tabelle 88 : Die Berechnung der Standortaffinität für

Branche: 5 (mit Größenklassengewichtung)   Zeitabschnitt: 1955 – 1971[1]

Betriebsgrößenklasse	Anzahl der Betriebe	α^{*}	Standortdeterminanten									
			a Anteil	b Anteil	c Anteil	d Anteil	e Anteil	f Anteil	g Anteil	h Anteil	i Anteil	
1	2	3	4	5	6	7	8	9	10	11	12	
1	2	0,2500	3,8	—	—	3,8	18,9	—	17,5	6,3	—	
2	—	—	—	—	—	—	—	—	—	—	—	
3	1	0,7500	11,3	11,3	11,3	—	30,0	—	—	11,3	—	
4	—	—	—	—	—	—	—	—	—	—	—	
5	—	—	—	—	—	—	—	—	—	—	—	
6	—	—	—	—	—	—	—	—	—	—	—	
$\sum$	3	1,0000	15,1	11,3	11,3	3,8	48,9	—	17,5	17,6	—	125,5
Standortaffinität			12,0	9,0	9,0	3,0	39,0	—	13,9	14,0	—	99,9

$$* \ \alpha = \frac{B_{ij}}{\sum\limits_{i=1}^{6} B_{ij}}$$

1) Ergebnisse wegen zu geringer Ansiedlungstätigkeit kaum repräsentativ.

Quelle: Eigene Berechnungen auf Basis eigener Erhebungen.

Tabelle 89 : Die Berechnung der Standortaffinität
für

Branche: 6 (ohne Größenklassengewichtung)　　　　　Zeitabschnitt: vor 1955

Betriebs-größen-klasse	Anzahl der Betriebe	α*	Standortdeterminanten									
			a Anteil	b Anteil	c Anteil	d Anteil	e Anteil	f Anteil	g Anteil	h Anteil	i Anteil	
1	2	3	4	5	6	7	8	9	10	11	12	
1	110	–	1.160	832	3.086	720	2.472	80	1.857	120	673	
2	29	–	532	454	513	248	649	–	322	12	170	
3	8	–	331	172	67	17	63	–	25	25	100	
4	3	–	75	–	25	–	60	–	–	–	140	
5	4	–	100	185	25	45	35	5	–	5	–	
6	1	–	40	40	–	–	20	–	–	–	–	
Σ	155	–	2.238	1.683	3.716	1.030	3.299	85	2.204	162	1.083	15500
Standortaffinität			14,4	10,9	24,0	6,6	21,4	0,5	14,2	1,0	7,0	100,0

* $\alpha = \dfrac{B_{ij}}{\sum\limits_{i=1}^{6} B_{ij}}$

Quelle: Eigene Berechnungen auf Basis eigener Erhebungen.

Tabelle　90　: Die Berechnung der Standortaffinität für

Branche:　6　(mit Größenklassengewichtung)　　　　Zeitabschnitt:　vor 1955

Betriebs-größen-klasse	Anzahl der Betriebe	α^{*}	Standortdeterminanten								
			a Anteil	b Anteil	c Anteil	d Anteil	e Anteil	f Anteil	g Anteil	h Anteil	i Anteil
1	2	3	4	5	6	7	8	9	10	11	12
1	110	0,2460	285,4	204,7	759,2	177,1	608,2	19,7	456,8	29,5	165,6
2	29	0,1946	103,5	88,3	99,8	48,3	126,3	-	62,7	2,3	33,1
3	8	0,1074	35,5	18,5	7,2	1,8	6,8	-	2,7	2,7	10,7
4	3	0,0940	7,1	-	2,4	-	5,7	-	-	-	13,2
5	4	0,2685	26,9	49,7	6,7	12,1	9,4	1,3	-	1,3	-
6	1	0,0895	3,6	3,6	-	-	1,8	-	-	-	-
$\sum$	155	1,0000	462,0	364,8	875,3	239,3	758,2	21,0	522,2	35,8	222,6	3501,2
Standortaffinität			13,2	10,4	25,0	6,8	21,7	0,6	14,9	1,0	6,4	100,0

$$* \quad \alpha = \frac{B_{ij}}{\sum_{i=1}^{6} B_{ij}}$$

Quelle: Eigene Berechnungen auf Basis eigener Erhebungen.

Tabelle 91 : Die Berechnung der Standortaffinität für

Branche: 6 (ohne Größenklassengewichtung)   Zeitabschnitt: 1955 - 1959

Betriebs-größen-klasse	Anzahl der Betriebe	α^*	Standortdeterminanten								
			a Anteil	b Anteil	c Anteil	d Anteil	e Anteil	f Anteil	g Anteil	h Anteil	i Anteil
1	2	3	4	5	6	7	8	9	10	11	12
1	8	-	210	50	40	80	140	30	230	20	-
2	-	-	-	-	-	-	-	-	-	-	-
3	-	-	-	-	-	-	-	-	-	-	-
4	1	-	60	25	-	5	10	-	-	-	-
5	-	-	-	-	-	-	-	-	-	-	-
6	-	-	-	-	-	-	-	-	-	-	-
$\sum$	9	-	270	75	40	85	150	30	230	20	-	900
Standortaffinität			30,0	8,3	4,4	9,5	16,7	3,3	25,6	2,2	-	100,0

$$* \; \alpha = \frac{B_{ij}}{\sum_{i=1}^{6} B_{ij}}$$

Quelle: Eigene Berechnungen auf Basis eigener Erhebungen.

Tabelle 92 : Die Berechnung der Standortaffinität für

Branche: 6 (mit Größenklassengewichtung)   Zeitabschnitt: 1955 - 1959

Betriebs-größen-klasse	Anzahl der Betriebe	α^*	Standortdeterminanten									Σ
			a Anteil	b Anteil	c Anteil	d Anteil	e Anteil	f Anteil	g Anteil	h Anteil	i Anteil	
1	2	3	4	5	6	7	8	9	10	11	12	
1	8	0,3636	76,4	18,2	14,5	29,1	50,8	10,9	83,6	7,3	–	
2	–	–	–	–	–	–	–	–	–	–	–	
3	–	–	–	–	–	–	–	–	–	–	–	
4	1	0,6364	38,2	15,9	–	3,2	6,4	–	–	–	–	
5	–	–	–	–	–	–	–	–	–	–	–	
6	–	–	–	–	–	–	–	–	–	–	–	
Σ	9	1,0000	114,6	34,1	14,5	32,3	57,2	10,9	83,6	7,3	–	354,5
Standortaffinität			32,3	9,6	4,1	9,1	16,1	3,1	23,6	2,1	–	100,0

$$ {}^* \; \alpha = \frac{B_{ij}}{\sum\limits_{i=1}^{6} B_{ij}} $$

Quelle: Eigene Berechnungen auf Basis eigener Erhebungen.

Tabelle 93 : Die Berechnung der Standortaffinität für

Branche: 6 (ohne Größenklassengewichtung)   Zeitabschnitt: 1960 – 1971

Betriebs-größen-klasse	Anzahl der Betriebe	α*	Standortdeterminanten								
			a Anteil	b Anteil	c Anteil	d Anteil	e Anteil	f Anteil	g Anteil	h Anteil	i Anteil
1	2	3	4	5	6	7	8	9	10	11	12
1	19	–	440	425	85	255	295	95	280	25	–
2	9	–	166	266	44	15	80	–	224	–	105
3	2	–	50	60	–	20	40	30	–	–	–
4	3	–	53	83	–	–	154	10	–	–	–
5	–	–	–	–	–	–	–	–	–	–	–
6	–	–	–	–	–	–	–	–	–	–	–
Σ	33	–	709	834	129	290	569	135	504	25	105	3300
Standortaffinität			21,5	25,3	3,9	8,8	17,2	4,1	15,3	0,8	3,2	100,1

$$* \ \alpha = \frac{B_{ij}}{\sum\limits_{i=1}^{6} B_{ij}}$$

Quelle: Eigene Berechnungen auf Basis eigener Erhebungen.

Tabelle 94 : Die Berechnung der Standortaffinität
für

Branche: 6 (mit Größenklassengewichtung)   Zeitabschnitt: 1960 – 1971

Betriebs-größen-klasse	Anzahl der Betriebe	α^*	Standortdeterminanten a Anteil	b Anteil	c Anteil	d Anteil	e Anteil	f Anteil	g Anteil	h Anteil	i Anteil	
1	2	3	4	5	6	7	8	9	10	11	12	
1	19	0,1900	81,6	80,8	16,2	48,5	56,1	18,1	53,2	4,8	–	
2	9	0,2700	44,8	71,8	11,9	4,1	21,6	–	60,5	–	28,4	
3	2	0,1200	6,0	7,2	–	2,4	4,8	3,6	–	–	–	
4	3	0,4200	22,3	34,9	–	–	64,7	4,2	–	–	–	
5	–	–	–	–	–	–	–	–	–	–	–	
6	–	–	–	–	–	–	–	–	–	–	–	
Σ	33	1,0000	154,7	194,7	28,1	55,0	147,2	25,9	113,7	4,8	28,4	752,5
Standortaffinität			20,6	25,9	3,7	7,3	19,6	3,4	15,1	0,6	3,8	100,0

$* \; \alpha = \dfrac{B_{ij}}{\sum\limits_{i=1}^{6} B_{ij}}$

Quelle: Eigene Berechnungen auf Basis eigener Erhebungen.

Tabelle 95 : Die Berechnung der Standortaffinität für

Branche: 6 (ohne Größenklassengewichtung)   Zeitabschnitt: 1955 - 1971

Betriebs-größen-klasse	Anzahl der Betriebe	α*	Standortdeterminanten								
			a Anteil	b Anteil	c Anteil	d Anteil	e Anteil	f Anteil	g Anteil	h Anteil	i Anteil
1	2	3	4	5	6	7	8	9	10	11	12
1	27	–	650	475	125	335	435	125	510	45	–
2	9	–	166	266	44	15	80	–	224	–	105
3	2	–	50	60	–	20	40	30	–	–	–
4	4	–	113	108	–	5	164	10	–	–	–
5	–	–	–	–	–	–	–	–	–	–	–
6	–	–	–	–	–	–	–	–	–	–	–
Σ	42		979	909	169	375	719	165	734	45	105	4200
Standortaffinität			23,4	21,6	4,0	8,9	17,0	3,9	17,5	1,1	2,5	99,9

$$* \ \alpha = \frac{B_{ij}}{\sum_{i=1}^{6} B_{ij}}$$

Quelle: Eigene Berechnungen auf Basis eigener Erhebungen.

Tabelle 96 : Die Berechnung der Standortaffinität
für
Branche: 6 (mit Größenklassengewichtung)   Zeitabschnitt: 1955 – 1971

Betriebs-größen-klasse	Anzahl der Betriebe	α*	Standortdeterminanten								
			a Anteil	b Anteil	c Anteil	d Anteil	e Anteil	f Anteil	g Anteil	h Anteil	i Anteil
1	2	3	4	5	6	7	8	9	1o	11	12
1	27	0,2213	143,8	106,0	27,7	74,1	96,3	27,7	112,9	10,0	–
2	9	0,2213	36,7	58,9	9,7	3,3	17,7	–	49,6	–	23,2
3	2	0,0984	4,9	5,9	–	2,0	9,0	3,0	–	–	–
4	4	0,4590	51,9	49,6	–	2,3	75,2	4,6	–	–	–
5	–	–	–	–	–	–	–	–	–	–	–
6	–	–	–	–	–	–	–	–	–	–	–
Σ	42	1,0000	237,3	220,4	37,4	81,7	198,2	35,3	162,5	10,0	23,2	1006,0
Standortaffinität			23,6	21,9	3,7	8,1	19,7	3,5	16,2	1,0	2,3	100,0

$$* \; \alpha = \frac{B_{ij}}{\sum_{i=1}^{6} B_{ij}}$$

Quelle: Eigene Berechnungen auf Basis eigener Erhebungen.

Tabelle 97 : Die Berechnung der Standortaffinität
für

Branche: 7 (ohne Größenklassengewichtung)   Zeitabschnitt: vor 1955

Betriebs- größen- klasse	Anzahl der Betriebe	α^*	Standortdeterminanten									
			a Anteil	b Anteil	c Anteil	d Anteil	e Anteil	f Anteil	g Anteil	h Anteil	i Anteil	
1	2	3	4	5	6	7	8	9	10	11	12	
1	36	-	303	567	150	384	503	100	1.213	70	310	
2	19	-	416	288	148	185	270	70	268	50	205	
3	8	-	120	70	30	130	140	-	-	-	310	
4	14	-	254	115	40	10	88	-	438	25	430	
5	4	-	50	53	54	20	40	-	133	-	50	
6	1	-	-	-	50	-	50	-	-	-	-	
$\sum$	82	-	1.143	1.093	472	729	1.091	170	2.052	145	1.305	8200
Standortaffinität			13,9	13,3	5,8	8,9	13,3	2,1	25,0	1,8	15,9	100,0

$$* \ \alpha = \frac{B_{ij}}{\sum\limits_{i=1}^{6} B_{ij}}$$

Quelle: Eigene Berechnungen auf Basis eigener Erhebungen.

Tabelle 98 : Die Berechnung der Standortaffinität
               für
               Branche: 7 (mit Größenklassengewichtung)   Zeitabschnitt: vor 1955

Betriebs-größen-klasse	Anzahl der Betriebe	α*	Standortdeterminanten									
			a Anteil	b Anteil	c Anteil	d Anteil	e Anteil	f Anteil	g Anteil	h Anteil	i Anteil	
1	2	3	4	5	6	7	8	9	10	11	12	
1	36	0,0724	21,9	41,1	10,9	27,8	36,4	7,2	87,8	5,1	22,4	
2	19	0,1147	47,7	33,0	17,0	21,2	31,0	8,0	30,7	5,7	23,5	
3	8	0,0966	11,6	6,8	2,9	12,6	13,5	-	-	-	29,9	
4	14	0,3944	100,2	45,4	15,8	3,9	34,7	-	172,7	9,9	169,6	
5	4	0,2414	12,1	12,8	13,0	4,8	9,6	-	32,1	-	12,1	
6	1	0,0805	-	-	4,0	-	4,0	-	-	-	-	
$\sum$	82	1,0000	193,5	139,1	63,6	70,3	129,2	15,2	323,3	20,7	257,5	1212,4
Standortaffinität			16,0	11,5	5,2	5,8	10,6	1,3	26,7	1,7	21,2	100,0

$$* \quad \alpha = \frac{B_{ij}}{\sum\limits_{i=1}^{6} B_{ij}}$$

Quelle: Eigene Berechnungen auf Basis eigener Erhebungen.

Tabelle 99 : Die Berechnung der Standortaffinität für

Branche: 7 (ohne Größenklassengewichtung)   Zeitabschnitt: 1955 - 1959

Betriebs-größen-klasse	Anzahl der Betriebe	α^*	Standortdeterminanten										
			a Anteil	b Anteil	c Anteil	d Anteil	e Anteil	f Anteil	g Anteil	h Anteil	i Anteil	
1	2	3	4	5	6	7	8	9	10	11	12	
1	6	-	216	150	20	37	160	-	17	-	-	
2	5	-	70	110	-	25	170	-	100	25	-	
3	2	-	60	-	10	60	50	-	20	-	-	
4	1	-	-	-	-	80	10	-	10	-	-	
5	1	-	40	5	10	20	-	3	-	-	22	
6	-	-	-	-	-	-	-	-	-	-	-	
$\sum$	15	-	386	265	40	222	390	3	147	25	22	1500
Standortaffinität			25,7	17,7	2,7	14,8	26,0	0,2	9,8	1,7	1,5	100,1

$$* \quad \alpha = \frac{B_{ij}}{\sum\limits_{i=1}^{6} B_{ij}}$$

Quelle: Eigene Berechnungen auf Basis eigener Erhebungen.

Tabelle 100 : Die Berechnung der Standortaffinität für

Branche: 7 (mit Größenklassengewichtung)   Zeitabschnitt: 1955 - 1959

Betriebs-größen-klasse	Anzahl der Betriebe	α*	Standortdeterminanten								
			a Anteil	b Anteil	c Anteil	d Anteil	e Anteil	f Anteil	g Anteil	h Anteil	i Anteil
1	2	3	4	5	6	7	8	9	10	11	12
1	6	0,0779	16,8	11,7	1,6	2,9	12,4	-	1,3	-	-
2	5	0,1948	13,6	21,4	-	4,9	33,1	-	19,5	4,9	-
3	2	0,1558	9,3	-	1,6	9,3	7,8	-	3,1	-	-
4	1	0,1818	-	-	-	14,5	1,8	-	1,8	-	-
5	1	0,3896	15,6	1,9	3,9	7,8	-	1,2	-	-	8,6
6	-	-	-	-	-	-	-	-	-	-	-
Σ	15	0,9999	55,3	35,0	7,1	39,4	55,1	1,2	25,7	4,9	8,6 → 232,3
Standortaffinität			23,8	15,1	3,1	17,0	23,6	0,5	11,1	2,1	3,7 → 100,0

$$* \quad \alpha = \frac{B_{ij}}{\sum_{i=1}^{6} B_{ij}}$$

Quelle: Eigene Berechnungen auf Basis eigener Erhebungen.

Tabelle 101 : Die Berechnung der Standortaffinität
für
Branche: 7 (ohne Größenklassengewichtung)   Zeitabschnitt: 1960 – 1971

Betriebs- größen- klasse	Anzahl der Betriebe	α^*	Standortdeterminanten									
			a Anteil	b Anteil	c Anteil	d Anteil	e Anteil	f Anteil	g Anteil	h Anteil	i Anteil	
1	2	3	4	5	6	7	8	9	10	11	12	
1	31	–	641	565	25	415	567	52	660	30	145	
2	4	–	39	80	15	14	98	–	40	14	100	
3	5	–	85	215	–	–	150	–	50	–	–	
4	2	–	20	20	–	20	60	–	80	–	–	
5	–	–	–	–	–	–	–	–	–	–	–	
6	–	–	–	–	–	–	–	–	–	–	–	
$\sum$	42	–	785	880	40	449	875	52	830	44	245	4200
Standortaffinität			18,7	21,0	1,0	10,7	20,8	1,2	19,8	1,0	5,8	100,0

$* \; \alpha = \dfrac{B_{ij}}{\sum\limits_{i=1}^{6} B_{ij}}$

Quelle: Eigene Berechnungen auf Basis eigener Erhebungen.

19 Kreuter

Tabelle 102 : Die Berechnung der Standortaffinität
              für
              Branche: 7 (mit Größenklassengewichtung)   Zeitabschnitt: 1960 – 1970

Betriebs-größen-klasse	Anzahl der Betriebe	α^*	Standortdeterminanten									
			a Anteil	b Anteil	c Anteil	d Anteil	e Anteil	f Anteil	g Anteil	h Anteil	i Anteil	
1	2	3	4	5	6	7	8	9	1o	11	12	
1	31	0,3069	196,7	173,4	7,7	127,4	174,0	16,0	202,6	9,2	44,5	
2	4	0,1188	4,6	9,5	1,8	1,7	11,6	–	4,8	1,7	11,9	
3	5	0,2970	25,2	63,9	–	–	44,6	–	14,9	–	–	
4	2	0,2773	5,5	5,5	–	5,5	16,5	–	22,2	–	–	
5	–	–	–	–	–	–	–	–	–	–	–	
6	–	–	–	–	–	–	–	–	–	–	–	
$\sum$	42	1,0000	232,0	252,3	9,5	134,6	246,7	16,0	244,5	10,9	56,4	1202,9
Standortaffinität			19,3	21,0	0,8	11,2	20,5	1,3	20,3	0,9	4,7	100,0

$$* \; \alpha = \frac{B_{ij}}{\sum\limits_{i=1}^{6} B_{ij}}$$

Quelle: Eigene Berechnungen auf Basis eigener Erhebungen.

Tabelle 103 : Die Berechnung der Standortaffinität für

Branche: 7 (ohne Größenklassengewichtung) Zeitabschnitt: 1955 - 1971

Betriebs-größen-klasse	Anzahl der Betriebe	α*	Standortdeterminanten								
			a Anteil	b Anteil	c Anteil	d Anteil	e Anteil	f Anteil	g Anteil	h Anteil	i Anteil
1	2	3	4	5	6	7	8	9	1o	11	12
1	37	-	857	715	45	452	727	52	677	30	145
2	9	-	109	190	15	39	268	-	140	39	100
3	7	-	145	215	10	60	200	-	70	-	-
4	3	-	20	20	-	100	70	-	90	-	-
5	1	-	40	5	10	20	-	3	-	-	22
6	-	-	-	-	-	-	-	-	-	-	-
Σ	57	-	1.171	1.145	80	671	1.265	55	977	69	267	5700
Standortaffinität			20,5	20,1	1,4	11,8	22,2	1,0	17,1	1,2	4,7	100,0

$$* \ \alpha = \frac{B_{ij}}{\sum\limits_{i=1}^{6} B_{ij}}$$

Quelle: Eigene Berechnungen auf Basis eigener Erhebungen.

19*

Tabelle 104 : Die Berechnung der Standortaffinität für

Branche: 7 (mit Größenklassengewichtung)   Zeitabschnitt: 1955 – 1971

Betriebs-größenklasse	Anzahl der Betriebe	α*	Standortdeterminanten								
			a Anteil	b Anteil	c Anteil	d Anteil	e Anteil	f Anteil	g Anteil	h Anteil	i Anteil
1	2	3	4	5	6	7	8	9	10	11	12
1	37	0,2078	178,1	148,6	9,4	93,9	151,0	10,8	140,7	6,2	30,1
2	9	0,1517	16,5	28,8	2,3	5,9	40,7	–	21,2	5,9	15,2
3	7	0,2360	34,2	50,7	2,4	14,2	47,2	–	16,5	–	–
4	3	0,2360	4,7	4,7	–	23,6	16,5	–	21,2	–	–
5	1	0,1685	6,7	8,4	1,7	3,4	–	0,5	–	–	3,7
6	–	–	–	–	–	–	–	–	–	–	–
Σ	57	1,0000	240,2	241,2	15,8	141,0	255,4	11,3	199,6	12,1	49,0	1165,6
Standortaffinität			20,6	20,7	1,4	12,1	21,9	1,0	17,1	1,0	4,2	100,0

$$* \; \alpha = \frac{B_{ij}}{\sum_{i=1}^{6} B_{ij}}$$

Quelle: Eigene Berechnungen auf Basis eigener Erhebungen.

Tabelle 105 : Die Berechnung der Standortaffinität für

Branche: 8 (ohne Größenklassengewichtung)   Zeitabschnitt: vor 1955

Betriebs- größen- klasse	Anzahl der Betriebe	α*	Standortdeterminanten								
			a Anteil	b Anteil	c Anteil	d Anteil	e Anteil	f Anteil	g Anteil	h Anteil	i Anteil
1	2	3	4	5	6	7	8	9	1o	11	12
1	9	–	160	190	40	140	250	–	40	80	–
2	12	–	390	145	130	90	125	–	50	–	270
3	7	–	50	70	40	–	160	–	80	–	300
4	2	–	100	–	–	–	50	–	–	–	50
5	1	–	–	–	–	100	–	–	–	–	–
6	1	–	100	–	–	–	–	–	–	–	–
Σ	32	–	800	405	210	330	585	–	170	80	620	3200
Standortaffinität			25,0	12,7	6,6	10,3	18,3	–	5,3	2,5	19,4	100,1

$$* \ \alpha = \frac{B_{ij}}{\sum\limits_{i=1}^{6} B_{ij}}$$

Quelle: Eigene Berechnungen auf Basis eigener Erhebungen.

Tabelle 106 : Die Berechnung der Standortaffinität für

Branche: 8 (mit Größenklassengewichtung)   Zeitabschnitt: vor 1955

Betriebs-größen-klasse	Anzahl der Betriebe	α^*	Standortdeterminanten									
			a Anteil	b Anteil	c Anteil	d Anteil	e Anteil	f Anteil	g Anteil	h Anteil	i Anteil	
1	2	3	4	5	6	7	8	9	1o	11	12	
1	9	0,0486	7,8	9,2	1,9	6,8	21,2	-	1,9	3,9	-	
2	12	0,1946	75,9	28,2	25,3	17,5	24,2	-	9,7	-	52,5	
3	7	0,2270	11,4	15,9	9,1	-	36,3	-	18,2	-	68,1	
4	2	0,1514	15,1	-	-	-	7,6	-	-	-	7,6	
5	1	0,1622	-	-	-	16,2	-	-	-	-	-	
6	1	0,2162	21,6	-	-	-	-	-	-	-	-	
$\sum$	32	1,0000	131,8	53,3	36,3	40,5	89,3	-	29,8	3,9	128,2	513,1
Standortaffinität			25,7	10,4	7,1	7,9	17,3	-	5,8	0,8	25,0	100,0

$$* \ \alpha = \frac{B_{ij}}{\sum\limits_{i=1}^{6} B_{ij}}$$

Quelle: Eigene Berechnungen auf Basis eigener Erhebungen.

Tabelle 107 : Die Berechnung der Standortaffinität für

Branche: 8 (ohne Größenklassengewichtung) Zeitabschnitt: 1955 - 1959

Betriebs-größen-klasse	Anzahl der Betriebe	α^*	Standortdeterminanten									
			a Anteil	b Anteil	c Anteil	d Anteil	e Anteil	f Anteil	g Anteil	h Anteil	i Anteil	
1	2	3	4	5	6	7	8	9	1o	11	12	
1	3	-	35	15	-	125	40	-	25	-	60	
2	3	-	65	15	-	22	98	-	100	-	-	
3	-	-	-	-	-	-	-	-	-	-	-	
4	1	-	-	80	-	-	20	-	-	-	-	
5	-	-	-	-	-	-	-	-	-	-	-	
6	-	-	-	-	-	-	-	-	-	-	-	
$\sum$	7	-	100	110	-	147	158	-	125	-	60	700
Standortaffinität			14,3	15,7	-	21,0	22,6	-	17,9	-	8,5	100,0

$$* \ \alpha = \frac{B_{ij}}{\sum\limits_{i=1}^{6} B_{ij}}$$

Quelle: Eigene Berechnungen auf Basis eigener Erhebungen.

Tabelle 108 : Die Berechnung der Standortaffinität
für
Branche: 8 (mit Größenklassengewichtung)　　　Zeitabschnitt: 1955 - 1959

Betriebs-größen-klasse	Anzahl der Betriebe	α^*	Standortdeterminanten									
			a Anteil	b Anteil	c Anteil	d Anteil	e Anteil	f Anteil	g Anteil	h Anteil	i Anteil	
1	2	3	4	5	6	7	8	9	10	11	12	
1	3	0,1154	4,0	1,7	-	14,4	4,6	-	2,9	-	6,9	
2	3	0,3462	22,5	5,2	-	7,6	33,9	-	34,6	-	-	
3	-	-	-	-	-	-	-	-	-	-	-	
4	1	0,5384	-	43,1	-	-	10,8	-	-	-	-	
5	-	-	-	-	-	-	-	-	-	-	-	
6	-	-	-	-	-	-	-	-	-	-	-	
$\sum$	7	1,0000	26,5	50,0	-	22,0	49,3	-	37,5	-	6,9	192,2
Standortaffinität			13,8	26,0	-	11,4	25,7	-	19,5	-	3,6	100,0

$$* \ \alpha = \frac{B_{ij}}{\sum\limits_{i=1}^{6} B_{ij}}$$

Quelle: Eigene Berechnungen auf Basis eigener Erhebungen.

Tabelle 109 : Die Berechnung der Standortaffinität
für

Branche: 8 (ohne Größenklassengewichtung)   Zeitabschnitt: 1960 – 1971

Betriebs-größen-klasse	Anzahl der Betriebe	α*	Standortdeterminanten									
			a Anteil	b Anteil	c Anteil	d Anteil	e Anteil	f Anteil	g Anteil	h Anteil	i Anteil	
1	2	3	4	5	6	7	8	9	1o	11	12	
1	8	–	405	60	25	130	125	–	35	–	20	
2	2	–	145	–	–	–	25	–	30	–	–	
3	4	–	215	85	–	10	45	45	–	–	–	
4	–	–	–	–	–	–	–	–	–	–	–	
5	–	–	–	–	–	–	–	–	–	–	–	
6	–	–	–	–	–	–	–	–	–	–	–	
Σ	14	–	765	145	25	140	195	45	65	–	20	1400
Standortaffinität			54,6	10,4	1,8	10,0	14,0	3,2	4,6	–	1,4	100,0

* $\alpha = \dfrac{B_{ij}}{\sum\limits_{i=1}^{6} B_{ij}}$

Quelle: Eigene Berechnungen auf Basis eigener Erhebungen.

Tabelle 110 : Die Berechnung der Standortaffinität für

Branche: 8 (mit Größenklassengewichtung)   Zeitabschnitt: 1960 - 1971

Betriebs-größen-klasse	Anzahl der Betriebe	α*	Standortdeterminanten									
			a Anteil	b Anteil	c Anteil	d Anteil	e Anteil	f Anteil	g Anteil	h Anteil	i Anteil	
1	2	3	4	5	6	7	8	9	10	11	12	
1	8	0,2105	85,3	12,6	5,3	27,4	26,3	-	7,4	-	4,2	
2	2	0,1579	22,9	-	-	-	4,0	-	4,7	-	-	
3	4	0,6316	135,8	53,7	-	6,3	28,5	28,4	-	-	-	
4	-	-	-	-	-	-	-	-	-	-	-	
5	-	-	-	-	-	-	-	-	-	-	-	
6	-	-	-	-	-	-	-	-	-	-	-	
Σ	14	1,0000	244,0	66,3	5,3	33,7	58,8	28,4	12,1	-	4,2	452,8
Standortaffinität			53,9	14,6	1,2	7,4	13,0	6,3	2,7	-	0,9	100,0

$$* \; \alpha = \frac{B_{ij}}{\sum\limits_{i=1}^{6} B_{ij}}$$

Quelle: Eigene Berechnungen auf Basis eigener Erhebungen.

Tabelle 111 : Die Berechnung der Standortaffinität für

Branche: 8 (ohne Größenklassengewichtung)   Zeitabschnitt: 1955 - 1971

Betriebs-größen-klasse	Anzahl der Betriebe	α^*	Standortdeterminanten								
			a Anteil	b Anteil	c Anteil	d Anteil	e Anteil	f Anteil	g Anteil	h Anteil	i Anteil
1	2	3	4	5	6	7	8	9	1o	11	12
1	11	-	440	75	25	255	165	-	60	-	80
2	5	-	210	15	-	22	123	-	130	-	-
3	4	-	215	85	-	10	45	45	-	-	-
4	1	-	-	80	-	-	20	-	-	-	-
5	-	-	-	-	-	-	-	-	-	-	-
6	-	-	-	-	-	-	-	-	-	-	-
Σ	21	-	865	255	25	287	353	45	190	-	80	2100
Standortaffinität			41,2	12,1	1,2	13,7	16,7	2,2	9,0	-	3,8	99,9

$$ * \ \alpha = \frac{B_{ij}}{\sum\limits_{i=1}^{6} B_{ij}} $$

Quelle: Eigene Berechnungen auf Basis eigener Erhebungen.

Tabelle 112 : Die Berechnung der Standortaffinität für

Branche: 8 (mit Größenklassengewichtung)   Zeitabschnitt: 1955 – 1971

Betriebs-größen-klasse	Anzahl der Betriebe	α*	Standortdeterminanten									Σ
			a Anteil	b Anteil	c Anteil	d Anteil	e Anteil	f Anteil	g Anteil	h Anteil	i Anteil	
1	2	3	4	5	6	7	8	9	10	11	12	
1	11	0,1719	75,6	12,9	4,3	43,8	28,4	–	10,3	–	13,8	
2	5	0,2344	49,2	3,5	–	5,2	28,8	–	30,5	–	–	
3	4	0,3750	80,6	31,9	–	3,8	16,9	16,9	–	–	–	
4	1	0,2187	–	17,5	–	–	4,4	–	–	–	–	
5	–	–	–	–	–	–	–	–	–	–	–	
6	–	–	–	–	–	–	–	–	–	–	–	
Σ	21	1,0000	205,4	65,8	4,3	52,8	78,5	16,9	40,8	–	13,8	478,3
Standortaffinität			42,9	13,8	0,9	11,0	16,5	3,5	8,5	–	2,9	100,0

$$* \; \alpha = \frac{B_{ij}}{\sum_{i=1}^{6} B_{ij}}$$

Quelle: Eigene Berechnungen auf Basis eigener Erhebungen.

Tabelle 113 : Die Berechnung der Standortaffinität für

Branche: 9 (ohne Größenklassengewichtung)   Zeitabschnitt: vor 1955

Betriebs-größen-klasse	Anzahl der Betriebe	α*	Standortdeterminanten									
			a Anteil	b Anteil	c Anteil	d Anteil	e Anteil	f Anteil	g Anteil	h Anteil	i Anteil	
1	2	3	4	5	6	7	8	9	1o	11	12	
1	58	-	1.005	952	254	446	1.261	93	915	20	854	
2	35	-	946	456	214	281	672	17	502	32	380	
3	29	-	818	330	115	166	406	92	300	10	663	
4	34	-	759	772	134	155	349	150	370	35	676	
5	8	-	169	178	-	-	70	-	-	-	383	
6	5	-	303	98	-	-	39	-	-	-	60	
∑	169	-	4.000	2.786	717	1.048	2.797	352	2.087	97	3.016	16900
Standortaffinität			23,7	16,5	4,2	6,2	16,5	2,1	12,3	0,6	17,8	99,9

$$* \quad \alpha = \frac{B_{ij}}{\sum\limits_{i=1}^{6} B_{ij}}$$

Quelle: Eigene Berechnungen auf Basis eigener Erhebungen.

Tabelle 114 : Die Berechnung der Standortaffinität
für
Branche: 9 (mit Größenklassengewichtung)　　　　Zeitabschnitt: vor 1955

Betriebs-größen-klasse	Anzahl der Betriebe	α*	Standortdeterminanten									
			a Anteil	b Anteil	c Anteil	d Anteil	e Anteil	f Anteil	g Anteil	h Anteil	i Anteil	
1	2	3	4	5	6	7	8	9	1o	11	12	
1	58	0,0463	46,5	44,1	11,8	20,6	58,5	4,3	42,4	0,9	39,5	
2	35	0,0838	79,3	38,2	17,9	23,5	56,3	1,4	42,1	2,7	31,8	
3	29	0,1389	113,6	45,8	16,0	23,1	56,4	12,8	41,7	1,4	92,1	
4	34	0,3799	288,3	293,3	50,9	58,9	132,6	57,0	140,6	13,3	256,8	
5	8	0,1915	32,4	34,1	-	-	13,4	-	-	-	73,3	
6	5	0,1596	48,4	15,6	-	-	6,2	-	-	-	9,6	
$\sum$	169	1,0000	608,5	471,1	96,6	126,1	323,4	75,5	266,8	18,3	503,1	2489,4
Standortaffinität			24,4	18,9	3,9	5,1	13,1	3,0	10,7	0,7	20,2	100,0

* $\alpha = \dfrac{B_{ij}}{\sum\limits_{i=1}^{6} B_{ij}}$

Quelle: Eigene Berechnungen auf Basis eigener Erhebungen.

Tabelle 115 : Die Berechnung der Standortaffinität
für

Branche: 9 (ohne Größenklassengewichtung)   Zeitabschnitt: 1955 - 1959

Betriebs-größen-klasse	Anzahl der Betriebe	α*	Standortdeterminanten									
			a Anteil	b Anteil	c Anteil	d Anteil	e Anteil	f Anteil	g Anteil	h Anteil	i Anteil	
1	2	3	4	5	6	7	8	9	1o	11	12	
1	21	-	490	500	25	215	280	70	390	30	100	
2	14	-	221	199	117	31	251	67	268	16	230	
3	10	-	270	280	-	135	120	-	170	25	-	
4	5	-	148	125	-	-	127	50	50	-	-	
5	-	-	-	-	-	-	-	-	-	-	-	
6	-	-	-	-	-	-	-	-	-	-	-	
Σ	50	-	1.129	1.104	142	381	778	187	878	71	330	5000
Standortaffinität			22,6	22,1	2,8	7,6	15,6	3,7	17,6	1,4	6,6	100,0

$$* \ \alpha = \frac{B_{ij}}{\sum\limits_{i=1}^{6} B_{ij}}$$

Quelle: Eigene Berechnungen auf Basis eigener Erhebungen.

Tabelle 116 : Die Berechnung der Standortaffinität für

Branche: 9 (mit Größenklassengewichtung)   Zeitabschnitt: 1955 - 1959

Betriebs-größen-klasse	Anzahl der Betriebe	α*	Standortdeterminanten									
			a Anteil	b Anteil	c Anteil	d Anteil	e Anteil	f Anteil	g Anteil	h Anteil	i Anteil	
1	2	3	4	5	6	7	8	9	10	11	12	
1	21	0,0601	29,4	30,1	1,5	12,9	16,8	4,2	23,4	1,8	6,0	
2	14	0,2295	50,7	45,7	26,9	7,1	57,6	15,4	61,5	3,7	52,8	
3	10	0,3279	88,5	91,8	-	44,3	39,3	-	55,7	8,2	-	
4	5	0,3825	56,6	47,8	-	-	48,7	19,1	19,1	-	-	
5	-	-	-	-	-	-	-	-	-	-	-	
6	-	-	-	-	-	-	-	-	-	-	-	
Σ	50	1,0000	225,2	215,4	28,4	64,3	162,4	38,7	159,7	13,7	58,8	966,6
Standortaffinität			23,3	22,3	2,9	6,7	16,8	4,0	16,5	1,4	6,1	100,0

$$* \; \alpha = \frac{B_{ij}}{\sum_{i=1}^{6} B_{ij}}$$

Quelle: Eigene Berechnungen auf Basis eigener Erhebungen.

Tabelle 117 : Die Berechnung der Standortaffinität für

Branche: 9 (ohne Größenklassengewichtung)   Zeitabschnitt: 1960 - 1971

Betriebs-größen-klasse	Anzahl der Betriebe	α*	Standortdeterminanten									
			a Anteil	b Anteil	c Anteil	d Anteil	e Anteil	f Anteil	g Anteil	h Anteil	i Anteil	
1	2	3	4	5	6	7	8	9	10	11	12	
1	62	-	1.246	1.347	212	765	826	174	953	57	620	
2	19	-	389	229	-	85	334	75	644	44	100	
3	5	-	210	50	-	50	-	10	80	-	100	
4	7	-	200	283	-	-	77	-	140	-	-	
5	1	-	25	25	8	-	22	-	15	5	-	
6	1	-	80	10	-	-	10	-	-	-	-	
$\sum$	95	-	2.150	1.944	220	900	1.269	259	1.832	106	820	9500
Standortaffinität			22,6	20,5	2,3	9,5	13,3	2,7	19,3	1,1	8,6	99,9

* $\alpha = \dfrac{B_{ij}}{\sum\limits_{i=1}^{6} B_{ij}}$

Quelle: Eigene Berechnungen auf Basis eigener Erhebungen.

Tabelle 118 : Die Berechnung der Standortaffinität

für

Branche: 9 (mit Größenklassengewichtung)   Zeitabschnitt: 1960 – 1971

Betriebs-größen-klasse	Anzahl der Betriebe	α*	Standortdeterminanten								
			a Anteil	b Anteil	c Anteil	d Anteil	e Anteil	f Anteil	g Anteil	h Anteil	i Anteil
1	2	3	4	5	6	7	8	9	10	11	12
1	62	0,1956	243,7	263,5	41,5	149,6	161,7	34,0	186,4	11,1	121,3
2	19	0,1798	69,9	41,2	-	15,3	60,1	13,5	115,8	7,9	18,0
3	5	0,0946	19,9	4,7	-	4,7	-	0,9	7,6	-	9,5
4	7	0,3092	61,8	87,5	-	-	23,8	-	43,3	-	-
5	1	0,0946	2,4	2,4	0,8	-	2,0	-	1,4	0,5	-
6	1	0,1262	10,1	1,3	-	-	1,2	-	-	-	-
Σ	95	1,0000	407,8	400,6	42,3	169,6	248,8	48,4	354,5	19,5	148,8	1840,3
Standortaffinität			22,2	21,8	2,3	9,2	13,4	2,6	19,3	1,1	8,1	100,0

$$* \; \alpha = \frac{B_{ij}}{\sum\limits_{i=1}^{6} B_{ij}}$$

Quelle: Eigene Berechnungen auf Basis eigener Erhebungen.

Tabelle 119 : Die Berechnung der Standortaffinität für

Branche: 9 (ohne Größenklassengewichtung)   Zeitabschnitt: 1955 - 1971

Betriebs-größen-klasse	Anzahl der Betriebe	α*	Standortdeterminanten								
			a Anteil	b Anteil	c Anteil	d Anteil	e Anteil	f Anteil	g Anteil	h Anteil	i Anteil
1	2	3	4	5	6	7	8	9	1o	11	12
1	83	-	1.736	1.847	237	980	1.106	244	1.343	87	720
2	33	-	610	428	117	116	585	142	912	60	330
3	15	-	480	330	-	185	120	10	250	25	100
4	12	-	348	408	-	-	204	50	190	-	-
5	1	-	25	25	8	-	22	-	15	5	-
6	1	-	80	10	-	-	10	-	-	-	-
Σ	145	-	3.279	3.048	362	1.281	2.047	446	2.710	177	1.150	14500
Standortaffinität			22,6	21,0	2,5	8,8	14,2	3,1	18,7	1,2	7,9	100,0

$$* \; \alpha = \frac{B_{ij}}{\sum_{i=1}^{6} B_{ij}}$$

Quelle: Eigene Berechnungen auf Basis eigener Erhebungen.

20*

Tabelle 120 : Die Berechnung der. Standortaffinität für

Branche: 9 (mit Größenklassengewichtung)　　　　　　Zeitabschnitt: 1955 – 1971

Betriebs-größen-klasse	Anzahl der Betriebe	α^*	Standortdeterminanten								
			a Anteil	b Anteil	c Anteil	d Anteil	e Anteil	f Anteil	g Anteil	h Anteil	i Anteil
1	2	3	4	5	6	7	8	9	1o	11	12
1	83	0,1627	282,4	300,5	38,6	159,4	180,0	39,7	218,5	14,2	117,1
2	33	0,1941	118,4	83,1	22,7	22,5	113,4	27,6	177,0	11,6	64,1
3	15	0,1765	84,7	58,2	–	32,7	21,2	1,8	44,1	4,4	17,7
4	12	0,3294	114,6	134,4	–	–	67,2	16,5	62,6	–	–
5	1	0,0588	1,5	1,5	0,5	–	1,3	–	0,9	0,3	–
6	1	0,0785	6,3	0,8	–	–	0,8	–	–	–	–
$\sum$	145	1,0000	607,9	578,5	61,8	214,6	383,9	85,6	503,1	30,5	198,9
Standortaffinität			22,8	21,7	2,3	8,1	14,5	3,2	18,9	1,1	7,4

(Gesamtsumme: 2664,8 / 100,0)

$$* \; \alpha = \frac{B_{ij}}{\sum\limits_{i=1}^{6} B_{ij}}$$

Quelle: Eigene Berechnungen auf Basis eigener Erhebungen.

Tabelle 121 : Die Berechnung der Standortaffinität für

Branche: 10 (ohne Größenklassengewichtung) Zeitabschnitt: vor 1955

Betriebs-größen-klasse	Anzahl der Betriebe	α*	Standortdeterminanten									
			a Anteil	b Anteil	c Anteil	d Anteil	e Anteil	f Anteil	g Anteil	h Anteil	i Anteil	
1	2	3	4	5	6	7	8	9	10	11	12	
1	48	–	291	203	1.007	443	1.126	20	1.020	25	665	
2	26	–	238	465	380	483	432	–	302	–	300	
3	15	–	60	313	350	30	223	–	204	–	320	
4	8	–	50	70	310	120	130	–	20	–	100	
5	–	–	–	–	–	–	–	–	–	–	–	
6	2	–	90	–	–	–	–	–	110	–	–	
Σ	99		729	1.051	2.047	1.076	1.911	20	1.656	25	1.385	9900
Standortaffinität			7,4	10,6	20,7	10,9	19,2	0,2	16,7	0,3	14,0	100,0

$$* \ \alpha = \frac{B_{ij}}{\sum\limits_{i=1}^{6} B_{ij}}$$

Quelle: Eigene Berechnungen auf Basis eigener Erhebungen.

Tabelle 122 : Die Berechnung der Standortaffinität
für
Branche: 10 (mit Größenklassengewichtung)   Zeitabschnitt: vor 1955

Betriebs-größen-klasse	Anzahl der Betriebe	α*	Standortdeterminanten									
			a Anteil	b Anteil	c Anteil	d Anteil	e Anteil	f Anteil	g Anteil	h Anteil	i Anteil	
1	2	3	4	5	6	7	8	9	10	11	12	
1	48	0,1176	34,2	23,9	118,4	52,1	132,4	2,4	120,0	2,9	78,2	
2	26	0,1912	45,5	88,9	72,7	92,3	82,6	-	57,7	-	57,4	
3	15	0,2206	13,2	69,0	77,2	6,6	49,2	-	45,0	-	70,6	
4	8	0,2745	13,7	19,2	85,1	32,9	35,6	-	5,5	-	27,5	
5	-	-	-	-	-	-	-	-	-	-	-	
6	2	0,1961	17,6	-	-	-	-	-	21,6	-	-	
Σ	99	1,0000	124,2	201,0	353,4	183,9	299,8	2,4	249,8	2,9	233,7	1651,1
Standortaffinität			7,5	12,2	21,4	11,1	18,2	0,1	15,1	0,2	14,2	100,0

$$* \ \alpha = \frac{B_{ij}}{\sum_{i=1}^{6} B_{ij}}$$

Quelle: Eigene Berechnungen auf Basis eigener Erhebungen.

Tabelle   123 : Die Berechnung der Standortaffinität für

Branche: 10 (ohne Größenklassengewichtung)   Zeitabschnitt: 1955 – 1959

Betriebs-größen-klasse	Anzahl der Betriebe	α*	Standortdeterminanten								
			a Anteil	b Anteil	c Anteil	d Anteil	e Anteil	f Anteil	g Anteil	h Anteil	i Anteil
1	2	3	4	5	6	7	8	9	10	11	12
1	5	–	73	153	50	84	85	5	50	–	–
2	1	–	–	–	–	50	–	–	50	–	–
3	–	–	–	–	–	–	–	–	–	–	–
4	–	–	–	–	–	–	–	–	–	–	–
5	–	–	–	–	–	–	–	–	–	–	–
6	–	–	–	–	–	–	–	–	–	–	–
$\sum$	6	–	73	153	50	134	85	5	100	–	–
Standortaffinität			12,2	25,5	8,3	22,3	14,1	0,8	16,7	–	–

(Σ-Zeile Gesamtsumme: 600; Standortaffinität Gesamt: 99,9)

$$* \ \alpha = \frac{B_{ij}}{\sum\limits_{i=1}^{6} B_{ij}}$$

Quelle: Eigene Berechnungen auf Basis eigener Erhebungen.

Tabelle 124 : Die Berechnung der Standortaffinität
             für
             Branche: 10 (mit Größenklassengewichtung)   Zeitabschnitt: 1955 - 1959

Betriebs-größen-klasse	Anzahl der Betriebe	α*	Standortdeterminanten											
			a Anteil	b Anteil	c Anteil	d Anteil	e Anteil	f Anteil	g Anteil	h Anteil	i Anteil		
1	2	3	4	5	6	7	8	9	10	11	12		350,2
1	5	0,6250	45,6	95,6	31,3	52,5	53,2	3,1	31,3	-	-		
2	1	0,3750	-	-	-	18,8	-	-	18,8	-	-		
3	-	-	-	-	-	-	-	-	-	-	-		
4	-	-	-	-	-	-	-	-	-	-	-		
5	-	-	-	-	-	-	-	-	-	-	-		
6	-	-	-	-	-	-	-	-	-	-	-		
Σ	6	1,0000	45,6	95,6	31,3	71,3	53,2	3,1	50,1	-	-		350,2
Standortaffinität			13,0	27,3	8,9	20,4	15,2	0,9	14,3	-	-		100,0

$$* \; \alpha = \frac{B_{ij}}{\sum\limits_{i=1}^{6} B_{ij}}$$

Quelle: Eigene Berechnungen auf Basis eigener Erhebungen.

Tabelle   125 : Die Berechnung der Standortaffinität
für
Branche: 10 (ohne Größenklassengewichtung)   Zeitabschnitt:. 1960 – 1971

Betriebs-größen-klasse	Anzahl der Betriebe	α^*	Standortdeterminanten								
			a Anteil	b Anteil	c Anteil	d Anteil	e Anteil	f Anteil	g Anteil	h Anteil	i Anteil
1	2	3	4	5	6	7	8	9	10	11	12
1	13	–	128	145	90	228	199	–	380	–	130
2	5	–	60	160	30	40	85	20	80	5	20
3	2	–	–	100	10	–	80	10	–	–	–
4	3	–	–	75	80	75	70	–	–	–	–
5	1	–	30	50	–	–	20	–	–	–	–
6	–	–	–	–	–	–	–	–	–	–	–
$\sum$	24	–	218	530	210	343	454	30	460	5	150	2400
Standortaffinität			9,1	22,0	8,8	14,3	18,9	1,2	19,2	0,2	6,3	100,0

$$* \ \alpha = \frac{B_{ij}}{\sum_{i=1}^{6} B_{ij}}$$

Quelle: Eigene Berechnungen auf Basis eigener Erhebungen.

Tabelle   126 : Die Berechnung der Standortaffinität
                für
                Branche: 10 (mit Größenklassengewichtung)   Zeitabschnitt: 1960 – 1971

Betriebs-größen-klasse	Anzahl der Betriebe	α^*	Standortdeterminanten									
			a Anteil	b Anteil	c Anteil	d Anteil	e Anteil	f Anteil	g Anteil	h Anteil	i Anteil	
1	2	3	4	5	6	7	8	9	1o	11	12	
1	13	0,1161	14,9	16,8	10,4	26,5	23,1	-	44,1	-	15,1	
2	5	0,1339	8,0	21,4	4,0	5,4	11,4	2,7	10,7	0,7	2,7	
3	2	0,1071	-	10,7	1,1	-	8,5	1,1	-	-	-	
4	3	0,3750	-	28,1	30,0	28,1	26,3	-	-	-	-	
5	1	0,2679	8,0	13,4	-	-	5,4	-	-	-	-	
6	-	-	-	-	-	-	-	-	-	-	-	
$\sum$	24	1,0000	30,9	90,4	45,5	60,0	74,7	3,8	54,8	0,7	17,8	378,6
Standortaffinität			8,2	23,9	12,0	15,8	19,7	1,0	14,5	0,2	4,7	100,0

$$* \ \alpha = \frac{B_{ij}}{\sum\limits_{i=1}^{6} B_{ij}}$$

Quelle: Eigene Berechnungen auf Basis eigener Erhebungen.

Tabelle 127 : Die Berechnung der Standortaffinität für

Branche: 10 (ohne Größenklassengewichtung) Zeitabschnitt: 1955 - 1971

Betriebs-größen-klasse	Anzahl der Betriebe	α*	Standortdeterminanten									
			a Anteil	b Anteil	c Anteil	d Anteil	e Anteil	f Anteil	g Anteil	h Anteil	i Anteil	
1	2	3	4	5	6	7	8	9	10	11	12	
1	18	-	201	298	140	312	284	5	430	-	130	
2	6	-	60	160	30	90	85	20	130	5	20	
3	2	-	-	100	10	-	80	10	-	-	-	
4	3	-	-	75	80	75	70	-	-	-	-	
5	1	-	30	50	-	-	20	-	-	-	-	
6	-	-	-	-	-	-	-	-	-	-	-	
Σ	30	-	291	683	260	477	539	35	560	5	150	3000
Standortaffinität			9,7	22,8	8,7	15,9	17,9	1,2	18,7	0,1	5,0	100,0

$$* \quad \alpha = \frac{B_{ij}}{\sum_{i=1}^{6} B_{ij}}$$

Quelle: Eigene Berechnungen auf Basis eigener Erhebungen.

Tabelle 128 : Die Berechnung der Standortaffinität
              für
              Branche: 10 (mit Größenklassengewichtung)   Zeitabschnitt: 1955 – 1971

Betriebs-größenklasse	Anzahl der Betriebe	α^*	Standortdeterminanten											
			a Anteil	b Anteil	c Anteil	d Anteil	e Anteil	f Anteil	g Anteil	h Anteil	i Anteil		
1	2	3	4	5	6	7	8	9	1o	11	12		
1	18	0,1500	30,2	44,7	21,0	46,5	42,7	0,8	64,5	–	19,5		
2	6	0,1500	9,0	24,0	4,5	13,5	12,8	3,0	19,5	0,8	3,0		
3	2	0,1000	–	10,0	1,0	–	8,0	1,0	–	–	–		
4	3	0,3500	–	26,3	28,0	26,3	24,6	–	–	–	–		
5	1	0,2500	7,5	12,5	–	–	5,0	–	–	–	–		
6	–	–	–	–	–	–	–	–	–	–	–		
$\sum$	30	1,0000	46,7	117,5	54,5	86,3	93,1	4,8	84,0	0,8	22,5	510,2	
Standortaffinität			9,2	23,0	10,7	16,9	18,2	0,9	16,5	0,2	4,4	100,0	

$* \ \alpha = \dfrac{B_{ij}}{\sum\limits_{i=1}^{6} B_{ij}}$

Quelle: Eigene Berechnungen auf Basis eigener Erhebungen.

Tabelle 129 : Die Berechnung der Standortaffinität für

Branche: 11 (ohne Größenklassengewichtung)   Zeitabschnitt: vor 1955

Betriebs-größen-klasse	Anzahl der Betriebe	α^*	Standortdeterminanten									Σ
			a Anteil	b Anteil	c Anteil	d Anteil	e Anteil	f Anteil	g Anteil	h Anteil	i Anteil	
1	2	3	4	5	6	7	8	9	10	11	12	
1	19	-	170	202	54	377	269	27	750	31	20	
2	16	-	330	320	106	362	302	10	125	10	35	
3	20	-	403	195	111	306	80	-	213	42	650	
4	9	-	234	125	25	265	46	-	130	-	75	
5	1	-	30	-	-	30	30	-	-	-	10	
6	-	-	-	-	-	-	-	-	-	-	-	
Σ	65	-	1.167	842	296	1.340	727	37	1.218	83	790	6500
Standortaffinität			18,0	12,9	4,6	20,6	11,2	0,6	18,7	1,3	12,1	100,0

$$* \ \alpha = \frac{B_{ij}}{\sum\limits_{i=1}^{6} B_{ij}}$$

Quelle: Eigene Berechnungen auf Basis eigener Erhebungen.

Tabelle   130 : Die Berechnung der Standortaffinität
           für
           Branche: 11 (mit Größenklassengewichtung)   Zeitabschnitt: vor 1955

Betriebs-größen-klasse	Anzahl der Betriebe	α*	Standortdeterminanten									
			a Anteil	b Anteil	c Anteil	d Anteil	e Anteil	f Anteil	g Anteil	h Anteil	i Anteil	
1	2	3	4	5	6	7	8	9	10	11	12	
1	19	0,0270	4,6	5,5	1,5	10,2	14,3	0,7	20,3	0,8	0,5	
2	16	0,1441	47,6	46,1	15,3	52,2	43,4	1,4	18,0	1,4	5,0	
3	20	0,3604	145,2	70,3	40,0	110,3	28,8	-	76,8	15,1	234,3	
4	9	0,3784	88,5	47,3	9,5	100,3	17,4	-	39,2	-	28,4	
5	1	0,0901	2,7	-	-	2,7	2,8	-	-	-	0,9	
6	-	-	-	-	-	-	-	-	-	-	-	
Σ	65	1,0000	288,6	169,2	66,3	275,7	106,7	2,1	154,3	17,3	269,1	1349,3
Standortaffinität			21,4	12,5	4,9	20,4	8,0	0,2	11,4	1,3	19,9	100,0

$$* \quad \alpha = \frac{B_{ij}}{\sum_{i=1}^{6} B_{ij}}$$

Quelle: Eigene Berechnungen auf Basis eigener Erhebungen.

Tabelle 131 : Die Berechnung der Standortaffinität für

Branche: 11 (ohne Größenklassengewichtung)   Zeitabschnitt: 1955 - 1959

Betriebsgrößenklasse	Anzahl der Betriebe	α*	Standortdeterminanten								
			a Anteil	b Anteil	c Anteil	d Anteil	e Anteil	f Anteil	g Anteil	h Anteil	i Anteil
1	2	3	4	5	6	7	8	9	1o	11	12
1	4	-	25	135	14	94	62	20	50	-	-
2	1	-	33	34	-	-	33	-	-	-	-
3	2	-	5	-	10	115	60	-	-	10	-
4	-	-	-	-	-	-	-	-	-	-	-
5	-	-	-	-	-	-	-	-	-	-	-
6	-	-	-	-	-	-	-	-	-	-	-
Σ	7	-	63	169	24	209	155	20	50	1o	-	700
Standortaffinität			9,0	24,1	3,4	29,9	22,2	2,9	7,1	1,4	-	100,0

$$* \quad \alpha = \frac{B_{ij}}{\sum\limits_{i=1}^{6} B_{ij}}$$

Quelle: Eigene Berechnungen auf Basis eigener Erhebungen.

Tabellenanhang

Tabelle 132 : Die Berechnung der Standortaffinität für

Branche: 11 (mit Größenklassengewichtung) Zeitabschnitt: 1955 – 1959

Betriebs-größen-klasse	Anzahl der Betriebe	α*	Standortdeterminanten									
			a Anteil	b Anteil	c Anteil	d Anteil	e Anteil	f Anteil	g Anteil	h Anteil	i Anteil	
1	2	3	4	5	6	7	8	9	10	11	12	
1	4	0,2105	5,3	28,4	2,9	19,8	13,0	4,2	10,5	–	–	
2	1	0,1579	5,2	5,4	–	–	5,2	–	–	–	–	
3	2	0,6316	3,2	–	6,3	72,6	37,8	–	–	6,3	–	
4	–	–	–	–	–	–	–	–	–	–	–	
5	–	–	–	–	–	–	–	–	–	–	–	
6	–	–	–	–	–	–	–	–	–	–	–	
∑	7	1,0000	13,7	33,8	9,2	92,4	56,0	4,2	10,5	6,3	–	226,1
Standortaffinität			6,1	14,9	4,1	40,9	24,8	1,9	4,6	2,7	–	100,0

$$* \ \alpha = \frac{B_{ij}}{\sum\limits_{i=1}^{6} B_{ij}}$$

Quelle: Eigene Berechnungen auf Basis eigener Erhebungen.

Tabelle 133 : Die Berechnung der Standortaffinität

für

Branche: 11 (ohne Größenklassengewichtung)   Zeitabschnitt: 1960 – 1971

Betriebs-größen-klasse	Anzahl der Betriebe	α^*	Standortdeterminanten									
			a Anteil	b Anteil	c Anteil	d Anteil	e Anteil	f Anteil	g Anteil	h Anteil	i Anteil	
1	2	3	4	5	6	7	8	9	1o	11	12	
1	25	–	638	705	93	362	176	60	114	10	342	
2	13	–	325	350	40	110	135	90	100	–	150	
3	2	–	–	–	100	–	–	–	100	–	–	
4	2	–	70	60	30	10	30	–	–	–	–	
5	–	–	–	–	–	–	–	–	–	–	–	
6	1	–	–	–	–	–	–	–	–	–	100	
$\sum$	43	–	1.033	1.115	263	482	341	150	314	10	592	4300
Standortaffinität			24,0	25,9	6,1	11,2	7,9	3,5	7,3	0,2	13,8	99,9

$$* \ \alpha = \frac{B_{ij}}{\sum\limits_{i=1}^{6} B_{ij}}$$

Quelle: Eigene Berechnungen auf Basis eigener Erhebungen.

Tabelle 134 : Die Berechnung der Standortaffinität für

Branche: 11 (mit Größenklassengewichtung)   Zeitabschnitt: 1960 – 1971

Betriebs-größen-klasse	Anzahl der Betriebe	α*	Standortdeterminanten								
			a Anteil	b Anteil	c Anteil	d Anteil	e Anteil	f Anteil	g Anteil	h Anteil	i Anteil
1	2	3	4	5	6	7	8	9	10	11	12
1	25	0,1736	110,8	122,4	16,1	62,8	30,5	10,4	19,8	1,7	59,4
2	13	0,2708	88,0	94,8	10,8	29,8	36,5	24,4	27,1	–	40,6
3	2	0,0833	–	–	8,3	–	–	–	8,3	–	–
4	2	0,1945	13,6	11,7	5,8	1,9	5,8	–	–	–	–
5	–	–	–	–	–	–	–	–	–	–	–
6	1	0,2778	–	–	–	–	–	–	–	–	27,8
Σ	43	1,0000	212,4	228,9	41,0	94,5	72,8	34,8	55,2	1,7	127,8	869,1
Standortaffinität			24,4	26,3	4,7	10,9	8,4	4,0	6,4	0,2	14,7	100,0

$$* \ \alpha = \frac{B_{ij}}{\sum\limits_{i=1}^{6} B_{ij}}$$

Quelle: Eigene Berechnungen auf Basis eigener Erhebungen.

Tabelle   135 : Die Berechnung der Standortaffinität
für

Branche: 11 (ohne Größenklassengewichtung)   Zeitabschnitt: 1955 - 1971

Betriebs-größen-klasse	Anzahl der Betriebe	α*	Standortdeterminanten								
			a Anteil	b Anteil	c Anteil	d Anteil	e Anteil	f Anteil	g Anteil	h Anteil	i Anteil
1	2	3	4	5	6	7	8	9	10	11	12
1	29	-	663	840	107	456	238	80	164	10	342
2	14	-	358	384	40	110	168	90	100	-	150
3	4	-	5	-	110	115	60	-	100	10	-
4	2	-	70	60	30	10	30	-	-	-	-
5	-	-	-	-	-	-	-	-	-	-	-
6	1	-	-	-	-	-	-	-	-	-	100
$\sum$	50		1.096	1.284	287	691	496	170	364	20	592	5000
Standortaffinität			21,9	25,7	5,7	13,8	9,9	3,4	7,3	0,4	11,8	99,9

$$* \; \alpha = \frac{B_{ij}}{\sum_{i=1}^{6} B_{ij}}$$

Quelle: Eigene Berechnungen auf Basis eigener Erhebungen.

Tabelle   136 : Die Berechnung der Standortaffinität
                für
                Branche: 11 (mit Größenklassengewichtung)   Zeitabschnitt: 1955 - 1971

Betriebs-größen-klasse	Anzahl der Betriebe	α^*	Standortdeterminanten									
			a Anteil	b Anteil	c Anteil	d Anteil	e Anteil	f Anteil	g Anteil	h Anteil	i Anteil	
1	2	3	4	5	6	7	8	9	10	11	12	
1	29	0,1779	117,9	149,4	19,0	81,1	42,4	14,2	29,2	1,8	60,8	
2	14	0,2577	92,3	99,0	10,3	28,3	43,3	23,2	25,8	-	38,7	
3	4	0,1472	0,7	-	16,2	16,9	8,7	-	14,7	1,5	-	
4	2	0,1718	12,0	10,3	5,2	1,7	5,1	-	-	-	-	
5	-	-	-	-	-	-	-	-	-	-	-	
6	1	0,2454	-	-	-	-	-	-	-	-	24,5	
$\sum$	50	1,0000	222,9	258,7	50,7	128,0	99,5	37,4	69,7	3,3	124,0	994,2
Standortaffinität			22,4	26,0	5,1	12,9	10,0	3,8	7,0	0,3	12,5	100,0

$$* \ \alpha = \frac{B_{ij}}{\sum\limits_{i=1}^{6} B_{ij}}$$

Quelle: Eigene Berechnungen auf Basis eigener Erhebungen.

Tabelle 137 : Die Berechnung der Standortaffinität für

Branche: 1 (getrennt nach Größenklassen)   Zeitabschnitt: vor 1955

Betriebs-größen-klasse	Anzahl der Betriebe	α^*	Standortdeterminanten								
			a Anteil	b Anteil	c Anteil	d Anteil	e Anteil	f Anteil	g Anteil	h Anteil	i Anteil
1	2	3	4	5	6	7	8	9	10	11	12
1			10,4	9,1	35,0	17,3	18,9	0,5	7,5	1,3	-
2			7,2	13,0	38,0	11,5	21,4	-	1,2	-	7,7
3			4,0	2,0	25,9	12,5	14,8	-	30,8	-	10,0
4			22,0	22,0	35,0	-	21,0	-	-	-	-
5			-	-	-	100,0	-	-	-	-	-
6			-	-	-	-	-	-	-	-	-
$\sum$											
Standortaffinität											

$* \ \alpha = \dfrac{B_{ij}}{\sum\limits_{i=1}^{6} B_{ij}}$

Quelle: Eigene Berechnungen auf Basis eigener Erhebungen.

Tabelle 138 : Die Berechnung der Standortaffinität für

Branche: 1 (getrennt nach Größenklassen) Zeitabschnitt: 1955 - 1959

Betriebs-größen-klasse	Anzahl der Betriebe	α^*	Standortdeterminanten								
			a Anteil	b Anteil	c Anteil	d Anteil	e Anteil	f Anteil	g Anteil	h Anteil	i Anteil
1	2	3	4	5	6	7	8	9	10	11	12
1			15,3	16,3	20,3	11,6	27,2	-	5,6	-	3,7
2			-	-	25,0	55,0	20,0	-	-	-	-
3			6,7	-	20,0	23,3	20,0	-	-	-	-
4			-	-	-	-	-	-	-	-	100,0
5			-	-	-	-	-	-	-	-	-
6			-	-	-	-	-	-	-	-	-
$\sum$											
Standortaffinität											

$$* \ \alpha = \frac{B_{ij}}{\sum\limits_{i=1}^{6} B_{ij}}$$

Quelle: Eigene Berechnungen auf Basis eigener Erhebungen.

Tabelle 139: Die Berechnung der Standortaffinität
für
Branche: 1 (getrennt nach Größenklassen)   Zeitabschnitt: 1960 - 1971

Betriebs-größen-klasse	Anzahl der Betriebe	α*	Standortdeterminanten								
			a Anteil	b Anteil	c Anteil	d Anteil	e Anteil	f Anteil	g Anteil	h Anteil	i Anteil
1	2	3	4	5	6	7	8	9	1o	11	12
1			8,5	13,1	21,8	17,6	20,2	0,5	10,9	-	7,4
2			15,0	30,0	21,7	19,2	12,5	-	-	-	1,6
3			12,5	22,5	17,5	30,0	17,5	-	-	-	-
4			30,0	-	30,0	10,0	30,0	-	-	-	-
5			-	-	-	-	-	-	-	-	-
6			-	-	-	-	-	-	-	-	-
$\sum$											
Standortaffinität											

* $\alpha = \dfrac{B_{ij}}{\sum\limits_{i=1}^{6} B_{ij}}$

Quelle: Eigene Berechnungen auf Basis eigener Erhebungen.

Tabelle　140 : Die Berechnung der Standortaffinität
für
Branche: 1 (getrennt nach Größenklassen)　　　　　Zeitabschnitt: 1955 - 1971

Betriebs-größen-klasse	Anzahl der Betriebe	α*	Standortdeterminanten								
			a Anteil	b Anteil	c Anteil	d Anteil	e Anteil	f Anteil	g Anteil	h Anteil	i Anteil
1	2	3	4	5	6	7	8	9	1o	11	12
1			10,3	13,9	21,4	16,0	22,2	0,3	9,5	-	6,4
2			11,3	22,5	22,5	28,1	14,4	-	-	-	1,2
3			10,0	12,9	18,6	27,1	31,4	-	-	-	-
4			15,0	-	15,0	5,0	15,0	-	-	-	50,0
5			-	-	-	-	-	-	-	-	-
6			-	-	-	-	-	-	-	-	-
$\sum$											
Standortaffinität											

$$* \quad \alpha = \frac{B_{ij}}{\sum\limits_{i=1}^{6} B_{ij}}$$

Quelle: Eigene Berechnungen auf Basis eigener Erhebungen.

Tabelle 141 : Die Berechnung der Standortaffinität für

Branche: 2 (getrennt nach Größenklassen)   Zeitabschnitt: vor 1955

Betriebs-größen-klasse	Anzahl der Betriebe	α*	Standortdeterminanten								
			a Anteil	b Anteil	c Anteil	d Anteil	e Anteil	f Anteil	g Anteil	h Anteil	i Anteil
1	2	3	4	5	6	7	8	9	10	11	12
1			1,7	10,0	-	30,0	6,7	-	51,6	-	-
2			19,3	11,2	20,3	11,0	20,7	0,8	16,7	-	-
3			15,7	24,3	7,1	20,0	15,0	-	17,9	-	-
4			-	-	-	-	-	-	50,0	-	50,0
5			-	-	-	-	-	-	-	-	-
6			20,0	20,0	-	20,0	30,0	10,0	-	-	-
Σ											
Standortaffinität											

$$* \; \alpha = \frac{B_{ij}}{\sum_{i=1}^{6} B_{ij}}$$

Quelle: Eigene Berechnungen auf Basis eigener Erhebungen.

Tabelle 142 : Die Berechnung der Standortaffinität
für
Branche: 2 (getrennt nach Größenklassen)　　　　Zeitabschnitt: 1955 - 1959

Betriebs- größen- klasse	Anzahl der Betriebe	α^*	Standortdeterminanten								
			a Anteil	b Anteil	c Anteil	d Anteil	e Anteil	f Anteil	g Anteil	h Anteil	i Anteil
1	2	3	4	5	6	7	8	9	1o	11	12
1			40,0	16,7	-	-	9,9	-	-	-	16,7
2			-	-	-	-	-	-	-	-	-
3			30,0	40,0	5,0	15,0	5,0	5,0	-	-	-
4			-	-	-	-	-	-	-	-	-
5			-	-	-	-	-	-	-	-	-
6			-	-	-	-	-	-	-	-	-
$\sum$											
Standortaffinität											

$* \ \alpha = \dfrac{B_{ij}}{\sum\limits_{i=1}^{6} B_{ij}}$

Quelle: Eigene Berechnungen auf Basis eigener Erhebungen.

Tabelle 143 : Die Berechnung der Standortaffinität für

Branche: 2 (getrennt nach Größenklassen) Zeitabschnitt: 1960 – 1971

Betriebs-größen-klasse	Anzahl der Betriebe	α*	Standortdeterminanten								
			a Anteil	b Anteil	c Anteil	d Anteil	e Anteil	f Anteil	g Anteil	h Anteil	i Anteil
1	2	3	4	5	6	7	8	9	1o	11	12
1			40,0	10,0	–	10,0	20,0	–	–	–	20,0
2			25,0	10,0	–	50,0	5,0	10,0	–	–	–
3			30,0	20,0	–	–	–	–	50,0	–	–
4			–	–	–	–	–	–	–	–	–
5			–	–	–	–	–	–	–	–	–
6			–	–	–	–	–	–	–	–	–
$\sum$											
Standortaffinität											

* $\alpha = \dfrac{B_{ij}}{\sum\limits_{i=1}^{6} B_{ij}}$

Quelle: Eigene Berechnungen auf Basis eigener Erhebungen.

Tabelle　144 : Die Berechnung der Standortaffinität

für

Branche: 2 (getrennt nach Größenklassen)　　　　　Zeitabschnitt: 1955 - 1971

Betriebs-größen-klasse	Anzahl der Betriebe	α*	Standortdeterminanten								
			a Anteil	b Anteil	c Anteil	d Anteil	e Anteil	f Anteil	g Anteil	h Anteil	i Anteil
1	2	3	4	5	6	7	8	9	10	11	12
1			40,0	20,0	-	4,0	12,0	-	-	-	24,0
2			25,0	10,0	-	50,0	5,0	10,0	-	-	-
3			30,0	26,7	1,7	5,0	1,7	1,7	33,2	-	-
4			-	-	-	-	-	-	-	-	-
5			-	-	-	-	-	-	-	-	-
6			-	-	-	-	-	-	-	-	-
$\sum$											
Standortaffinität											

$$* \; \alpha = \frac{B_{ij}}{\sum\limits_{i=1}^{6} B_{ij}}$$

Quelle: Eigene Berechnungen auf Basis eigener Erhebungen.

Tabelle   145 : Die Berechnung der Standortaffinität
              für

Branche: 3 (getrennt nach Größenklassen)   Zeitabschnitt: vor 1955

Betriebs-größen-klasse	Anzahl der Betriebe	α*	Standortdeterminanten								
			a Anteil	b Anteil	c Anteil	d Anteil	e Anteil	f Anteil	g Anteil	h Anteil	i Anteil
1	2	3	4	5	6	7	8	9	1o	11	12
1			21,4	17,4	4,0	8,0	16,9	1,3	10,4	0,9	19,7
2			16,2	25,4	3,3	9,9	10,8	0,5	5,7	1,3	26,9
3			21,2	19,3	1,7	5,7	10,6	3,1	13,8	0,7	23,9
4			22,4	20,9	1,8	4,5	13,8	1,6	12,8	0,5	21,7
5			26,4	23,2	-	1,4	6,0	1,8	25,7	1,4	14,1
6			24,9	13,5	0,3	17,4	9,5	1,0	9,2	-	24,2
Σ											
Standortaffinität											

$$* \ \alpha = \frac{B_{ij}}{\sum\limits_{i=1}^{6} B_{ij}}$$

Quelle: Eigene Berechnungen auf Basis eigener Erhebungen.

Tabelle 146 : Die Berechnung der Standortaffinität

für

Branche: 3 (getrennt nach Größenklassen)　　　　Zeitabschnitt: 1955 - 1959

Betriebs-größen-klasse	Anzahl der Betriebe	α^*	Standortdeterminanten								
			a Anteil	b Anteil	c Anteil	d Anteil	e Anteil	f Anteil	g Anteil	h Anteil	i Anteil
1	2	3	4	5	6	7	8	9	1o	11	12
1			24,4	28,6	2,6	12,8	15,2	2,1	5,3	0,7	8,3
2			23,2	30,9	1,0	7,1	9,9	1,3	12,5	0,8	13,3
3			29,4	31,0.	1,5	6,9	18,5	4,3	5,1	-	3,3
4			43,5	26,5	1,7	-	10,7	3,4	7,6	1,3	5,3
5			35,5	23,5	0,3	3,6	13,1	3,0	15,4	3,7	1,9
6			22,4	43,1	1,8	1,7	17,3	-	12,5	1,2	-
$\sum$											
Standortaffinität											

$* \ \alpha = \dfrac{B_{ij}}{\sum\limits_{i=1}^{6} B_{ij}}$

Quelle: Eigene Berechnungen auf Basis eigener Erhebungen.

Tabelle 147: Die Berechnung der Standortaffinität für

Branche: 3 (getrennt nach Größenklassen)   Zeitabschnitt: 1960 - 1971

Betriebs-größen-klasse	Anzahl der Betriebe	α^*	Standortdeterminanten								
			a Anteil	b Anteil	c Anteil	d Anteil	e Anteil	f Anteil	g Anteil	h Anteil	i Anteil
1	2	3	4	5	6	7	8	9	10	11	12
1			19,4	26,5	3,8	7,0	18,5	1,9	9,2	0,9	12,8
2			26,8	25,7	1,3	7,2	14,2	1,1	14,0	1,5	8,2
3			34,1	25,1	0,5	6,8	10,4	1,9	10,5	1,2	9,5
4			37,3	25,4	2,6	0,5	6,7	1,5	13,9	0,5	11,6
5			53,4	18,7	-	0,8	9,7	2,5	7,5	2,0	5,2
6			33,1	12,0	2,0	-	10,2	-	24,0	5,0	13,7
$\sum$											
Standortaffinität											

$* \ \alpha = \dfrac{B_{ij}}{\sum\limits_{i=1}^{6} B_{ij}}$

Quelle: Eigene Berechnungen auf Basis eigener Erhebungen.

Tabelle 148 : Die Berechnung der Standortaffinität für

Branche: 3 (getrennt nach Größenklassen)   Zeitabschnitt: 1955 - 1971

Betriebs-größen-klasse	Anzahl der Betriebe	α*	Standortdeterminanten								
			a Anteil	b Anteil	c Anteil	d Anteil	e Anteil	f Anteil	g Anteil	h Anteil	i Anteil
1	2	3	4	5	6	7	8	9	10	11	12
1			20,9	27,2	3,4	8,9	17,4	1,9	7,9	0,9	11,5
2			25,7	27,2	1,2	7,1	12,8	1,2	13,5	1,4	9,9
3			32,9	26,6	0,8	6,9	12,4	2,5	9,1	0,9	7,9
4			40,7	26,1	2,1	0,2	8,7	2,6	10,5	0,9	8,2
5			44,8	21,2	0,1	2,1	11,2	2,7	11,3	2,8	3,8
6			26,5	31,1	1,9	1,0	14,4	-	17,0	2,7	5,4
$\sum$											
Standortaffinität											

* $\alpha = \dfrac{B_{ij}}{\sum\limits_{i=1}^{6} B_{ij}}$

Quelle: Eigene Berechnungen auf Basis eigener Erhebungen.

Tabelle 149 : Die Berechnung der Standortaffinität für

Branche: 3a (getrennt nach Größenklassen)   Zeitabschnitt: vor 1955

Betriebs-größen-klasse	Anzahl der Betriebe	α*	Standortdeterminanten										
			a Anteil	b Anteil	c Anteil	d Anteil	e Anteil	f Anteil	g Anteil	h Anteil	i Anteil		
1	2	3	4	5	6	7	8	9	10	11	12		
1			13,1	26,5	-	8,9	18,6	0,9	10,2	0,8	21,0		
2			10,4	23,2	3,8	9,7	12,2	-	7,6	2,6	30,5		
3			17,8	27,5	1,5	2,3	15,9	-	14,5	1,3	19,2		
4			25,3	25,9	-	4,7	10,9	1,7	15,0	-	16,5		
5			28,0	36,0	-	6,0	-	8,0	22,0	-	-		
6			7,6	6,1	-	20,0	7,8	-	15,7	-	42,8		
$\sum$													
Standortaffinität													

$$* \; \alpha = \frac{B_{ij}}{\sum\limits_{i=1}^{6} B_{ij}}$$

Quelle: Eigene Berechnungen auf Basis eigener Erhebungen.

Tabelle   150 : Die Berechnung der Standortaffinität
                für

Branche: 3a (getrennt nach Größenklassen)   Zeitabschnitt: 1955 – 1959

Betriebs-größen-klasse	Anzahl der Betriebe	α*	Standortdeterminanten								
			a Anteil	b Anteil	c Anteil	d Anteil	e Anteil	f Anteil	g Anteil	h Anteil	i Anteil
1	2	3	4	5	6	7	8	9	10	11	12
1			32,0	25,5	1,0	18,0	15,0	–	1,0	2,5	5,0
2			10,0	8,0	–	20,0	–	–	50,0	–	12,0
3			16,7	43,3	–	–	23,4	–	16,6	–	–
4			22,5	13,7	–	–	13,8	–	25,0	–	25,0
5			40,0	17,5	–	7,5	27,5	–	–	2,5	5,0
6			20,0	50,0	–	–	30,0	–	–	–	–
$\sum$											
Standortaffinität											

$$* \ \alpha = \frac{B_{ij}}{\sum\limits_{i=1}^{6} B_{ij}}$$

Quelle: Eigene Berechnungen auf Basis eigener Erhebungen.

Tabelle　151 : Die Berechnung der Standortaffinität für

Branche:　3a (getrennt nach Größenklassen)　　　　Zeitabschnitt:　1960 – 1971

Betriebs-größen-klasse	Anzahl der Betriebe	α *	Standortdeterminanten								
			a Anteil	b Anteil	c Anteil	d Anteil	'e Anteil	f Anteil	g Anteil	h Anteil	i Anteil
1	2	3	4	5	6	7	8	9	1o	11	12
1			25,6	18,0	3,2	2,6	21,3	2,2	9,6	1,5	16,0
2			20,7	14,3	–	17,9	4,3	–	25,7	–	17,1
3			41,7	15,6	1,1	12,2	7,2	2,2	11,1	–	8,9
4			30,0	50,0	–	–	3,4	–	16,6	–	–
5			46,7	46,7	–	–	3,3	–	–	–	3,3
6			35,0	15,0	–	–	–	–	–	–	50,0
$\sum$											
Standortaffinität											

* $\alpha = \dfrac{B_{ij}}{\displaystyle\sum_{i=1}^{6} B_{ij}}$

Quelle: Eigene Berechnungen auf Basis eigener Erhebungen.

22*

Tabellenanhang

Tabelle 152 : Die Berechnung der Standortaffinität für

Branche: 3a (getrennt nach Größenklassen)   Zeitabschnitt: 1955 - 1971

Betriebs-größen-klasse	Anzahl der Betriebe	α^*	Standortdeterminanten								
			a Anteil	b Anteil	c Anteil	d Anteil	e Anteil	f Anteil	g Anteil	h Anteil	i Anteil
1	2	3	4	5	6	7	8	9	10	11	12
1			27,4	20,2	2,6	7,0	19,6	1,4	7,1	1,8	12,9
2			16,3	11,7	-	18,8	2,5	-	35,7	-	15,0
3			35,4	22,5	0,8	9,2	11,2	1,7	12,5	-	6,7
4			25,7	29,3	-	-	9,3	-	21,4	-	14,3
5			44,0	35,0	-	3,0	13,0	-	-	1,0	4,0
6			27,5	32,5	-	-	15,0	-	-	-	25,0
$\sum$											
Standortaffinität											

$^* \ \alpha = \dfrac{B_{ij}}{\sum\limits_{i=1}^{6} B_{ij}}$

Quelle: Eigene Berechnungen auf Basis eigener Erhebungen.

Tabelle 153 : Die Berechnung der Standortaffinität für

Branche: 3b (getrennt nach Größenklassen)   Zeitabschnitt: vor 1955

341

Betriebsgrößenklasse	Anzahl der Betriebe	α*	Standortdeterminanten								
			a Anteil	b Anteil	c Anteil	d Anteil	e Anteil	f Anteil	g Anteil	h Anteil	i Anteil
1	2	3	4	5	6	7	8	9	10	11	12
1			11,7	10,0	1,7	20,0	31,7	–	20,0	1,7	3,2
2			13,8	41,3	–	7,5	12,5	–	–	–	24,9
3			33,3	–	–	–	–	–	66,7	–	–
4			10,0	70,0	–	–	–	–	20,0	–	–
5			–	–	–	–	–	–	100,0	–	–
6			21,7	21,7	–	20,0	21,6	–	15,0	–	–
Σ											
Standortaffinität											

$* \ \alpha = \dfrac{B_{ij}}{\sum\limits_{i=1}^{6} B_{ij}}$

Quelle: Eigene Berechnungen auf Basis eigener Erhebungen.

Tabelle 154 : Die Berechnung der Standortaffinität für

Branche: 3b (getrennt nach Größenklassen)　　　　　Zeitabschnitt: 1955 - 1959

Betriebs-größen-klasse	Anzahl der Betriebe	α*	Standortdeterminanten									
			a Anteil	b Anteil	c Anteil	d Anteil	e Anteil	f Anteil	g Anteil	h Anteil	i Anteil
1	2	3	4	5	6	7	8	9	1o	11	12
1			8,3	33,3	-	33,3	1,7	-	3,3	-	20,1
2			100,0	-	-	-	-	-	-	-	-
3			-	-	-	-	-	-	-	-	-
4			-	-	-	-	-	-	-	-	-
5			17,0	21,7	1,3	8,3	16,1	1,0	33,3	1,0	0,3
6			-	100,0	-	-	-	-	-	-	-
$\sum$											
Standortaffinität											

* $\alpha = \dfrac{B_{ij}}{\displaystyle\sum_{i=1}^{6} B_{ij}}$

Quelle: Eigene Berechnungen auf Basis eigener Erhebungen.

Tabelle 155 : Die Berechnung der Standortaffinität
für

Branche: 3b (getrennt nach Größenklassen)   Zeitabschnitt: 1960 – 1971

Betriebs-größen-klasse	Anzahl der Betriebe	α^*	Standortdeterminanten								
			a Anteil	b Anteil	c Anteil	d Anteil	e Anteil	f Anteil	g Anteil	h Anteil	i Anteil
1	2	3	4	5	6	7	8	9	10	11	12
1			20,0	25,0	10,0	-	20,0	-	25,0	-	-
2			32,3	30,0	3,8	3,8	27,1	-	-	3,0	-
3			-	-	-	-	100,0[1]	-	-	-	-
4			10,0	40,0	40,0	-	10,0	-	-	-	-
5			46,7	10,0	-	-	1,7	6,7	13,3	8,3	13,3
6			-	-	-	-	-	-	-	-	-
$\sum$											
Standortaffinität											

$$* \ \alpha = \frac{B_{ij}}{\sum_{i=1}^{6} B_{ij}}$$

1) Angabe eines einzigen Betriebes

Quelle: Eigene Berechnungen auf Basis eigener Erhebungen.

Tabelle 156 : Die Berechnung der Standortaffinität
              für
        Branche: 3b (getrennt nach Größenklassen)   Zeitabschnitt: 1955 - 1971

Betriebs-größen-klasse	Anzahl der Betriebe	α^*	Standortdeterminanten								
			a Anteil	b Anteil	c Anteil	d Anteil	e Anteil	f Anteil	g Anteil	h Anteil	i Anteil
1	2	3	4	5	6	7	8	9	10	11	12
1			14,2	29,2	5,0	16,7	10,7	-	14,2	-	10,0
2			45,8	24,0	3,0	3,0	21,8	-	-	2,4	-
3			-	-	-	-	100,0[1]	-	-	-	-
4			10,0	40,0	40,0	-	10,0	-	-	-	-
5			31,8	15,8	0,7	4,2	8,9	3,8	23,3	4,7	6,8
6			-	-	-	-	-	-	-	-	-
$\sum$											
Standortaffinität											

$* \ \alpha = \dfrac{B_{ij}}{\sum\limits_{i=1}^{6} B_{ij}}$

1) Angabe eines einzigen Betriebes

Quelle: Eigene Berechnungen auf Basis eigener Erhebungen.

Tabelle 157 : Die Berechnung der Standortaffinität für

Branche: 3c (getrennt nach Größenklassen)   Zeitabschnitt: vor 1955

Betriebs-größen-klasse	Anzahl der Betriebe	α^*	Standortdeterminanten								
			a Anteil	b Anteil	c Anteil	d Anteil	e Anteil	f Anteil	g Anteil	h Anteil	i Anteil
1	2	3	4	5	6	7	8	9	1o	11	12
1			15,9	24,5	3,6	-	2,8	5,5	27,3	-	20,4
2			15,0	20,0	3,3	19,2	10,8	-	-	0,8	30,9
3			21,3	22,5	-	13,8	20,7	-	18,8	0,6	2,3
4			22,0	16,3	-	3,3	21,4	1,0	18,0	2,0	16,0
5			45,0	15,0	-	-	4,0	-	9,0	5,0	22,0
6			28,3	18,3	1,7	1,7	5,0	5,0	3,3	-	36,7
$\sum$											
Standortaffinität											

$$* \; \alpha = \frac{B_{ij}}{\sum\limits_{i=1}^{6} B_{ij}}$$

Quelle: Eigene Berechnungen auf Basis eigener Erhebungen.

Tabelle 158 : Die Berechnung der Standortaffinität
für
Branche: 3c (getrennt nach Größenklassen)   Zeitabschnitt: 1955 – 1959

Betriebs-größen-klasse	Anzahl der Betriebe	α *	Standortdeterminanten								
			a Anteil	b Anteil	c Anteil	d Anteil	e Anteil	f Anteil	g Anteil	h Anteil	i Anteil
1	2	3	4	5	6	7	8	9	10	11	12
1			7,5	32,5	2,5	2,5	48,7	5,0	-	1,3	-
2			9,3	25,0	-	2,9	11,3	-	3,6	1,4	47,8
3			16,5	36,5	-	15,0	17,0	-	-	-	15,0
4			57,9	24,3	-	-	8,5	-	7,9	1,4	-
5			48,0	26,0	-	-	6,6	6,7	-	11,0	1,7
6			31,8	22,8	3,0	2,8	17,6	-	20,0	2,0	-
$\sum$											
Standortaffinität											

* $\alpha = \dfrac{B_{ij}}{\sum\limits_{i=1}^{6} B_{ij}}$

Quelle: Eigene Berechnungen auf Basis eigener Erhebungen.

Tabelle 159 : Die Berechnung der Standortaffinität für

Branche: 3c (getrennt nach Größenklassen)   Zeitabschnitt: 1960 – 1971

Betriebs-größen-klasse	Anzahl der Betriebe	α^*	Standortdeterminanten								
			a Anteil	b Anteil	c Anteil	d Anteil	e Anteil	f Anteil	g Anteil	h Anteil	i Anteil
1	2	3	4	5	6	7	8	9	1o	11	12
1			21,9	21,2	0,9	19,1	18,2	3,0	8,8	-	6,9
2			25,6	15,6	-	-	20,5	5,6	23,3	1,1	8,3
3			29,8	33,1	-	1,2	0,9	1,4	3,8	5,0	24,8
4			28,8	17,5	-	-	13,8	-	10,0	-	29,9
5			65,0	7,5	-	-	20,0	-	-	-	7,5
6			50,0	20,0	-	-	10,0	-	-	10,0	10,0
$\sum$											
Standortaffinität											

$$* \ \alpha = \frac{B_{ij}}{\sum\limits_{i=1}^{6} B_{ij}}$$

Quelle: Eigene Berechnungen auf Basis eigener Erhebungen.

Tabelle 160 : Die Berechnung der Standortaffinität für

Branche: 3c (getrennt nach Größenklassen)   Zeitabschnitt: 1955 - 1971

Betriebs-größen-klasse	Anzahl der Betriebe	α^*	Standortdeterminanten								
			a Anteil	b Anteil	c Anteil	d Anteil	e Anteil	f Anteil	g Anteil	h Anteil	i Anteil
1	2	3	4	5	6	7	8	9	10	11	12
1			19,2	23,4	1,2	16,0	24,1	3,3	7,0	0,2	5,6
2			18,4	19,7	–	1,3	16,5	3,1	14,7	1,3	25,0
3			27,1	33,8	–	4,0	4,1	1,2	3,0	4,0	22,8
4			47,3	21,8	–	–	10,5	–	8,6	0,9	10,9
5			54,8	18,6	–	–	12,0	4,0	–	6,6	4,0
6			34,8	22,3	2,5	2,3	16,4	–	16,7	3,3	1,7
$\sum$											
Standortaffinität											

$$* \ \alpha = \frac{B_{ij}}{\sum\limits_{i=1}^{6} B_{ij}}$$

Quelle: Eigene Berechnungen auf Basis eigener Erhebungen.

Tabelle 161 : Die Berechnung der Standortaffinität für

Branche: 3d (getrennt nach Größenklassen)   Zeitabschnitt: vor 1955

Betriebs-größen-klasse	Anzahl der Betriebe	α^*	Standortdeterminanten								
			a Anteil	b Anteil	c Anteil	d Anteil	e Anteil	f Anteil	g Anteil	h Anteil	i Anteil
1	2	3	4	5	6	7	8	9	1o	11	12
1			43,0	6,3	7,4	8,4	10,4	0,9	1,4	1,3	20,9
2			19,2	19,6	6,2	1,5	11,8	-	10,4	0,7	30,6
3			25,0	18,3	2,5	5,4	8,8	0,8	5,0	-	34,2
4			42,9	11,4	10,0	10,0	11,7	-	4,3	-	10,0
5			20,0	6,7	-	-	13,3	-	26,7	-	33,3
6			32,5	13,8	-	-	6,2	-	7,5	-	40,0
$\sum$											
Standortaffinität											

$$* \ \alpha = \frac{B_{ij}}{\sum\limits_{i=1}^{6} B_{ij}}$$

Quelle: Eigene Berechnungen auf Basis eigener Erhebungen.

Tabelle   162 : Die Berechnung der Standortaffinität
für

Branche: 3d (getrennt nach Größenklassen)   Zeitabschnitt: 1955 - 1959

Betriebs- größen- klasse	Anzahl der Betriebe	α^*	Standortdeterminanten								
			a Anteil	b Anteil	c Anteil	d Anteil	e Anteil	f Anteil	g Anteil	h Anteil	i Anteil
1	2	3	4	5	6	7	8	9	10	11	12
1			10,0	15,0	-	-	15,0	10,0	20,0	-	30,0
2			30,0	40,0	-	-	15,0	-	-	-	15,0
3			-	-	-	-	-	-	-	-	-
4			63,8	13,8	-	-	10,0	5,0	5,0	2,4	-
5			-	-	-	-	-	-	-	-	-
6			-	-	-	-	-	-	-	-	-
Σ											
Standortaffinität											

$$* \quad \alpha = \frac{B_{ij}}{\sum\limits_{i=1}^{6} B_{ij}}$$

Quelle: Eigene Berechnungen auf Basis eigener Erhebungen.

Tabelle 163 : Die Berechnung der Standortaffinität für

Branche: 3d (getrennt nach Größenklassen)　　　Zeitabschnitt: 1960 - 1971

Betriebs-größen-klasse	Anzahl der Betriebe	α^*	Standortdeterminanten								
			a Anteil	b Anteil	c Anteil	d Anteil	e Anteil	f Anteil	g Anteil	h Anteil	i Anteil
1	2	3	4	5	6	7	8	9	10	11	12
1			14,1	16,2	3,0	6,8	27,2	-	5,0	5,4	22,3
2			41,3	11,3	-	0,8	8,1	-	13,3	-	25,2
3			40,0	21,7	-	-	1,7	-	35,0	-	1,6
4			-	-	-	-	-	-	-	-	-
5			-	-	-	-	-	-	-	-	-
6			30,0	7,5	-	-	7,5	-	50,0	5,0	-
$\sum$											
Standortaffinität											

$$* \ \alpha = \frac{B_{ij}}{\sum\limits_{i=1}^{6} B_{ij}}$$

Quelle: Eigene Berechnungen auf Basis eigener Erhebungen.

Tabelle 164 : Die Berechnung der Standortaffinität
              für

Branche: 3d (getrennt nach Größenklassen)   Zeitabschnitt: 1955 - 1971

Betriebs-größen-klasse	Anzahl der Betriebe	α^{*}	Standortdeterminanten								
			a Anteil	b Anteil	c Anteil	d Anteil	e Anteil	f Anteil	g Anteil	h Anteil	i Anteil
1	2	3	4	5	6	7	8	9	10	11	12
1			12,8	15,8	2,1	4,7	23,5	3,1	9,7	3,7	24,6
2			39,0	17,0	-	0,6	9,4	-	10,6	-	23,4
3			40,0	21,7	-	-	1,7	-	35,0	-	1,6
4			63,8	13,8	-	-	10,0	5,0	5,0	2,4	-
5			-	-	-	-	-	-	-	-	-
6			30,0	7,5	-	-	7,5	-	50,0	5,0	-
$\sum$											
Standortaffinität											

$$* \quad \alpha = \frac{B_{ij}}{\sum\limits_{i=1}^{6} B_{ij}}$$

Quelle: Eigene Berechnungen auf Basis eigener Erhebungen.

Tabelle 165 : Die Berechnung der Standortaffinität für

Branche: 3e (getrennt nach Größenklassen) Zeitabschnitt: vor 1955

Betriebs-größen-klasse	Anzahl der Betriebe	α*	Standortdeterminanten								
			a Anteil	b Anteil	c Anteil	d Anteil	e Anteil	f Anteil	g Anteil	h Anteil	i Anteil
1	2	3	4	5	6	7	8	9	1o	11	12
1			28,1	7,7	3,9	14,4	14,4	4,1	0,7	-	28,5
2			16,9	26,9	5,0	13,8	10,0	1,2	-	2,5	23,7
3			27,7	3,6	3,7	11,7	1,0	8,0	18,7	1,6	24,0
4			10,0	26,5	16,5	27,0	20,0	-	-	-	-
5			-	-	-	-	-	-	-	-	-
6			75,0	-	-	25,0	-	-	-	-	-
$\sum$											
Standortaffinität											

$$* \ \alpha = \frac{B_{ij}}{\sum_{i=1}^{6} B_{ij}}$$

Quelle: Eigene Berechnungen auf Basis eigener Erhebungen.

Tabelle 166 : Die Berechnung der Standortaffinität
für
Branche: 3e (getrennt nach Größenklassen)   Zeitabschnitt: 1955 – 1959

Betriebs-größen-klasse	Anzahl der Betriebe	α^*	Standortdeterminanten								
			a Anteil	b Anteil	c Anteil	d Anteil	e Anteil	f Anteil	g Anteil	h Anteil	i Anteil
1	2	3	4	5	6	7	8	9	1o	11	12
1			57,0	3,1	6,5	19,0	14,4	–	–	–	–
2			26,5	27,0	5,0	20,0	21,5	–	–	–	–
3			–	–	–	–	–	–	–	–	–
4			–	–	–	–	–	–	–	–	–
5			–	–	–	–	–	–	–	–	–
6			–	–	–	–	–	–	–	–	–
$\sum$											
Standortaffinität											

$* \ \alpha = \dfrac{B_{ij}}{\sum\limits_{i=1}^{6} B_{ij}}$

Quelle: Eigene Berechnungen auf Basis eigener Erhebungen.

Tabelle 167 : Die Berechnung der Standortaffinität
für

Branche: 3e (getrennt nach Größenklassen) Zeitabschnitt: 1960 - 1971

Betriebs-größen-klasse	Anzahl der Betriebe	α*	Standortdeterminanten								
			a Anteil	b Anteil	c Anteil	d Anteil	e Anteil	f Anteil	g Anteil	h Anteil	i Anteil
1	2	3	4	5	6	7	8	9	1o	11	12
1			27,8	22,2	16,6	10,0	18,0	1,1	4,3	-	-
2			26,7	6,7	-	6,7	20,0	-	33,3	-	6,6
3			-	-	-	-	-	-	-	-	-
4			-	-	-	-	-	-	-	-	-
5			-	-	-	-	-	-	-	-	-
6			-	-	-	-	-	-	-	-	-
$\sum$											
Standortaffinität											

$$* \; \alpha = \frac{B_{ij}}{\sum\limits_{i=1}^{6} B_{ij}}$$

Quelle: Eigene Berechnungen auf Basis eigener Erhebungen.

Tabelle 168 : Die Berechnung der Standortaffinität für

Branche: 3e (getrennt nach Größenklassen)   Zeitabschnitt: 1955 - 1971

Betriebs-größen-klasse	Anzahl der Betriebe	α^*	Standortdeterminanten								
			a Anteil	b Anteil	c Anteil	d Anteil	e Anteil	f Anteil	g Anteil	h Anteil	i Anteil
1	2	3	4	5	6	7	8	9	10	11	12
1			41,5	13,2	11,8	14,2	16,4	0,6	2,3	-	-
2			-	-	-	-	-	-	-	-	-
3			-	-	-	-	-	-	-	-	-
4			-	-	-	-	-	-	-	-	-
5			-	-	-	-	-	-	-	-	-
6			-	-	-	-	-	-	-	-	-
$\sum$											
Standortaffinität											

$$* \; \alpha = \dfrac{B_{ij}}{\sum\limits_{i=1}^{6} B_{ij}}$$

Quelle: Eigene Berechnungen auf Basis eigener Erhebungen.

Tabelle 169 : Die Berechnung der Standortaffinität
für
Branche: 3f (getrennt nach Größenklassen)   Zeitabschnitt: vor 1955

Betriebs-größen-klasse	Anzahl der Betriebe	α*	Standortdeterminanten								
			a Anteil	b Anteil	c Anteil	d Anteil	e Anteil	f Anteil	g Anteil	h Anteil	i Anteil
1	2	3	4	5	6	7	8	9	10	11	12
1			16,6	20,7	4,4	5,8	20,6	0,6	12,6	1,2	17,5
2			16,8	29,4	1,3	11,6	9,3	1,6	5,9	0,9	23,2
3			18,7	20,2	1,6	4,6	10,0	5,2	8,9	0,6	30,2
4			15,8	17,4	0,5	1,4	14,0	2,3	11,8	0,5	36,3
5			19,4	29,4	-	-	9,4	-	28,8	0,6	12,4
6			21,5	17,2	-	37,5	15,5	-	8,3	-	-
∑											
Standortaffinität											

$$* \ \alpha = \frac{B_{ij}}{\sum\limits_{i=1}^{6} B_{ij}}$$

Quelle: Eigene Berechnungen auf Basis eigener Erhebungen.

Tabelle 170 : Die Berechnung der Standortaffinität für

Branche: 3f (getrennt nach Größenklassen)   Zeitabschnitt: 1955 - 1959

Betriebs- größen- klasse	Anzahl der Betriebe	α^*	Standortdeterminanten								
			a Anteil	b Anteil	c Anteil	d Anteil	e Anteil	f Anteil	g Anteil	h Anteil	i Anteil
1	2	3	4	5	6	7	8	9	10	11	12
1			20,4	36,3	2,8	11,2	12,7	1,9	6,2	0,6	7,9
2			28,6	43,9	1,4	3,6	11,5	2,8	7,1	1,1	-
3			37,4	25,0	2,5	7,5	17,2	7,0	2,1	-	1,3
4			31,3	41,3	5,0	-	11,3	7,5	-	1,1	2,5
5			38,3	26,7	-	-	6,7	3,3	23,3	-	1,7
6			-	80,0	-	-	20,0	-	-	-	-
$\sum$											
Standortaffinität											

$$* \ \alpha = \frac{B_{ij}}{\sum\limits_{i=1}^{6} B_{ij}}$$

Quelle: Eigene Berechnungen auf Basis eigener Erhebungen.

Tabelle 171 : Die Berechnung der Standortaffinität für

Branche: 3f (getrennt nach Größenklassen)   Zeitabschnitt: 1960 – 1971

Betriebs-größen-klasse	Anzahl der Betriebe	α*	Standortdeterminanten									
			a Anteil	b Anteil	c Anteil	d Anteil	e Anteil	f Anteil	g Anteil	h Anteil	i Anteil
1	2	3	4	5	6	7	8	9	1o	11	12
1			16,9	31,9	3,1	6,0	16,5	2,1	9,6	0,6	13,3
2			26,3	32,6	1,8	8,0	13,4	0,7	9,6	2,1	5,5
3			31,5	30,0	0,8	10,0	15,3	3,0	4,0	0,4	5,0
4			44,8	20,3	0,9	0,9	4,5	2,8	15,8	0,9	9,1
5			57,5	10,0	–	2,5	15,1	2,4	12,5	–	–
6			20,0	10,0	10,0	–	25,0	–	20,0	5,0	10,0
Σ											
Standortaffinität											

$$* \ \alpha = \frac{B_{ij}}{\sum\limits_{i=1}^{6} B_{ij}}$$

Quelle: Eigene Berechnungen auf Basis eigener Erhebungen.

Tabelle 172 : Die Berechnung der Standortaffinität für

Branche: 3f (getrennt nach Größenklassen)   Zeitabschnitt: 1955 - 1971

Betriebs-größen-klasse	Anzahl der Betriebe	α^*	Standortdeterminanten								
			a Anteil	b Anteil	c Anteil	d Anteil	e Anteil	f Anteil	g Anteil	h Anteil	i Anteil
1	2	3	4	5	6	7	8	9	1o	11	12
1			18,0	33,3	3,0	7,5	15,4	2,0	8,6	0,6	11,6
2			26,9	35,7	1,7	6,8	12,9	1,3	8,9	1,8	4,0
3			33,8	28,1	1,4	9,0	16,1	4,6	3,2	0,2	3,6
4			39,1	29,1	2,6	0,5	7,4	4,7	9,2	1,1	6,3
5			49,3	17,1	-	1,4	11,5	2,9	17,1	-	0,7
6			10,0	45,0	5,0	-	22,5	-	10,0	2,5	5,0
$\sum$											
Standortaffinität											

$$* \ \alpha = \frac{B_{ij}}{\sum\limits_{i=1}^{6} B_{ij}}$$

Quelle: Eigene Berechnungen auf Basis eigener Erhebungen.

Tabelle 173 : Die Berechnung der Standortaffinität für

Branche: 4 (getrennt nach Größenklassen)   Zeitabschnitt: vor 1955

Betriebs-größen-klasse	Anzahl der Betriebe	α*	Standortdeterminanten								
			a Anteil	b Anteil	c Anteil	d Anteil	e Anteil	f Anteil	g Anteil	h Anteil	i Anteil
1	2	3	4	5	6	7	8	9	1o	11	12
1			12,9	13,1	10,6	12,8	17,9	2,0	10,0	0,4	20,4
2			12,5	19,2	7,8	4,8	7,9	4,0	18,8	2,0	23,3
3			9,3	11,8	3,8	14,3	7,6	7,3	30,4	0,9	10,0
4			12,7	17,3	18,2	10,5	6,8	2,7	13,6	–	18,2
5			–	–	–	–	–	–	–	–	100,0
6			17,0	29,0	–	–	5,0	19,0	–	10,0	20,0
$\sum$											
Standortaffinität											

* $\alpha = \dfrac{B_{ij}}{\sum\limits_{i=1}^{6} B_{ij}}$

Quelle: Eigene Berechnungen auf Basis eigener Erhebungen.

Tabelle　174 : Die Berechnung der Standortaffinität

für

Branche:　4　(getrennt nach Größenklassen)　　　　Zeitabschnitt:　1955 – 1959

Betriebs-größen-klasse	Anzahl der Betriebe	α^{*}	Standortdeterminanten								
			a Anteil	b Anteil	c Anteil	d Anteil	e Anteil	f Anteil	g Anteil	h Anteil	i Anteil
1	2	3	4	5	6	7	8	9	1o	11	12
1			11,3	17,2	1,3	20,6	14,1	–	19,3	1,3	14,7
2			19,0	30,3	5,6	13,4	15,0	3,1	8,7	0,6	4,4
3			13,3	16,7	–	–	20,0	16,7	26,7	6,7	–
4			22,5	32,5	–	–	12,5	5,0	2,5	–	25,0
5			25,0	45,0	–	–	10,0	–	–	–	20,0
6			80,0	–	–	–	–	–	20,0	–	–
$\sum$											
Standortaffinität											

$$* \; \alpha = \frac{B_{ij}}{\sum\limits_{i=1}^{6} B_{ij}}$$

Quelle: Eigene Berechnungen auf Basis eigener Erhebungen.

Tabelle 175 : Die Berechnung der Standortaffinität für

Branche: 4 (getrennt nach Größenklassen) Zeitabschnitt: 1960 - 1971

Betriebs-größen-klasse	Anzahl der Betriebe	α*	Standortdeterminanten								
			a Anteil	b Anteil	c Anteil	d Anteil	e Anteil	f Anteil	g Anteil	h Anteil	i Anteil
1	2	3	4	5	6	7	8	9	10	11	12
1			17,1	27,4	3,3	5,5	13,6	2,2	22,1	1,1	7,6
2			20,5	31,0	1,5	8,8	11,6	2,5	19,5	2,5	2,3
3			22,5	36,4	1,8	9,4	12,9	-	4,6	-	12,5
4			-	-	-	-	-	-	-	-	-
5			26,7	13,3	-	23,3	20,0	6,7	6,7	-	3,3
6			-	-	-	-	-	-	-	-	-
∑											
Standortaffinität											

$$* \ \alpha = \frac{B_{ij}}{\sum_{i=1}^{6} B_{ij}}$$

Quelle: Eigene Berechnungen auf Basis eigener Erhebungen.

Tabelle　176 : Die Berechnung der Standortaffinität
für
Branche: 4 (getrennt nach Größenklassen)　　　　Zeitabschnitt: 1955 – 1971

Betriebs-größen-klasse	Anzahl der Betriebe	α^*	Standortdeterminanten								
			a Anteil	b Anteil	c Anteil	d Anteil	e Anteil	f Anteil	g Anteil	h Anteil	i Anteil
1	2	3	4	5	6	7	8	9	10	11	12
1			15,7	25,0	2,9	9,0	13,7	1,7	21,5	1,2	9,3
2			19,8	30,7	3,3	10,8	13,0	2,8	14,7	1,7	3,2
3			20,0	31,0	1,3	6,8	14,8	4,5	10,7	1,8	9,1
4			22,5	32,5	–	–	12,5	5,0	2,5	–	25,0
5			26,0	26,0	–	14,0	16,0	4,0	4,0	–	10,0
6			80,0	–	–	–	–	–	20,0	–	–
$\sum$											
Standortaffinität											

$$* \quad \alpha = \frac{B_{ij}}{\sum\limits_{i=1}^{6} B_{ij}}$$

Quelle: Eigene Berechnungen auf Basis eigener Erhebungen.

Tabelle 177 : Die Berechnung der Standortaffinität
für
Branche: 5 (getrennt nach Größenklassen)   Zeitabschnitt: vor 1955

Betriebsgrößenklasse	Anzahl der Betriebe	α*	Standortdeterminanten								
			a Anteil	b Anteil	c Anteil	d Anteil	e Anteil	f Anteil	g Anteil	h Anteil	i Anteil
1	2	3	4	5	6	7	8	9	10	11	12
1			11,3	15,0	-	21,3	30,1	-	22,5	-	-
2			4,7	15,0	38,3	11,3	30,7	-	-	-	-
3			-	-	-	-	-	-	-	-	100,0
4			60,0	25,0	-	15,0	-	-	-	-	-
5			10,0	20,0	10,0	-	60,0	-	-	-	-
6			-	-	-	-	-	-	-	-	-
Σ											
Standortaffinität											

$* \ \alpha = \dfrac{B_{ij}}{\sum\limits_{i=1}^{6} B_{ij}}$

Quelle: Eigene Berechnungen auf Basis eigener Erhebungen.

Tabelle 178 : Die Berechnung der Standortaffinität für

Branche: 5 (getrennt nach Größenklassen)　　　　Zeitabschnitt: 1955 - 1959[1]

Betriebs- größen- klasse	Anzahl der Betriebe	α^*	Standortdeterminanten								
			a Anteil	b Anteil	c Anteil	d Anteil	e Anteil	f Anteil	g Anteil	h Anteil	i Anteil
1	2	3	4	5	6	7	8	9	1o	11	12
1			-	-	-	-	75,0	-	-	25,0	-
2			-	-	-	-	-	-	-	-	-
3			-	-	-	-	-	-	-	-	-
4			-	-	-	-	-	-	-	-	-
5			-	-	-	-	-	-	-	-	-
6			-	-	-	-	-	-	-	-	-
$\sum$											
Standortaffinität											

$$* \ \alpha = \frac{B_{ij}}{\sum\limits_{i=1}^{6} B_{ij}}$$

1) Angabe eines Betriebes

Quelle: Eigene Berechnungen auf Basis eigener Erhebungen.

Tabelle 179 : Die Berechnung der Standortaffinität
für

Branche: 5 (getrennt nach Größenklassen)   Zeitabschnitt: 1960 - 1971[1]

Betriebsgrößenklasse	Anzahl der Betriebe	α^*	Standortdeterminanten								
			a. Anteil	b Anteil	c Anteil	d Anteil	e Anteil	f Anteil	g Anteil	h Anteil	i Anteil
1	2	3	4	5	6	7	8	9	10	11	12
1			15,0	-	-	15,0	-	-	70,0	-	-
2			-	-	-	-	-	-	-	-	-
3			15,0	15,0	15,0	-	40,0	-	-	15,0	-
4			-	-	-	-	-	-	-	-	-
5			-	-	-	-	-	-	-	-	-
6			-	-	-	-	-	-	-	-	-
$\sum$											
Standortaffinität											

$* \ \alpha = \dfrac{B_{ij}}{\sum\limits_{i=1}^{6} B_{ij}}$

1) Angaben von nur zwei Betrieben

Quelle: Eigene Berechnungen auf Basis eigener Erhebungen.

Tabelle 180 : Die Berechnung der Standortaffinität
            für
            Branche: 5   (getrennt nach Größenklassen)   Zeitabschnitt: 1955 - 1971[1]

Betriebs-größen-klasse	Anzahl der Betriebe	α*	Standortdeterminanten									
			a Anteil	b Anteil	c Anteil	d Anteil	e Anteil	f Anteil	g Anteil	h Anteil	i Anteil
1	2	3	4	5	6	7	8	9	10	11	12
1			7,5	-	-	7,5	37,5	-	35,0	12,5	-
2			-	-	-	-	-	-	-	-	-
3			15,0	15,0	15,0	-	40,0	-	-	15,0	-
4			-	-	-	-	-	-	-	-	-
5			-	-	-	-	-	-	-	-	-
6			-	-	-	-	-	-	-	-	-
Σ											
Standortaffinität											

1) Angaben von nur 3 Betrieben

$$ \alpha = \frac{B_{ij}}{\sum\limits_{i=1}^{6} B_{ij}} $$

Quelle: Eigene Berechnungen auf Basis eigener Erhebungen.

Tabelle 181 : Die Berechnung der Standortaffinität für

Branche: 6 (getrennt nach Größenklassen)   Zeitabschnitt: vor 1955

Betriebs-größen-klasse	Anzahl der Betriebe	α^*	Standortdeterminanten								
			a Anteil	b Anteil	c Anteil	d Anteil	e Anteil	f Anteil	g Anteil	h Anteil	i Anteil
1	2	3	4	5	6	7	8	9	10	11	12
1			10,5	7,6	28,1	6,5	22,5	0,7	16,9	1,1	6,1
2			18,3	15,7	17,7	8,6	22,3	-	11,1	0,4	5,9
3			41,4	21,5	8,4	2,1	7,9	-	3,1	3,1	12,5
4			25,0	-	8,3	-	20,0	-	-	-	46,7
5			25,0	46,3	6,3	11,3	8,8	1,3	-	1,3	-
6			40,0	40,0	-	-	20,0	-	-	-	-
$\sum$											
Standortaffinität											

$$* \ \alpha = \frac{B_{ij}}{\sum\limits_{i=1}^{6} B_{ij}}$$

Quelle: Eigene Berechnungen auf Basis eigener Erhebungen.

24 Kreuter

Tabelle　182 : Die Berechnung der Standortaffinität
für
Branche:　6 (getrennt nach Größenklassen)　　　　　Zeitabschnitt: 1955 - 1959

Betriebs- größen- klasse	Anzahl der Betriebe	α*	Standortdeterminanten								
			a Anteil	b Anteil	c Anteil	d Anteil	e Anteil	f Anteil	g Anteil	h Anteil	i Anteil
1	2	3	4	5	6	7	8	9	10	11	12
1			26,3	6,3	5,0	10,0	17,5	3,8	28,8	2,5	-
2			-	-	-	-	-	-	-	-	-
3			-	-	-	-	-	-	-	-	-
4			60,0	25,0	-	5,0	10,0	-	-	-	-
5			-	-	-	-	-	-	-	-	-
6			-	-	-	-	-	-	-	-	-
$\sum$											
Standortaffinität											

$$* \ \alpha = \frac{B_{ij}}{\sum_{i=1}^{6} B_{ij}}$$

Quelle: Eigene Berechnungen auf Basis eigener Erhebungen.

Tabelle 183 : Die Berechnung der Standortaffinität für

Branche: 6 (getrennt nach Größenklassen)   Zeitabschnitt: 1960 - 1971

Betriebs-größen-klasse	Anzahl der Betriebe	α*	Standortdeterminanten								
			a Anteil	b Anteil	c Anteil	d Anteil	e Anteil	f Anteil	g Anteil	h Anteil	i Anteil
1	2	3	4	5	6	7	8	9	1o	11	12
1			23,2	22,4	4,5	13,4	15,5	5,0	14,7	1,3	-
2			18,4	29,6	4,9	1,7	8,9	-	24,9	-	11,7
3			25,0	30,0	-	10,0	20,0	15,0	-	-	-
4			17,7	27,7	-	-	51,4[1]	3,3	-	-	-
5			-	-	-	-	-	-	-	-	-
6			-	-	-	-	-	-	-	-	-
∑											
Standortaffinität											

* $\alpha = \dfrac{B_{ij}}{\sum\limits_{i=1}^{6} B_{ij}}$

1) Angaben von drei Betrieben

Quelle: Eigene Berechnungen auf Basis eigener Erhebungen.

24*

Tabelle 184 : Die Berechnung der Standortaffinität für

Branche: 6 (getrennt nach Größenklassen)   Zeitabschnitt: 1955 – 1971

Betriebs-größen-klasse	Anzahl der Betriebe	α*	Standortdeterminanten								
			a Anteil	b Anteil	c Anteil	d Anteil	e Anteil	f Anteil	g Anteil	h Anteil	i Anteil
1	2	3	4	5	6	7	8	9	10	11	12
1			24,1	17,6	4,6	12,4	16,1	4,6	18,9	1,7	–
2			18,4	29,6	4,9	1,7	8,8	–	24,9	–	11,7
3			25,0	30,0	–	10,0	20,0	15,0	–	–	–
4			28,3	27,0	–	1,3	41,0	2,4	–	–	–
5			–	–	–	–	–	–	–	–	–
6			–	–	–	–	–	–	–	–	–
Σ											
Standortaffinität											

$* \; \alpha = \dfrac{B_{ij}}{\sum\limits_{i=1}^{6} B_{ij}}$

Quelle: Eigene Berechnungen auf Basis eigener Erhebungen.

Tabelle 185 : Die Berechnung der Standortaffinität für

Branche: 7 (getrennt nach Größenklassen)   Zeitabschnitt: vor 1955

Betriebs-größen-klasse	Anzahl der Betriebe	α^*	Standortdeterminanten								
			a Anteil	b Anteil	c Anteil	d Anteil	e Anteil	f Anteil	g Anteil	h Anteil	i Anteil
1	2	3	4	5	6	7	8	9	10	11	12
1			8,4	15,8	4,2	10,7	13,9	2,8	33,7	1,9	8,6
2			21,9	15,2	7,8	9,7	11,7	3,7	14,1	2,6	10,8
3			15,0	8,8	3,8	16,3	17,5	-	-	-	38,8
4			18,1	8,2	2,9	0,7	6,3	-	31,3	1,8	30,7
5			12,5	13,3	13,5	5,0	10,0	-	33,3	-	12,5
6			-	-	50,0	-	50,0[1]	-	-	-	-
$\sum$											
Standortaffinität											

$$* \; \alpha = \frac{B_{ij}}{\sum_{i=1}^{6} B_{ij}}$$

1) Angabe eines Betriebes

Quelle: Eigene Berechnungen auf Basis eigener Erhebungen.

Tabelle 186 : Die Berechnung der Standortaffinität
               für
               Branche: 7 (getrennt nach Größenklassen)   Zeitabschnitt: 1955 – 1959

Betriebs-größen-klasse	Anzahl der Betriebe	α*	Standortdeterminanten								
			a Anteil	b Anteil	c Anteil	d Anteil	e Anteil	f Anteil	g Anteil	h Anteil	i Anteil
1	2	3	4	5	6	7	8	9	10	11	12
1			36,0	25,0	3,3	6,2	26,6	–	2,8	–	–
2			14,0	22,0	–	5,0	34,0	–	20,0	5,0	–
3			30,0	–	5,0	30,0	25,0	–	10,0	–	–
4			–	–	–	80,0	10,0	–	10,0	–	–
5			40,0	5,0	10,0	20,0	–	3,0	–	–	22,0
6			–	–	–	–	–	–	–	–	–
∑											
Standortaffinität											

$$* \ \alpha = \frac{B_{ij}}{\sum\limits_{i=1}^{6} B_{ij}}$$

Quelle: Eigene Berechnungen auf Basis eigener Erhebungen.

Tabelle 187 : Die Berechnung der Standortaffinität für

Branche: 7 (getrennt nach Größenklassen)   Zeitabschnitt: 1960 - 1971

Betriebs-größen-klasse	Anzahl der Betriebe	α^*	Standortdeterminanten								
			a Anteil	b Anteil	c Anteil	d Anteil	e Anteil	f Anteil	g Anteil	h Anteil	i Anteil
1	2	3	4	5	6	7	8	9	10	11	12
1			20,7	18,2	0,8	13,4	18,3	1,7	21,3	1,0	4,7
2			9,8	20,0	3,8	3,5	24,6	-	10,0	3,5	25,0
3			17,0	43,0	-	-	30,0	-	10,0	-	-
4			10,0	10,0	-	10,0	30,0	-	40,0	-	-
5			-	-	-	-	-	-	-	-	-
6			-	-	-	-	-	-	-	-	-
$\sum$											
Standortaffinität											

$* \ \alpha = \dfrac{B_{ij}}{\sum\limits_{i=1}^{6} B_{ij}}$

Quelle: Eigene Berechnungen auf Basis eigener Erhebungen.

Tabelle 188 : Die Berechnung der Standortaffinität für

Branche: 7 (getrennt nach Größenklassen)   Zeitabschnitt: 1955 – 1971

Betriebs-größen-klasse	Anzahl der Betriebe	α*	Standortdeterminanten								
			a Anteil	b Anteil	c Anteil	d Anteil	e Anteil	f Anteil	g Anteil	h Anteil	i Anteil
1	2	3	4	5	6	7	8	9	10	11	12
1			23,2	19,3	1,2	12,2	19,7	1,4	18,3	0,8	3,9
2			12,1	21,1	1,7	4,3	29,8	–	15,6	4,3	11,1
3			20,7	30,7	1,4	8,6	28,6	–	10,0	–	–
4			6,7	6,7	–	33,3	23,3	–	30,0	–	–
5			40,0	5,0	10,0	20,0	–	3,0	–	–	22,0
6			–	–	–	–	–	–	–	–	–
$\sum$											
Standortaffinität											

* $\alpha = \dfrac{B_{ij}}{\sum\limits_{i=1}^{6} B_{ij}}$

Quelle: Eigene Berechnungen auf Basis eigener Erhebungen.

Tabelle 189 : Die Berechnung der Standortaffinität
für

Branche: 8 (getrennt nach Größenklassen)   Zeitabschnitt: vor 1955

Betriebs-größen-klasse	Anzahl der Betriebe	α^{*}	Standortdeterminanten								
			a Anteil	b Anteil	c Anteil	d Anteil	e Anteil	f Anteil	g Anteil	h Anteil	i Anteil
1	2	3	4	5	6	7	8	9	1o	11	12
1			17,8	21,1	4,4	15,6	27,7	-	4,4	8,9	-
2			32,5	12,1	10,8	7,5	10,4	-	4,2	-	22,5
3			7,5	10,0	5,7	-	22,9	-	11,4	-	42,9
4			50,0	-	-	-	25,0	-	-	-	25,0
5			-	-	-	100,0	-	-	-	-	-
6			100,0	-	-	-	-	-	-	-	-
$\sum$											
Standortaffinität											

$$* \ \alpha = \frac{B_{ij}}{\sum\limits_{i=1}^{6} B_{ij}}$$

Quelle: Eigene Berechnungen auf Basis eigener Erhebungen.

Tabelle 190 : Die Berechnung der Standortaffinität für

Branche: 8 (getrennt nach Größenklassen)   Zeitabschnitt: 1955 - 1959

Betriebs-größen-klasse	Anzahl der Betriebe	α*	Standortdeterminanten								
			a Anteil	b Anteil	c Anteil	d Anteil	e Anteil	f Anteil	g Anteil	h Anteil	i Anteil
1	2	3	4	5	6	7	8	9	1o	11	12
1			11,7	5,0	-	41,7	13,4	-	8,3	-	20,0
2			21,7	5,0	-	7,3	32,7	-	33,3	-	-
3			-	-	-	-	-	-	-	-	-
4			-	80,0	-	-	20,0	-	-	-	-
5			-	-	-	-	-	-	-	-	-
6			-	-	-	-	-	-	-	-	-
$\sum$											
Standortaffinität											

* $\alpha = \dfrac{B_{ij}}{\sum\limits_{i=1}^{6} B_{ij}}$

Quelle: Eigene Berechnungen auf Basis eigener Erhebungen.

Tabelle 191: Die Berechnung der Standortaffinität
für
Branche: 8 (getrennt nach Größenklassen)   Zeitabschnitt: 1960 - 1971

Betriebs-größen-klasse	Anzahl der Betriebe	α*	Standortdeterminanten								
			a Anteil	b Anteil	c Anteil	d Anteil	e Anteil	f Anteil	g Anteil	h Anteil	i Anteil
1	2	3	4	5	6	7	8	9	10	11	12
1			50,6	7,5	3,1	16,3	15,7	-	4,4	-	2,5
2			72,5	-	-	-	12,5	-	15,0	-	-
3			53,8	21,3	-	2,5	11,4	11,3	-	-	-
4			-	-	-	-	-	-	-	-	-
5			-	-	-	-	-	-	-	-	-
6			-	-	-	-	-	-	-	-	-
$\sum$											
Standortaffinität											

* $\alpha = \dfrac{B_{ij}}{\sum\limits_{i=1}^{6} B_{ij}}$

Quelle: Eigene Berechnungen auf Basis eigener Erhebungen.

Tabelle 192 : Die Berechnung der Standortaffinität
für
Branche: 8 (getrennt nach Größenklassen)   Zeitabschnitt: 1955 - 1971

Betriebs-größen-klasse	Anzahl der Betriebe	α^*	Standortdeterminanten								
			a Anteil	b Anteil	c Anteil	d Anteil	e Anteil	f Anteil	g Anteil	h Anteil	i Anteil
1	2	3	4	5	6	7	8	9	10	11	12
1			40,0	6,8	2,3	23,2	15,0	-	5,5	-	7,2
2			42,0	3,0	-	4,4	24,6	-	26,0	-	-
3			53,8	21,3	-	25,1	11,2	11,3	-	-	-
4			-	80,0	-	-	20,0	-	-	-	-
5			-	-	-	-	-	-	-	-	-
6			-	-	-	-	-	-	-	-	-
$\sum$											
Standortaffinität											

$$* \ \alpha = \frac{B_{ij}}{\sum\limits_{i=1}^{6} B_{ij}}$$

Quelle: Eigene Berechnungen auf Basis eigener Erhebungen.

Tabelle 193 : Die Berechnung der Standortaffinität

für

Branche: 9 (getrennt nach Größenklassen) Zeitabschnitt: vor 1955

Betriebs-größen-klasse	Anzahl der Betriebe	α*	Standortdeterminanten								
			a Anteil	b Anteil	c Anteil	d Anteil	e Anteil	f Anteil	g Anteil	h Anteil	i Anteil
1	2	3	4	5	6	7	8	9	10	11	12
1			17,3	16,4	4,4	7,7	21,7	1,6	15,8	0,3	14,7
2			27,0	13,0	6,1	8,0	19,2	0,5	14,3	0,1	10,9
3			28,2	11,4	4,0	5,7	14,0	3,2	10,3	0,3	22,9
4			22,3	22,7	3,9	4,6	7,3	4,4	10,9	1,0	19,9
5			21,1	22,3	–	–	8,9	–	–	–	47,9
6			60,6	29,6	–	–	7,8	–	–	–	12,0
∑											
Standortaffinität											

$$* \quad \alpha = \frac{B_{ij}}{\sum\limits_{i=1}^{6} B_{ij}}$$

Quelle: Eigene Berechnungen auf Basis eigener Erhebungen.

Tabelle 194 : Die Berechnung der Standortaffinität
für
Branche: 9 (getrennt nach Größenklassen)   Zeitabschnitt: 1955 - 1959

Betriebs-größen-klasse	Anzahl der Betriebe	α^{*}	Standortdeterminanten a Anteil	b Anteil	c Anteil	d Anteil	e Anteil	f Anteil	g Anteil	h Anteil	i Anteil
1	2	3	4	5	6	7	8	9	10	11	12
1			23,3	23,8	1,2	10,2	13,4	3,3	18,6	1,4	4,8
2			15,8	14,2	8,4	2,2	18,0	4,8	19,1	1,1	16,4
3			27,0	28,0	-	13,5	12,0	-	17,0	2,5	-
4			29,6	25,0	-	-	25,4	10,0	10,0	-	-
5			-	-	-	-	-	-	-	-	-
6			-	-	-	-	-	-	-	-	-
$\sum$											
Standortaffinität											

$* \ \alpha = \dfrac{B_{ij}}{\sum\limits_{i=1}^{6} B_{ij}}$

Quelle: Eigene Berechnungen auf Basis eigener Erhebungen.

Tabelle   195 : Die Berechnung der Standortaffinität für

Branche: 9 (getrennt nach Größenklassen)   Zeitabschnitt: 1960 - 1971

Betriebs-größen-klasse	Anzahl der Betriebe	α*	Standortdeterminanten								
			a Anteil	b Anteil	c Anteil	d Anteil	e Anteil	f Anteil	g Anteil	h Anteil	i Anteil
1	2	3	4	5	6	7	8	9	lo	11	12
1			20,1	21,7	3,4	12,3	13,3	2,8	15,4	0,9	10,0
2			20,5	12,1	-	4,5	17,5	3,9	33,9	2,3	5,3
3			42,0	10,0	-	10,0	-	2,0	16,0	-	20,0
4			28,6	40,4	-	-	11,0	-	20,0	-	-
5			25,0	25,0	8,0	-	22,0	-	15,0	5,0	-
6			80,0	10,0	-	-	10,0	-	-	-	-
$\sum$											
Standortaffinität											

$$* \ \alpha = \frac{B_{ij}}{\sum\limits_{i=1}^{6} B_{ij}}$$

Quelle: Eigene Berechnungen auf Basis eigener Erhebungen.

Tabelle　196 : Die Berechnung der Standortaffinität
　　　　　　für
　　　　　Branche:　9 (getrennt nach Größenklassen)　　　　　Zeitabschnitt:　1955 - 1971

Betriebs-größen-klasse	Anzahl der Betriebe	α^*	Standortdeterminanten								
			a Anteil	b Anteil	c Anteil	d Anteil	e Anteil	f Anteil	g Anteil	h Anteil	i Anteil
1	2	3	4	5	6	7	8	9	1o	11	12
1			20,9	22,3	2,9	11,8	13,3	2,9	16,2	1,0	8,7
2			18,5	13,0	3,5	3,5	17,8	4,3	27,6	1,8	10,0
3			32,0	22,0	-	12,3	8,0	0,7	16,7	1,7	6,6
4			29,0	34,0	-	-	17,0	4,2	15,8	-	-
5			25,0	25,0	8,0	-	22,0	-	15,0	5,0	-
6			80,0	10,0	-	-	10,0	-	-	-	-
$\sum$											
Standortaffinität											

$$* \ \alpha = \frac{B_{ij}}{\sum_{i=1}^{6} B_{ij}}$$

Quelle: Eigene Berechnungen auf Basis eigener Erhebungen.

Tabelle 197 : Die Berechnung der Standortaffinität
für
Branche: 10 (getrennt nach Größenklassen)   Zeitabschnitt: vor 1955

Betriebs-größen-klasse	Anzahl der Betriebe	α*	Standortdeterminanten								
			a Anteil	b Anteil	c Anteil	d Anteil	e Anteil	f Anteil	g Anteil	h Anteil	i Anteil
1	2	3	4	5	6	7	8	9	1o	11	12
1			6,1	4,2	21,0	9,2	23,5	0,4	21,3	0,5	13,9
2			9,2	17,9	14,6	18,6	16,6	-	11,6	-	11,5
3			4,0	20,9	23,3	2,0	14,8	-	13,6	-	21,3
4			6,3	8,8	38,8	15,0	16,3	-	2,5	-	12,5
5			-	-	-	-	-	-	-	-	-
6			45,0	-	-	-	-	-	55,0	-	-
Σ											
Standortaffinität											

$$* \ \alpha = \frac{B_{ij}}{\sum\limits_{i=1}^{6} B_{ij}}$$

Quelle: Eigene Berechnungen auf Basis eigener Erhebungen.

Tabelle 198 : Die Berechnung der Standortaffinität für

Branche: 10 (getrennt nach Größenklassen)   Zeitabschnitt: 1955 – 1959

Betriebs-größen-klasse	Anzahl der Betriebe	α^*	Standortdeterminanten								
			a Anteil	b Anteil	c Anteil	d Anteil	e Anteil	f Anteil	g Anteil	h Anteil	i Anteil
1	2	3	4	5	6	7	8	9	10	11	12
1			14,6	30,6	10,0	16,8	17,0	1,0	10,0	-	-
2			-	-	-	50,0	-	-	50,0	-	-
3			-	-	-	-	-	-	-	-	-
4			-	-	-	-	-	-	-	-	-
5			-	-	-	-	-	-	-	-	-
6			-	-	-	-	-	-	-	-	-
$\sum$											
Standortaffinität											

$$* \; \alpha = \frac{B_{ij}}{\sum\limits_{i=1}^{6} B_{ij}}$$

Quelle: Eigene Berechnungen auf Basis eigener Erhebungen.

Tabelle 199 : Die Berechnung der Standortaffinität
für

Branche: 10 (getrennt nach Größenklassen)   Zeitabschnitt: 1960 - 1971

Betriebs-größen-klasse	Anzahl der Betriebe	α*	Standortdeterminanten								
			a Anteil	b Anteil	c Anteil	d Anteil	e Anteil	f Anteil	g Anteil	h Anteil	i Anteil
1	2	3	4	5	6	7	8	9	1o	11	12
1			9,8	11,2	6,9	17,5	15,3	-	29,2	-	10,0
2			12,0	32,0	6,0	8,0	17,5	4,0	16,0	1,0	4,0
3			-	50,0	5,0	-	40,0	5,0	-	-	-
4			-	25,0	26,7	25,0	23,3	-	-	-	-
5			30,0	50,0	-	-	20,0	-	-	-	-
6			-	-	-	-	-	-	-	-	-
$\sum$											
Standortaffinität											

$$* \ \alpha = \frac{B_{ij}}{\sum\limits_{i=1}^{6} B_{ij}}$$

Quelle: Eigene Berechnungen auf Basis eigener Erhebungen.

Tabelle   200 : Die Berechnung der Standortaffinität
                für
                Branche: 10 (getrennt nach Größenklassen)   Zeitabschnitt: 1955 – 1970

Betriebs-größen-klasse	Anzahl der Betriebe	α*	Standortdeterminanten								
			a Anteil	b Anteil	c Anteil	d Anteil	e Anteil	f Anteil	g Anteil	h Anteil	i Anteil
1	2	3	4	5	6	7	8	9	10	11	12
1			11,2	16,6	7,8	17,3	15,7	0,3	23,9	–	7,2
2			–	–	–	–	–	–	–	–	–
3			–	50,0	5,0	–	40,0	5,3	–	–	–
4			–	25,0	26,7	25,0	23,3	–	–	–	–
5			30,0	50,0	–	–	20,0	–	–	–	–
6			–	–	–	–	–	–'	–	–	–
Σ											
Standortaffinität											

$$* \ \alpha = \frac{B_{ij}}{\sum\limits_{i=1}^{6} B_{ij}}$$

Quelle: Eigene Berechnungen auf Basis eigener Erhebungen.

Tabelle 201 : Die Berechnung der Standortaffinität
für

Branche: 11 (getrennt nach Größenklassen)   Zeitabschnitt: vor 1955

Betriebs-größen-klasse	Anzahl der Betriebe	α^*	Standortdeterminanten								
			a Anteil	b Anteil	c Anteil	d Anteil	e Anteil	f Anteil	g Anteil	h Anteil	i Anteil
1	2	3	4	5	6	7	8	9	10	11	12
1			8,9	10,6	2,8	19,8	14,2	1,4	39,5	1,6	1,1
2			20,6	20,0	6,6	22,6	12,6	0,6	7,8	0,6	2,2
3			20,2	9,8	5,6	15,3	4,1	-	10,7	2,1	32,5
4			26,0	13,9	2,8	29,4	5,1	-	14,4	-	8,3
5			30,0	-	-	30,0	20,0	-	-	-	10,0
6			-	-	-	-	-	-	-	-	-
$\sum$											
Standortaffinität											

$$* \ \alpha = \frac{B_{ij}}{\sum\limits_{i=1}^{6} B_{ij}}$$

Quelle: Eigene Berechnungen auf Basis eigener Erhebungen.

Tabellenanhang

Tabelle   202 : Die Berechnung der Standortaffinität
                für
                Branche: 11 (getrennt nach Größenklassen)   Zeitabschnitt: 1955 – 1959

Betriebs-größen-klasse	Anzahl der Betriebe	α*	Standortdeterminanten								
			a Anteil	b Anteil	c Anteil	d Anteil	e Anteil	f Anteil	g Anteil	h Anteil	i Anteil
1	2	3	4	5	6	7	8	9	10	11	12
1			6,3	33,8	3,5	23,5	15,5	5,0	12,5	–	–
2			33,0	34,0	–	–	33,0	–	–	–	–
3			2,5	–	5,5	57,5	30,0	–	–	5,0	–
4			–	–	–	–	–	–	–	–	–
5			–	–	–	–	–	–	–	–	–
6			–	–	–	–	–	–	–	–	–
∑											
Standortaffinität											

$$* \ \alpha = \frac{B_{ij}}{\sum\limits_{i=1}^{6} B_{ij}}$$

Quelle: Eigene Berechnungen auf Basis eigener Erhebungen.

Tabelle 203 : Die Berechnung der Standortaffinität für

Branche: 11 (getrennt nach Größenklassen) Zeitabschnitt: 1960 – 1971

Betriebs-größen-klasse	Anzahl der Betriebe	α^*	Standortdeterminanten								
			a Anteil	b Anteil	c Anteil	d Anteil	e Anteil	f Anteil	g Anteil	h Anteil	i Anteil
1	2	3	4	5	6	7	8	9	10	11	12
1			25,5	28,2	3,7	14,5	3,0	2,4	4,6	0,4	13,7
2			25,0	26,9	3,1	8,5	10,3	6,9	7,7	-	11,5
3			-	-	50,0	-	-	-	50,0	-	-
4			35,0	30,0	15,0	5,0	15,0	-	-	-	-
5			-	-	-	-	-	-	-	-	-
6			-	-	-	-	-	-	-	-	100,0
$\sum$											
Standortaffinität											

$* \; \alpha = \dfrac{B_{ij}}{\sum\limits_{i=1}^{6} B_{ij}}$

Quelle: Eigene Berechnungen auf Basis eigener Erhebungen.

Tabelle 204 : Die Berechnung der Standortaffinität
für
Branche: 11 (getrennt nach Größenklassen)　　　Zeitabschnitt: 1955 - 1971

Betriebs-größen-klasse	Anzahl der Betriebe	α*	Standortdeterminanten								
			a Anteil	b Anteil	c Anteil	d Anteil	e Anteil	f Anteil	g Anteil	h Anteil	i Anteil
1	2	3	4	5	6	7	8	9	1o	11	12
1			22,9	29,0	3,7	15,7	8,2	2,7	5,7	0,3	11,8
2			25,6	27,4	2,9	7,9	12,0	6,4	7,1	-	10,7
3			1,3	-	27,5	28,8	15,0	-	25,0	2,4	-
4			35,0	30,0	15,0	5,0	15,0	-	-	-	-
5			-	-	-	-	-	-	-	-	-
6			-	-	-	-	-	-	-	-	100,0
$\sum$											
Standortaffinität											

* $\alpha = \dfrac{B_{ij}}{\sum\limits_{i=1}^{6} B_{ij}}$

Quelle: Eigene Berechnungen auf Basis eigener Erhebungen.

Summary

Since Adam Smith the trust in the prestabilized harmony of a free competitive profit system has dwindled permanently. The discrepancies between the diagnosis and prognosis of spatial constellations on the one hand and the aims of regional policy on the other can only be removed by purposeful state intervention.

The present study will supply the decision makers in regional policy with information concerning the removal of these discrepancies. For this purpose typical behaviours will be exposed which have been found by analyzing the process of locational choice in Baden-Württemberg. The results of this analysis have been used to develop decision rules in regional policy derived from the theorem of "affinity to location". The inquiry reveals that the factors governing the affinity to location are the supply of land and labour as well as the availability of transport facilities. There is evidence of a tendency to shift the present emphasis on labour supply towards the qualitative and quantitative aspects of land supply after 1975. Similar tendencies are noticeable for the factor transport facilities.

The present inquiry supplies detailed information on the main determinants of the affinities to location differentiated according to scale of operation and conditions within particular industrial branches.

In chapter C of part IV examples are given, how to orientate regional policy according to the theorem of affinity to location. Taking into account the locational value of the region promoted as well as its spatial position criterions will be developed for the rational choice of industries suitable to achieve the desired regional policy goals. This examplification is referred to all other factors of location analyzed in this study. Predominant tendencies in this respect are the increasing importance of "footloose industrie", the decrease of an imperative compulsion to certain location, an increase of the supply orientation and the extension of the area of supply.

The often-repeated expansion of the importance of the regional quality of housing and recreational feasibilities could be reinforced.

The present study will not deliver a solution to the problem of conformity concerning aims and instruments of regional policy as an integral part of general economic policy. On this score the general theory of regional policy still needs further analysis. The inquiry, however, will give information about the measures, which ought to be taken in order to supply the regional policy makers with improved techniques in controlling locational choice through better diagnosis, forecast and prognosis of regional problems. With the help of case studies the usefullness of the theoretical concepts of "affinity to location" and "value of location" in improving the efficiency of regional policy will be demonstrated.

The choice of location has become more rational and efficient. This development as well as the increasing orientation to long-term criterions and the decrease of intuitive evaluation justify the fondest hopes for influencing private decisions in an attempt to co-ordinate micro- and macro-economic interests through purposeful regional information policy and corrective regional policy of intervention.

Résumé

Pendant les années depuis Adam Smith, la confiance en l'harmonie toujours stabilisée des forces auto-régulatrices d'un système organisé de l'économie du marché a constamment diminué. Les divergences constatées d'une part entre des situations économiques spatiales diagnostiquées et prognostiquées, et d'autre part entre des idées d'objectifs se rapportant à une politique régionale, ne peuvent être surmonté qu'au moyen d'une influence de l'Etat et dirigée par lui.

L'étude présentée ici se donne pour but de livrer aux représentants de la politique régionale des informations leur permettant d'aplanir ces divergences. C'est dans ce dessin que l'on a fait ressortir des comportements-types caractéristiques ainsi que leurs tendances de développement; ceux-ci ont été constatés lors d'une recherche concernant le choix de localisation pour l'installation d'entreprises industrielles dans le Bad-Wurttemberg. Les résultats de cette recherche devront être interpretés comme étant une aide à l'orientation de la politique régionale aux affinités de localisation des secteurs industriels. On constate, parmi ces affinités, que ce sont actuellement les facteurs suivants qui dominent: main d'oeuvre, terrains industriels et niveau de développement du réseau de transport. On suppose, que l'importance dominante de la main d'oeuvre diminuera de beaucoup à partir de 1975. Par contre, le déterminant „terrain industriel" gagnera plutôt de l'importance, et ceci du point de vue quantitatif et qualitatif.

Cela vaut aussi pour le niveau de développement du réseau de transport dans les agglomérations ainsi que sur les territoires agricoles et des régions en retard.

La présente étude livre des informations détaillées concernant les particularités spécifiques aux branches industrielles et aux classes de grandeur des entreprises de ces déterminants principaux de l'affinité de localisation.

La 5e-partie de l'étude met en évidence, et ceci dans le paragraphe C, des exemples montrant comment la politique régionale pourrait être orientée de façon convenable vers „les affinités de localisation", en tenant compte de „la valeur de la localisation" d'une région et de sa position spatiale par le choix d'industries à objectif important et apte à l'implantation. De même, on explique de quelle façon les autres facteurs de localisation analysés peuvent être aussi pris en considération dans leur importance spécifique aux branches industrielles et aux classes de grandeur. Les tendances de développement constatées et soulignées, sont, sous ce rapport, l'importance croissante des „footloose industries", la baisse d'un déterminant de localisation quasi-impératif, une orientation croissante du débouché et une extension des régions de débouches. On pourrait d'ailleurs confirmé l'accroissement fréquemment constaté de l'importance de facteurs régionaux concernant la préférence du domicile et des loisirs.

La présente étude ne doit pas donner de solution aux problèmes de conformité de but des mesures de politique régionale en tant que partie intégrée de la politique économique générale. Car, pour celà, les suppositions manquent encore actuellement dans la théorie générale de la politique régionale. L'étude devrait plutôt donner des renseignements sur les mesures à prendre pour diriger la localisation au sein d'une politique régionale dans le cadre du diagnostic, de l'influence et du prognostic de situations régionales problématiques, en cas isolé et en tenant compte de la valeur de la situation de la région et des affinités de localisation.

La rationalisation croissante des décisions de localisation, l'orientation accrue vers des critères de choix efficaces à long terme et la diminution d'évaluation intuitive laissent espérer que les représentants du secteur privé seront plus ouverts aussi bien à une information fondées vers la politique régionale qu'à une intervention corrective qui coordonne efficacement les intérêts microéconomiques et les intérêts de l'aménagement du territoire.

Literaturverzeichnis

Aberle, G.: Verkehrsinfrastruktur, Preispolitik und optimale Verkehrskoordination, in: Zeitschrift für Verkehrswissenschaft, 40. Jg. (1969), Heft 3, S. 151 ff.

Abraham, K.: Die Berufsbildung als Mittel zur Gestaltung der personellen Infrastruktur, in: Theorie und Praxis der Infrastrukturpolitik (Hrsg. R. Jochimsen und E. Simonis). Schriften des Vereins für Socialpolitik, N.F. Bd. 54, Berlin 1970, S. 655 ff.

Abrahamson, G.: Entwicklungsgebiete in Großbritannien, in: Wirtschaftsdienst, 42. Jg. (1962), Heft 12, S. 545 ff.

Adelmann, J.: Foreign Aid and Economic Development, in: Review of Economics and Statistics, Vol. 43 (1966), S. 1 ff.

— Development Patterns among Countries and over Time, in: Review of Economics and Statistics, Vol. 50 (1968), S. 391 ff.

Adelmann, J. and *Stout*, A. M.: Reply on Foreign Assistance and Economic Development, in: AER, Vol. 58 (1958), S. 912 ff.

Albers, W.: Der Einfluß des Finanzausgleichs auf regionale Wettbewerbsbedingungen und Produktionsstandorte, in: Gestaltungsprobleme der Weltwirtschaft, Jahrbuch für Sozialwissenschaft, Bd. 14 (1963), Heft 3 (zugleich Festschrift für Andreas Predöhl), S. 462 ff.

— Der Einfluß der Finanzpolitik auf die räumliche Ordnung der Wirtschaft, in: Produktivitätsorientierte Regionalpolitik, Wirtschaftswissenschaftliche Tagung der Adolf-Weber-Stiftung, 16. Okt. 1964, Berlin 1965, S. 49 ff.

Albert, H.: Modell-Platonismus, Der neoklassische Stil des ökonomischen Denkens in kritischer Beleuchtung, in: E. Topitsch (Hrsg.), Logik der Sozialwissenschaften, 7. Aufl., Köln—Berlin 1971

Albert, W.: Voraussetzung für die Entwicklung neuer Industriestandorte, in: Informationen, 14. Jg. (1964), Nr. 19, S. 685 ff.

Alexander, J. W.: The Basic-Nonbasic Concept of Urban Economic Functions, in: Economic Geography, Vol. XXX (1954), No. 3

Anderseck, K. und *Reding*, K.: Regionale Präferenzen von Arbeitnehmern — Überblick über eine empirische Untersuchung —, in: Informationen, 21. Jg. (1971), Nr. 12, S. 301 ff.

Andrews, R. B.: Mechanics of the Urban Economic Base, in: Land Economics, Vol. XXXII (1956), S. 69 ff.

Arndt, H. und *Swatek*, D. (Hrsg.): Grundfragen der Infrastrukturplanung für wachsende Wirtschaften, Schriften des Vereins für Socialpolitik, N.F. Bd. 58, Berlin 1971

Bach, W.: Luftverunreinigung, Schäden, Kosten, Maßnahmen, in: Geographische Rundschau, Braunschweig, 20. Jg. (1968), Heft 4, S. 134 ff.

Bansamir, G.: Standorttendenzen in der Eisen- und Stahlindustrie, in: Informationen, 21. Jg. (1971), Nr. 17, S. 471 ff.

Barzanti, S.: The Underdeveloped Areas within the Common Market, New Jersey 1965

Baumgart, E. R.: Der Einfluß von Strukturveränderungen auf die Entwicklung der nordrhein-westfälischen Industrie seit 1950, Deutsches Institut für Wirtschaftsforschung, Sonderhefte Bd. 70, Berlin 1965.

Becker, Ch.: Eine Erfolgskontrolle für Förderungsmittel der öffentlichen Hand bei Industrieansiedlung und Fremdenverkehr auf einheitlicher Grundlage, in: Raumforschung und Raumordnung, 29. Jg. (1971), Heft 1, S. 25 ff.

Becker-Marx, K.: Regionale Planungsgemeinschaften, in: Handwörterbuch der Raumforschung und Raumordnung, Bd. III, Hannover 1970, Sp. 2610 ff.

Beckmann, M.: Some Reflections on Lösch's Theory of Location, in: Papers and Proceedings of the Regional Science Association, Vol. I (1955).

— The Economics of Location, in: Kyklos, Vol. VIII (1955).

— Das Gleichgewicht des Verkehrs, in: ORDO, Bd. XI, 1959, S. 133 ff.

— Zur Theorie des allgemeinen räumlichen Gleichgewichts, in: Systeme und Methoden in den Wirtschafts- und Sozialwissenschaften, Festschrift für E. v. Beckerath, Tübingen 1964, S. 483 ff.

— Location Theory, New York 1968.

Behrens, K. Ch.: Allgemeine Standortbestimmungslehre, Köln und Opladen 1961

Bergin, T. P. and *Egan*, W. F.: Criteria for Location of Industrial Plants, Changes and Problems, New York 1967

Bergschmidt, H. H.: Zur Messung und Erklärung von regionalen Wachstumsunterschieden in der Bundesrepublik, in: Jahrbücher für Nationalökonomie und Statistik, Bd. 174 (1962), S. 513 ff.

Berman, E. B.: A Spatial and Dynamic Growth Model, in: Papers and Proceedings of the Regional Science Association, Vol. V (1959), S. 143 ff.

Berry, B. J. L.: Recent Developments of Central Place Theory, in: Papers and Proceedings of the Regional Science Association, Vol. IV (1958), S. 107 ff.

— Central Place Studies, A Bibliography of Theory and Applications, Bibliography Series Number One, Hrsg. Regional Science Research Institute, Philadelphia, Pennsylvania 1965

Bobek, H.: Die Versorgung mit zentralen Diensten, Ein Blatt aus dem Atlas der Republik Österreich, in: Mitteilungen der Österreichischen Geographischen Gesellschaft, Bd. 110 (1968), S. 143 ff.

— Die Theorie der zentralen Orte im Industriezeitalter, in: Deutscher Geographentag Bad Godesberg, Tagungsberichte und wissenschaftliche Abhandlungen, Wiesbaden 1969, S. 199 ff.

Boblett, R. P.: Factors in Industrial Location, in: The Appraisal Journal, Vol. 35 (1967), No. 4, S. 518 ff.

Böventer, E. v.: The Relationship Between Transportation Costs and Location Rent in Transportation Problems, in: Journal of Regional Science, Vol. III (1961), No. 1, S. 27 ff.

Böventer, E. v.: Die Struktur der Landschaft, Versuch einer Synthese und Weiterentwicklung der Modelle J. H. v. Thünens, W. Christallers und A. Löschs, in: Optimales Wachstum und optimale Standortverteilung, Schriften des Vereins für Socialpolitik, N.F. Bd. 27, Berlin 1962, S. 77 ff.

— Theorie des räumlichen Gleichgewichts, Tübingen 1962

— Raumwirtschaftstheorie, in: HdSW, Bd. 8, Stuttgart—Tübingen—Göttingen 1964, S. 704 ff.

Bodenhöfer, H. J.: Arbeitsmobilität und regionales Wachstum, Berlin 1969

Bogue, D. J.: The Structure of the Metropolitan Community, A Study of Dominance Subdominance, Ann Arbor, Michigan 1950

— Residential Mobility and the Migration of Workers, in: Manpower in the United States, Problems and Policies, Industrial Relations Research Association, Publication No. 11, New York 1954

Bombach, G.: Wirtschaftswachstum, in: HdSW, Bd. 12, Göttingen 1964, Sp. 763 ff.

Bonhoeffer, F. O.: Langfristige Branchenprojektion, Methoden und Probleme, Schriftenreihe des Ifo-Instituts für Wirtschaftsforschung, Nr. 54, Berlin—München 1963

Bootz, P.: Die Bestimmung der Einflußbereiche städtischer Absatzzentren im Konsumgütersektor der Wirtschaft, in: Zur Methodik der Regionalplanung, Forschungs- und Sitzungsberichte der Akademie für Raumforschung und Landesplanung, Bd. 41, Hannover 1968, S. 63 ff.

Borcherdt, C., *Grotz*, R. und *Kulinat*, K.: Verdichtung als Prozeß, Dargestellt am Beispiel des Raumes Stuttgart, in: Raumforschung und Raumordnung, 29. Jg. (1971), Heft 5, S. 201 ff.

Bortkiewicz, L. v.: Eine geometrische Fundierung der Lehre vom Standort für Industrien, in: Archiv für Sozialwissenschaft und Sozialpolitik, 30. Bd. (1910), S. 759 ff.

Boudeville, J. R.: A Survey of Recent Techniques for Regional Economic Analysis, in: Regional Economic Planning, Techniques of Analysis for Less Developed Areas, Ed. W. Isard and J. H. Cumberland, Paris 1961

Boustedt, O.: Die zentralen Orte und ihre Einflußbereiche, Eine empirische Untersuchung über die Größe und Struktur der zentralörtlichen Einflußbereiche, in: Proceedings of the IGU-Symposium in Urban Geography, Lund 1960, Lund Studies in Geography, Series B, Human Geography No. 24, Lund 1962, S. 203 ff.

— Agglomeration, in: Handwörterbuch der Raumforschung und Raumordnung, Bd. I, Hannover 1970, Sp. 20 ff.

— Stadtregionen, in: Handwörterbuch der Raumforschung und Raumordnung, Bd. III, Hannover 1970, Sp. 3207 ff.

Brede, H.: Bestimmungsfaktoren industrieller Standorte, in: Struktur und Wachstum, Ifo-Institut München 1971

Brede, H., *Kraft*, J. und *Ossorio-Capella*, C.: Leistungs- und Verflechtungsanalyse, in: Handwörterbuch der Raumforschung und Raumordnung, Bd. II, Hannover 1970, Sp. 1882 ff.

Brede, H. und *Ossorio-Capella,* C.: Begriff und Abgrenzung der Region, unter besonderer Berücksichtigung der Agglomerationsräume, Wirtschaftliche und soziale Probleme des Agglomerationsprozesses — Beiträge zur Empirie und Theorie der Regionalforschung —, Bd. 1, München o. J. (1967)

— Die Agglomerationsräume der Bundesrepublik Deutschland — demographische und ökonomische Aspekte des Agglomerationsprozesses, Hrsg. Ifo-Institut für Wirtschaftsforschung München, Wirtschaftliche und soziale Probleme des Agglomerationsprozesses — Beiträge zur Empirie und Theorie der Regionalforschung — Bd. 2, München 1967

Brösse, U.: Eine Hypothese über räumliche Konzentrations- und Dekonzentrationsprozesse, in: Informationen, 21. Jg. (1971), Nr. 23, S. 619 ff.

— Regionalpolitische Konsequenzen aus einer Standortuntersuchung über die Zulieferindustrie, in: Informationen, 21. Jg. (1971), Nr. 7, S. 177 ff.

— Ziele in der Regionalpolitik und in der Raumordnungspolitik, Zielforschung und Probleme der Realisierung von Zielen, Berlin 1972

Brücher, W.: Ziele und Ergebnisse der industriellen Dezentralisierung in Frankreich, in: Raumforschung und Raumordnung, 29. Jg. (1971), Heft 6, S. 265 ff.

Brünner, F.: Agrarstrukturelle Rahmenplanung Baden-Württemberg, Hrsg. Ministerium für Ernährung, Landwirtschaft, Weinbau und Forsten Baden-Württemberg, Stuttgart 1970

Buchholz, E. W.: Erwerbsstruktur, in: Handwörterbuch der Raumforschung und Raumordnung, Bd. III, Hannover 1970, Sp. 642 ff.

Bülow, F.: Entwicklung und heutige Probleme der Raumforschung im Rahmen der Raumordnung, in: Universitätstage 1960, Berlin 1960, S. 71 ff.

Buhr, W.: Die Abhängigkeit der räumlichen Entwicklung von der Infrastrukturausstattung, in: Grundfragen der Infrastrukturplanung für wachsende Wirtschaften, Hrsg. H. Arndt und D. Swatek, Schriften des Vereins für Socialpolitik, N.F. Bd. 58, Berlin 1971, S. 103 ff.

Bundesminister für Arbeit und Sozialordnung (Hrsg.): Die Standortwahl der Industriebetriebe in der Bundesrepublik Deutschland mit Berlin (West), Verlagerte, neuerrichtete und stillgelegte Industriebetriebe ..., Bonn 1961, 1964, 1966, 1968 und 1971

Bundesminister für Wirtschaft: Das Regionale Förderungsprogramm der Bundesregierung, Richtlinien für die Verwendung der Bundeshaushaltsmittel, gültig ab 1. Januar 1969, als Manuskript vervielfältigt, Bonn 1969

— Regionale Aktionsprogramme 1970, Hrsg. Referat Presse und Informationen des BMWi, Bonn o. J.

Bundesminister für Wohnungswesen, Städtebau und Raumordnung (Hrsg.): Kreiszahlen zur Raumordnung, Bad Godesberg 1964

Burns, L. S.: Vorgeplante Industriekomplexe in den USA, Europäische Gemeinschaft für Kohle und Stahl, Hohe Behörde, Regional- und wirtschaftspolitische Studienreihe, 1: Die industrielle Umstellung in Europa, VII: Standortbestimmung und Erschließung von Industriegelände, Freudenstadt, Europabücher Nr. 20 (Luxemburg 1966)

Cameron, G. C.: Das regionale Problem in den Vereinigten Staaten, Einige Gedanken zu einer entwicklungsfähigen Bundespolitik, in: Informationen, 19. Jg. (1969), Nr. 13/14, S. 381 ff.

Cameron, G. C. and *Clark,* B. D.: Industrial Movements and the Regional Problem, University of Glasgow Social and Economic Studies, Occasional Papers No. 5, Edinburgh and London 1966

Carol, H.: Aufstellung eines Industriezonenplanes über das Gebiet des Kantons Zürich — mit einer „Standort-Anforderungstabelle" — für den Bericht zum Studienauftrag des Kantons Zürich, Zürich o. J.

Carrier, R. F. and *Schriver,* W. R.: An Explanation of Plant Location in Tennessee 1955—65, Memphis (Tenn.) 1966

— Location Theory: An Empirical Model and Selected Findings, in: Land Economics, Vol. XLIV (1968), No. 4, S. 450 ff.

Carroll, J. D. and *Bevis,* H. W.: Predicting Local Travel in Urban Regions, in: Papers and Proceedings of the Regional Science Association, Vol. III (1957), S. 183 ff.

Carrothers, G. A. P.: An Historical Review of the Gravity and Potential Concepts of Human Interaction, in: Journal of the American Institute of Planners, Vol. XXII (1956), S. 94 ff.

Cassel, G.: Theoretische Sozialökonomie, 2. Aufl. Leipzig 1921

— Grundgedanken der theoretischen Ökonomie, 2. Aufl. Leipzig 1928

Chenery, H. B.: Patterns of Industrial Growth, in: American Economic Review, Vol. 50 (1960), S. 64 ff.

— Comparative Advantage and Development Policy, in: American Economic Review, Vol. 51 (1961), S. 18 ff.

— Development Policies for Southern Italy, in: The Quarterly Journal of Economics, Nr. 76 (1962), S. 515 ff.

— Optimal Patterns of Growth and Aid, The Case of Pakistan, in: Pakistan Development, R. 6 (2), Sum. 1966, S. 209 ff.

— Development Patterns among Countries and over Time, in: Review of Economics and Statistics, Vol. 50 (1968), S. 391 ff.

Chenery, H. B. and *Adelman,* I.: Foreign Aid and Economic Development, in: Review of Economics and Statistics, Vol. 43 (1966), S. 1 ff.

Chenery, H. B. and *Stout,* A. M.: Reply on Foreign Assistance and Economic Development, in: American Economic Review, Vol. 58 (1968), S. 912 ff.

Christaller, W.: Die zentralen Orte in Süddeutschland, Jena 1933

Clark, C.: The Conditions of Economic Progress, 1. Aufl. London 1940, 3. Aufl. London 1957

Commerzbank A. G. (Hrsg.): Bericht der Abteilung Volkswirtschaft, Industrieansiedlung im Küstengebiet, R 13 vom 16. 10. 1972

Creamer, D.: Shifts of Manufacturing Industries, in: National Resources Planning Board, Industrial Location and National Resources, Washington 1943

Cyert, R. and *March,* J. G.: A Behavioral Theory of the Firm, Englewood Cliffs/New Jersey 1964

Darwent, D. G.: Growth Poles and Growth Centers in Regional Planning — A Review, in: Environment and Planning, Vol. 1 (1969)

Davin, L. E.: Economie régionale et croissance, Edition Génin, Paris 1964

Deane, Ph.: Colonial Social Accounting, Cambridge 1953

Deutscher Bundestag (Hrsg.): Jahresgutachten 1968 des Sachverständigen-rates zur Begutachtung der gesamtwirtschaftlichen Entwicklung, Deutscher Bundestag, V. Wahlperiode, BT-Drucksache V/3550, Bonn 1968

— Raumordnungsbericht 1968 der Bundesregierung, BT-Drucksache V/3958, Bonn 1968

— Raumordnungsbericht 1970 der Bundesregierung, BT-Drucksache VI/1340, Bonn 1970

Diedrich, H.: Mathematische Optimierung: Ihr Rationalisierungsbeitrag für die Stadtentwicklung, Göttingen 1970.

Dietrichs, B.: Regionalprognose, in: Handwörterbuch der Raumforschung und Raumordnung, Bd. III, Hannover 1970, Sp. 2683 ff.

Dittrich, E.: Unternehmerpersönlichkeit und Standortbestimmung, in: Raumforschung und Raumordnung, 7. Jg. (1943), H. 1/2, S. 50 ff.

— Raumordnung und Ballung, in: Informationen, 7. Jg. (1957), Nr. 1, S. 1 ff.

— Raumordnung und Leitbild, Wien 1962

— Die Problemgebiete in der BRD in ihrer Bedeutung für die Raumordnungspolitik, in: Der Diplom-Landwirt, Nr. 13 (1963), S. 185 ff.

— Problemgebiete in der Raumforschung, in: Raumforschung und Raumordnung, 22. Jg. (1964), Heft 1, S. 1 ff.

— Problemgebiet, in: Handwörterbuch der Raumforschung und Raumordnung, Bd. II, Hannover 1970, Sp. 2409 ff.

DIVO-Institut: Arbeitsbereich Stadt- und Regionalforschung im Auftrag der Planungsgemeinschaft Westeifel, Motive und Kriterien der Standortwahl bei der Ansiedlung von Industriebetrieben am Beispiel des Gebietes der Planungsgemeinschaft Westeifel, o. O. 1969 bzw. Frankfurt a. M. 1970

Dörpmund, H.: Die Mittel der Industriestandortlenkung und die Grenzen ihrer Anwendbarkeit, Bremen-Horn 1950

Domar, E. D.: Economic Growth, an Economic Approach, in: American Economic Review, Papers and Proceedings, Vol. XLII (1952)

— Essays in the Theory of Economic Growth, New York 1957

Düren, A.: Struktur und Standortveränderung der gewerblichen Wirtschaft in ihrer regionalen Problematik, in: Regionalplanung, Beiträge und Untersuchungen, Institut für Siedlungs- und Wohnungswesen an der Universität Münster, Hrsg. H. K. Schneider, Bd. 63, Köln—Braunsfeld 1966, S. 82 ff.

Dunn, E. S.: Une technique statistique et analytique d'analyse régionale, description et projection, in: Economie Appliquée Tome XII (1959), No. 4

— A Statistical and Analytical Technique for Regional Analysis, in: Papers and Proceedings of the Regional Science Association, Vol. VI (1960), S. 97 ff.

Eggeling, G.: Probleme der praktischen Anwendbarkeit von Nutzen-Kosten-Analysen im Verkehrswesen, in: Zeitschrift für Verkehrswissenschaft, 41 Jg. (1970), Heft 2, S. 63 ff.

Egner, E.: Möglichkeiten und Grenzen industrieller Standortpolitik, in: Raumforschung — Raumordnung, Hefte der Akademie für Raumforschung und Landesplanung, Heft 1, Bremen-Horn 1948

— Wirtschaftliche Raumordnung in der industriellen Welt, Bremen-Horn 1950

Egner, E.: Die Industrialisierung ländlicher Gebiete, in: Jahrbuch für Nationalökonomie und Statistik, Bd. 169/1 (1958), S. 43 ff.

— Die regionale Entwicklung der Industriewirtschaften, in: Industrialisierung ländlicher Räume, Forschungs- und Sitzungsberichte der Akademie für Raumforschung und Landesplanung, Bd. 17, Raum und gewerbliche Wirtschaft I, Hannover 1961, S. 27 ff.

— Raumwirtschaftspolitik, in: HdSW, Bd. 8, Göttingen 1964, S. 694 ff.

Engländer, O.: Kritisches und Positives zu einer allgemeinen Lehre vom Standort, in: Zeitschrift für Volkswirtschaft und Sozialpolitik, N.F. Bd. 5 (1925—27), S. 435 ff.

Escott, F.: Why 122 Manufacturers Located Plants in Texas, Austin (Tex.) 1954

Esenwein-Rothe, I.: Die Beeinflußbarkeit der Willensentscheidungen privater Wirtschaftssubjekte bei dezentraler Lenkung des Wirtschaftsprozesses, in: Probleme der Willensbildung und der wirtschaftlichen Führung (Hrsg. H. J. Seraphim), Schriften des Vereins für Socialpolitik, N.F. Bd. 19, Berlin 1959, S. 49 ff.

— Die Standortdynamik im Weser-Ems-Gebiet, Zur Problematik einer regionalen Wirtschaftspolitik im Wege der Industrialisierung ländlicher Räume, Wilhelmshaven 1960

— Die Persistenz von Industriebetrieben in strukturschwachen Wirtschaftsgebieten, Eine Untersuchung über Industrieklima und Standortdynamik in entwicklungsbedürftigen Randgebieten, in: Industrialisierung ländlicher Räume, Forschungs- und Sitzungsberichte der Akademie für Raumforschung und Landesplanung, Bd. XVII, Raum und gewerbliche Wirtschaft I, Hannover 1961, S. 65 ff.

— Sozialpolitische Probleme der Industrialisierung strukturschwacher Räume, in: Zeitschrift für die gesamte Staatswissenschaft, 118. Bd. (1962), S. 296 ff.

— Über die Möglichkeiten einer Quantifizierung von Standortqualitäten, in: Gestaltungsprobleme der Weltwirtschaft, Jahrbuch für Sozialwissenschaft, Bd. 14 (1963), Heft 3 (zugleich Festschrift für Andreas Predöhl), S. 492 ff.

Eucken, W.: Grundsätze der Wirtschaftspolitik, Bern und Tübingen 1962

Evers, H.: Social Costs, in: Raumforschung und Raumordnung, 15. Jg. (1957), Heft 3/4, S. 157 ff.

Eversley, D. E. G.: Social and Psychological Factors in the Determination of Industrial Location, in: Papers on Regional Development, Oxford 1965, S. 105 ff.

Fischer, L.: Spezielle Aspekte der Anwendung von Nutzwertanalysen in der Raumordnung, in: Raumforschung und Raumordnung, 29. Jg. (1971), Heft 2, S. 57 ff.

Fleming, J. M.: External Economies and the Doctrine of Balanced Growth, in: The Economics of Underdevelopment, Hrsg. A. N. Agarwala und S. P. Sing, London 1958

Florence, P. S.: Economic Research and Industrial Policy, in: Economic Journal No. 188, Vol. XLII (1937), S. 622 ff.

— The Selection of Industries Suitable for Dispersion into Rural Areas, in: Journal of the Royal Statistic Society, Vol. CVII (1944)

— Investment, Location, and Size of Plant, A Realistic Inquiry into the Structure of British and American Industries, Cambridge 1948

Florence, P. S., *Fritz*, W. G. and *Gilles*, R. G.: Measures of Industrial Distribution, in: National Resources Planning Board, Industrial Location and National Resources, Washington 1943

Forster, S. A. S.: An Introduction to Industrial Estates and the Part they Play in Location of Industry Policy in Britain, Gateshead o. J.

Frerich, J.: Ursachen und Wirkungen der regionalen Differenzierung der privaten Spartätigkeit in Industrieländern, Ein Beitrag zur Analyse der wirtschaftlichen Raumgestaltung in der Bundesrepublik Deutschland, in: Untersuchungen über das Spar-, Giro- und Kreditwesen, Hrsg. F. Voigt, Bd. 45, Berlin 1969.

— Die Differenzierung der wirtschaftlichen Raumstruktur in der Bundesrepublik Deutschland, in: Die Mitarbeit, 19. Jg. (1970), S. 238 ff.

— Industrielle Standortwahl und Raumordnungspolitik in der BRD, in: Die Mitarbeit, 20. Jg. (1971), S. 312 ff.

Frerich, J., *Helms*, E. und *Kreuter*, H.: Die Erfassung und Quantifizierung der Wachstums- und Struktureffekte von Autobahnen — dargestellt am Beispiel einer in der Vergangenheit gebauten Strecke, Untersuchung im Auftrag des Bundesministers für Verkehr, Institut für Industrie- und Verkehrspolitik der Universität Bonn, Dir. Fritz Voigt, Bonn 1972

Frerich, J., *Melcher*, J. und *Steinheuer*, H.: Die Methoden des Operation Research und ihre Anwendungsmöglichkeiten auf die Investitionsplanung im Straßenverkehr, Gutachten im Auftrag des Bundesministers für Verkehr, in Vorbereitung

Fuchs, V. R.: Changes in the Location of U.S. Manufacturing Since 1929, in: Journal of Regional Science, Vol. I (1959), S. 1 ff.

— Changes in the Location of Manufacturing in the United States Since 1929, New Haven and London 1962

Fürst, D.: Die Standortwahl industrieller Unternehmen: Ein Überblick über empirische Erhebungen, in: Jahrbuch für Sozialwissenschaft, Bd. 22 (1971), Heft 2, S. 189 ff.

Fulton, M.: Plant Location — 1965, in: Harvard Business Review, Vol. 33 (1955), No. 2, S. 40 ff.

Funck, R.: Instrumente der Regionalpolitik, in: Beiträge zur Regionalpolitik (Hrsg. H. K. Schneider), Schriften des Vereins für Socialpolitik. N.F. Bd. 41, Berlin 1968, S. 111 ff.

Gäfgen, G.: Theorie der wirtschaftlichen Entscheidung, Untersuchung zur Logik und ökonomischen Bedeutung des rationalen Handelns, Tübingen 1963

Gebhardt, A.: Feinkeramische Industrie, Struktur und Wachstum, in: Reihe Industrie, Heft 8, Hrsg. Ifo-Institut, München 1964

Geisenberger, S.: Alternative Vorschläge zur Abgrenzung regionaler Fördergebiete, in: Raumforschung und Raumordnung, 29. Jg. (1971), Heft 6, S. 279 ff.

Geisenberger, S. und *Mälich*, W.: Verbesserte Maßstäbe zur Bestimmung unterdurchschnittlich entwickelter Gebiete, in: Informationen, 20. Jg. (1970), Nr. 10, S. 301 ff.

— Informationstheoretische Messung regionaler Konzentrationserscheinungen, Dargestellt an der BIP-Konzentration in Baden-Württemberg, in: Raumforschung und Raumordnung, 29. Jg. (1971), Heft 1, S. 19 ff.

Geisenberger, S., *Mälich*, W., *Müller*, J. H. und *Strassert*, G.: Zur Bestimmung wirtschaftlichen Notstandes und wirtschaftlicher Entwicklungsfähigkeit von Regionen, Eine theoretische und empirische Analyse anhand von Kennziffern unter Verwendung von Faktoren- und Diskriminanzanalyse, in: Veröffentlichungen der Akademie für Raumforschung und Landesplanung, Abhandlungen Bd. 59, Hannnover 1970

Gemeinschaftsveröffentlichung der statistischen Landesämter: Das Bruttoinlandsprodukt der kreisfreien Städte und Landkreise in der Bundesrepublik Deutschland, 1957 bis 1966, Sozialproduktberechnungen der Länder, Heft 3, Wiesbaden 1968

George, P.: Tendences nouvelles de la localisation des industries à l'intérieur des agglomerations urbaines, in: Economie Appliquée, Archives de l'Institut de Science Economique Appliquée, Genève, No. 21 (1968), S. 31 ff.

Gerfin, H.: Gesamtwirtschaftliches Wachstum und regionale Entwicklung, in: Kyklos, Vol. XVII (1964), S. 565 ff.

Giel, W.: Industrieansiedlung als Bestandteil der regionalen Wirtschaftspolitik, in: Raumordnung, Landesplanung, Städtebau, Hrsg. DIHT, Heft 75, Bonn 1971

Giel, W. und *Wegge*, G.: Regionale Wirtschaftspolitik in der BRD, in: Handwörterbuch der Raumforschung und Raumordnung, Bd. III, Hannover 1970, Sp. 2637 ff.

Giersch, H.: Allgemeine Wirtschaftspolitik — Grundlagen, Die Wirtschaftswissenschaft, Hrsg. E. Gutenberg, Reihe B (Volkswirtschaftslehre), Beitrag Nr. 9, Wiesbaden 1960

— Aufgaben der Strukturpolitik, in: Hamburger Jahrbuch für Wirtschafts- und Gesellschaftspolitik, 9. Jg. (1964), S. 61 ff.

— Das ökonomische Grundproblem der Regionalpolitik, in: Jahrbuch für Sozialwissenschaft, Bd. 14 (1963), Heft 3 (zugleich Festschrift für Andreas Predöhl), S. 386 ff.

Goebel, R.: Die Standorterfordernisse von Klein- und Mittelbetrieben in der Großstadt Kiel, Kiel 1955

Goldman, T. A.: Efficient Transportation and Industrial Location, in: Papers and Proceedings of the Regional Science Association, Vol. IV (1958),

Gollnick, H.: Probleme der Wirtschaftsprognose aus der Sicht des Ökonometrikers, in: Jahrbuch der Sozialwissenschaft, Bd. 16 (1965), H. 1 S. 91 ff.

Goodrich, C. u. a.: Migration and Economic Opportunity, The Report of the Study of Population Redistribution, Philadelphia 1936

Gotz, R.: Zweigbetriebe und Betriebsverlagerungen Stuttgarter Industriebetriebe, in: Informationen, 20. Jg. (1970), Nr. 16, S. 481 ff.

Greenhut, M.: Needed — A Return to the Classics in Regional Economic Development Theory, in: Kyklos, Vol. XIX (1966), Fasc. 3, S. 461 ff.

Greenhut, M. and *Colberg*, M. R.: Factors in the Location of Florida Industry, Florida State University Studies, No. 36, Tallahassee 1962

Griffin, J. I.: Industrial Location in the New York Area, New York 1956

Gutachten des Sachverständigenausschusses für Raumordnung: Die Raumordnung in der Bundesrepublik Deutschland, Stuttgart 1961

Haas, H.-D.: Junge Industrieansiedlung im nordöstlichen Baden-Württemberg, Tübinger geographische Studien, Heft 35, Tübingen 1970

Hansen, N. M.: Development Pole Theory in a Regional Context, in: Kyklos, Vol. XX, 1967

Hansmeyer, K. H.: Ziele und Träger regionaler Wirtschaftspolitik, in: Beiträge zur Regionalpolitik (Hrsg. H. K. Schneider), Schriften des Vereins für Socialpolitik, N.F. Bd. 41, Berlin 1968, S. 36 ff.

Hansmeyer, K. H. und *Fürst*, D.: Standortfaktoren industrieller Unternehmen: Eine empirische Untersuchung, in: Informationen, 20. Jg. (1970), Nr. 16, S. 481 ff.

Harrod, R. F.: An Essay in Dynamic Theory, in: Economic Journal, London 1939, S. 49 ff.

Hatau, H.: Produktivitätsorientierte Industrieansiedlung in der Stadt- und Regionalplanung — dargestellt am Beispiel des Unterweserraumes, Göttingen 1972

Heiber, E.: Überlegungen zur Fremdenverkehrsplanung aus der Sicht der Regionalplanung in Baden-Württemberg, in: Informationen, 21. Jg. (1971), Nr. 20, S. 535 ff.

Heinicke, B.: Nahrungs- und Genußmittelindustrie, Struktur und Wachstum, in: Reihe Industrie, Heft 4, Hrsg. Ifo-Institut, München 1964

Hellberg, H.: Zentrale Orte als Entwicklungsschwerpunkte in ländlichen Gebieten, Kriterien zur Beurteilung ihrer Förderungswürdigkeit, Göttingen 1972

Helmstädter, E.: Die geordnete Input-Output-Struktur, in: Jahrbücher für Nationalökonomie und Statistik, Bd. 174 (1962), S. 322 ff.

— Die Dreiecksform der Input-Output-Struktur und ihre möglichen Wandlungen im Wachstumsprozeß, in: Strukturwandlungen einer wachsenden Wirtschaft, Schriften des Vereins für Socialpolitik, N.F. Bd. 30 II, Berlin 1964, S. 1005 ff.

Hengstenberg, R.: Industriebetriebe im ländlichen Raum, in: Der ländliche Raum als Standort industrieller Fertigung, Forschungsberichte des Landes Nordrhein-Westfalen, Nr. 677, Köln und Opladen 1956

Hessing, F.-J.: Standortprogramme — Kooperationsinstrument zwischen Staat und Selbstverwaltung in der Entwicklungsplanung, in: Informationen, 21. Jg. (1971), Nr. 18, S. 485 ff.

Heuss, E.: Allgemeine Markttheorie, St. Galler Wirtschaftswissenschaftliche Forschungen (Hrsg. Handelshochschule St. Gallen), Bd. 21, Tübingen und Zürich 1965

Hildebrandt, G. H. and **Mace**, A. jr.: The Employment Multiplier in an Expanding Industrial Market, Los Angeles Country, in: Review of Economics and Statistics, Vol. XXXII (1950), No. 3

Hirsch, W. Z.: Applications of Input-Output-Techniques to Urban Areas, in: Barna, R. (Editor), Structural Interdependence and Economic Development, London 1963, S. 151 ff.

Hirschmann, A. O.: The Strategy of Economic Development, New Haven, Yale University Press, 1959

Hoffmann, F.: Die Entwicklung der Raumordnung und Landesplanung bis zum Bundesraumordnungsgesetz und der Raumordnungsbericht 1966 der Bundesregierung, Hrsg. Gesellschaft für Wohnungsrecht und Wohnungswirtschaft Köln e.V., Köln 1968

Hoffmann, R.: Die Rechtfertigung von Verkehrsinfrastrukturinvestitionen aus wirtschaftstheoretischer Sicht, in: Informationen, 18. Jg. (1968), Nr. 1, S. 1 ff.

Hoover, E. M.: Location Theory and the Shoe and Leather Industries, Cambridge (Mass.) 1937

— The Measurement of Industrial Localization, in: Review of Economics and Statistics, Vol. XVIII (1936), No. 3, S. 164 ff.

— The Location of Economic Activity, New York—Toronto—London 1948

Hoover, E. M. and *Fisher*, J. L.: Research in Regional Economic Growth, in: Problems in the Study of Economic Research, Ed. National Bureau of Economic Research, New York 1959, S. 175 ff.

Hübler, K.-H.: Die räumliche Entwicklung des Bundesgebietes, Prognosen bis zu den Jahren 1980/2000, in: Die neue Ordnung, Heft 5 (1969), S. 366 ff.

Hunker, H. L. and *Wright*, A. J.: Factors of Industrial Location in Ohio, Hrsg. Bureau of Business Research Ohio State University, Columbus/Ohio 1963 (= Ohio Economic Geography Series, Monograph Nr. 119)

Informationsblätter der Französischen Botschaft: Jg. 1964, Nr. 302

Isard, W.: Interregional and Regional Input-Output-Analysis, A Model of Space-Economy, in: Review of Economics and Statistics, Vol. XXXIII (1951), No. 4, S. 318 ff.

— Some Empirical Results and Problems of Regional Input-Output-Analysis, in: Leontief, W. et al., Studies in the Structure of the American Economy, Theoretical and Empirical Explorations in Input-Output-Analysis, New York 1953, S. 116 ff.

— Location and Space-Economy, A General Theory Relating to Industrial Location, Market Areas, Land Use, and Urban Structure, New York and London 1956 und 1960

— Methods of Regional Analysis, An Introduction to Regional Science, New York and London 1960

— Toward a more Adequate General Regional Theory and Approach to Conflict Resolution, presented at the 8. European Congress of the Regional Science Association, 27.—30. 8. 1968, Budapest 1968

Isard, W., *Schooler*, E. W. and *Vietorisz*, Th.: Industrial Complex Analysis and Regional Development, A Case Study of Refinery Petrochemical-Synthetic-Fiber Complexes and Puerto-Rico, Cambridge (Mass.) 1959, Second Printing 1964

Isbary, G.: Zur Abgrenzung von Problemräumen, in: Berichte zur Landesforschung und Landesplanung 1960, Klagenfurt o. J.

— Raum und Gesellschaft, Beiträge zur Raumordnung und Raumforschung aus seinem Nachlaß, Bearbeitet von D. Partzsch, Veröffentlichungen der Akademie für Raumforschung und Landesplanung, Beiträge Bd. 6, Hannover 1971

Isenberg, G.: Zur Frage der Tragfähigkeit von Staats- und Wirtschaftsräumen, in: Raumforschung und Raumordnung, 1948, Heft 2, S. 41 ff.

— Regionale Wohlstandsunterschiede, Finanzausgleich und Raumordnung, in: Finanzarchiv, N.F. Bd. 17 (1956), Heft 1, S. 64 ff.

— Die Ballungsgebiete in der Bundesrepublik, Institut für Raumforschung, Vorträge Nr. 6, Bad Godesberg 1957

Isenberg, G.: Bestimmungsgründe für Umfang und Richtung im Personen- verkehr, in: Aufgabenverteilung im Verkehr, Forschungs- und Sitzungs- berichte der Akademie für Raumforschung und Landesplanung, Bd. 24, Hannover 1963, S. 129 ff.

— Kräfte und Gegenkräfte im Ballungsprozeß, in: Die öffentliche Ver- waltung, 16. Jg. (1963), H. 21/22, S. 807 ff.

— Wirtschaftliche Zusammenhänge zwischen Verdichtungsräumen und ent- fernten ländlichen Räumen Baden-Württembergs und Folgerungen für den Ansatz von Industriebetrieben, Forschungsaufgabe, als Manuskript gedruckt, Teile I, II und III, o. O. 1971, Teil IV o. O. 1973

Jochimsen, R. und *Treuner*, P.: Zentrale Orte in ländlichen Räumen unter besonderer Berücksichtigung der Möglichkeiten der Schaffung zusätzlicher außerlandwirtschaftlicher Arbeitsplätze, Forschungsbericht erstellt im Auftrag des Bundesministers des Innern, Mitteilungen aus dem Institut für Raumforschung, Heft 58, Bad Godesberg 1967

Jochimsen, R. und *Simonis*, U. E. (Hrsg.): Theorie und Praxis der Infra- strukturpolitik, Schriften des Vereins für Socialpolitik, N.F. Bd. 54, Berlin 1970

Jürgensen, H.: Regionalpolitik im Ballungsraum, in: Wirtschaftsdienst, 44. Jg. (1964), Heft 8, S. 321 ff.

— Lohnwert-Wohnwert-Freizeitwert, Optimierungsparameter einer produk- tivitätsorientierten Regionalpolitik, Schriftenreihe der Gesellschaft für Wohnungs- und Siedlungswesen e. V., Hamburg 1966

Katona, G. and *Morgan*, J. N.: Industrial Mobility in Michigan 1950, Editor Institute for Social Research, University of Michigan, Ann Arbor 1951

— The Quantitative Study of Factors Determining of Economics (Cam- bridge/Mass.), Vol. 66 (1952), No. 1, S. 70 ff.

Kau, W.: Theorie und Anwendung raumwirtschaftlicher Potentialmodelle, Tübingen 1970

Keeble, D. E.: Industrial Decentralisation and Metropolis, The North-West- London Case, in: Transactions of the Institute of British Geographers, Vol. 44 (1968), S. 1 ff.

Kistenmacher, H.: Basic-Nonbasic Konzept, in: Handwörterbuch der Raum- forschung und Raumordnung, Bd. I, Hannover 1970, Sp. 149 ff.

Klaassen, L. H.: Area Economic and Social Redevelopment, in: Developing Job Opportunities, OECD Publication, Vol. 1, Paris 1965

— Methods of Selecting Industries for Depressed Areas, An Introduction to Feasibility Studies, in: Developing Job Opportunities, OECD Publication, Vol. 2, Paris 1967

— Social Amenities in Area Growth, An Analysis of Methods of Defining Needs for Social Amenities, Organisation for Economic Co-operation and Development, Paris 1968

Klatt, S.: Die Theorie der Engel-Kurven, in: Jahrbuch für Sozialwissen- schaft, Bd. 4 (1959), S. 274 ff.

— Zur Theorie der Industrialisierung, Hypothesen über die Bedingungen, Wirkungen und Grenzen eines vorwiegend durch technischen Fortschritt bestimmten wirtschaftlichen Wachstums, in der Reihe: Die industrielle Entwicklung, Hrsg. F. Voigt u. a., Abt. A, Untersuchungen zur Volks- wirtschaftspolitik, Bd. 1, Köln und Opladen 1959

Klatt, S.: Anwendungsmöglichkeiten ökonometrischer Modelle in der Raumforschung und Raumordnung, in: Raumforschung und Raumordnung, 26. Jg. (1968), Heft 2, S. 49 ff.

— Ortsgröße und Verkehrsqualität, in: Industrie und zentrale Orte, Veröffentlichungen der Akademie für Raumforschung und Landesplanung, Forschungs- und Sitzungsberichte Bd. 49, Raum und gewerbliche Wirtschaft 4, Hannover 1969, S. 23 ff.

— Wirtschaftswachstum und Wachstumspolitik, in: Handwörterbuch der Raumforschung und Raumordnung, Bd. III, Hannover 1970, Sp. 3792 ff.

Klemmer, P.: Die komparative Kostenanalyse, in: Informationen, 18. Jg. (1968), Nr. 16, S. 457 ff.

— Zur Trennung von Struktur- und Standorteffekten, in: Informationen, 18. Jg. (1968), Nr. 6, S. 169 ff.

— Die Faktorenanalyse im Rahmen der Regionalforschung, Möglichkeiten und Grenzen ihrer Anwendung, in: Raumforschung und Raumordnung, 29. Jg. (1971), Heft 1, S. 6 ff.

Klöpper, R.: Methoden zur Bestimmung der Zentralität von Siedlungen, in: Geographisches Taschenbuch 1953, S. 512 ff.

— Zentrale Orte und ihre Bereiche, in: Handwörterbuch der Raumforschung und Raumordnung, Bd. III, Hannover 1970, Sp. 3849 ff.

Klöpper, R. und *Körber*, J.: Rheinland-Pfalz in seiner Gliederung nach zentralörtlichen Bereichen, Forschungen zur deutschen Landeskunde, Bd. 100, Remagen 1957

Kloten, N.: Standortwirkungen kommunaler Besteuerungsformen, in: Kommunale Finanzen und Finanzausgleich, Schriften des Vereins für Socialpolitik, N.F. Bd. 32, Berlin 1964, S. 287 ff.

— Steuerpolitik als regionale Strukturpolitik, in: Archiv für Kommunalwissenschaften, Bd. 39, erster Halbjahresband, Stuttgart—Köln—Opladen 1964, S. 41 ff.

— Alternative Konzeptionen der Regionalpolitik, in: Beiträge zur Regionalpolitik (Hrsg. H. K. Schneider), Schriften des Vereins für Socialpolitik, N.F. Bd. 41, Berlin 1968, S. 18 ff.

Kloten, N., *Höpfner*, K. und *Zehender*, W.: Ortsgröße und regionale Wirtschaftspolitik, Zur Abhängigkeit des Wirkungsgrades regionalpolitischer Maßnahmen von der Größe der geförderten Orte, Schriften zu Regional- und Verkehrsproblemen in Industrie- und Entwicklungsländern (Hrsg. J. H. Müller und Th. Dams), Bd. 9 Berlin—München 1972

Kloten, N. (unter Mitarbeit von W. *Kau* und L. *Kowalski*): Wandlungen der industriellen Raumstruktur in der Bundesrepublik Deutschland, in: Wandlungen der Wirtschaftsstruktur in der Bundesrepublik Deutschland (Hrsg. H. König), Schriften des Vereins für Socialpolitik, N.F. Bd. 26, Berlin 1962, S. 287 ff.

Kohl, H.: Die Entwicklung der Standortverteilung der westdeutschen Industrie von 1945 bis 1957/58, Berlin 1961

Kraft, J.: Projektion regionaler Größen, in: Handwörterbuch der Raumforschung und Raumordnung, Bd. II, Hannover 1970, Sp. 2424 ff.

Kraus, W. D.: Die Quantifizierung von Standortfaktoren als Grundlage einer Standortlenkung, Diss. Würzburg 1970

Kretzmer, J.: Zur Frage des weiteren Ausbaues der zentralen Orte, in: Informationen, 20. Jg. (1970), Nr. 9, S. 285 ff.

Kroner, G.: Die Bestimmung zentraler Orte durch die Bundesländer, Eine Zwischenbilanz, in: Informationen, 20. Jg. (1970), Nr. 4, S. 97 ff.

— Standortwahl und Stillegungen von Industriebetrieben in den Jahren 1968 und 1969, in: Informationen, 21. Jg. (1971), Nr. 9, S. 221 ff.

König, H. und *Thoss,* R.: Der optimale Standort der Industrie: Ein interregionales Programmierungsmodell für die westdeutsche Papierindustrie, in: Zeitschrift für die gesamte Staatswissenschaft, Bd. 121 (1965), Heft 3, S. 385 ff.

Körber, J.: Analyse und Planung des zentralörtlichen Systems im Ruhrgebiet, in: Deutscher Geographentag Bad Godesberg, Tagungsberichte und wissenschaftliche Abhandlungen, Wiesbaden 1969, S. 214 ff.

Kunz, D.: Stand und Entwicklung der Integration in Baden-Württemberg — Harmonisierungs- und Ballungstendenzen, in: Informationen, 21. Jg. (1971), Nr. 9, S. 233 ff.

Kunz, D. und *Spöri,* D.: Eine neue Technik für die regionale Wirtschaftsförderung, in: Informationen, 21. Jg. (1971), Nr. 23, S. 607 ff.

— Harmonisierungs- und Ballungseffekte in Baden-Württemberg, in: Institut für Südwestdeutsche Wirtschaftsforschung, Bericht, Jg. 1971, Nr. 165

Lange, K.: Regionen, in: Handwörterbuch der Raumforschung und Raumordnung, Bd. III, Hannover 1970, Sp. 2705 ff.

Launhardt, W.: Die Bestimmung des zweckmäßigsten Standortes einer gewerblichen Anlage, in: Zeitschrift des Vereins deutscher Ingenieure, Nr. 26 (1882), S. 105 ff.

— Mathematische Begründung der Volkswirtschaftslehre, Leipzig 1885

Lauschmann, E.: Möglichkeiten und Notwendigkeit einer autonomen Raumordnungspolitik im Rahmen der EWG, in: Gestaltungsprobleme der Weltwirtschaft, Jahrbuch für Sozialwissenschaft, Bd. 14 (1963), Heft 3 (zugleich Festschrift für Andreas Predöhl), S. 426 ff.

— Grundlagen einer Theorie der Regionalpolitik, Veröffentlichungen der Akademie für Raumforschung und Landesplanung, Abhandlungen Bd. 60, Hannover 1970

Law, D.: Industrial Movement and Location Advantage, in: The Manchester School of Economics and Social Studies, Vol. 32 (1964)

Lefeber, L.: Allocation in Space, Amsterdam 1958

— Location and Regional Planning, Athens 1966

Lenort, N. J.: Raumordnung und Wirtschaftspolitik, in: Gewerkschaftliche Monatshefte, 1957, Heft 5

Leontief, W.: Einsatz-Ausstoß-Analyse, in: HdSW, Bd. 3, Stuttgart, Tübingen, Göttingen 1961, Sp. 83 ff.

Leven, Ch. L.: A Theory of Regional Social Accounting, in: Papers and Proceedings of the Regional Science Association, Vol. IV (1958)

— Theory and Method of Income and Product Accounts for Metropolitan Areas, including the Elgin-Dundee Area as a Case Study, June 1958, Second Printing April 1963

Levine, S. H.: Politik und Maßnahmen der britischen Regierung zur Bekämpfung der örtlichen Arbeitslosigkeit, in: Die Politik der Mitgliedsstaaten auf dem Gebiet der Umstellung und der regionalen Entwicklung (Europäische Gemeinschaft für Kohle und Stahl), Baden-Baden und Bonn o. J., S. 172 ff.

Lewis, W. A.: Die Theorie des wirtschaftlichen Wachstums, Tübingen und Zürich 1956

Ley, N.: Die Ziele der Landesplanung in Nordrhein-Westfalen, in: Stadtplanung, Landesplanung, Raumordnung, Köln und Opladen 1962

Lindblom, C.: The Science of „Muddling Through", in: Public Administration Review, Vol. 19 (1959), S. 79 ff.

Lochner, N.: Niederländische und Europäische Verkehrspolitik, in: Vorträge aus dem Institut für Verkehrswissenschaft an der Universität Münster, Hrsg. A. Predöhl, Heft 16, Göttingen 1958, S. 1 ff.

Lösch, A.: Die räumliche Ordnung der Wirtschaft, Eine Untersuchung über Standort, Wirtschaftsgebiete und internationalen Handel, Jena 1940

Lorenz, M. O.: Methods of Measuring the Concentration of Wealth, in: Quarterly Publications of the American Statistical Association, Vol. IX (1905)

Lorenz, S.: Einige Probleme der Ermittlung der Standortanforderungen der Industrie, dargestellt am Industriezweig Hydraulik, in: Wissenschaftliche Zeitschrift, Hochschule für Ökonomie, Berlin 1968, Nr. 3, S. 283 ff.

Lutrell, W. F.: Factory Location and Industrial Movement, A Study of Recent Experience in Great Britain, Vol. I, London 1962

Maas, A.: Benefit-Cost-Analysis, Its Relevance to Public Investment Decisions, in: Quarterly Journal of Economics, Vol. LXXX (1966)

Maki, W. R. and *Tu*, Y.: Regional Growth Models for Rural Areas Development, in: Papers and Proceedings of the Regional Science Association, Vol. IX (1962), S. 235 ff.

Malchus, V. v. u. a.: Zentrale Orte und ihre Verflechtungsbereiche in Baden-Württemberg, Ergebnisse eines Forschungsauftrages des Innenministeriums Baden-Württemberg, Arbeit aus dem Institut für Agrarwissenschaft der Universität Freiburg, Freiburg 1967

Malthus, Th. R.: Principles of Political Economy, 1. Aufl. 1820, 2. Aufl. 1836

Mantel, W.: Der Wald in der Raumordnung, in: Raumforschung und Raumordnung, 26. Jg. (1968), Heft 1, S. 1 ff.

Marshall, A.: Industry and Trade, London 1920

Marx, D.: Raumordnungsprobleme bei wirtschaftlichem Wachstum, in: Zeitschrift für die gesamte Staatswissenschaft, Bd. 121, Tübingen 1965, S. 143 ff.

— Wachstumsorientierte Regionalpolitik, Wirtschaftspolitische Studien aus dem Institut für Europäische Wirtschaftspolitik der Universität Hamburg, Heft 3, Göttingen 1966

Massaces, E.: Standortbestimmung und Erschließung von Industriegelände, Europäische Gemeinschaft für Kohle und Stahl, Hohe Behörde, Regional- und wirtschaftspolitische Studienreihe, 1: Die industrielle Umstellung in Europa, Luxemburg 1966

Matilla, J. M. and *Tompson*, W. R.: Measurement of the Economic Base of the Metropolis, in: Land Economics, Vol. XXXI (1955), No. 3

McCrone, G.: Regional Policy in Britain, University of Glasgow Social and Economic Studies, Occasional Papers, No. 15, London 1969

McLaughlin, G. E. and *Robock*, St.: Why Industry Moves South, A Study Influencing the Recent Location of Manufacturing Plants in the South, National Planning Association, Committee of the South Reports, No. 3, Washington, D.C. 1969

McMillan, T. E. jr.: Why Manufacturers Choose Plant Locations, Determinants of Plant Location, in: Land Economics, Vol. 41 (1965), Nr. 3, S. 239 ff.

Meier, G. M.: Economic Development and the Transfer Mechanism, in: Canadian Journal of Economics and Political Science, Vol. XIX (1963), S. 1 ff.

— Leading Issues in Development Economics, New York 1964

Meinke, D.: Gravitations- und Potentialmodelle, in: Handwörterbuch der Raumforschung und Raumordnung, Bd. I, Hannover 1970, Sp. 1048 ff.

— Das Gravitations- und Potentialkonzept als Abgrenzungsmethode großstädtischer Einflußbereiche, in: Zeitschrift für Nationalökonomie, 31. Jg. (1971), S. 453 ff.

Menges, G.: Vorausschätzung mit Hilfe ökonometrischer Modelle, in: Allgemeines Statistisches Archiv 1, 1967

Mertens, D.: Veränderungen der industriellen Branchenstruktur in der Bundesrepublik 1950—1960, in: Wandlungen der Wirtschaftsstruktur in der Bundesrepublik Deutschland, Schriften des Vereins für Socialpolitik, N.F. Bd. 26, Berlin 1962, S. 439 ff.

— Die Wandlungen der industriellen Branchenstruktur in der Bundesrepublik Deutschland 1950 bis 1960, Ein Beitrag zur Analyse der Ursachen und Wirkungen differenzierten Wachstums, Deutsches Institut für Wirtschaftsforschung, Sonderhefte Bd. 68, Berlin 1964

Meyer, F. W.: Raumforschung in Notstandsgebieten, in: Raumforschung und Raumordnung, 1. Jg. (1936/37), Heft 13

— Entwicklungshilfe und Wirtschaftsordnung, in: ORDO, Bd. XII, 1960/61

Meyer, F. W. und *Willgerodt*, H.: Der wirtschaftspolitische Aussagewert internationaler Lohnvergleiche, in: Internationale Lohngefälle, wirtschaftspolitische Folgerungen und statistische Problematik, Hrsg. Bundesministerium für wirtschaftliche Zusammenarbeit, Bonn 1956

Meyer, K.: Zur Bestimmung räumlicher Ungleichgewichte, in: Raumforschung und Raumordnung, 26. Jg. (1968), Heft 3/4, S. 98 ff.

— Raumordnungsgesetz des Bundes, in: Handwörterbuch der Raumforschung und Raumordnung, Bd. II, Hannover 1970, Sp. 2485 ff.

Meyer, W.: Die Theorie der Standortwahl, Berlin 1960

Mieth, W.: Die Qualität des Arbeitsmarktes in Abhängigkeit von seiner Größe, in: Industrie und zentrale Orte, Forschungs- und Sitzungsberichte der Akademie für Raumforschung und Landesplanung, Bd. 49, Raum und gewerbliche Wirtschaft 4, Hannover 1969, S. 1 ff.

Miksch, L.: Zur Theorie des räumlichen Gleichgewichts, in: Weltwirtschaftliches Archiv, Bd. 66, Hamburg 1951 (I), S. 6 ff.

Mill, J. S.: Essays on some Unsettled Questions of Political Economy, London 1844

— Principles of Political Economy, with some of their applications to social philosophy, London 1848

Minister für Wirtschaft und öffentliche Arbeiten des Landes Niedersachsen (Hrsg): Niedersachsen — Industrieland mit Zukunft, Hannover 1972

Moore, F. T. and *Petersen*, J. W.: Regional Analysis, An Interindustry Model of Utah, in: Review of Economics and Statistics, Vol. XXXVII (1955), Nr. 4, S. 375 ff.

Mueller, E. and *Morgan*, J. N.: Location Decisions of Manufacturers, in: American Economic Review, Vol. LII (1962), No. 2, Papers and Proceedings, S. 204 ff.

Mueller, E., *Wilken*, A. and *Wood*, M.: Location Decision and Industrial Mobility in Michigan 1961, Hrsg. Survey Research Center, University of Michigan, Ann Arbor 1962

Müller, G.: Raumplanung, in: HdSW, 8. Bd., S. 684 ff.

— Industriebesatz — ein Maßstab der regionalen Wirtschaftskraft, in: Zahl und Leben, Mainz—Köln 1965

— Der zentrale Ort und seine Aufgaben, in: Städtebund, Sept. 1966, S. 182 ff.

— Raumordnung, in: Handwörterbuch der Raumforschung und Raumordnung, Bd. II, Hannover 1970, Sp. 2460 ff.

— Raumordnungspolitik, in: Handwörterbuch der Raumforschung und Raumordnung, Bd. II, Hannover 1970, Sp. 2506 ff.

Müller, J. H.: Wirtschaftliche Grundprobleme der Raumordnungspolitik, Berlin 1969

Müller, J. H. und *Geisenberger*, S.: Die Einkommensstruktur in verschiedenen deutschen Ländern 1874—1913 unter Berücksichtigung nationaler Verschiedenheiten, in: Schriften zu Regional- und Verkehrsproblemen in Industrie- und Entwicklungsländern (Hrsg. J. H. Müller und Th. Dams), Bd. 10, Berlin, München 1972

Müller, W.: Untersuchung über Struktur und Standort von Industriegründungen in Niedersachsen in der Zeit von 1939—1951, in: Neues Archiv für Niedersachsen, Bd. 6 (1953), Heft 1/2, S. 11 ff.

Neef, E.: Das Problem der zentralen Orte, in: Petermanns Geogr. Mitteilungen, Jg. 1950, S. 6 ff.

Niehans, J.: Das ökonomische Problem des technischen Fortschritts, in: Schweizerische Zeitschrift für Volkswirtschaft und Statistik, Bd. 90 (1954)

North, D. C.: Location Theory and Regional Economic Growth, in: The Journal of Political Economy, Vol. LXIII (1955), S. 243 ff.

Ockenfels, D.: Regionalplanung und Wirtschaftswachstum, Abhandlungen zur Mittelstandsforschung, Hrsg. Institut für Mittelstandsforschung, Nr. 42, Köln und Opladen 1969

Ohlin, B.: Interregional and International Trade, 1. Aufl. Cambridge (Mass.) 1933, 2. Aufl. Cambridge (Mass.) 1952, 3. Aufl. Cambridge (Mass.) 1957

Ohne Verfasser: Entschließung der Ministerkonferenz für Raumordnung, Zentrale Orte und ihre Verflechtungsbereiche vom 8. 2. 1968, in: Gemeinsames Ministerialblatt, 19. Jg. (1968), Nr. 6, S. 58 f.

Ohne Verfasser: Land im Herzen Europas, in: Dialog, Magazin für Politik und Wirtschaft, Beilage zu 3/1972, S. 18 ff.

— Stabilisierung ohne Stagnation, Sachverständigengutachten 1965/66, Stuttgart 1966

Olsen, K. H.: Raumforschung, in: Handwörterbuch der Raumforschung und Raumordnung, Bd. II, Hannover 1970, Sp. 2447 ff.

Oort, C. J.: De Kosten van de Infrastruktuur, in: Nederland Transport, 16. Jg. (1964), Nr. 25, S. 844 ff.

Os, F. J. v.: Die regionale Industrialisierungspolitik in den Niederlanden, in: Die Politik der Mitgliedstaaten auf dem Gebiet der Umstellung und regionalen Entwicklung (Europäsche Gemeinschaft für Kohle und Stahl), Baden-Baden und Bonn o. J., S. 149 ff.

Paelink, J.: La théorie du développement régional polarisé, in: Economie régionale, Cahiers de l'ISEA, No. 159 (L 15), März 1965, S. 4 ff.

— Efficacité des Mesures de Politique Régionale Rapport Génerale-Théme No. 1, in: L'Efficacité des Mesures de Politique Economique Régionale, Actes du VIe Colloque annuel de l'Association de Science Régionale de Langue Française, Namur 1967, S. 27 ff.

Paine, L. S.: An Evaluation of Plant Location Factors in Texas, College Station, Texas 1954

Palander, T.: Beiträge zur Standorttheorie, Upsala 1935

Pas, J. le: La cohérance des programmes régionaux par la recherche des itinéraires de propagation, Problémes de méthode, in: Structure et Croissance régionale, Cahiers de L'ISEA, Supplem. 130 (1962), Série L, No. 11, S. 45 ff.

PEP (Political and Economic Planning): Regional Development in the European Community, London 1962

Perloff, H. S., *Dunn,* E. S., *Lampard,* E. D. and *Muth,* R. F.: Regions, Resources and Economic Growth, Baltimore 1960, second printing 1961

Perloff, H. S. u. a.: How a region grows, Committee for Economic Development, March 1963, S. 31 ff.

Perroux, F.: La motion de pole de croissance, wieder abgedruckt in: ders., L'économie de XXe siècle, 2e édition augmenté, Paris 1964

Peters, G. H.: Cost-Benefit-Analyse und staatliche Aktivität, Hamburg 1968

Petersen, G.: Regionale Planungsgemeinschaften als Instrument der Raumordnungspolitik in Baden-Württemberg, Probleme und kritische Würdigung ihrer Planungspraxis, Schriften zu Regional- und Verkehrsproblemen in Industrie- und Entwicklungsländern (Hrsg. J. H. Müller und Th. Dams), Bd. 12, Berlin—München 1972

Poetschke, L.: Regional Planning for Depressed Rural Areas, The Canadian Experience, in: Canadian Journal of Agricultural Economics, Canadian Agricultural Economics Society, Ottawa, Vol. 16 (1968), No. 1, S. 8 ff.

Pötzsch, R.: Stadtentwicklungsplanung und Flächennutzungsmodelle für Entwicklungsländer, Schriftenreihe zur Industrie- und Entwicklungspolitik, Hrsg. Fritz Voigt, Bd. 9, Berlin 1972

Popper, K.: Das Elend des Historizismus, Dritte verbesserte Aufl., Tübingen 1971

Predöhl, A.: Das Standortproblem in der Wirtschaftstheorie, Weltwirtschaftliches Archiv, Heft 21, Jena 1925, S. 294 ff.

— Von der Standortlehre zur Raumwirtschaftslehre, in: Jahrbuch für Sozialwissenschaft, Bd. 2 (1951)

Prest, A. R. and *Turvey*, R.: Cost-Benefit-Analysis, A Survey, in: Surveys of Economic Theory, Vol. III, London—Melbourne—Toronto—New York 1966, S. 155 ff.

Priebe, H.: Die dezentralisierte Schwerpunktbildung aus der Sicht der Landwirtschaft, in: Produktivitätsorientierte Regionalpolitik, Wirtschaftswissenschaftliche Tagung der Adolf-Weber-Stiftung, 16. Okt. 1964, Berlin 1965

Priebe, H. und *Möller*, H.: Regionale Wirtschaftspolitik als Voraussetzung einer erfolgreichen Agrarpolitik, Brüssel 1961

Raumordnungsgesetz vom 8. 4. 1965: Bundesgesetzblatt I, S. 306

Recktenwald, H. C.: Möglichkeiten und Grenzen der Methode der Nutzen-Kosten-Analyse, in: Grundfragen der Infrastrukturplanung für wachsende Wirtschaften (Hrsg. H. Arndt und D. Swatek), Schriften des Vereins für Sozialpolitik, N.F. Bd. 58, Berlin 1971, S. 233 ff.

Ricardo, D.: On the Principles of Political Economy and Taxation, in der Sammlung im Auftrage der Royal Economic Society (London), Hrsg. R. P. Sraffa, Bd. 1, 2. Aufl. 1819, 3. Aufl. 1821

Ritschl, H.: Reine und historische Dynamik des Standortes der Erzeugerzweige, Schmollers Jahrbuch, Nr. 51 (1927), S. 813 ff.

Rittenbruch, K.: Zur Anwendbarkeit der Exportbasiskonzepte im Rahmen von Regionalstudien, Schriften zu Regional- und Verkehrsproblemen in Industrie- und Entwicklungsländern, Hrsg. J. H. Müller und Th. Dams, Bd. 4, Berlin 1968

Ritter, U. P.: Industrieparks, in: Handwörterbuch der Raumforschung und Raumordnung, Bd. II, Hannover 1970, Sp. 1277 ff.

— Siedlungsstruktur, in: Handwörterbuch der Raumforschung und Raumordnung, Bd. III, Hannover 1970, Sp. 2893 ff.

Röper, B.: Regionalpolitik für EWG-Binnengrenzgebiete, insbesondere für das Aachener Gebiet, in: Beiträge zur Regionalpolitik (Hrsg. H. K. Schneider), Schriften des Vereins für Sozialpolitik, N.F. Bd. 41, S. 148 ff.

Rohde, K. E.: Schädigungen der Gesellschaft durch Begleiterscheinungen privater Produktion, in: ORDO XI (1959)

Salin, E.: Standortverschiebungen in der deutschen Wirtschaft, in: Strukturwandlungen der deutschen Volkswirtschaft, Hrsg. B. Harms, Erster Band, Berlin 1928, S. 75 ff.

Schapper, T.: Zum Problem einer regional differenzierten Agrarpolitik, in: AVA, Sonderheft 27, Wiesbaden 1966

Scheele, E.: Tarifpolitik und Standortstruktur, Forschungen aus dem Institut für Verkehrswissenschaft an der Universität Münster, Bd. 13, Göttingen 1959

Scherhorn, G.: Empirische Theorie der Nachfrage, unveröffentlichte Habilitationsschrift, Köln 1964

Schilling, H.: Standortfaktoren für die Industrieansiedlung, Ein Katalog für die regionale und kommunale Entwicklungspolitik sowie die Standortwahl. Österreichisches Institut für Raumplanung, Veröffentlichung Nr. 27, Stuttgart—Berlin—Köln—Mainz 1968

Schliebe, K.: Zentrale Orte in Baden-Württemberg, in: Informationen, 18. Jg. (1968), Nr. 23, S. 677 ff.

Schmidt, H.: Räumliche Wirkungen der Investitionen im Industrialisierungsprozeß, Die industrielle Entwicklung, Bd. 9, Hrsg. F. Voigt u. a., Köln und Opladen 1966

Schmidt-Sudhoff, U.: Unternehmerziele und unternehmerisches Zielsystem, Wiesbaden 1967.

Schmitz, A.: Der Einfluß der Nordwanderung des Ruhrkohlenbergbaus auf die industrielle Standortstruktur und den Wasserstraßenverkehr, Beiträge aus dem Institut für Verkehrswissenschaft an der Universität Münster, Hrsg. H. St. Seidenfus, Heft 40, Göttingen 1966

Schmölders, G.: Willensbildung und wirtschaftspolitische Führung in der Marktwirtschaft, in: Probleme der Willensbildung und der wirtschaftspolitischen Führung (Hrsg. H.-J. Seraphim), Schriften des Vereins für Socialpolitik, N.F. Bd. 19, Berlin 1959, S. 103 ff.

Schneider, H. K.: Über einige Probleme und Methoden regionaler Analyse und Prognose, in: Regionalplanung, Beiträge und Untersuchungen, Institut für Siedlungs- und Wohnungswesen an der Universität Münster, Hrsg. H. K. Schneider, Bd. 63, Köln-Braunsfeld 1966

— Über die Notwendigkeit regionaler Wirtschaftspolitik, in: Beiträge zur Regionalpolitik (Hrsg. H. K. Schneider), Schriften des Vereins für Socialpolitik, N.F. Bd. 41, Berlin 1968, S. 3 ff.

— Modelle für die Regionalpolitik, in: Beiträge zur Regionalpolitik (Hrsg. H. K. Schneider), Schriften des Vereins für Socialpolitik, N.F. Bd. 41, Berlin 1968, S. 63 ff.

Schneppe, F.: Finanzausgleich, in: Handwörterbuch der Raumforschung und Raumordnung, Bd. I, Hannover 1970, Sp. 688 ff.

Schröder, D.: Strukturwandel, Standortwahl und regionales Wachstum, Prognos Studien 3, Beiträge zur angewandten Wirtschaftsforschung, Hrsg. Prognos AG in Basel, Stuttgart—Berlin—Köln—Mainz 1968, 2. Aufl. Stuttgart 1972

Schroeder, R.: Zellstoff- und Papiererzeugung, Struktur und Wachstum, in: Reihe Industrie, Heft 11, Hrsg. Ifo-Institut, München 1964

— Industrie der Steine und Erden, Struktur und Wachstum, in: Reihe Industrie, Heft 13, Hrsg. Ifo-Institut, München 1965

Schütte, W.: Die Zukunft der Regionalplanung in Baden-Württemberg, in: Information, 21. Jg. (1971), Nr. 8, S. 193 ff.

Schultze, J. H.: Umsiedlung und Raumforschung, in: Raumforschung und Raumordnung, 1948, Heft 1, S. 15 ff.

Schumpeter, J.: Theorie der wirtschaftlichen Entwicklung, 2. Auflage München und Leipzig 1926

Schwarz, K.: Bevölkerung, in: Handwörterbuch der Raumforschung und Raumordnung, Bd. I, Hannover 1970, Sp. 225 ff.

— Bevölkerungsprognose, in: Handwörterbuch der Raumforschung und Raumordnung, Bd. I, Hannover 1970, Sp. 242 ff.

Scitovsky, T.: Two Concepts of External Economies, in: The Journal of Political Economy, No. LXII (1954), S. 134 ff.

Seidenfus, H. St.: Zur Problematik der Investitionen im Deutschen Verkehrswesen, in: Zeitschrift für Verkehrswissenschaft, 26. Jg. (1955), S. 199 ff.

— Koordinationsprobleme und aktuelle Hemmnisse der Regionalpolitik (Hrsg. H. K. Schneider), Schriften des Vereins für Socialpolitik, N.F. Bd. 41, Berlin 1968, S. 126 ff.

Siebert, H.: Zur Theorie des regionalen Wirtschaftswachstums, Tübingen 1967

— Regional Economic Growth, Theory and Policy, Scranton, Pennsylvania 1969

— Regional Science, in: Handwörterbuch der Raumforschung und Raumordnung, Bd. III, Hannover 1970, Sp. 2690 ff.

— Regionales Wirtschaftswachstum und interregionale Mobilität, Tübingen 1970

Simon, H. A.: A Behavioral Model of Rational Choice, in: Quarterly Journal of Economics (Cambridge/Mass.), Vol. 69 (1955), S. 99 ff.

Singer, H. W.: Economic Progress in Underdeveloped Countries, in: Social Research, Vol. 16 (1949), S. 1 ff.

Sirkin, G.: The Theory of the Regional Economic Base, in: Review of Economics and Statistics, Vol. XLI (1959), No. 4, S. 426 ff.

Smith, A.: Eine Untersuchung über Natur und Wesen des Volkswohlstandes, unter Zugrundelegung der Übersetzung Max Stirners, aus dem englischen Original ins Deutsche übertragen von E. Grünfeld, Sammlung sozialwissenschaftlicher Meister, Bd. 12, Hrsg. H. Waentig, Bd. I, Jena 1908, Bd. II, Jena 1920, Bd. III, Jena 1923

Solow, R. M.: Technical Change and the Aggregate Production Function, in: Review of Economics and Statistics, Cambridge (Mass.) 1957, S. 39 ff.

Spary, P.: Wachstums- und Wohlstandseffekte als Entscheidungskriterien bei öffentlichen Straßenbauinvestitionen, Finanzwissenschaftliche Forschungsarbeiten der Universität Köln, Neue Folge Heft 37, Berlin, München 1968

Specht, K. G., *Lenort,* N. J. und *Otto,* K.: Das Verhältnis zwischen primären und sekundären Erwerbszweigen und seine Bedeutung für Wirtschaftspolitik und Landesplanung (dargestellt an Beispielen aus dem Lande Nordrhein-Westfalen), Forschungsberichte des Landes Nordrhein-Westfalen, Nr. 1055, Köln und Opladen 1962

Statistisches Bundesamt (Hrsg.): Fachserie D, Industrie und Handwerk; Reihe 4, Sonderbeitrag zur Industriestatistik, Regionale Verteilung der Industriebetriebe und deren Beschäftigte nach Industriegruppen, Sept. 1966, Stuttgart und Mainz im Januar 1968

Statistisches Landesamt Baden-Württemberg (Hrsg.): Ergebnisse der Industrieberichterstattung 1966, Statistik von Baden-Württemberg, Bd. 136, Stuttgart 1967

— Statistische Berichte, Das Bauhauptgewerbe in Baden-Württemberg, Ergebnisse der Totalerhebung 1969, Stuttgart 30. Dez. 1969

Statist. Landesamt Baden-Württemberg (Hrsg.): Statistik von Baden-Wüttemberg, Bd. 155, Ergebnisse der Industrieberichterstattung 1968, Stuttgart 1969 sowie die folgenden Bände der Industrieberichterstattung

Stavenhagen, G.: Industriestandorttheorien und Raumwirtschaft, in: Handwörterbuch der Raumforschung und Raumordnung, Bd. II, Hannover 1970, Sp. 1281 ff.

Steigenga, W.: Der Standort der Sozialforschung in der Raumplanung, in: Informationen, 6. Jg. (1956), Nr. 3, S. 65 ff.

Stewart, J. R.: The Development of Social Physics, in: American Journal of Physics, Vol. V (1950), S. 239 ff.

Stöber, G.: Das Standortgefüge der Großstadtmitte, Frankfurt 1964

Stone, R.: Social Accounts at the Regional Level, A Survey, in: Regional Economic Planning, Techniques of Analysis for Less Developed Areas, Ed. W. Isard and J. H. Cumberland, Paris 1961

Storbeck, D.: Die wirtschaftliche Problematik der Raumordnung, Eine Untersuchung über Notwendigkeit, Ziele und Mittel der Raumordnung im System der Marktwirtschaft, Volkswirtschaftliche Schriften, Heft 47, Berlin 1959
— Ansätze zur regionalen Wirtschaftspolitik, in: Raumforschung und Raumordnung, 22. Jg. (1964), S. 248 ff.
— Regionale Entwicklungspolitik der Bundesrepublik Deutschland, in: Regionale Entwicklungspolitik in Großbritannien und den Ländern der EWG, Zentralinstitut für Raumplanung an der Universität Münster, Bd. 3, Münster 1967
— Regionale Wirtschaftspolitik, in: Handwörterbuch der Raumforschung und Raumordnung, Bd. III, Hannover 1970, Sp. 2621 ff.

Stouffer, S. A.: Intervening Opportunities and Competing Migrants, in: Journal of Regional Science, Vol. II (1960), S. 1 ff.

Strassert, G.: Möglichkeiten und Grenzen der Erstellung und Auswertung regionaler Input-Output-Tabellen unter besonderer Berücksichtigung der derivativen Methode, Schriften zu Regional- und Verkehrsproblemen in Industrie- und Entwicklungsländern, Hrsg. J. H. Müller und Th. Dams, Bd. 2, Berlin 1968

Strassert, G. und *Turowski,* G.: Nutzwertanalyse: Ein Verfahren zur Beurteilung regionalpolitischer Projekte, in: Informationen, 21. Jg. (1971), Nr. 2, S. 29 ff.

Streit, M.: Über die Bedeutung des räumlichen Verbunds im Bereich der Industrie, Ein empirischer Beitrag zur Regionalpolitik, Schriftenreihe Annales Universitatis Saraviensis, Rechts- und Wirtschaftswissenschaftliche Abteilung, Heft 27, Köln—Berlin—Bonn—München 1967
— Regionalpolitische Aspekte des Wachstumpolkonzepts, in: Jahrbuch für Sozialwissenschaft, Bd. 22 (1971), Heft 2, S. 221 ff.

Thalheim, K. C.: Ballung und Dezentralisation der Industrie als Problem der Raumforschung und Raumordnung, in: Raumforschung und Raumordnung, 7. Jg. (1943), H. 1/2, S. 1 ff.
— Marktkonforme Mittel der Raumordnung, in: Raumforschung und Raumordnung, 12. Jg. (1954), Heft 4, S. 193 ff.
— Zum Problem der Einheitlichkeit der Wirtschaftspolitik (Festgabe für Georg Jahn), Berlin 1955, S. 577 ff.

Theil, H.: Ökonometrische Modelle und Wohlfahrtsmaximierung, in: Grundlagen der Wirtschaftspolitik, Hrsg. G. Gäfgen, Bd. 68, Köln—Berlin 1966

Thelen, P. und *Lührs*, G.: Abgrenzung von Fördergebieten, Die Messung der Wirtschaftskraft und der strukturellen Gefährdung von Regionen, Schriftenreihe des Forschungsinstituts der Friedrich-Ebert-Stiftung, Bd. 91, Hannover 1971

Thomas, M. D.: Regional Economic Growth and Industrial Development, in: Papers and Proceedings of the Regional Science Association, Vol. X (1963), S. 61 ff.

Thoss, R.: Einkommenspotential und Multiplikatoranalyse, in: Raumforschung und Raumordnung, 27. Jg. (1969), S. 222 ff.

Thünen, J. H. v.: Der isolierte Staat in Beziehung auf Landwirtschaft und Nationalökonomie, Jena 1930

Thumm, U.: Die Regionalpolitik als Instrument der französischen Wirtschaftspolitik, Eine Untersuchung des Aménagement du Territoire, Schriften zu Regional- und Verkehrsproblemen in Industrie- und Entwicklungsländern, Bd. 3, Hrsg. J. H. Müller und Th. Dams, Berlin 1968

Tiebout, C. M.: Exports and Regional Economic Growth, in: Journal of Political Economy, Vol. LXIV (1956), No. 2, S. 160 ff.

— Community Income Multipliers, A Population Growth Model, in: Journal of Regional Science, Vol. II (1960), No. 1

— The Community Economic Base Study, Supplementary Paper No. 16, Published by the Committe for Economic Development, Dec. 1961, S. 59 ff.

Timm, H.: Finanzpolitische Autonomie untergeordneter Gebietskörperschaften (Gemeinden) und Standortverteilung, Ein Beitrag zur ökonomischen Beurteilung des Finanzausgleichs, in: Kommunale Finanzen und Finanzausgleich, Schriften des Vereins für Socialpolitik, N.F. Bd. 32, Berlin 1964, S. 9 ff.

Tinbergen, J.: Multi-Regional and Multi-Sectoral Dynamic Input-Output-Model for the Medium Term, in: Programming Techniques for Economic Development (Hrsg. UNO), Bangkok 1960, S. 115 ff.

— The Appraisal of Investment Projects, The Semi-Input-Output-Method, Industrial India, 1961, S. 25 ff.

— Ökonomische Modelle und die Wirtschaftspolitik, in: Allgemeines Statistisches Archiv, Bd. 36 (1962), S. 119 ff.

— Projection of Economic Data in Development Planning, in: Planning for Economic Development in the Caribean, Caribean Organisation Hato Rey, Puerto Rico 1963

Töpfer, K.: Regionalpolitik und Standortentscheidung, Die Beinflussung privater Pläne, dargestellt an der unternehmerischen Standortentscheidung, Beiträge zur Raumplanung, Bd. 6, Hrsg. Zentralinstitut für Raumplanung an der Universität Münster, Bielefeld 1969

— Überlegungen zur Quantifizierung qualitativer Standortfaktoren, in: Zur Theorie der allgemeinen und regionalen Planung, Beiträge zur Raumplanung, Bd. 1, Hrsg. Zentralinstitut für Raumplanung an der Universität Münster, Gütersloh 1969, S. 165 ff.

Treuner, P.: Räumliche Aspekte des sektoralen Strukturwandels, Kiel 1970

Treuner, P.: Untersuchungen zur Standortwahl der Industriebetriebe in der Bundesrepublik Deutschland 1955—1967, Manuskript, Kiel 1971

Tuchtfeld, E.: Engpässe und Überkapazitäten als Probleme der Wirtschaftspolitik, in: Methoden und Probleme der Wirtschaftspolitik, Gedächtnisschrift für H.-J. Seraphim, Hrsg. H. Ohm, Berlin 1964, S. 101 ff.

— Infrastrukturinvestitionen als Mittel der Strukturpolitik, in: Theorie und Praxis der Infrastrukturpolitik, Schriften des Vereins für Socialpolitik, N.F. Bd. 54, Berlin 1970, S. 125 ff.

Uebe, W.: Industriestruktur und Standort, Regionale Wachstumsunterschiede der Industriebeschäftigung in der Bundesrepublik Deutschland 1950—1962, Prognos Studien 1, Beiträge zur angewandten Wirtschaftsforschung, Hrsg. Prognos AG in Basel, Stuttgart—Berlin—Köln—Mainz 1967, 2. Aufl., Bd. 1, Stuttgart 1972

US Department of Commerce: Community Industrial Development Kit, Washington 1954

Vanek, J.: International Trade, Theory and Economic Policy, Homewood 1962

Vanhove, N. D.: Regionale Industrialisierung in den Niederlanden durch Konzentration in Entwicklungskernen, in: Informationen, 13. Jg. (1963), Nr. 17, S. 421 ff.

Vito, F.: La théorie économique spatiale et les principes de la politique régionale, Rapport au congres des économistes de langue Française, REP, Vol. 69 (1959), S. 855 ff.

— Typologie des régions en retard, Vortrag beim Kolloquium des Sciences Sociales, Wien, in Rom vom 14. bis 17. 4. 1966, vervielfältigtes Manuskript o. O. u. J.

Vogt, K.: Wirksamere Regionalpolitik durch Erfolgskontrolle, in: Raumforschung und Raumordnung, 27. Jg. (1969), Heft 5/6, S. 226 ff.

Voigt, F.: Verkehr und Industrialisierung, in: Zeitschrift für die gesamte Staatswissenschaft, Bd. 109 (1953), H. 2, S. 193 ff.

— Die Einwirkung der Verkehrsmittel auf die wirtschaftliche Struktur eines Raumes — dargestellt am Beispiel Nordbayerns, Nürnberg 1955

— Die gestaltende Kraft der Verkehrsmittel in wirtschaftlichen Wachstumsprozessen, Bielefeld 1955

— Die volkswirtschaftliche Bedeutung des Verkehrssystems, Berlin 1960

— Die volkswirtschaftlichen Grundlagen der Verkehrsplanung, in: Gestaltungsprobleme der Weltwirtschaft, Jahrbuch für Sozialwissenschaft, Bd. 14 (1963), Heft 3 (zugleich Festschrift für Andreas Predöhl), S. 237 ff.

— Theorie der regionalen Verkehrsplanung, Ein Beitrag zur Analyse ihrer wirtschaftlichen Problematik, Schriftenreihe des Instituts für Verkehrswissenschaft der Universität Hamburg, Bd. 10, Berlin 1964

— Verkehr, Zweiter Band — erste Hälfte, Berlin 1965.

— Verkehr, Zweiter Band — zweite Hälfte, Berlin 1965

— Verkehrspolitik — Raumordnung — Gemeinden (Hrsg. Deutscher Gemeindetag), Bad Godesberg 1965

Voigt, F.: Arbeitsstätte, Wohnstätte, Nahverkehr, Die Bedeutung des großstädtischen Nahverkehrssystems für die optimale Zuordnung von Wohnstätte und Arbeitstätte — unter besonderer Berücksichtigung des Hamburger Wirtschaftsraumes, Schriftenreihe der Gesellschaft für Wohnungs-
und Siedlungswesen e.V. (GEWOS), Hamburg 1968

— Wirtschaftliche Entleerungsgebiete in Industrieländern, Ein Beitrag zur
Theorie der Raumwirtschaft und der Regionalpolitik in der BRD, For-
schungsberichte des Landes Nordrhein-Westfalen, Nr. 2061, Köln und
Opladen 1969

— Industrie- und Gewerbepolitik, Vorlesungsskript SS 1970, als Manuskript
vervielfältigt, Bonn o. J.

— Verkehr, Erster Band — zwei Halbbände, Theorie der Verkehrswirtschaft, Berlin 1973

Voigt, F., *Frerich,* J., *Radel,* R. u. a.: Ökonomische Untersuchung zum Ausbauplan für die Bundesfernstraßen, in: Ausbauplan für die Bundesfernstraßen 1971—1985, Untersuchungsberichte, Band B, Teil IV, Gutachten im Auftrage des Bundesministers für Verkehr, Abteilung Straßenbau, Bonn 1971

Wackermann, G.: Raumordnung und Landesplanung in Frankreich, in:
Raumforschung und Raumordnung, 26. Jg. (1968), Heft 1, S. 16 ff.

Wäldchen, P.: Regionalpolitik der Europäischen Gemeinschaften, in: Handwörterbuch der Raumforschung und Raumordnung, Bd. III, Hannover
1970, Sp. 2649 ff.

Wallace, L. L. and *Ruttan,* V. W.: The Role of Community as a Factor in
Industrial Location, in: Papers and Proceedings of the Regional Science
Association, Vol. VII (1961), S. 133 ff.

Weber, A.: Über den Standort der Industrien, Tübingen 1909

— Über den Standort der Industrien, 1. Teil, Reine Theorie des Standortes,
2. Aufl., Tübingen 1922

Wentzel, K. F.: Rauchschäden als Standortfaktor im rheinisch-westfälischen
Industriegebiet, Forstgeschichtlich-pathologische Untersuchung, Diss. Göttingen, Hamm, München 1957

Weyl, H.: Planung in England, Elemente der Raumordnung in Großbritannien, in: Raumforschung und Raumordnung, 19. Jg. (1961), S. 148 ff.

Wilson, T.: Policies for Regional Development, University of Glasgow Social
and Economic Studies, Occasional Papers, No. 3, London—Edinburgh 1964

Wirtschaftsministerium Baden-Württemberg (Hrsg.): Industrieansiedlung,
Beilage: Landesausbauorte in Baden-Württemberg, Stuttgart o. J.

— Regionales Aktionsprogramm für das Gebiet Alb-Oberschwaben-Bodensee, o. O. u. J.

— Regionales Aktionsprogramm für das Gebiet Hohenlohe-Odenwald, o. O.
u. J.

— Regionales Aktionsprogramm für das Gebiet südlicher Oberrhein-Hochschwarzwald, o. O. u. J.

Witt, W.: Stadtlandschaft, Stadtregion, Regionalplanung, Kritische Bemerkungen zur Bedeutung regionaler Begriffe, in: Stadtregionen in der
Bundesrepublik Deutschland, Forschungs- und Sitzungsberichte der Akademie für Raumforschung und Landesplanung, Bd. XIV, Bremen 1960,
S. 91 ff.

Yaseen, L. C.: Plant Location, Roslyn (USA) 1952

Zepf, E.: Die zentralörtlichen Infrastruktursysteme als Planungsinstrument in der Raumordnung, in: Raumforschung und Raumordnung, 28. Jg. (1970), Heft 3, S. 97 ff.

Zimmermann, H.: Die Zielvorstellungen der Raumordnungspolitik des Bundes, in: Jahrbuch für Sozialwissenschaft, Bd. 17 (1966), S. 225 ff.

— Programmstudie Regionalpolitik, Vorschläge für Grundsatzuntersuchungen, Hrsg. Gesellschaft für Regionale Strukturpolitik, o. O. (Bonn) 1969

Zohlnhöfer, W.: Lokalisierung und Institutionalisierung der Infrastrukturplanung im föderativen System: Das Beispiel der Gemeinschaftsaufgaben in der Bundesrepublik Deutschland, in: Theorie und Praxis der Infrastrukturpolitik (Hrsg. R. Jochimsen und U. E. Simonis), Schriften des Vereins für Socialpolitik, N.F. Bd. 54, Berlin 1970, S. 681 ff.

Zünkler, H.: Verkehrsinvestitionen in gesamtwirtschaftlicher, europäischer Sicht, in: Zeitschrift für Verkehrswissenschaft, 31. Jg. (1960), S. 1 ff.

Sachwortregister

Ablaufspolitik 14
Adäquanzpostulat 27
Agglomeration 30, 65, 123 f., 139, 177
  -snachteile 80, 174
  -svorteile 30 f., 58, 85, 90, 139, 171
Aggregatspersistenz 37
Agrarpolitik 39
Altersstruktur 63
Angebots-Nachfrage-Konzept 156, 161
Ansiedlungsentscheidung
— Rationalität der 115
Ansiedlungsgründe 82 ff.
Arbeitskräftepotential 134
Arbeitslosenquote 62
Außenhandel 46
  -stheorie 52

Ballung 32
  -svorteil 88 (s. auch externe Er-
  sparnisse, Agglomerationsvorteil)
  -szentren 23
Basic-Nonbasic-Konzept 54 ff.
Basic-Nonbasic-Ratios 56
Basic-Nonbasic-Sektoren 55
Bauindustrie
— Ergebnisse der Fragebogenaktion
  114 f.
Belastbarkeit
— des Raumes 17
Bergbau (s. Industrie der —)
Besatzquotienten 63
Bevölkerungsdichte 49, 62
Branchendifferenzierung 92 ff.
Bruttoinlandsprodukt 49, 62, 129,
  132 f., 170
Bundesausbaugebiete 129 f., 141
Bundesausbauorte 129 f.

Carry over 47
Check-list-approach 151 f., 154 f.
Chemische Industrie
— Ergebnisse der Fragebogenaktion
  108 f.
Comparative cost approach 152 f.

Deglomeration 65
Dezentralisierung 29 ff.
Differenzierungseffekte 11, 22, 32, 48,
  131
Dispersionsfaktoren 63

Echowirkung 55
Economic-base-Konzept 55 ff.
Eigendynamik
— des Wirtschaftsgeschehens 13 f., 26
Einkommenseffekt 49
Einkommensmultiplikator 56
Eisen und Metall erzeugende Indu-
  strie
— Ergebnisse der Fragebogenaktion
  107
Eisen und Metall verarbeitende In-
  dustrie
— Ergebnisse der Fragebogenaktion
  107 f.
Entballung 33 (s. auch Deglomera-
  tion)
Entleerungsgebiet 49
Entwicklungskerne 125
Entwicklungskreise 123 f.
Entwicklungspotential 24, 125
Ersparnisse
— externe und interne 78 ff., 126,
  168 f., 171
Erwerbspersonen 63
Erwerbsquote 62 f., 133, 137
Erwerbsstruktur 49
experts' visit approach 152
Exponentialkoeffizienten 65
export-base-theory 46 f.
external economies (s. Ersparnisse,
  externe)
external diseconomies (s. Agglomerationsnachteile)

Feinkeramische und Glasindustrie 99,
  109
Finanzautonomie 40
Finanzausgleich 29, 40

Grundfragen der Infrastrukturplanung für wachsende Wirtschaften. Verhandlungen auf der Tagung des Vereins für Socialpolitik, Gesellschaft für Wirtschafts- und Sozialwissenschaften in Innsbruck 1970. Hrsg. von H. Arndt und D. Swatek. XII, 738 S. 1971. Lw. DM 88,60

Theorie und Praxis der Infrastrukturpolitik. Hrsg. von R. Jochimsen und U. E. Simonis. XVI, 846 S. 1970. DM 79,80; Lw. DM 89,80

Wirtschaftliche Grundprobleme der Raumordnungspolitik. Von J. H. Müller. 146 S. 1969. DM 18,60

Die volkswirtschaftliche Bedeutung des Verkehrssystems. Von F. Voigt. 328 S. 1960. DM 38,—

Theorie der regionalen Verkehrsplanung. Ein Beitrag zur Analyse ihrer wirtschaftlichen Problematik. Von F. Voigt. 263 S. 1964. DM 38,60

Verkehr. Von F. Voigt. 1. Bd.: Die Theorie der Verkehrswirtschaft. 2 Teilbde. XLVI, 983 S. Lw. zus. DM 176,—; 2. Bd.: Die Entwicklung des Verkehrssystems. 2 Teilbde. XXXV, 1426 S. 1965. Lw. zus. DM 152,—; 3. Bd.: Die Organisation der Verkehrsmittel. In Vorb. 4. Bd.: Zielsysteme und Werkzeuge der staatlichen Verkehrspolitik. In Vorb.

Beiträge zur Regionalpolitik. Hrsg. von H. K. Schneider. VII, 181 S. 1968. DM 28,60

Bestimmungsfaktoren industrieller Standorte. Eine empirische Untersuchung. Von H. Brede. 193 S. 1971. DM 48,—

Raum und Raumordnung. Von A. Pöschl. 286 S. 1965. Lw. DM 44,60

Ziele in der Regionalpolitik und in der Raumordnungspolitik. Zielforschung und Probleme der Realisierung von Zielen. Von U. Brösse. 181 S. 1972. DM 38,60

Adaptive Verkehrsplanung. Ein Versuch zur Berücksichtigung gesamtwirtschaftlicher Gesichtspunkte und des Unsicherheitsmoments in einem Teilbereich der Infrastrukturplanung. Von J. Grevsmähl. 219 S. 1971. DM 48,—

Die Theorie der Standortwahl. Entwicklung, Inhalt und wirtschaftliche Behandlung des Standortproblems. Von W. Meyer. 298 S. 1960. DM 33,60

Wachstums- und Wohlstandseffekte als Entscheidungskriterien bei öffentlichen Straßenbauinvestitionen. Von P. Spary. 266 S. 1968. DM 36,60

Die wirtschaftliche Problematik der Raumordnung. Eine Untersuchung über Notwendigkeit, Ziele und Mittel der Raumordnung im System der Marktwirtschaft. Von D. Storbeck. 201 S. 1959. DM 22,60

Produktivitätsorientierte Regionalpolitik. Wirtschaftswissenschaftliche Tagung der Adolf-Weber-Stiftung 16. Oktober 1964. 88 S. 1965. DM 8,—

DUNCKER & HUMBLOT / BERLIN

Schriften zu Regional- und Verkehrsproblemen in Industrie- und Entwicklungsländern

Herausgegeben von J. Heinz Müller und Theodor Dams

DUNCKER & HUMBLOT / BERLIN